中国博士后科学基金第 55 批面上资助（项目编号：2014M550567）

教育部人文社会科学研究规划基金项目（项目编号：4YJA8700064）

刘平　著

伦明《辛亥以来藏书纪事诗》研究

世界图书出版公司

广州·上海·西安·北京

图书在版编目 (CIP) 数据

伦明《辛亥以来藏书纪事诗》研究 / 刘平著 .—广州：
世界图书出版广东有限公司，2017.12（2025.1重印）
　ISBN 978-7-5192-4140-7

　Ⅰ.①伦… Ⅱ.①刘… Ⅲ.①私人藏书—图书史—研
究—中国②《辛亥以来藏书纪事诗》—研究 Ⅳ.
① G259.29

中国版本图书馆 CIP 数据核字 (2017) 第 322560 号

书　　名：伦明《辛亥以来藏书纪事诗》研究
　　　　　LUNMING《XINHAI YILAI CANGSHU JISHISHI》 YANJIU
著　　者：刘　平
策划编辑：王梦洁　李　平
责任编辑：冯彦庄
装帧设计：谷风工作室
出版发行：世界图书出版广东有限公司
地　　址：广州市新港西路大江冲 25 号
邮　　编：510300
电　　话：020-84460408
网　　址：http://www.gdst.com.cn
邮　　箱：wpc_gdst@163.com
经　　销：新华书店
印　　刷：悦读天下（山东）印务有限公司
开　　本：710 mm × 1000 mm　1/16
印　　张：17.5
字　　数：300 千
版　　次：2017 年 12 月第 1 版　　2025 年 1 月第 3 次印刷
国际书号：978-7-5192-4140-7
定　　价：88.00 元

内容摘要

中国古代藏书具有悠久的历史根源和深厚的文化积淀。私人藏书不仅反映了当时的社会风尚和世态人情，而且与文化教育、学术传播、图书出版等相得益彰，促进了思想文化的发展与繁荣。集藏书家、文献学家、阅读学家、大学教授于一身的伦明（1878～1944）以"俭"聚书之丰，以"勤"访书之广，以"恒"校书之精，毕生为续修四库奔走，"藏书盈库兼仓富，续补可嗣四库书。安得群儒策群力，提要远追逊代初"。从光绪二十八年（1902）京师求学到1935年发表《辛亥以来藏书纪事诗》，伦明"际群籍集中之时，日积月累，有莫知其然而然者"，不但有丰富的藏书实践经验，而且有独到的理论观点，其虽言"以搜访故书及过录批校之事耗去一生精力，著书时间反而被夺去"，然往来、奔波之余仍既藏且述，笔耕不辍，所知见者有《续修四库全书提要稿》《续四库全书刍议》《拟印四库全书之管见》《关于印行四库全书意见书》《丛书目录拾遗序》《版本源流》（一名《版本学》）《目录学讲义》《续书楼书目》《读未见书斋书录》《清修明史考稿》《清代史籍书目提要》《清代及今人文集著者索引》《清代及今人文集书名索引》《四库全书目录补编》《建文逊国考疑》《渔洋山人著述考》《奉天通志》之《实业志》《交涉志》《伦哲如诗稿》《乡园忆旧》《辛亥以来藏书纪事诗》《辛亥以来藏书纪事诗草稿》《续书楼读书记》《续书楼藏书记》等。就内容而言，关涉文献学、史学、文学等；就形式而言，涵括诗文创作、史志编纂。版本目录高屋建瓴，考证源流；史志诗词博治多闻，深邃开阔，体现"文章文学共创"之特色。《辛亥以来藏书纪事诗》尤其彰显了其文章与文学双创的独特性，可谓文章文学交汇之结晶。

"芸香浓处多吾辈，广觅同心叙古欢。"藏书是收藏者通过阅读与藏书交流思想感情的"觅同心"活动，藏书亦是与古圣先贤交心"叙欢"的过程。《辛亥以来藏书纪事诗》记事存藏书史，抒情明藏书志，是继叶昌炽《藏书纪事诗》后一部承上启下的藏书诗力作，以近代为主，兼收清季22人，得诗150首，诗后所加按语，对已有材料或加补充，或纠正舛误，或提出质疑，颇多独到见解。对于我们探寻藏书家之书缘、书史、书情，挖掘古籍聚散线索、追溯版本递藏源流，深入研究近代藏书史与学术变迁之互动关系等，均有重要参考价值。"与叶书异者，叶书但纪私家，此则凡属于书者，无所不纪。所重在书之聚散。"《辛亥以来藏书纪事诗》不仅记载了藏书家们的生平事迹，而且涵盖了每位藏书家的藏书状况与特点，以及重要典籍的存毁流传，学术传承与历史脉动纵贯其中，既点染出形神兼备的文采，又注重书之聚散离合，我们从中可以领略藏书家们广博的藏书视界，发掘近代私人藏书风气的变迁与思想观念、学术流派之关联，纵览近代藏书的总趋势，即私家藏书的衰落和公共图书馆的兴起。"是书较多地反映了近代藏书家受时代变革影响，注重经世致用，在藏书、治学及志趣等方面都较以往偏于玩赏，秘不示人的藏书家有很大的不同"。

陆游常言注诗之难，知诗不易："诗岂易言哉！一书之不见。一物之不识，一理之不穷，皆有憾焉。同此世也，而盛衰异；同此人也，而壮老殊。一卷之诗有淳漓，一篇之诗有善病，至于一联一句，而有可玩者，有可疵者；有一读再读至十百读，乃见其妙者；有初悦可人意，熟味之使人不满者。……呜呼艰哉！"诗之为"经"，表明读诗应采取审美和实用的双重视角，除了"人情"之外，还要"明志"。承继"诗言志"之传统，品读《辛亥以来藏书纪事诗》也亦如陆游所言关乎理解角度、阅读情境、吟诵程度等，世易时移，淳漓善病，可妙可疵，见仁见智。既要体味其诗性情结，更要领悟其诗性哲理，即诗句中所涵盖的读书、著书、传书之理。

目前学界对《辛亥以来藏书纪事诗》已有黄正雨、周生杰等学者的研究，本书则着重透过《辛亥以来藏书纪事诗》中读书、藏书与治学相互融合的诗篇，呈现伦明藏书与读书的接受取向与学术旨趣，从诗中体味藏书人与读书人的丰富阅历，领悟藏书人与读书人的深刻学理，品味藏书人与读书人的审美意趣，传扬近代藏书家典范的确立，揭示藏书文化与学术传播互动之特色，丰赡书面文化的人文内涵，期冀开拓《辛亥以来藏书纪事诗》所展示的藏书史、思想史、文献学、阅读学交叉交融的新视域，进一步推动和深化中国近代藏书思想文化史的研究。

序 一

王余光

　　东莞图书馆馆长李东来先生，早年毕业于北京大学图书馆学系（现信息管理系），约在十年前，他回母系给研究生讲课。课余与我谈起东莞图书馆研究计划。我建议将东莞籍藏书家伦明列入该馆研究计划。我的建议得到了东莞图书馆的肯定。研究计划分两部分：一是编纂《伦明全集》，二是在此基础上开展伦明研究。此后数年，在东莞图书馆馆长的主持下，该馆部分馆员与我系部分师生合作，按计划开展资料收集整理与研究工作。目前，《伦明全集》编纂工作已结束，该书即将出版。而研究工作也取得初步成果，并将持续下去。

　　伦明，东莞人，早年毕业于京师大学堂，曾在北京大学等高校任教。毕生致力于藏书，为民国间著名藏书家。台湾学者苏精的《近代藏书三十家》收入伦明的续书楼。集藏书家、版本目录学家、大学教授于一身的伦明，著作颇丰，而《辛亥以来藏书纪事诗》一书，更是广为流传，为学人所重。

　　刘平女史曾获得湖南大学历史学博士。2013 年至 2015 年间，成为北京大学信息管理系与东莞图书馆合招的博士后。在站期间，她参加了《伦明全集》的编纂工作，并以《伦明〈辛亥以来藏书纪事诗〉研究》为题，撰写出站报告。

　　这份报告首先叙述了伦明的生平、藏书与著述，讨论《辛亥以来藏书纪事诗》的编撰缘由、时间及体例，编撰思想，重点阐述该书所涉 150 位藏书家的藏书来源与特色。并从地域的角度，讨论各地区藏书家的风格与特点。报告揭示了伦明的藏书思想。报告详细系统地对伦明《辛亥以来藏书纪事诗》展开研究，在学术界尚属首次，对我们认识近代藏书家及其思想有重要的价值。一个时期的藏书风貌，往往可以透视一个时期的学术风貌，从这个意义上说，藏书史的研究可成为学术史研究的基础。报告以《辛亥以来藏书纪事诗》为切入点，并将《清儒学案》《清史稿》等中与《辛亥以来藏书纪事诗》中所载史实相对照，考镜源流而知学术之衍变，因而具有弥补这一时期学术史研究之不足。

刘平女史在北京大学信息管理系做博士后期间，我是她的合作导师。她为人笃实，做事认真，学风纯正，有很好的学术潜力。近年来，她一直从事中国近代尤其是近代思想文化史、图书馆学、藏书史的研究工作，并取得了一定的学术成果。《伦明〈辛亥以来藏书纪事诗〉研究》即将出版，这是她数年间努力的又一成果，可喜可贺。是为序。

王余光

2017 年 8 月 10 日于北京大学畅春园

序 二

伦明（1878～1944）是晚清民国著名的藏书家、版本目录学家和大学教授，但因种种原因，目前学术界对他的研究仅限于介绍其生平、其交友、其编撰《续修四库全书提要》，而对他的藏书思想、版本目录学思想、教育思想等涉及不多，更很少有专文或专著研究他的《辛亥以来藏书纪事诗》。而伦明的《辛亥以来藏书纪事诗》在清季民国的藏书史上具有重要的历史地位，从诗中我们可以看出近代私人藏书风气的变迁与思想观念、学术风气之转移紧密相连，纵览私家藏书的衰落和公共图书馆的兴起这一近代藏书的总趋势。作为第一本系统研究伦明《辛亥以来藏书记事诗》的专著，本书（《〈辛亥以来藏书纪事诗〉研究》）以伦明《辛亥以来藏书纪事诗》为视角，通过探讨其记载的众多私人藏书家丰富的藏书思想和文化特色，以揭示近代藏书文化和学术传播的互动关系，推动和深化中国近代藏书思想史、文化史和学术史的研究，具有重要的学术价值和现实意义，从某种意义上来说，弥补了学术界在这一问题上的研究之不足。通读全书，以下几个方面给我留下了深刻印象。

伦明生活在晚清和民国，尤其是他的知识系统的形成是在清末民初。这是一个民族危机日益深重的年代。1840年鸦片战争失败，中国开始沦为半封建半殖民地社会。到伦明出生之时，由于西方列强的不断侵略，尤其是清王朝在第二次鸦片战争中的再次惨败，中国半殖民地半封建社会的程度有了进一步加深。伦明出生之后，西方列强又多次发动侵略战争，其中比较大的战争就有1884年的中法战争、1894年的中日战争、1900年的八国联军战争，每次战争都极大地损害了中国主权，给中国人民带来了沉重灾难，使中华民族面临着日益严重的生存危机。这也是一个社会和思想急剧转型的年代。美籍华裔学者张灏先生称1895至1927年为中国思想过渡之时代。我在拙著《社会结构变迁与近代文化转型》一书中，将清末民初概括为"社会的进一步变迁和文化进一步转型"的时期。比如，经济上，中国民族资本主义自 19 世纪 70 年代产生后，这一时期得到了初步发展，封建的自给自足的自然经济呈现出进一步解体的趋势；政治上，先有戊戌变法，后有清末新政和预备立宪及辛亥革命，资本主义的政治制度从以前的思想宣传进入到初步实践阶段；文化思想上，西方的各种思想学说尤其是政治学说开始全面传入中国。以西书翻译为例：1840 ~ 1895 年间，翻译的西书中 70% 是自然科学著作，社会科学著作只占 30%。那么到了 1895 ~ 1911 年间，翻译西书中的 70% 是社会科学著作，自然科学著作只占 30%，与 1895 年前比较，正好调了个位置。教育上，新式学堂、学校开始大量出现，尤其是 1905 年废科举之后。伦明就出生和成长在这样一个年代，他自出生之日起，尤其是自他开始读书之日起，便不能不感受到民族危机的刺激和影响，感受到社会大转型时代的脉搏跳动。因此，本书第二章"伦明和他生活的时代"，在考察伦明的生平和思想时，特别是考察他的知识系统的形成时，把它与时代的变化紧密地结合了起来，从而揭示出伦明思想的形成过程及其社会原因。这是通读本书后给我留下的第一个深刻印象。

英国著名哲学家和历史学家柯林伍德在其名著《历史的观念》一书中曾提出过一个重要的史学思想，即"一切历史都是思想史"。他认为历史科学与自然科学的根本区别就在于：自然只是现象，它的背后没有思想，而历史则不仅仅是现象，它的背后还有思想。比如，他举例说：一场地震可以死掉多少万人，但地震只是自然现象，其中并无思想可言。一场战争也可以死掉多少万人，但战争并不仅仅是现象，它从头至尾还贯穿着人的思想，它是思想的行动，人们发动战争是受思想支配的。又比如，一个人由于自然原因死了，医生只需根据外部的现象就可以判断致死的原因，是死于疾病，还是意外事故？但是布鲁塔斯刺死了凯撒，史学家便不能仅止于断言凯撒是被布鲁塔斯刺死的，还必须追求这一事件背后的思想，包括布鲁塔斯本人的思想，布鲁塔斯为什么要刺杀凯撒，是其个人行为，还是受某一政治集团的指派？以及凯撒的死对当时社会的影响，如此等等。所以就此而言，历史学家所研究的与其说是历史事实或现象，还不如说是历史事实或现象背后的思想活动。我们可以对柯林伍德的"一切历史都是思想史"的说法提出各种各样的批评,譬如说他过于夸大了思想的作用,而没有注意到思想背后的物质力量,但他对思想史在历史研究中之重要地位的强调,无疑值得我们认真思考,也是我们在研究历史人物时应该注意和着力解决的问题。本书在研究伦明的生平和《辛亥以来藏书记事诗》时,并没有停留在对伦明的藏书活动和撰写《辛亥以来藏书记事诗》的一般事实论述上,而是将藏书史研究方法与思想史研究方法结合起来,以丰富的史料为基础,深入挖掘伦明的藏书活动和撰写《辛亥以来藏书记事诗》所蕴含的藏书思想和文化内涵,并把它与清季民国的学术发展和文化变迁相结合,以其活动证思想,又以其思想证活动,从而说明伦明的藏书活动和撰写《辛亥以来藏书记事诗》在清季民国藏书史上的重要地位。这是通读本书后给我留下的第二个深刻印象。

刘知几认为史家应有三长,即史才、史学、史识。章学诚后来又加了一个史德。梁启超在《中国历史研究法补编》中将史德列位第一,认为"史家第一件道德,莫过于忠实",所谓忠实,"即'对于所叙述的史迹纯采客观态度,不丝毫参以自己的意见'"。(梁启超:《中国历史研究法补编》,中华书局,2010年,第17–20页)而要"忠实",就必须掌握大量的第一手材料,真正做到"论从史出",有一份材料说一份话,有十份材料说十分话,没有材料则不说话。这是历史研究的一个基本原则,也应该是藏书史研究的一个基本原则。然而自上世纪90年代以来,受客观社会环境的影响,学术界浮澡之风盛行,一些人不看资料尤其是第一手资料,就在那里高谈阔论,动辄写出洋洋洒洒少则万字、多则数万字,甚至数十万字的论文或著作来。当然,不看资料尤其是第一手资料所发表的高谈阔论,在多大程度上符合历史真相,值得怀疑。与此种现象相反,该书所引用的资料尤其是第一手资料十分丰富。正因为该书是在占有大量的资料尤其是第一手资料的基础上写成的,所得出的一些观点和结论也就能持之有据,言之成理。这是通读本书后给我留下的第三个深刻印象。

除上述这三个印象外,本书还能实事求是,秉笔直书。抗日战争时期,伦明因生活所逼,曾先后担任过日伪"广州市立图书博物馆"副馆长兼图书部主任和日伪"广东大学"的历史系主任兼教授。对于伦明担任这两个伪职一事,很少有研究伦明的学者提及,就是提及,也是轻描淡写的一笔带过,而没有给予任何的谴责和批判。对此，本书则明确指出，"这不是一个严肃学者应取的实事求是的科学态度"，无论何种原因，伦明出任伪职"都是他人生中的一大污点，这关乎民族大义，丝毫含糊不得，不能因为伦明是著名学者，是东莞的乡贤，而为尊者讳，为亲者讳"。所以，本书不仅客观公正地记述了伦明担任伪职的过程，而且还把他与一些同样担任过伪职的学者作了比较，其他一些"学者虽因生活所迫在日伪广东大学当了教授，或担任了其他职务，但他们对自己的言行有所取舍和声明"，如物理学家、南海人任元熙，在应聘日伪广东大学教授之时，曾很庄重地声明："古时王猛当秦符坚的宰相，许衡出任异族，做元朝的官吏，均是不得已之事。我来大学，只教我的书，所有开会、演讲和与政治有关的事情，我决不参加。这是我首先要声明的。"而"从目前所发现的资料看，伦明没有发表过类似声明"。这种实事求是、秉笔直书的治学态度，值得充分肯定和大力提倡。

　　以上是我通读该书之后得出的一些印象，对错与否，读者自有判断。但就我个人的认识而言，这是一本具有一定创新意义的学术著作。作为一位年青人，能写出这样的著作来，实属不易。当然，"金无全赤，人无完人"，再好的文章或著作也有进一步提高和深化的空间和必要。比如，本书虽然着力于挖掘伦明的藏书活动和撰写《辛亥以来藏书记事诗》所蕴含的藏书思想和文化内涵，但有的地方理论分析不够到位，一些章节是叙多论少，流于平淡。又比如，比较研究是历史研究的一项重要方法。因为有比较才能有鉴别。我们说姚明高，是他和我们这些人比较才显得高，如果就他一个人，也就不存在高和矮的问题。我们说范冰冰漂亮，也是和一般人比较她才漂亮，如果就范冰冰一个人，她再漂亮，即使美如天仙也感觉不到。所以我在指导学生写作学位论文时，特别强调比较研究的重要意义。如果本书能辟一章对伦明和同时代一些著名藏书家的藏书活动及其思想作一比较，这或许更有助于我们认识伦明的藏书活动及其思想的历史地位。

　　我和本书作者刘平认识于2004年。此前一年，我被湖南省政府聘为湖南省"芙蓉学者计划"首批特聘教授，同时被湖南师范大学聘为该校国家重点学科——中国近代史学科的特聘教授。当时刘平正在湖南大学岳麓书院读博士，有次我应邀到岳麓书院作学术报告，报告结束后的提问环节，刘平提了一个很有学术内涵的问题，给我留下了深刻印象，也从此记住了她的名字。2008年，她博士毕业后留在湖南大学图书馆工作，不久又进入湖南师范大学中国近代史博士后流动站，并选择我为她的合作导师。经过三年的努力，她克服了边工作边作博士后的困难，顺利完成了博士后出站报告《王闿运学术思想研究》。2013年，北京大学信息管理系东莞图书馆博士后创新实践基地招收博士后人员，她征求我的意见，想去进一步深造，从她图书馆工作的需要出发，我积极支持她的想法，但也提醒她，她的硕士、博士和第一个博士后学的都是历史，现改换专业，从事图书情报与文献学研究，困难肯定不小，尤其是她在湖南长沙工作，而博士后流动站在广东东莞和北京，这鱼与熊掌如何兼得，做到工作与学习两不误？况且她的孩子还只两三岁，需要她的精心照顾，这对她来说是不小的考验。但她的决心很大，并令我意外的是，她竟然在规定的时间内又顺利写出了博士后出站报告《伦明〈辛亥以来藏书纪事诗〉研究》，得到参加她博士后出站报告评审会的专家学者的高度评价，本书便是在她的博士后出站报告基础上修改、扩充而成。她的这种不怕困难、敢于挑战自我、不断追求进步的精神值得我们好好学习。

屈指算来，我和刘平相识相交10多年了。我对她的印象是：为人热情，善良淳朴，和老师、同事、同学的关系都很好，尤其是她处处肯为他人着想，从不计较个人的利害得失。有一件事给我印象很深。那是2010年底，我在学科的支持下，准备申报一个国家重大课题。当时我组织了一个近20人的课题组。记得一个星期天的上午，课题组在湖南师范大学历史文化学院的会议室开会，由于是星期天，没有工作人员烧水和送水。另外，也有个别老师家住得较远，没吃早餐就赶来开会了。看到这种情况，刘平向我请假说有事出去会，不久她便搬了一箱矿泉水和一袋各种点心回来了，解决了大家喝水和个别老师没吃早餐的问题。这件事曾得到参会的湖南师范大学中国近代史学科负责人李育民教授的称赞，并半开玩笑地对我说：你问问你的弟子刘平愿意到师大工作不？我们调她过来。刘平做事也很用心，你交待她做的事，你尽管放心好了，她肯定会尽力做好。正因为刘平关心人、帮助人，做事又特认真，所以老师、同事、同学有什么事都喜欢找她，我就请她帮忙查阅整理过不少资料，校对过不少文稿，她从来都没有推托过。这次她的著作要出版，希望我给她写个序，我当然也不能推托，尽管我从事的是中国近代思想史研究，从来没有接触过伦明和他的《辛亥以来藏书纪事诗》，对于图书情报与文献学更是一窍不通，我只能从历史学尤其是思想史研究的角度谈谈我的一些不成熟的想法。我为刘平著作的出版感到由衷的高兴，更希望她能再接再厉，持之以恒，写出更多更好的著作来，以回报关心她、爱护她的人们。

郑大华

于中国社会科学院中国近代史研究所

2017 年 8 月 20 日

目　录

| 第1章 |

绪　论

1.1 研究意义

中国古代藏书具有悠久的历史根源，文化积淀相当深厚。私人藏书不仅反映了当时的社会风尚和世态人情，而且对文化教育、学术传播、图书出版等领域具有重要的价值导向作用。在清末民初西学东渐的过程中，"中国古代藏书思想与近代图书馆学之间虽然也存在过中学与西学、旧学与新学的纠结，但是，这种纠结并没有演化成两种学术思想的剧烈冲突，也没有出现类似社会思潮那样的飞扬激荡，而是各有所长，各有所用，并育而不相害，并行而不相悖，体现了近代中国图书馆学术思想史的独特旨趣与韵味"[1]。集藏书家、版本目录学家、大学教授于一身的伦明（1878～1944）撰述的《辛亥以来藏书纪事诗》共收录藏书家150人，附录28人，以近代为主，兼收清季22人，得诗150首。根据正史及稗乘方志、官私簿录、古今文集和自己的经历等材料，不仅记载了藏书家们的生平事迹，而且囊括了每位藏书家的收藏特点、藏书状况，所藏书的聚散离合，以及重要典籍的存毁流传，并将历史事件贯穿其中。而所加按语，对已有材料或加补充，或纠正舛误，或提出质疑，颇多独到见解。从这些记载中，我们可以看出，近代私人藏书风气的变迁与思想观念、学术风气之转移紧密相

---

[1] 程焕文.论清代藏书思想及其与晚清图书馆学术思想的关系——《清代藏书思想研究》(序)[J].图书馆建设，2013（1）.

连。近代藏书的总趋势是，私家藏书的衰落和公共图书馆的兴起。本书以伦明撰述的《辛亥以来藏书纪事诗》为视角，通过探讨其记载的众多私人藏书家丰富的藏书思想和文化特色，以揭示近代藏书文化和学术传播的互动关系，推动和深化中国近代藏书思想史、文化史和学术史的研究，具有重要的学术价值和现实意义。

第一，有助于丰富我们对近代藏书史的认识。鸦片战争以后，封闭的中国大门被打开，一方面，随着西方列强的炮火从东南沿海逐渐蔓延至中国腹地，特别是太平天国焚毁孔孟诸子百家"妖书"之祸从岭南蔓延至江南，席卷半个中国，曾经盛极一时的清代官府藏书、私人藏书和书院藏书遭受沉重打击，或者灰飞烟灭，或者流散亡佚，或者日渐式微，古代藏书开始迅速衰落；另一方面，伴随着西学东渐潮流的涌进，西方的图书馆观念与图书馆学术渐次流入中国，创办新式图书馆的呼声日益高涨，实践亦渐次展开。在机械印刷图书、报纸、期刊、教科书等现代文献迅速兴起，并逐渐取代手工印刷文献的社会转型时期，清代藏书思想不仅没有随之衰落，而且颇有发展。根据伦明《辛亥以来藏书纪事诗》的记载，清季学问家藏书家的增多，一方面促使掠贩家、收藏家和鉴赏家等类型的藏书家进一步增多，以致私人藏书的数量和规模超越历朝历代；另一方面又促使古代藏书的思想、理论与方法进一步丰富和完善，即使是在古代藏书即将终结和新式图书馆已经产生的清末民初之际，有关藏书思想的著述仍然绵延不绝，且成就可观。中国藏书思想长河与西方图书馆学思想长河在近代中国交汇时的和而不同与并行不悖，生动体现了近代图书馆学术思想的独特旨趣。

第二，展示近代学术文化转型研究的重要窗口。史学家吴晗之于藏书史研究有言：学者苟能探源溯流，钩微掘隐，勒藏家故实为一书，则千数百年来文化之消长、学术之升沉、社会生活之变动、地方经济之盈亏，固不难一一如示诸掌也。"近代私人藏书家的藏书活动、藏书思想与近代政治经济、文化学术、地域等兴衰发展有极大关系。伦明在《辛亥以来藏书纪事诗》中指出："书之聚散，公私无别，且今后藏书之事，将属于公而不属于私，今已萌兆之矣。"由是观之，近代以来，藏书形势发生了新的变化，受西学东渐的影响，西方各国的公共藏书制度逐渐传入中国，受到开明绅士的追捧，渐渐地，从 19 世纪末开始，以公众阅览为核心的西方公共藏书制度及其以书育才的实际功用也已深入人心，并极大地推动了文化和学术的转型。

第三，为全面促进中国图书馆史、藏书史的研究提供了重要基础。"历史上的藏书家是中华文化的真正守护者，没有藏书家的世代守和薪火相传，中国文化与藏书想要传承到今天是绝无可能的……因此，我们应对私人藏书家表示崇高的敬意。"中国藏书史是一门总结中国历代藏书事业发生、兴起、发展、繁荣、鼎盛及其转型的过程及其规律的学问。通过挖掘伦明《辛亥以来藏书纪事诗》的学术文化内涵，揭示近代私人藏书特色，有助于加深我们对中国图书馆史和中华民族灿烂文化的全面认识，对于今人如何合理地研究与继承传统文化等都具有重要的现实意义。

第四，藏书是收藏者通过阅读与藏书交流思想感情的"觅同心"活动，藏书亦是与古圣先贤交心"叙欢"的过程。陆游常言注诗之难，知诗不易："诗岂易言哉！一书之不见。一物之不识，一理之不穷，皆有憾焉。同此世也，而盛衰异；同此人也，而壮老殊。一卷之诗有淳漓，一篇之诗有善病，至于一联一句，而有可玩者，有可疵者；有一读再读至十百读，乃见其妙者；有初悦可人意，熟味之使人不满者。……呜呼艰哉！"[1] 对于《辛亥以来藏书纪事诗》的解读也正如陆游所言关乎理解角度、阅读情境、吟诵程度等，世易时移，淳漓善病，可妙可疵，见仁见智。"六经皆可注，不可注者诗。诗人化为土，千古存其辞。其辞虽可读，其义不可思。"斯人远矣，书墨清韵犹存。本书通过呈现伦明藏书与读书的接受取向与治学志趣，从其藏书纪事诗中领悟藏书人与读书人的深刻学理，品味藏书人与读书人的审美意趣，传扬辛亥以来藏书家典范的确立和藏书与治学互动之特色，从而丰赡书面文化的人文内涵。

第五，目前学术界对集藏书家、版本目录学家、大学教授于一身的伦明的研究较薄弱，开展伦明《辛亥以来藏书纪事诗》研究，有助于全面认识伦明本人，让伦明读书、教书、写书、访书、抄书、校书、论书、编书、续书、藏书的深厚"书缘"感染后学。《辛亥以来藏书纪事诗》不仅是藏书文化研究的一

[1] 曾祥芹，刘苏义.历代读书诗[M].北京：中国文联出版社，2001：2.

代风骚之作，更是文章与文学交汇的结晶，既记书事以存藏书史，又抒诗情以明读书志，期冀通过探讨《辛亥以来藏书纪事诗》承载的藏书家们丰富的藏书思想和文化特色以及流淌的藏书人与读书人的炽热诗情，开拓藏书史、文献学与阅读学交叉交融的学术价值。

1.2 研究现状

传统思想的近代转型具有根本意义的标志是固有知识来源、知识系统和核心价值观从传统向近代的转变。因此，对固有知识来源——藏书的研究，是研究思想文化史诸侧面（如思想史、文化史、学术史等）的最佳切入点。现有的藏书史著作大致可分为三大类：一是对综合性或通史性藏书史的研究，如范凤书的《中国私家藏书史》，徐凌志的《中国历代藏书史》以及傅璇琮、谢灼华主编的《中国藏书通史》等。二是对区域藏书史的研究，如顾志兴的《浙江藏书史》，王绍曾、沙嘉孙的《山东藏书家史略》以及薛愈的《山西藏书家传略》等。三是对断代藏书史的研究，如陈冠至的《明代的江南藏书》、李雪梅的《中国近代藏书文化》、王蕾的《清代藏书思想研究》等。近代藏书思想研究的论文主题则大致划分为六大类：图书馆学术史综论、藏书思想史综论、私家藏书思想综论、藏书思想专题研究、藏书家思想个案研究、藏书论著研究，近年来均取得了丰硕成果。但现有成果大多是从版本目录学和图书情报文献学的角度研究私人藏书史，缺乏对私人藏书的思想意义与历史价值的深入探讨。同时，现有研究成果大多就藏书论藏书、就学术论学术，而没有将私人藏书与社会文化变迁、社会风气的转变、新学与旧学、中学与西学的矛盾冲突联系起来，研究内容有待进一步开拓与深入。

对于集藏书家、版本目录学家、大学教授于一身的伦明（1878～1944）的研究目前学界仅限于对其生平的介绍、对其参与《续修四库全书总目提要》的历史回顾，而且这些研究多着眼于对其藏书家身份的研究，亦多集中于其友人如孙殿起、雷梦水等的回忆性文章中。对于伦明与《续修四库全书总目提要》

的关系则由于资料缺乏也只知其梗概，对其《续修四库全书总目提要》中所撰写内容以及所体现的藏书思想、版本目录学思想、教育思想、阅读思想，《王渔洋著述考》《版本源流》《建文逊国考疑》等其他著作都着墨不多，目前均未见专文讨论，对《辛亥以来藏书纪事诗》的研究也仅见于黄正雨、周生杰二人的专论。

1.2.1　伦明研究综述

1.2.1.1　伦明的生平与藏书

目前对伦明的研究大多都是对其生平与藏书经历的研究，包括他的生平、藏书活动、致力于续修四库全书以及撰写《辛亥以来藏书纪事诗》等。这方面的文章分为两类：一类是以伦明作为研究对象，内容涉及面较广的有回忆性、评传类的文章或著作；另一类是仅在文章或者著作中提及伦明，论及其一生的藏书经历，以藏书纪事诗的形式为主。

第一，专题性论著。关于伦明的专题性文章，分为回忆性和评传性两类。回忆性文章里，以雷梦水整理、孙殿起口述的《记伦哲如先生》[1]、冼玉清的《记大藏书家伦哲如》[2] 最全面和详细，因孙殿起、冼玉清二人和伦明有过长期的交往，孙殿起经营的通学斋书店就是伦明投资的。这两篇回忆文章也成为了研究伦明生平和藏书经历的重要史料。罗继祖的《东莞伦氏"续书楼"》[3]。陈思的《学者型藏书家——伦明》[4]、苏精的《近代藏书三十家》[5] 中的《伦明续书楼》等文章都对伦明进行了详细的介绍，囊括了出生和生平、爱书和藏书的事迹及对续修四库全书的追求等，为后人了解伦明提供了很大的帮助。郑丽芬在《藏书家伦明与京师大学堂师范馆关系史实考源》中通过查考京师大学堂师范馆和优级师范科的相关史料和档案，对伦明在京师大学堂师范馆入学、求学阶段的

---

[1] 雷梦水整理，孙殿起口述．记伦哲如先生 [M]// 雷梦水．书林琐记．北京：人民日报出版社，1988：91-92.

[2] 冼玉清．记大藏书家伦哲如 [M]// 艺林丛录．中国香港：商务印书馆香港分馆，1973.

[3] 罗继祖，东莞伦氏"续书楼"[J]．史学集刊，1987（1）：77.

[4] 陈思．学者型藏书家——伦明 [J]．广东史志，1995（21）：77-80.

[5] 苏精．近代藏书三十家 [M]．北京：中华书局，2009：137.

相关细节进行了梳理，以填补现有文献中关于伦明这一阶段生平的语焉不详之处 [1]。但是另一方面，这些文章对伦明的研究仅停留在介绍的层面，并且重复内容较多,研究有待深入。今后在不断获取第一手资料的基础上,可编纂出《伦明年谱》，将伦明的学术活动及其贡献做进一步的梳理，以便总结提炼其学术思想。

另外，颇具代表性的综合性论著是由东莞图书馆主编的《伦明全集》[2]。此书共分四卷，伦明所著的诗、词、文章为第一卷；《续修四库全书提要稿》由于字数较多，分两卷出版，为第二卷和第三卷；后人对伦明的研究文章以附录形式作为第四卷。《伦明全集》通过全面收集、整理伦明著述以及对伦明的研究成果，为人们系统了解和研究伦明提供了基础，为传承伦明的文化精神和学术财富提供了渠道。此外，由于伦明的很多作品是未刊载的手稿本，读者访求不易，熊静撰写的《伦明先生文献学著述考》[3]一文对伦明的著作做了梳理，作为对《伦明全集》的补充，亦有较高的参考价值。

第二，评传性论述。因为伦明在藏书家群体中举足轻重的地位，很多学者在做研究时也用一定的篇幅对伦明进行了介绍。这部分的文章以记录伦明藏书活动的藏书纪事诗为主，如王謇的《续补藏书纪事诗》[4]中，为伦明作诗一首并附以文字介绍，诗云:"藏书盈库兼仓富，续补可嗣四库书。安得群儒策群力，提要远追逊代初。"谭卓垣等撰，徐雁、谭华军译补的《清代藏书楼发展史·续补藏书纪事诗传》[5]更是将描述伦明的藏书纪事诗和目见的研究文章进行了汇编，藏书纪事诗除了王謇的《续补藏书纪事诗·伦明》之外，还有徐绍荣的《广东藏书纪事诗·伦明》。该诗云:"四库重修愿莫申，续编提要有何人？奇赢亿中非无术，通学斋开足疗贫。"徐信符的《广东藏书记略》、雷梦水的《书林琐

[1] 郑丽芬.藏书家伦明与京师大学堂师范馆关系史实考源 [J].山东图书馆学刊，2016（4）：40-45.

[2] 东莞图书馆.伦明全集 [M].广州：广东人民出版社，2012.

[3] 熊静.伦明先生文献学著述考 [J].大学图书馆学报，2014（1）：110-115.

[4] 王謇.续补藏书纪事诗 [M].北京：书目文献出版社，1987.

[5] 谭卓垣，等.清代藏书楼发展史续补藏书纪事诗传 [M].徐雁，谭华军，译补.沈阳：辽宁人民出版社，1988：71-73.

记》、苏精的《近代藏书三十家》、李玉安、陈传艺编写的《中国藏书家辞典》[1]和北京市文史研究馆编的《耆年话沧桑》[2]都将伦明列出作了简要介绍。这些评传性论述，形式简单，通俗易懂，并附有作者案语，具有重要的史料价值。

1.2.1.2 伦明与续修四库全书

伦明以续修四库全书为毕生事业，其一生的收书、藏书、校书活动也都围绕这一目标进行，撰写了四库全书各部提要 1900 余篇。因此，续修四库全书也是伦明研究的重要着眼点。

关于续修四库全书的研究已不胜枚举，但专文探讨伦明在此工作中所做贡献的研究还十分有限。其中，熊静的《伦明与〈续修四库全书总目提要〉》[3]介绍到：伦明从早期提出续修四库全书到 1921 年至 1933 年间，四次尝试续修四库总目提要，均因故不果，最后只得转为依靠个人之力独自进行；至 1925 年，利用日本庚子赔款在京成立东方文化事业总委员会，下设人文科学研究所，以续修四库提要为首要目标，伦明在其中发挥了很大的作用，共撰写 1900 余篇提要稿，涉及经、史、集三部，尤以经史两部为多。通过这篇文章我们可以深刻了解到伦明在续修四库全书这个漫长的过程中做出的努力及发挥的巨大作用。复旦大学王亮的博士学位论文《续修四库全书总目提要研究》[4]以民国期间北平东方文化事业总委员会组织编纂《续修四库全书总目提要》（下文简称《续修提要》）为研究对象，考述了《续修提要》的编纂原委及整理与研究简史，可以说是《续修提要》较为全面的研究成果。在第一章《续修提要》纂修的背景与起因中，作者概述了清中叶以来续修《四库全书》及《四库提要》的历程，列举了从王懿荣到伦明的种种倡议，认为"伦明是议续修四库用力最多，擘画最密者"[5]。

1.2.1.3 藏书家群体中的伦明

道光以后、辛亥以来，广东藏书家纷纷崛起，藏书事业一度十分兴盛，在

[1] 李玉安，陈传艺.中国藏书家辞典 [M].湖北：湖北教育出版社，1989：318.

[2] 章长炳，等.耆年话沧桑 [M].上海：上海书店出版社，1993：156-157.

[3] 熊静.伦明与《续修四库全书总目提要》[J].山东图书馆学刊，2013（3）：23-25.

[4] 王亮.续修四库全书总目提要研究 [D].复旦大学博士论文，2004：13-14.

[5] 王亮.续修四库全书总目提要研究 [D].复旦大学博士论文，2004：13-14.

全国藏书界有鼎足而立之势。部分学者对包括伦明在内的广东藏书家群体进行了研究，论述这一群体崛起的原因、藏书特点及贡献等。通过这些文章，我们可以从不一样的角度认识作为广东藏书家群体中一员的伦明。

黄增章的《广东私家藏书楼和藏书家的地位与贡献》[1]介绍了广东藏书家收藏精、规模大的藏书特点，分析了他们崛起的原因，指出广东藏书家在采集和保存珍贵历史文献方面的重大作用并赞扬了他们对待藏书的开明态度。伦明作为广东藏书家群体中的一员，也在其中做出了贡献，该文作者尤其肯定了《辛亥以来藏书纪事诗》在藏书史保存上的重要作用以及对后世纪事诗创作的影响。李学敏撰写的《试论二十世纪初叶的广东藏书家》[2]一文源自于读了正式出版的《辛亥以来藏书纪事诗》，分析了近世广东藏书兴盛的原因之一是其迅速成为全国文化的先进地区和新学昌盛之地，原因之二是商业发展的带动。在文章的第三部分"学者型藏书家及其贡献"中，特别提到了辛亥以后广东地区最负盛名的藏书家是以教书为职业的大学教授，伦明就是其中的代表。黄敏的《明清民国时期东江藏书家论略》[3]对伦明在内的明清以来东江藏书家进行了介绍，分析他们藏书的特点和所作贡献。东江藏书家的特点体现在藏书家出身背景广泛，涵盖了官宦政客、学者教师、商贾富豪、平民百姓等各个阶层，伦明是文化教育界藏书家的代表；藏书目的在于治学，伦明搜集明清文集著作，目的就在于为续修四库全书做准备；收藏图书各有侧重，伦明的藏书特点在于凡书皆收，博求广采，并以明清著作以及广东地方文献居多；对待藏书豁达开明，伦明晚年有志捐献，死后其藏书由家人捐献给北平图书馆和广东省立图书馆。

藏书家群体研究能够反映出某一时期、某一地域内的藏书特点，伦明是广东藏书家的代表，将伦明研究与广东藏书家研究结合起来，能够更深入全面地考察伦明藏书活动的地域特征和对广东地区藏书活动的影响。

[1] 黄增章.广东私家藏书楼和藏书家的地位与贡献 [J].中山大学学报（社会科学版），1998（6）：130-135.
[2] 李学敏.试论二十世纪初叶的广东藏书家 [J].岭南文史，1993（1）：28-30.
[3] 黄敏.明清民国时期东江藏书家论略 [J].惠州学院学报，2002，22（5）：69-74.

1.2.1.4 伦明的交游与事业

除了对伦明个人的研究之外,伦明与同代人的交游与事业发展之间的关系,也成为了伦明研究的关注点。这方面的文献以同代人的回忆为主,这些回忆及相关史料作为第一手资料具有很高的研究价值,是研究伦明最为可靠的依据。其中比较全面的是来新夏的《读伦明先生致陈垣先生的信件——纪念陈垣先生130 岁冥诞》[1]一文,文中不仅对伦明进行了回忆,还提供了伦明致陈垣先生的多封信件。通过这些信件我们可以了解到伦明要求编一部"求书目录"以充实教育部图书馆的庋藏、校勘四库全书和续修四库全书的主张。傅振伦的《记目录学家伦明先生二三事》[2]也通过回忆展现了伦明在目录学、清史、方志和藏书版本等多个方面的博学。此外还有吉川幸次郎,他在《琉璃厂后记》[3]中追忆了伦明先生的"通学斋",并提到孙殿起和伦明为书店搜书、访书的一些轶事。可惜的是目前这种一手资料非常稀少,成为伦明研究中的一个遗憾,也是伦明人物研究无法深入下去的原因。

在回忆和实物之外,对于伦明交游与事业发展的专题研究比较少,仅有钱昆的《伦明与孙殿起交游考》,文章论述了北京琉璃厂宏经堂学徒出身的孙殿起在会文斋供职时认识了著名藏书家和版本目录学家伦明,并应伦明之邀为其经营"通学斋",在经营通学斋的过程中,两人成为莫逆之交。孙殿起在学术上受到伦明潜移默化的影响和指导,成为一代著名的版本目录学家和古旧书业经营家;伦明也从孙殿起那里受益匪浅,并最终因志同道合而与其形成了亦师亦友的关系[4]。在其他一些机构和人物的研究中对伦明的交游与事业发展也有所提及。如通学斋研究,世人往往从经营者孙殿起入手进行考察,但无法忽略伦明在书店运营过程中所起的作用。张西园的《孙殿起和他的通学斋》[5]一文

[1] 来新夏.读伦明先生致陈垣先生的信件纪念陈垣先生130 岁冥诞[J].中国文化,2011(1):189-191.

[2] 傅振伦.记目录学家伦明先生二三事[J].文献,1987(2):286-288.

[3] 吉川幸次郎.琉璃厂后记[M]//秋禾,少莉.旧时书坊.北京:生活·读书·新知三联书店,2005:29.

[4] 钱昆.伦明与孙殿起交游考[J].图书馆论坛,2016(7):111-114.

[5] 张西园.孙殿起和他的通学斋[J].山东图书馆学刊,2010(6):43.

对孙殿起经营通学斋进行全面的考察，肯定了他在古籍搜访和保存上所做的贡献。其中一节"因书识人，以书会友"谈到了孙氏与伦明结交的过程，以及伦明在书店经营过程中所起到的重要作用。文中提到"两人既是莫逆之交，伦明所藏善本，多经孙殿起采购，通学斋书店开店之初因资金不足，也是由伦明出资支持的。在通学斋经营期间，孙老先生任经理，伦明则指导其如何令古书经营服务于学术研究，或是识别古籍时的种种细节，两人一起切磋、相得益彰，在古旧书上建立了一种极为亲密的战友情结……"[1]。另有叶祖孚的《北京琉璃厂》[2]在"人才辈出的通学斋书店"这一章中介绍了和通学斋有着密切联系的三位学者——伦明、孙殿起和雷梦水，主要内容为他们搜访古书的经历，在伦明的部分还进一步挖掘他在书店经营过程中的人际交游和所起到的作用。

1.2.1.5 其他

其实伦明除了以藏书家名世之外，在教学和诗歌创作上也很有建树，但是后人在这方面的研究甚少。目前对伦明担任北大教授期间讲授目录学与版本学课程的经历为空白，拙作《伦明目录学研究初探》仅就伦明《目录学讲义》的内容作了介绍。诗歌创作上也只有张纹华将伦明作为一个诗人来进行研究，他在《〈伦哲如诗稿〉探析》[3]一文中详细分析了《伦哲如诗稿》的特色——书世界及叠韵怀人诗，也指出了其在诗题与用韵方面的明显不足，感慨诗歌创作与伦明身处的时代正渐行渐远。另外有傅璇琮、谢灼华的《中国藏书通史》[4]和谢兴尧的《书林逸话·北京藏书概略》[5]提到伦明藏书精、致力于清人集部书籍收藏等。

1.2.2 《辛亥以来藏书纪事诗》研究综述

叶昌炽撰著的《藏书纪事诗》是中国藏书史研究的开山之作，开创了诗传

---

[1] 张西园.孙殿起和他的通学斋 [J].山东图书馆学刊，2010（6）：43.

[2] 叶祖孚.北京琉璃厂 [M].北京：北京燕山出版社，1997：129-130.

[3] 张纹华.《伦哲如诗稿》探析 [J].顺德职业技术学院学报，2011（1）：75-79.

[4] 傅璇琮，谢灼华.中国藏书通史 [M].宁波：宁波出版社，2001：1188.

[5] 谢兴尧.书林逸活·北京藏书概略 M]// 周越然，等.蠹鱼篇.沈阳：辽宁教育出版社，1998：69-70.

结合的"纪事诗体藏书家传"体例，其综述藏书家渊源递嬗的独特体例为士林所重，纪事诗体藏书家传的编撰一时成为风潮。《藏书纪事诗》凡七卷，诗416首，记自五代至清末藏书家739人[1]。此书自光绪二十三年（1897）首刊以来，类似的撰述接踵而出：或续辑晚近藏书故实，如伦明的《辛亥以来藏书纪事诗》、王謇的《续补藏书纪事诗》、吴则虞的《续藏书纪事诗》、刘声木的《清藏书纪事诗补遗》（未刊）[2]、莫伯骥的《藏书纪事诗补续》（未刊）；或以地方郡邑为限，如徐信符的《广东藏书纪事诗》、周退密等的《上海近代藏书纪事诗》；或为之索引，如蔡金重的《藏书纪事诗引得》等，"内容体例虽然各有所别，却都是效法叶昌炽而作的，中国历代藏书文献也因之大备"[3]。研究藏书家历史一时蔚然成风。在各种继起之作中，当数伦明的《辛亥以来藏书纪事诗》创作最早、变体最新、传人最多，堪与叶书比肩。但查阅知网与检索港、澳、台及国外数据库，仅有黄正雨的《伦明与〈辛亥以来藏书纪事诗〉》和周生杰的《〈辛亥以来藏书纪事诗〉新论》两篇专论对伦明《辛亥以来藏书纪事诗》开展了初步研究。这种状况与伦明以及《辛亥以来藏书纪事诗》的重要地位严重不符。周生杰的《〈辛亥以来藏书纪事诗〉新论》[4]对伦明撰著《辛亥以来藏书纪事诗》的背景、作品的特点及学术价值做了分析和阐述。文章指出以纪事诗为藏书家做传的体例虽非首创，但也有几方面的特点：一是对藏书纪事诗的集成与发展；二是记载藏书家类型众多，并记录伦氏亲见、亲闻的藏书家逸事；三是广东藏书家居多，有30人，占总数的1/5。作者认为《辛诗》兼具史学和文学两方面的学术价值，不唯可以当做藏史书来看，也可以当做文学创作来欣赏[5]。黄正雨的《伦明与〈辛亥以来藏书纪事诗〉》[6]在概述伦明求书访书活动之后，重点分析了其著作中最

[1] 徐雁.《藏书纪事诗》收录藏书家不足千人 [J].广东图书馆学刊，1986（2）：73.

[2] 李国庆先生认为，刘声木的这部续作写成于清末民初，在成书时间上早于伦、吴、王三家，这是叶昌炽《藏书纪事诗》第一部续补著作。此书与叶书几乎同时着手编写，编写时间均在清末。只是叶书创例付梓在前，刘书续编未刊在后。详见李国庆.续补《藏书纪事诗》——记《清藏书纪事诗补遗》稿本 [M]// 齐鲁书社.《藏书家》（第八辑）.济南：齐鲁书社，2003：28.

[3] 苏精.近代藏书三十家（增订本）[M].北京：中华书局，2009：17.

[4] 周生杰.《辛亥以来藏书纪事诗》新论 [J].社会科学战线，2012（9）：163–167.

[5] 周生杰.《辛亥以来藏书纪事诗》新论 [J].社会科学战线，2012（9）：163–167.

[6] 黄正雨.伦明与辛亥以来藏书纪事诗 [J].图书馆论坛.1995（5）：17–19.

为重要的是《辛亥以来藏书纪事诗》，并在对伦明著作进行内容分析的基础上，指出其优于叶昌炽《藏书纪事诗》之处，以及对后世"纪事诗"体例发展的影响。南开大学翟朋在其硕士学位论文《藏书纪事诗研究》[1]中对"藏书纪事诗"这一特殊文体进行系统研究，将该文体的发展历程分为初创期（1884～1917）、繁盛期（1918～1949）、衰变期（1950～1977）、绝响期（1978～）四个时期。论文将伦明的《辛亥以来藏书纪事诗》归为纪事诗繁盛时期的产物，称叶昌炽《藏书纪事诗》为"书林《史记》"，而《辛亥以来藏书纪事诗》则为"书林《汉书》"，开创了纪事诗断代之作[2]。李雪梅的《中国近代藏书文化》[3]也对伦明及《辛亥以来藏书纪事诗》有所提及。如前所述，伦明《辛亥以来藏书纪事诗》为承上启下的一部力作，之前有叶昌炽的《藏书纪事诗》，之后有徐信符的《广东藏书纪事诗》、王献唐的《山东藏书纪事诗》、莫伯骥的《藏书叙事诗补续》、王謇的《续补藏书纪事诗》等，因此在研究伦明的《辛亥以来藏书纪事诗》时还可以将其与其他纪事诗做比较研究，以便读者获得更深入的理解。

综上所述，研究伦明的材料很少而且大多数文章只是就其生平经历、热衷于藏书及致力于续修四库全书等方面而谈，新颖性不足。另外，诸如作品原稿、往来信件和回忆录等史料价值较高的资料太过稀缺，为研究伦明造成了很大障碍。伦明不仅是一位藏书家，也是一位博学的学者，其虽自言"搜访故书及过录批校之事而耗去一生精力"，但其藏书与执教之余仍恭勤不倦，博洽多通。其诗文多未刊行，然传世之作颇为可观。今后对伦明的研究可以从不同的角度，以不同的身份作为切入点，从而构建完整的伦明学术思想体系。

1.3 研究方法

本书以历史唯物主义和辩证唯物主义为指导，拟沟通藏书史与思想史、社

[1] 翟朋. 藏书纪事诗研究 [D]. 南开大学硕士论文，2010：26-27.
[2] 翟朋. 藏书纪事诗研究 [D]. 南开大学硕士论文，2010：26-27.
[3] 李雪梅. 中国近代藏书文化 [M]. 北京：现代出版社，1999：130.

会史、学术史、阅读史的研究领域，寻求跨学科的整体理解，发挥图书馆史与思想史中客观实证、归纳演绎、比较分析和逻辑思辨的优良传统，注重考辨源流，史论结合。从《辛亥以来藏书纪事诗》这一视角，对西学东渐时代背景下的私人藏书思想及特征进行全方位的探讨，将西方学术史的实证研究与规范性研究结合起来，既把握宏观脉络，又关注细微末节。同时，采用比对、统计的方法，通过多角度比较，科学揭示不同地域、不同类型藏书家的特色，体现区域藏书史的特点以及在中国藏书史中的地位和价值。

1.4 创新之处

第一，选题新。近代以来，西学东渐，藏书风貌逸出旧格，朴学消顿，渐乏通人。藏书家乃往往为学者，观其藏书之事，可间知一代学术演变。期冀透过伦明《辛亥以来藏书纪事诗》的个案研究，从一个侧面透视和反观近代藏书思想和学术之变迁；并通过对其进行多元化解读与诠释，为经典复苏、弘扬传统略尽微薄之力。

第二，视角新。《辛亥以来藏书纪事诗》记录辛亥以来藏书风貌，既为藏书研究确立典范，又与西方藏书思想交汇合流，亦为传统学术之总结与近代转型做一折射。书为古今学术之载体，藏书家多为一代学者，藏书史亦即学术史。本书以《辛亥以来藏书纪事诗》为切入点，并将《清儒学案》《清史稿》等中与《辛亥以来藏书纪事诗》中所载史实相对照，尽考镜源流之力，俱知学术之衍变，因而具有弥补学术研究之不足的创新意义。

第三，方法新。本书试将藏书史、思想史和图书馆学、阅读学等学科的研究方法相结合，在全面掌握史料的基础上，与时代思潮大势相关照，从大量史实中提析出学术思想和理论，通过跨学科研究方法的整合，既探究近代私人藏书家的藏书思想和文化内涵，又审视藏书与学术发展、社会文化变迁的互动关系，这既是创新点，也是难点。

| 第 2 章 |

伦明和他生活的时代 [1]

2.1 求学应试（1878 ~ 1908）

1878 年（清光绪四年），伦明出生于广东东莞中堂望溪乡，字哲如，又作哲儒、喆儒、节予，人称哲翁。这一年是英法联军劫掠圆明园，侵入北京后的第 18 年，也是第一次鸦片战争爆发后的第 38 年。38 年前，英国发动了鸦片战争，并迫使战败的清王朝与其先后签订了丧权辱国的《南京条约》和《虎门条约》，割让领土，开放口岸，让出主权，给英国等西方列强以片面最惠国待遇。与此同时，美国和法国也趁火打劫，强迫清政府与他们分别签订了包括扩大领事裁判权、片面协定关税等内容在内的《望厦条约》和《黄埔条约》。从此，中国从一个独立自主、领土完整的社会一步步地变成了一个半殖民地半封建社会。到伦明出生之时，由于西方列强的不断侵略，尤其是清王朝在第二次鸦片战争中的再次惨败，这种半殖民地半封建社会状况更深了。伦明出生之后，西方列强又多次发动侵略战争，其中比较大的战争就有 1884 年的中法战争、1894 年的中日战争、1900 年的八国联军战争，每次战争都极大地损害了中国主权，给中国人民带来了沉重灾难，使中华民族面临着日益严重的生存危机。

---

[1] 本章的写作参考了罗志欢老师的《伦明评传》（广东人民出版社 2014 年版）的有关内容，特此说明并致谢。

　　当然，自西方列强侵入中国，力图把中国变为他们的殖民地半殖民地的那天起，一些中国人也开始了向西方寻找救国救民真理的艰难历程。第一次鸦片战争爆发前夜，钦差大臣林则徐为了了解和研究西方国家的情况和动态，组织幕僚翻译了英人慕瑞的《地理大全》，经他润色，编成《四洲志》。继林则徐之后，魏源、姚莹、徐继畬、梁廷枏等人于战争后不久也分别编写了介绍和研究西方国家的政治、经济、军事、教育、文化等各方面情况的《海国图志》《康輶纪行》《瀛环志略》《海国四说》等著作，魏源提出了"师夷长技以制夷"的主张。进入十九世纪五、六十年代，冯桂芬在他的《校邠庐抗议》中根据自己对西方的了解，认为中国"人无弃才不如夷，地无遗利不如夷，君民不隔不如夷，名实必符不如夷，船坚炮利不如夷"，并主张采西学，制洋器，进行政治、经济、军事、教育等一系列改革。几乎同时，太平天国干王洪仁玕依据自己流亡香港期间对资本主义的认识，向天王洪秀全提出了一个具有鲜明的西方色彩的统筹全局的方案——《资政新篇》。接着，湘、淮军统领曾国藩、左宗棠、李鸿章等人，在朝廷恭亲王奕䜣的支持下，开始引进西方机器，兴办军事和民用工业，编制新式海陆军，派留学生去西方留学，开始所谓洋务运动。随着洋务运动的兴起和开展，一些积极从事或依附洋务事业的开明士大夫，愈来愈对曾、左、李等人只主张引进西方科学技术，而反对向西方学习，对中国传统的政治经济和教育制度不进行改革的做法感到不满，成了中国早期的维新思想家或维新派，其主要代表人物有王韬、薛福成、马建忠、郑观应等。他们的代表性著作分别为《弢园文录外编》《筹洋刍议》《适可斋记言记行》和《盛世危言》。早期维新思想家不仅具有强烈的反对外国侵略、希望中国独立富强的爱国思想，而且还有一定程度的反封建专制制度的民主思想，他们在自己的著作中对西方的君主立宪制度和国会制度作过较为详尽的介绍。到了甲午战争后，以康有为、梁启超为代表的维新派登上历史舞台，发动和领导了戊戌变法运动，他们要求兴民权，设议院，变革封建专制制度，发展资本主义工商业和文化、教育事业，而发展教育的主要内容是改科举，废八股，兴学校，维新运动中最重要的教育改革成果之一 ——京师大学堂于 1898 年 8 月 9 日正式开办。此前，梁启超起草了《京师大学堂章程》，这一章程于 1898 年 7 月 3 日以总理衙门名义奏上，光绪帝即于当日批准，"即著照所议办理"。章程规定了京师大学堂的性质和地位，强调"京师大学堂，为各省之表率，万国所瞻仰，规模当极宏远，条理当极详密，不可因陋就简，有失首善体制"；同时，规定京师大学堂是全国最高学府和全国最高教育行政管理机构，"各省学堂皆当归大学堂统辖，一气呵成。一切章程功课，皆当遵依此次所定，务使脉络贯注，纲举目张"。为了给大学堂提供生源并达到维新派所期望的普及学校教育的目的，章程要求各省迅速开办中小学堂，"务使一年之内，每省每府每州县皆有学堂"。还要编写大学、中学、小学三级教科书，除供大学堂学生使用外，"请旨颁行各省学堂"。章程还规定了京师大学堂的管理体制，设置管学大臣、总教习、分教习、总办、提调等职。京师大学堂是中国第一所近代新式高等学校，也是晚清中央设置的第一个新式教育行政管理机构。它的创立对全国教育改革和教育现代化产生了很大的示范和推动作用。如 1898 年 7 月 10 日，光绪帝谕令对各省府厅州县由书院改成的"兼习中学西学之学校"，"皆颁给《京师大学堂章程》，令具仿照办理"[1]。在京师大学堂创设的推动下，各地纷纷设立学堂，或将书院改为学堂。据统计，从 1895 年到 1898 年，全国共兴办学堂 150 多所，其中"百日维新"期间就达 106 所，估计学生总数达 1 万人。尽管后来因戊戌政变的发生，大规模兴办学堂的热潮虽不复存在，但已经兴办的这些新式学堂大多数都被保留下来，其中也包括京师大学堂[2]。1900 年夏，八国联军入侵北京期间，京师大学堂遭到破坏，7 月 9 日，慈禧下令停办京师大学堂。

　　伦明就是在这样的时代背景下开始了他的读书生活的。1884 年，其父伦常补授为江西崇仁知县。伦明 10 岁时（1887 年），与兄弟及叔叔等六人就读于崇仁县筲斋。12 岁时（1889 年），因父亲病卒，回到故乡东莞。17 岁时（1894年），入县庠，旋补廪生。19 岁前后，拜康有为为师，执弟子礼，开始接受一些新观念、新思想。

　　1901 年（光绪二十七年），24 岁的伦明参加了乡试。本来，这次乡试应在 1900 年举行，但由于义和团运动的发生以及接踵而来的八国联军的侵华战争，

---

[1]　[清] 朱寿朋. 光绪朝东华录（四）[M]. 北京：中华书局，1958：4126.

[2]　桑兵. 晚清学堂学生与社会变迁 [M]. 北京：学林出版社，1995：40.

被推迟到第二年才举行，而且举行的省份也只有甘肃、广东等五省。在这次乡试中，伦明以第九十名的成绩考中举人。中举不久，即被"拣发"为广西知县。依照清制，各省总督、巡抚、提督、总兵大员，如果部下出现空缺，有权奏请朝廷在候选人中，择其合格者，归其补用，称为"拣发"。但伦明赴广西不到半年，不知何故即"假归"。

面对义和团运动尤其是八国联军侵华战争引起的空前严重的社会危机和民族危机，曾绞杀了戊戌变法的清王朝最高统治者慈禧终于认识到"欲救残局，惟有变法"。1901 年 1 月 29 日，在八国联军进攻北京的炮火中逃亡到西安的她遂以光绪帝的名义颁布"上谕"，明令内外大臣就国家变法新政事宜"各举所知，各抒己见"[1]。同年 2 月，在以光绪帝名义颁布的"自责之诏"中，又一次重申了力行新政，实行变法之意。4 月，清政府设立督办政务处，作为变法新政的商议和指导机构。到 8 月 20 日，就在慈禧与光绪帝离开西安"回銮"前四天，清政府以慈禧名义颁布决心变法的"懿旨"。由此，清王朝开始了所谓"新政"。而开始"新政"的第一件事，就是于 1901 年 12 月 1 日，正式下令恢复因八国联军的入侵北京而被迫停办的京师大学堂，并任命著名教育家张百熙为管学大臣。管学大臣既是京师大学堂的校长，又是全国教育行政机关的长官。张百熙任职后即开始组织和主持制订了《京师大学堂章程》《考选入学章程》《高等学堂章程》《中等学堂章程》《小学堂章程》和《蒙学堂章程》，这一系列章程于 1902 年 8 月奏上，总称为《钦定学堂章程》。这是中国近代最早制定的统一学制。因 1902 年为农历壬寅年，故又称"壬寅学制"。其中《钦定京师大学堂章程》在学科及课程的设置上，以日本大学的分科为效仿对象，分为"七科"，即"政治科第一，文学科第二，格致科第三，农业科第四，工艺科第五，商务科第六，医术科第七"[2]。"政治科"包括政治学和法律学两门学科；"文学科"包括经学、史学、理学、诸子学、掌故学、词章学、外国语言文字学七门学科；"格致学"包括天文学、地质学、高等算学、化学、物理学、动植物学六门学科；"农业科"包括农艺学、农业化学、林学、兽医学四门学科；"工艺科"包括土木工学、机器工学、造船学、造兵器学、电气工学、建筑学、应

---

[1]　[清] 朱寿朋. 光绪朝东华录（四）[M]. 北京：中华书局，1958：4602.

[2]　张百熙. 钦定学堂章程：钦定京师大学堂章程 [M]. 湖北：湖北业务处，1903.

用化学、采矿冶金学八门学科;"商务科"包括簿计学、产业制造学、商业语言学、商学法、商业史学、商业地理学六门学科;"医术科"包括医学、药学两门学科。大学堂的学制三至四年,毕业后可升入大学院(即相当于后来的研究生院)深造,并给予进士出身。考虑到大学堂初办,没有合格的学生来源,于是张百熙提出了一个融通的办法,即先暂不设专门分科,先设一个"高等学堂",作为升入大学专门分科的"预备科"。预备科的课程分为政、艺两科,政科包括经史、政治、法律、通商、理财;艺科包括声、光、化、农、工、医、算学。预科学制三年,毕业后可升入大学专门分科,并给予举人出身资格。张百熙又考虑到"国家需材孔亟""士大夫求学甚殷""欲收急效而少弃材",则兴办"速成教育",即在大学预备科外,再设一"速成科"。速成科分两门,一是"仕学馆",一是"师范馆",并对两馆学生的报考资格作了规定:"凡京官五品以下八品以上,以及外官候选暨因事留京者,道员以下,教职以上,皆准应考,入仕学馆。举、贡、生、监等皆准应考,入师范馆。"为做好招生工作,京师大学堂向全国各省督抚发出通知,要求地方积极配合和支持。师范馆招考学生的方式有二:一是自愿报考,在京直接举行考试;二是由各省择优保送,通过复试再决定录取与否。

"假归"在家的伦明闻悉京师大学堂复办的消息后,决定报考,便偕三弟伦叙及堂弟伦鉴北上,住在北京"烂面胡同"(后改名为"烂缦胡同")东莞会馆。1902年(光绪二十八年)9月13日,京师大学堂速成科仕学馆和师范馆举行首次招生考试,考试的科目有修身伦理大义、教育学大义、中外史学、中外地理学、算学、物理、化学、外文八门。考试结果,仕学馆录取学生38名,师范馆录取学生56名。伦明以举人身份参加考试,并以第一名的成绩被师范馆录取。其三弟伦叙和堂弟伦鉴报考的则是京师同文馆,也都被录取。这年(1902年)12月,同文馆并京师大学堂。次年(1903年)5月改名京师译学馆。伦叙、伦鉴等39人由译学馆拨入师范馆,和伦明一样,也成了师范生。

当时的清政府对于师范教育很重视,师范生不仅食宿全由公家供给,而且条件非常好,宿舍和自修室都很宽敞,伙食也十分讲究,"早餐是粥和面食。中晚两餐,每桌八人,六菜一汤。冬季四菜一火锅,荤腥俱全"。每人冬夏两季,还各发一套操衣以及青衫、靴子等物。学生的月考成绩,也分别有数元或十数元的奖励。《钦定京师大学堂章程》明文规定，凡师范出身（指待遇和毕业后的出路）一项，系破格从优，以资鼓励。除朝廷给予的优厚待遇外，各省政府也对京师大学堂学生发放一定的生活津贴。据《两广总督陈明在京粤生津贴事咨学务处》（光绪三十一年四月二十三日）所云："据督办两广学务处、广东布政使胡湘林、特用道张鸣崎详称，窃照京师大堂师范馆学生举人伦明、廪贡生姚梓芳、拔贡生张达瑺、廪生陈发檀、附贡生何炎森等五名，均由本处照案每人每月支给津贴银二十两，自光绪二十九年十一月起，支至光绪三十年六月止……兹再由本处所收裁节各书院经费项下支出银九百两，为该师范生伦明、姚梓芳、张达瑺、陈发檀、何炎森等五名光绪三十年秋冬二季暨光绪三十一年春季津贴。"又据《两广总督详明在京粤生津贴办法》（光绪三十一年四月二十三日）记载："唯查从前京师大学堂学生津贴，计分三起：第一起，为咨送之师范生黄嵩裴、曹冕、廖道传、朱兆燊四名，系由善后局筹解，已汇寄至三十一年六月止；第二起，为咨送之师范生关庆麟、潘敬、罗正阶、陈伯骅、卢崇恩、程祖彝、胡祥麟七名，亦系由善后局筹解，已汇寄一年津贴，唯自何月起，至何月止，移内未经声叙；第三起，为考取之师范生伦明、姚梓芳、张达瑺、陈发檀、何炎森五名，系由本处在所收裁节各书院经费下支拨，已汇寄至三十一年二月止。以上三起，每人月给二十两，共三百二十两，善后总局月应解银二百二十两，本处月应解银一百两。现奉改章，每月加组八十两，按名匀摊，自应遵照宪台札饬，核定截止起支月日，以清界限。"由此记载可知，伦明的生活津贴是按朝廷所颁布条令支拨的。

清政府给予师范生的优厚待遇，实际上是当时新式教育起步阶段师资力量严重缺乏的反映。如前所述，1902 年张百熙就任管学大臣后，即主持制订了中国近代最早的统一学制——"壬寅学制"。壬寅学制将学校体系在纵向分为三段七级：第一阶段为初等教育，包括蒙学堂 4 年，寻常小学堂 3 年，高等小学堂 3 年；第二阶段为中等教育，设中学堂一级，4 年；第三阶段为高等教育，包括高等学堂或大学预科 3 年，大学堂 3 年，及不定年限的大学院。该学制在横向则设实业学堂和师范学堂：与高等小学堂平行的是简易实业学堂；与中学堂平行的是中等实业学堂、师范学堂；与高等学堂平行的是高等实业学堂、师范馆和仕学馆。壬寅学制已提出国民义务教育，并重视实业教育和师范教育。

为吸引学生,还给学堂学生赏以科举功名。壬寅学制奏上后,张百熙希望朝廷"饬下各省督抚责成地方官核实兴办"[1]。但由于"有学制本身存在的问题,也有清朝廷内部权力之争的原因"[2],该学制并未施行。1903 年,清政府命张百熙、张之洞、荣庆重新拟定学堂章程,1904 年 1 月颁布推行。这些章程包括《初等小学堂章程》《高等小学堂章程》《中学堂章程》《高等学堂章程》《大学堂章程》《蒙养院及家庭教育法》《初级师范学堂章程》《优级师范学堂章程》《初等农工商实业学堂章程》《中等农工商实业学堂章程》《高等农工商实业学堂章程》《实业教员讲习所章程》《译学馆章程》《进士馆章程》《各学堂管理通则》《各学堂奖励章程》《各学堂考试章程》《学务纲要》等,总称《奏定学堂章程》,因 1904 年 1 月是农历癸卯年十一月,故又称"癸卯学制"。

癸卯学制不同于壬寅学制,它不再拘泥于中国古代学制,而是比较全面地引进了日本学制的学校种类及年限划分,形成了与日本基本相同的学校系统。它将学校系统纵的方面仍分为三段六级:第一段为初等教育,分二级,包括初等小学堂 5 年(7 ~ 12 岁),"以启其人生应用之知识,立其明伦理爱国家之根基,并调护儿童身体,令其发育为宗旨"。初等小学堂设于府、州、县各城镇,有官立、公立和私立三种形式。高等小学堂 4 年(12 ~ 16 岁),"以培养国民之善性,扩充国民之知识,强壮国民之气质为宗旨",以州县立为原则,也分官立、公立和私立三种。第二段为中等教育,设中等学堂一级 5 年(16 ~ 21 岁),"以施较深之普通教育,俾毕业后不仕者从事于各项实业,进取者升入各高等专门学堂均有根柢为宗旨",以府立为原则,鼓励有条件的州县设立。第三段为高等教育,分三级,包括高等学堂或大学预科 3 年,大学堂 3 年至 4 年,通儒院 5 年。高等学堂以"普通中学堂毕业愿求深造者入焉,以教大学预备科为宗旨",其学习科目因将要升入的大学不同而分为三类:第一类预备入经学科、法学科、文学科、商学科等大学,主要学习人伦道德、经学大义、中国文学、外国语、历史、地理、辩学、法学、理财学、体操等;第二类预备入格致科、

---

[1] 张百熙.进呈学堂章程折 [M]//舒新城.中国近代教育史资料(上册).北京:人民教育出版社,1961:196.

[2] 彭平一.张百熙与晚清教育改革 [J].船山学刊,2002(1).

工科、农科等大学，主要学习人伦道德、经学大义、中国文学、外国语、算学、物理、化学、地质、矿物、图画、体操等；第三类预备入医科大学，主要学习人伦道德、经学大义、中国文学、外国语、拉丁语、算学、物理、化学、动物、植物、体操等。要求各省城设立一所高等学堂。大学堂 "以谨遵谕旨，端正趋向，造就通才为宗旨"，以 "各项学术艺能之人才足供任用" 为成效。分设八科，称为分科大学堂。八科是：经学科大学、政治科大学、文学科大学、医科大学、格致科大学、农科大学、工科大学、商科大学。各科之下又分设若干门。京师大学堂须八科齐全，外省大学堂至少须设三科。通儒院 "以造就通才为宗旨"，以 "中国学术日有进步，能发明新理以著成书，能制造新器以利民用为成效" [1]。通儒院是全国最高学府，设于京师大学堂内，属研究院性质。另外学龄前教育有蒙养院，但不纳入学校系统，实行蒙养家教合一的宗旨，规定有条件的省、府、州、县及大的市镇均需设一所蒙养院。

此后，清政府又对癸卯学制作了一些修订和完善，相继颁布了《留学章程》《女子小学堂章程》《女子师范学堂章程》等，这一学制一直沿用至清朝灭亡。癸卯学制以法律形式确立了中国传统教育向近代教育的转变，是中国第一个正式推行的近代学制，它的颁布，标志着中国近代新学制的初步建立，并从此奠定了中国近代学制的基本模式。它近效日本，远法西方，打破了中国传统的教育制度，突破了科举制下国家教育与政府官员选拔合为一体的机制，确立了近代国民教育和人才培养的体系，使教育与社会经济、文化、人民生活的发展联系在一起，极大地促进了新式学堂的发展。

表 2.1 1903 ～ 1911 年新式学堂和学生的数量统计

年份	1903	1904	1905	1906	1907	1908	1909	1910	1911
学堂数	769	4476	8277	23862	37888	47995	59117	42696	52500
学生数	31428	99475	258873	545338	1024988	1300739	1639641	1284965	缺

资料来源：王笛《清末近代学堂和学堂数量》《史学月刊》1986 年第 2 期

---

[1] 以上引文均见朱有瓛. 中国近代学制史料（第二辑上册）[M]. 上海：华东师范大学出版社，1987：174.382.570、770.

    各类学堂的普遍开设使师资的需求大大增加，为了给各类学堂培养合格师资，清朝廷更加注重师范教育。在"癸卯学制"中，非常强调师范教育的重要性，认为"办理学堂，首重师范"，"宜首先急办师范学堂"，"开通国民知识，普施教育，以小学堂为最要；则是初级师范学堂，造就教小学之师范生，尤为办学堂者入手第一义……优级师范学堂在中国今日情形亦为最要，并宜接续速办"。[1] 因此，癸卯学制中制订了《初级师范学堂章程》和《优级师范学堂》以及《任用教员章程》。同时规定各地还应在系统学制之外举办简易师范科和师范传习所等师资培养、培训机构，并给予师范生一定的优厚待遇。"癸卯学制"颁布后，师范教育得到了飞速发展，各地纷纷创办各类各级师范学堂。1907 年，全国有师范学堂 553 所，学生数 36608 人；1908 年有师范学堂 595 所，学生数 33624 人；1909 年有师范学堂 427 所，学生总数达 29126 人。表面上看，1909 年与前两年相比，师范学堂数和学生数都减少了，但这主要是初级师范的简易科和师范传习所、讲习科等速成性质的师范教育机构减少所致。比如说，1909 年简易科是 112 校，比 1907 年的 179 校减少 67 校，1909 年的讲习所是 182 校，比 1907 年的 276 校减少 94 校（均不包括京师地区）。相反，1909 年优级师范完全科有 8 校，而 1907 年只有 2 校。[2] 所以就绝对数字而言，似乎有所减少，但程度却大大提高了。

    1903 年（光绪二十九年）11 月 18 日，京师大学堂师范馆举行开学仪式。据这年 11 月的《京师大学堂同学录》记载，师范馆共有学生 195 名，其中广东籍学生 24 名，学生来源主要有三种，一种是招考，即参加在京举行的招生考试被录取者；二是咨送，即由各省选择保送者；三是拨入，即由译学馆直接拨入者。在广东籍的 24 名师范生中，通过考试被录取的有 6 人，咨送的有 11 人，由译学馆拟人的有 7 人，伦明属于招考生。师范馆学生的课程安排，第一学年是普通课，包括外语、国学等。从第二学年起开始分科，共分四科，第一科，

_____

[1] 张百熙，等.学务纲要 [M]// 舒新城.中国近代教育史资料（上册）.北京：人民教育出版社，1961：200-201.

[2] 据学部总务司编：《光绪三十三年份第一次教育统计图表》《光绪三十四年份第二次教育统计图表》和《宣统元年份第三次教育统计图表》有关数据综合统计，引自田正平：《中国教育史研究》，第 180 页。

国文、外国语（在英语、法语、德语中自选一语，分班授课）；第二科，中外历史、地理；第三科，物理、化学、数学；第四科，动物、植物、矿物、物理、卫生、农学、园艺，总名为博物科。伦明是第二科学生，学习中外历史、地理和英语。1907 年（光绪三十三年）伦明从京师大学堂师范馆毕业。

其间（1903 ~ 1904 年），伦明曾到过河南开封。据《伦明评传》的作者罗志欢的说法，他去河南开封的目的"可能"有二：一是陪他三弟伦叙参加癸卯顺天乡试，二是他自己参加甲辰科会试[1]。实际上，无论是癸卯顺天乡试还是甲辰科会试，都是中国科举考试的最后绝唱。众所周知，在中国传统教育制度中，科举是学校教育的灵魂，学校教育则是科举的附庸。这种旧的教育制度已经成为人才成长和选拔的严重障碍，也是举办新式学堂的主要障碍。因此，早在戊戌变法期间，维新派将废除八股、改革科举考试作为改革旧的教育制度的突破口。从著名的公车上书开始，康有为一再奏请光绪皇帝改革科举制度。1898 年 6 月 17 日，他在《请废八股折试帖楷法试士改用策论折》中力陈："今变法之道万千，而莫急于得人才；得才之道多端，而莫先于改科举；今学校未成，科举之法未能骤废，则莫先于废弃八股矣。"他还列举了八股考试的种种弊端，甚至认为"中国之割地败兵，非他为之，而八股致之也"[2]。梁启超也强调："顷者强敌交侵，割地削权，危亡岌岌，人不自保……推求本原，皆由科第不变致之也。"因此，他建议光绪皇帝"停止八股试帖，推行经济六科，以育人才而御外侮"[3]。严复则在《救亡决论》中痛斥八股有"锢智慧""坏心术""滋游手"三大祸害，认为"今日中国不变法则必亡"，"然则变将何先？曰：莫急于废八股"[4]。正是在维新派的推动下，光绪帝终于迈出了科举制度改革的第一步。1898 年 6 月 23 日，光绪帝发布上谕，令"自下科为始，乡会试及生童岁

[1] 罗志欢.伦明评传[M].广州：广东人民出版社，2014：16.

[2] 康有为.请废八股试帖楷法试士改用策论折[M]//汤志钧.康有为政论集.北京：中华书局，1981：268、270.

[3] 梁启超.公车上书请变通科举折[M]//梁启超.饮冰室合集·文集之三.北京：中华书局，1989：20.

[4] 严复.救亡决论[M]//中国史学会.中国近代史资料丛刊：《戊戌变法》（3）.上海：上海人民出版社，1957：60.

科各试，向用四书文者，一律改试策论"，6 月 30 日，光绪帝又准御史宋伯鲁奏，"着将经济岁科归并正科，各省生童岁科立即改试策论"。7 月 19 日又准张之洞、陈宝箴奏，并于 7 月 21 日颁谕令重申"嗣后一切考试，均以讲求实学实教为主，不得凭借楷法之优劣为高下"。这一改革尽管没有完全废止科举考试，也因为戊戌政变的发生而并未真正实行，但却起到了重要的文化和政治导向作用，同时也成了以后科举制废除的先声。

20 世纪初的新政期间，科举改革的话题又再度提了出来。当慈禧在西安发布"新政"上谕，要求内外大臣就新政问题"各举所知，各抒所见"时，很多地方督抚提出了改革科举的主张。综合这些建议，清朝廷于 1901 年 8 月 28 日颁布诏令，对科举制进行改革。各科考试都要考中国政治史事和各国政治艺学策论，虽然还要考四书五经义，但"凡四书五经义均不准用八股文程式，策论均应切实敷陈，不得仍前空衍剿窃"。[1] 这一诏书不但在内容上，而且在语气上都与戊戌年的废八股之诏如出一辙，实际上是恢复了戊戌新政改革科举的内容。

然而，20 世纪初年，新式教育的发展与戊戌年间已不可同日而语，对科举制度的部分改革已经不能适应 20 世纪时代的要求。1903 年 3 月，张之洞会同袁世凯上疏奏请进一步改革科举制。他们认为，朝廷"诏各行省普立学堂"，"而起视各省，大率观望迁延，否则敷衍塞责，或因循而未立，或立矣而未备"，究其原因，"足以为学校之敌而阻碍之者，实莫甚于科举"，"是科举一日不废，即学校一日不能大兴；学校不能大兴，将士子永远无实在之学问，国家永远无救时之人才，中国永远不能进于富强，即永远不能争衡于各国"。因此，他们建议，科举考试"今纵不能骤废，亦宜酌量变通，为分科递减之一法"。具体的办法是"将各项考试取中之额，预计均分，按年递减：学政岁科试，分两科减尽；乡会试分三科减尽。即以科场递减之额，酌量移作学堂取中之额"。[2] 这实际上是一个分年逐步废除科举考试的建议，可惜这一建议在批转"政务处会同礼部妥议"后就没有下文了。1904 年 1 月，张之洞又与张百熙、荣庆联衔再次上奏，建

---

[1]　[清] 朱寿朋. 光绪朝东华录（四）[M]. 北京：中华书局，1958：4697.

[2]　[清] 朱寿朋. 光绪朝东华录（四）[M]. 北京：中华书局，1958：4998-4999.

议逐步裁减科举中额。这一次清廷虽然接受了建议，但又表示要"俟各省学堂一律办齐，确著成效"后，"再将科举学额分别停止"[1]。

按照上述建议和谕令，科举中额必须三科即十年后才能减尽。面对 1904 年日俄战争爆发引起的民族危机的进一步加深和国内革命情绪的高涨，统治集团中的有识之士强烈地感觉到科举考试不能再继续下去了。于是，袁世凯会同张之洞、周馥等再次上奏指出，"现在危迫情形，更甚曩日，竭力振作，实同一刻千金。而科举一日不停，士人皆有侥幸得第之心，以分其砥砺实修之志。民间更相率观望，私立学堂者绝少，非公家财力所能普及，学堂决无大兴之望。……欲补救时艰，必自推广学校始；而欲推广学校，必自先停科举始"。因此他们建议："雷厉风行，立沛纶音，停罢科举，庶几广学育才，化民成俗。"这一奏折成为了科举制度的催命符，清廷以上谕的形式对此奏折进行了批复，这就是 1905 年 9 月 2 日宣布废除科举的上谕："著即自丙午科为始，所有乡会试一律停止；各省岁科考试，亦即停止。"[2] 这样，在中国沿袭了一千三百多年的科举制度终于寿终正寝。

无论从哪个角度来说，科举制的废除都是中国历史上的重大事件，严复曾断言："此事乃吾国数千年中莫大之举动，言其重要，直无异古者之废封建、开阡陌。"[3] 然而这一在中国历史上有着重大影响的事件在当时并没有引起剧烈的反响，既没有激烈的反对，也没有热情的欢呼。人们平静地接受了这一重大的改革。倒是传教士林乐知在废科举后不久指出："停废科举一事，直取汉唐以后腐败全国之根株，而一朝断绝之，其影响之大，于将来中国前途当有可惊可骇之奇效。"[4] 可惊可骇或许是一种夸张，但科举制度的废除对近代中国社会变迁和文化转型产生过广泛而深远的影响却是事实。

首先，科举制度的废除导致了传统的封建政治权力结构的变化和权力重心的下移。士大夫对于皇权的那种敬畏感和归属感也急剧降低，开始失去对中央

---

[1] [清] 朱寿朋. 光绪朝东华录（五）[M]. 北京：中华书局，1958：5128—5129.

[2] [[清] 朱寿朋. 光绪朝东华录（五）[M]. 北京：中华书局，1958：5390—5392.

[3] 江督宣言科举于明年停罢 [N]. 大公报，1905-9-1.

[4] 林乐知：《中国教育之前途》《万国公报》第 39 册，华文书局影印本，总 24014 页。

政府的向心力。一部分已经有了功名的士绅开始把目光和精力投向地方，借清政府开办新政之机，利用他们在社会上的影响和声望，直接同清朝中央政府分庭抗礼。这便形成了皇权与绅权的对立，并使绅权的扩张成为瓦解清王朝统治基础的重要因素。另一方面，大量的知识分子因对清政府失去信心转而投向革命。科举制度废除后仅仅六年，清王朝便在辛亥革命的枪炮声中土崩瓦解了，这是耐人寻味的。可以说，科举制度的废除，加速了清王朝的垮台。

其次，科举制度的废除导致了"士"阶层的急剧分化和解体。在传统的"士、农、工、商"社会结构中，士作为四民之首有着独特的社会地位。士人的地位必须通过科举考试获得功名或官职方能取得，因此"科举曾充当过传统中国的社会和政治动力的枢纽。这种考试是为维护儒家的国家正统的运作需要而设计的，是授予特权和打通向上层社会流动的手段" [1]。而科举制度的废除堵塞了士人入仕做官的传统途径，使他们不再拥有向上层社会流动的特权。这一方面使士人阶层不再有新的补充来源而渐进性地归于消亡；另一方面，原有的士人阶层也由于失去了向官僚集团流动的特权而只能流向其他的社会阶层，虽然在一段时间里，原来的士人阶层还在社会上居主导地位，但是这种主导地位不再是科举制度授予他们的特权，而只是由于社会变迁给他们提供了机会，他们的主导地位不再体现于传统社会结构中，而是体现于新的社会结构中。他们社会地位和社会角色的转变，正说明这一传统阶层的消亡，也说明了以士为首的传统"四民"社会结构的瓦解。

再次，科举制度的废除导致了社会价值观念的进一步转变。科举制度以儒家思想为内核。在这一制度下，"道形于上，器形于下"，即重人伦、斥技艺的价值观成为影响士人阶层人生追求的主要思想资源。这一价值观又通过科举制度被不断地复制和强化，成为整个社会的主要价值取向。人们尤其是士子们，鄙视科学知识，不屑于学习科学知识。加上八股文章的束缚，他们"心都蒙了，耳都塞了，眼都遮了"。因此，中国科学技术在明清之时大大落后于西方资本主义国家，进而又导致国内生产力水平低下，并严重影响社会经济的正常发展。

[1] [美]吉尔伯特·罗兹曼. 中国的现代化 [M]. 国家社会科学基金比较现代化课题组，译. 南京：江苏人民出版社，2003：229-230.

科举制度废除后，"重经义、斥技艺"的传统价值取向被打破，人们纷纷从"读书做官"的思想中解放出来，开始走向广阔的社会，从事农工商等各种近代职业。1910 年前江苏省旧式士人从事实业者占总数的 30.4%，新学堂毕业生与归国留学生从事实业者更是占总数的 37%[1]。与此同时，专门学校、实业学校也在全国各地如雨后春笋般地兴起，更有力地促进了经济的发展。从 1905 年到 1909 年，全国已有农业、商业、工业等专门学校 16 所，学生 1881 人，实业学校 254 所，学生 16649 人。1909 年全国各地有农业学校 95 所，工业学校 64 所，商业学校 42 所。1911 年全国各地有农业专科学校 5 所，工业专科学校 10 所，商业专科学校 5 所。民国初年，全国各地各级各类专门学校达 30 多所，每年在校学生 6000 人左右；实业学校 500 多所，每年在校学生 30000 人左右[2]。这些学校的毕业生大多流向农工商、金融、交通等部门，成为各地经济建设的生力军。譬如 1907 年前湖北省各实业学堂毕业生中，有不少人曾担任实业司长、建设厅长、铁路工程师、火车站长、交通次长、农商部参事、农棉试验场场长、会计司长、路矿经理等职务[3]。

　　当然，科举制度废除的最直接影响是促进了新式教育的发展。科举制度将学校教育径直与科举入仕接轨，倡导"学而优则仕"，从而扭曲了教育的本质精神，扼杀了人的全面发展。这正是中国传统封建教育的最大弊端。尽管在鸦片战争后，特别是洋务运动后，近代新式教育已经出现，并有了一定的发展。但是，因科举制度的羁绊，近代新式教育发展艰难。人们虽然"竞言开学堂"，但"不知学堂为何事"。即使像上海、南京、苏州等地"最著名"的大学堂，其情形也相当糟糕。"陆师学生派充师范，八股专家支持讲席；以格言语录为课本者有之，以夏楚击碎学生首者有之"[4]。因此，废除科举制度就成为了进行教育改革、发展近代新式教育的关键所在。废科举后，教育改革取得了突破性

[1]　王树槐. 中国现代化的区域研究——江苏省 [M]. 中国台北：台北"中央研究院"近代史所，1984：534-535.

[2]　王先明. 近代新学——中国传统学术文化的嬗变与重构 [M]. 北京：商务印书馆，2000：295.

[3]　苏云峰. 中国现代化的区域研究——湖北省 [M]. 中国台北：台北"中央研究院"近代史所，1981：468-479.

[4]　侯生. 哀江南 [M]// 辛亥革命前十年间时论选集：第 1 卷（下册）. 北京：三联书店，1960：537.

进展，新式教育迎来了大好的发展时机。全国各地出现一股兴学热，学堂数量直线上升，学生群体急剧壮大。

伦明从京师大学堂师范馆毕业时 30 岁，以平均分数 76.87 分，被评定为优等。伦明原系举人出身，如前所述，他是以举人身份报考京师大学堂师范馆的，京师大学堂毕业时，由于他成绩优秀，根据清政府废除科举后的变通方法，又被授予举人衔。因此，他成了双举人。这是清末才有的一种独特现象。或许是年龄偏大的原因，他没有继续升读大学本科；也或许是受了废除科举制度的影响，他也没有听从清政府的安排，到广西去候补知县，而是回到了广州，开启了新的人生历程。

2.2 入仕从政（1908 ～ 1917）

1906 年（光绪三十二年），即伦明从京师大学堂毕业之前一年，时任两广总督的岑春煊合并两广游学预备科馆和广州译学馆，创建了两广方言学堂。这是清末时期两广地区较为完备的一所学习外语的学校。著名教育家陈黻宸出任学堂督监。伦明在京师大学堂师范馆读书时，陈黻宸是该馆的教习，因此与伦明有师生之谊。从京师大学堂毕业回到广州后，伦明即被陈黻宸聘请为两广方言学堂教务长兼经济科教授，佐理一切校务。1909 年（宣统元年），广东学务公所于省会广州开办了两所高小，即西区和东区模范小学。伦明被聘为西区模范小学校长。但由于他在两广方言学堂有任职，所以基本上不管校务，校务主要由马季海代理。

1910 年（宣统二年），陈黻宸离开两广方言学堂返回老家浙江，继任监督隗文云解除了伦明的教务长职务。不久，两广方言学堂发生拒隗风潮，学务公所怀疑是受伦明指使，伦明因此连西区模范小学的校长也无法继续当下去了。不得已，他提出辞呈，并于是年 9 月入两广总督张鸣岐幕。

1911 年（宣统四年）三、四月间，伦明离开广州北上，回到了他曾求学过的北京。此时，已是辛亥革命前夜。先是于 1905 年，孙中山联合黄兴、宋教仁等人，在兴中会、华兴会、光复会等革命小团体的基础上，成立了清末第一个全国性的资产阶级革命派政党——同盟会，并提出了以"驱逐鞑虏，恢复中华，创立民国，平均地权"为内容的"三民主义"革命纲领。同盟会成立后，先后领导和发动一系列武装起义，给清王朝以沉重的打击，尤其是 1911 年广州"三·二九"之役（黄花岗之役），虽然使同盟会丧失了一大批骨干和优秀分子，但这次起义鼓舞了全国人民的斗志，推进了本已日益成熟的全国性革命高潮的到来。与此同时，以梁启超为代表的立宪派，为推动清政府加快其立宪步伐，速开国会，实行真正的立宪，于 1909 年 10 月到 1910 年 11 月间，发动了三次全国性的大规模的国会请愿运动，但这三次全国性的大规模的请愿运动都归于失败。三次全国性的大规模的国会请愿运动失败后，1910 年 12 月到 1911 年 1 月，东三省又发动了第四次请愿，但这次请愿失败得更惨，东三省的请愿代表刚到北京，清政府即严令民政部、步军统领衙门立即将他们"迅速送回原籍，各安生业，不准在京逗留"，并威胁说：如果再搞什么请愿，就是"聚众滋闹"，各省督抚即应"查拿严办，毋稍纵容"。随即，天津学界请愿同志会会长温世霖因"创议联合全国学界，罢学要求"，被清政府发派新疆，交地方官严加管束。至此，国会请愿运动宣告完全失败。

　　清政府在镇压了国会请愿运动之后，于 1911 年 5 月宣布建立以庆亲王奕劻为总理大臣的"皇族内阁"。本来，请愿运动的失败，已使立宪派对清政府有了失望之感，而"皇族内阁"的成立，更使他们从失望变成了绝望。当时在北京参加谘议局联合会的各省立宪派领袖和骨干分子，连续两次上折，抨击皇族内阁不合立宪精神，指出"皇族内阁与君主立宪政体者，有不能相容之性质"，并要求另简贤员，根据立宪国的通例，成立责任内阁。然而和请愿运动的结果一样，清政府不仅没有接受他们的要求，而且严词申斥他们的"议论渐进嚣张"，要他们"懔遵《钦定宪法大纲》"，对于朝廷的用人大权，"不得率行干请"。立宪派在绝望中奋力抗争，但得到的则是更彻底的绝望。绝望之余，他们中的一部分人不得不另做打算，有的人开始倾向革命，有的人则开始着手组建全国性的资产阶级立宪派政党。1911 年 6 月 4 日，亦即"皇族内阁"成立不到 1 个月，清末第一个全国性的资产阶级立宪派政党——"宪友会"在北京宣告成立。会议推举全国 18 省和八旗支部的发起人，具体名单是，广西：甘德蕃、蒙经；湖北：汤化龙、张国溶、郑万瞻；山西：梁善济、李庆芳、李华炳、李素；奉天：袁金铠；山东：周树标；江西：邹树声、宋名璋、叶先圻、罗家衡、郭志仁、谢远涵、黄远庸；福建：高登鲤、刘崇佑、林长民、林志钧；河南：方贞、王敬芳；陕西：李良材、郭忠清；四川：蒲殿俊、何耀光、胡庸章、萧湘、罗纶、李新展；浙江：汤尔和、马叙伦、陈黻宸；湖南：谭延闿；吉林：何印川；安徽：窦以珏、陶冠禹、李国松、康达；直隶：李榘、籍忠寅、齐树楷、李长生、高俊澎、张铭勋、刘春霖、王法勤；贵州：杨寿篯；广东：伦明、姚梓芳、黄节；江苏：马相伯、沈恩孚、黄炎培、汪秉忠；八旗：恒钧、文耀[1]。就上述名单来看，不少人是各地的立宪派代表人物或三次全国性的大规模的国会请愿运动的发起者和组织者，如湖北的汤化龙，福建的林长民，四川的蒲殿俊，浙江的汤尔和，湖南的谭延闿，江苏的马相伯、沈恩孚等。当然，其中也有少数的同盟会会员，如黄炎培、蒙经、郭忠清。尽管伦明既不是立宪团体的成员，也没有参加过三次全国性的大规模的国会请愿运动，但以他的影响和地位，还是被会议推举为广东支部的发起人。成立大会通过了《章程》二十五条，其基本纲领是："以发展民权、完成宪政为目的"，并在此基础上，提出了尊重君主立宪政体、促成责任内阁、整理行省政务、开发社会经济、讲究国民外交、提倡尚武教育等 6 条具体纲领。大会通过的《支部规则》规定，"总部为各支部之总机关，各支部应统属于总部"，总部与支部是领导与被领导的关系，上下级关系。在未设会长以前，其关系大致为："总部对于支部之责务：（甲）组成支部及其发达事件；（乙）通告本会一致进行事件；（丙）征求协商事件；（丁）其他关于一切通知各项事件。""支部对于总部之责务：（甲）担任本会义务；（乙）要求协商事件；（丙）担任调查事件；（丁）其他一切关于本会通知应行筹备各事件"。"各支部之目的及行动条件—依会章办理"，"各支部议决案应随时报告总部"。总部的决议支部必须执行，组织的决议个人必须执行，换句话说，组

---

[1]《申报》1911 年 6 月 10 日。同月 11 日的《时报》相同，但缺八旗发起人。8 日的《大公报》所记出入较大，湖北多出胡瑞霖；山西少李庆芳；江西少邹树声；河南多出方子杰；四川多出刘登朝，而少萧湘；浙江多出胡钟翰、刘绍宽、蔡汝霖、邵羲、陈敬第；广东少姚梓芳；贵州则无。

织原则是地方服从中央，个人服从组织："本会政策之关系国家者，由大会议决，议决后本会各部会员不得有二种以上之主张；其关系一省者，由各该本省支会议决，议决后各该支部会员不得有二种以上之主张。""本会议决案有必须以本会名义执行者，非经大会议决，不得自由行动。"凡欲入会者，必须"有选民资格，赞成本会宗旨""具有入会证书，由本会会员一人之介绍，经常务干事认定"。会员于入会时要交纳5元入会金，平时交纳月捐1元，三个月一交，如两次不交，"当然消灭会员资格"。会员"不得以本会名义为个人之行为""有反乎本会宗旨或背本会规约者，经本会议决，不认为本会会员"。这就使得"宪友会"具备了政党的基本特征。

宪友会成立不到半年，便爆发了辛亥革命。辛亥革命爆发后，宪友会内部发生分化，不少人转向革命，成了辛亥革命的参加者，也有人仍然坚持其立宪主张。而伦明则于辛亥革命发生不久，携带他在京城购得的四大箱图书回到了老家。之后，去了广西谋职，先到桂林，后到浔州，任浔郡中学堂校长。浔郡中学堂创办于1904年，是广西学生最多的四所新式中学之一。1913年改名为"浔州中学堂"。伦明任浔郡中学堂校长两年左右时间。

此时，袁世凯已篡夺了辛亥革命的胜利果实，当上了中华民国的临时大总统，并且镇压了孙中山等人发动的"二次革命"。为了进一步巩固自己的统治，实现其政治野心，袁世凯指使总统府秘书长梁士诒策划组建御用政党。1913年9月，梁士诒纠集潜社、集益社等几个小政党，发起成立了公民党，由于梁士诒是交通系的最高领袖之一，故公民党事实上是交通系掌握的政党。其主要干部有李庆芳、梅光远、权量、陆梦熊等。梁士诒在《公民党政见书》中称，公民党的政纲是"以国家权力实行政治统一，增进人民福利，为本党确信之政权，随时发表政策，求国民多数之同情"。梁士诒主张选举袁世凯为正式大总统。10月6日，在袁世凯及梁士诒的指示下，军警包围了国会议场，经过3轮投票，选出袁世凯为大总统。梁士诒因权力大而被称作"小总统"。由于梁士诒是佛山三水人，与伦明是广东老乡，比较熟悉，加上伦明之前做过"宪友会"广东支部的发起人，有一定的人脉关系，因此，这年12月底，受梁士诒的指派，伦明回广东设立公民党广东支部。不久，他与黄荣新组织报务，在《日日新报》

的旧址上，复刊《时敏报》，作为公民党广东支部的机关报。期间，伦明还与李汉桢等人一起在广州创办了《广东平报》。从伦明上述活动来，在政治上称他为袁党不为过。

1914 年 5 月，郑谦（鸣之）任广东政务厅厅长，伦明随即被郑任命为视学。视学制度始于 1912 年 1 月，以蔡元培为总长的中华民国临时政府教育部成立，下设视学处，置视学官 16 人，初步建立起现代教育的视学制度和督导体系。1913 年 1 月 20 日，教育部公布《视学规程》十七条，将全国划分为八个视学区，每视学区派视学官 2 人，定期及临时视察该区普通教育及社会教育，包括教育行政状况、教育状况、经济状况、卫生状况、执务状况、设施状况以及教育总长特命视察事项等。《视学规程》要求，视学官要"切实调查，随时报告，至视察完毕，除面陈概要外，应提出本年度之总报告书"。《视学规程》对视学官的资格也作出了规定，即有荐任文官资格并符合以下三个条件者可出任视学官："一、毕业于本国、外国大学或高等师范学校，任学务职一年以上者。二、曾任师范学校、中学校长或教员三年以上者。三、曾任教育行政职务三年以上者。" [1]1914 年 12 月，根据时任教育总长汤化龙的指示，"以各省政务厅中之教育科及视学官等组织教育厅"，教育厅下设视学官四至六人，由厅长任命，掌管全省教育事宜。伦明毕业于京师大学堂师范馆，并先后出任过两广方言学堂教务长兼经济特科教授、广西浔郡中学堂校长、广州西区模范高小校长等职，完全符合任职条件。

2.3 执教育人（1917 ~ 1938）

伦明出任广东视学官两年多时间，即 1914 年 5 月到 1916 年。1917 年 8 月，他被聘任为北京大学教授。

1916 年 12 月，蔡元培被任命为北京大学校长。1917 年初蔡元培到任后，以"兼容并包和学术思想自由"为办学方针，对北京大学进行了一系列改革，

---

[1] 宋恩荣，章咸. 中华民国教育法规选编（修订本）[M]. 南京：江苏教育出版社，2005：101-102.

使北京大学一改原来思想保守、校风腐败、生活散漫的局面，成为当时思想最活跃、学术风气最浓厚的高等学校。陈独秀就是在蔡元培的聘请下到北大担任文科学长的。陈独秀到职后，即把原来创刊于上海的《青年》杂志迁往北京大学，这使在北京大学形成一个以《新青年》为中心的新知识分子的联合体成为可能。在此前，《新青年》的作者主要是陈独秀和章士钊办《甲寅》时的作者。但是从第三卷开始，加入了许多新的作者，这些作者大多是北大的教员或学生，如李大钊、胡适、钱玄同、刘半农、沈尹默、周作人、王星拱等，这使北京大学很快成为新文化运动的中心。蔡元培还大力提倡和鼓励北大师生组织各种学会、社团，以引发他们研究学问的兴趣。据不完全统计，在蔡元培的提倡和推动下，"北大成立的各种社团有 27 个"[1]，其中也包括一些社会性、思想性和政治性的社团。如在蔡元培大力支持和倡导下成立的进德会，就以"不赌、不嫖、不娶妾"为基本戒条，以"不作官吏、不作议员、不饮酒、不食肉、不吸烟"为选认戒条，这对改良当时腐化的社会风气是起了积极作用的。为了贯彻"兼容并包和学术思想自由"的办学方针，蔡元培还把那些学有专长，而政治和文化取向不同甚至彼此对立的学者，聘请到北大担任教授，比如，思想保守者有辜鸿铭、刘师培、黄侃等人，思想激进者有李大钊、钱玄同、吴虞等人。伦明就是这一时期被聘为北京大学法预科教授的。张次溪的《伦哲如先生传》说："（伦明）民国六年再北来，任国立北京大学教授。"另据 1918 年编印的《北京东莞学会会员录》记载，伦明到京任北大教授时间是"（民国）六年八月"。

　　除任北京大学法预科教授外，伦明还兼任北京大学文科研究所国文门诗词科目教授。1917 年 11 月，为了推动学术研究，北京大学公布《研究所通则》，提出以本科各学门为基础，组建现代的学术研究机构。文科研究所随即成立，下设国文学、英文学和哲学三个研究所，三个研究所下又分别设立若干研究科目，伦明为国文门诗词科目教授，同为国文门诗词科目教授的还有刘富槐（农伯）。

　　当时的北京大学对教师的要求比较宽松，除了完成其教学和研究任务外，还可以到其他学校当兼职或到社会去兼职，如李大钊、鲁迅、周作仁等就曾兼

---

[1] 金林祥. 蔡元培教育思想研究 [M]. 沈阳：辽宁教育出版社，1994：121.

任多所学校的教授。伦明没有到其他学校兼职，而是担任了众议院议长吴景濂的秘书。吴景濂，晚年自署抱冰老人。辽宁宁远人，其祖上就是大名鼎鼎的吴三桂。三藩反正事败后，吴氏一族被迁回原籍，投于下五旗，充作站丁。1873年3月8日，吴景濂出生于现在的辽宁省兴城市（也就是清朝时期的宁远城）。在民国政坛上，吴景濂是一位举足轻重的人物，曾四次出任国会议长。其一生几度大起大落。第一次是在1912年，辛亥革命爆发后，当时任奉天咨议局议长的吴景濂借机联合奉天各界组织急进会，力谋响应，被选为会长。不久，他与革命党人蓝天蔚密议奉天独立，事泄后遭追杀。11月，吴景濂经大连赴上海，再到南京，与孙中山会晤。同月29日，作为东北的唯一代表，参加了孙中山的临时大总统选举。同时，受蔡锷支持，组建统一共和党。1912年，吴景濂到北京组织临时参议会，与袁世凯的进步党竞选。为取得竞选的胜利，统一共和党与同盟会合并成国民党。吴景濂作为国民党的创始人之一，被选为国民党的七大理事之一。4月29日，竞选成功，吴景濂被选为临时参议会议长。在他的主持下，通过了160多项法案，为民国立法奠定了基础。第二次是在1917年。1913年，袁世凯就任大总统，强迫解散国会。1916年，袁世凯垮台后国会正式复会，1917年5月，吴景濂接替辞职的汤化龙当选众议院议长。7月，张勋带兵攻入北京，扶植废帝溥仪复辟，国会重被解散。第三次也是在1917年。国会重被解散后，吴景濂南下，于是年8月就任非常国会众议院议长，组织选举孙中山为大元帅，并亲致大元帅颂辞。1918年桂系地方势力串通政学系，在国会中通过废元帅制为总裁制，排斥孙中山，对此，吴景濂十分不满，于是离开广州去了上海。第四次是在1922年。这年，吴景濂回北京出任众议院议长，帮助曹锟贿选总统，被称为"猪仔国会"。曹锟当选总统后，否认让吴景濂担任国务总理的承诺，吴景濂气愤之余悄然离开北京到天津寓居。以后几次活动复出，均未成功。"九一八"事变后，日本特务头子土肥原贤二多次请吴景濂回东北主持政务，他拒不复出。1936年，吴景濂与中共地下党会面，表明了自己的爱国立场。1944年1月24日，吴景濂在天津病逝。1955年迁葬于北京西郊八大处福国公墓。如今，在广州黄花岗七十二烈士墓旁，庄严地挺立着一棵细叶榕树，围栏石刻"众议院议长吴景濂手植"十个字。据考证，这是吴景濂于 1920 年担任非常国会议长时，为缅怀先烈而亲手所栽。吴景濂的故居在兴城古城财神庙胡同，部分房屋尚存。伦明给吴景濂当秘书，是在吴第二次担任国会议长期间，时间只有短短的三个月，即 1917 年 5 月到 7 月。

1921 年 9 月，伦明辞去北大教席。据梁启超给江翰的信中透露，伦明辞职的原因主要是"为浙派所排而去"[1]。在北大，浙派学者不仅人数众多，而且占据着一些重要的位置。时任北大教授的吴虞在日记中曾对 1923 年北大教职员名录作了一个统计，"夜阅《北大教职员录》，略为统计如下，浙江六十七人，直隶五十五人，江苏四十八人，广东二十七人，安徽二十人，湖北十八人，江西十一人，福建九人，湖南九人，四川五人，山东五人，河南四人，广西二人，山西二人，陕西一人，贵州一人，甘肃一人，奉天一人，计二百六十六人"。从上述统计可以看出，浙派学者占了北大教职员总数的 1/4。另据吴虞日记 1924 年 1 月 22 日的记载："教长张国淦已发表，系范源廉、颜惠庆所推荐。蒋梦麟诸人运动汤尔和复职，竟未成功，然浙派之植党揽权，固可见也。"7月 10 日又记："今日《顺天时报》，有北大更换校长之先声一则，若成事实，而浙派将有变更矣。"[2] 浙派对北大的影响可以说是无处不在。尤其是在北大的国文系和文科研究所，其教职员中，浙江籍占了大半，如主任沈尹默、教授钱玄同、马叙伦、陈汉章、黄侃、朱希祖、刘富槐等，不少人还是章太炎的弟子，是同门师兄弟，浙派的影响更大。浙派学者往往凭着他们的人多势众，排挤其他省籍的学者。关于这方面的情况，可见桑兵教授等人的研究。

但也有人认为，伦明辞去北大教席的主要原因，是为了全身心地投入续修《四库全书》的工作。他辞去北大教席的那年 12 月，伦明曾致信时任教育部次长的陈垣，就有关续修《四库全书》事项提出三点要求：一是请求编订《一应之书目》(《求书目录》);二是校雠《四库全书》;三是编写《续修四库全书提要》。作为一位目录学家，伦明十分清楚目录学的功用，他因而将编纂目录的重要性提高到关乎国粹兴亡的高度。他在信中写道："编订一应之书目，以待搜求也。查教育部越辖之图书馆，收藏非不富，然皆就旧有而保存之，初未调查我国现

[1] 梁启超致江翰书（手稿）[M]// 罗志欢. 伦明评传. 广州：广东人民出版社，2014：33.

[2] 吴虞. 吴虞日记 [M]. 成都：四川人民出版社，1986：151.154.201.

存之籍共有若干。例如经部，除四库所录外，其余未收若干种。在修四库后成书当时未录者若干种。或旧本尚存，或尚有抄本。其最精要之某种则不可不多方求之，或就藏书家移录之。盖此图书馆为全国之模范，其完备亦当为全国冠。况迩来旧书日少，且多输出，私家藏贮，不可持久。若无一大图书馆办此，则国粹真亡矣。"在信的最后他告诉陈垣："弟自九月即脱离大学教席，绝无别事，日惟闭户读书，自分见弃世也。"[1] 陈垣是我国著名历史学家、宗教史学家和教育家，广东新会人，梁启超的小同乡，伦明与他比较熟悉。但遗憾的是，五个月后陈垣辞去了教育部次长一职，伦明的建议也就不了了之。

伦明辞去北大教席后，1924 年，被时任河南道清铁路局局长的同乡陈某聘请为该局总务处处长，历时三年。后经梁启超向江瀚推荐，伦明重返北大任教。此时的北大与他 1921 年辞去教席时的北大已有很大不同。先是 1927 年 8 月，张作霖颁布了改组北京所有国立高等学校的大元帅令，宣告京师大学校成立。接着，北洋政府教育部颁布了《国立京师大学校组织纲要》，规定原国立九校除北大分为两科外，其余各校均为大学校的一个科，科系设置为：文科、理科、法科、医科、农科、工科、师范部、女子第一部、女子第二部、商业专门部、美术专门部。各科部设预科。原北京大学的文学院、理学院改为京师大学校的文、理两科，原北京大学的法学院合并到北京法政大学，称为法科第二院。各科置学长一人，分担原校长的管理职务。9 月，又将原北京大学研究所国学门改为国学研究馆，内设总务部、研究部和编辑部，由叶恭绰任馆长。伦明重回北大后主讲目录学、版本学课程，课程名称有"明清史籍研究""清代史学书录"等。据他的学生傅振伦回忆，"新聘教师有名于时者有邵瑞彭、邓之诚、伦明诸先生"[2]。这一时期的"教员多逊帝遗老耆旧，不学无术，独江瀚、伦明、邵瑞彭、邓文如诸先生学识渊博，为学生所推重。江叔海授（江瀚）《孔孟要义》，伦哲如（伦明）授《明清史籍题解》及《目录学》，邵次公（邵瑞彭）授《古籍校读》，邓文如（邓之诚）授《中国史概论》，讲史学起源，从《尚书》开始，师承王

[1] 陈智超. 陈垣来往书信集（增订本）[M]. 北京：三联书店，2010：74-75.

[2] 傅振伦. 记目录学家伦明先生二三事 [J]. 文献，1987（2）：287.

阳明'五经皆史'、章学诚'六经皆史'说"[1]。伦明这次在北京大学呆的时间较长，1933 年 7 月前后才离开北大，进入北平民国学院任教。

除任北大教席外，伦明还被北平辅仁大学、北平中国大学等高校聘请为教员。我们前面已经提到，在当时，各大学老师到其他学校兼课的现象十分普遍。陈源在《西滢闲话》中曾对当时大学老师的兼课现象有过描述："有许多同人是北大的教员，又是另一个或几个国立各校的教员；有许多同人是北大的专任教授，又是另一个或几个国立各校的专任教授。" [2] 北平辅仁大学是一所天主教的教会大学，它的创办，延续了始于明末清初利玛窦与耶稣会会士的"学术传教"传统，迄辅大酝酿创校之时，天主教在华已有两所耶稣会经营的高等教育中心（上海的震旦学院，天津的津沽大学）。其时大部分的中国天主教知识分子一如其他的知识分子，全心倾力于中国的现代化事业，其中，尤以满清皇族后裔英敛之与复旦大学创办人马相伯为著名代表。1912 年，英、马二氏以中国天主教领袖人物的身分，共同撰写了《上教宗求为中国兴学书》，提出在北京建立一座天主教大学。英敛之随后于香山静宜园建立"辅仁社"，由于与马相伯手创的震旦学院的理念十分类似，因而得到马氏的大力支持。尽管两人的最初理想虽均告失败，但仍不放弃，再接再厉，最终促成两人携手于 1925 年创立了"北京公教大学"。1927 年北洋政府准予将"北京公教大学"改名为"私立北京辅仁大学"（英文校名未变）。1929 年呈请国民政府教育部正式立案，因应北京改名北平而改称为"私立北平辅仁大学"。陈垣先后任辅仁大学教授、副校长和校长，由于他十分熟悉北京学术界，与各校的不少教授是十分要好的老朋友，因此，辅仁大学在创办初期，其教员大多由陈垣从北京大学、燕京大学、北京师范大学等北京著名大学聘请而来。据台静农在《北平辅仁旧事》中回忆："这一新兴的大学，主要教授多未从其他大学物色，而是从大学范围以外罗致来的，因为援庵（陈垣）先生居北平久，结识的学人多，一旦有机会，也就将他

[1]　傅振伦.邓师之诚先生行谊 [M]// 邓珂.邓之诚纪念学术文集.北京：北京大学出版社，1991：35.

[2]　陈源."有奶便是娘"与"无奶便不是娘" [M]// 陈源.西滢闲话.北京：中国文联出版公司，1998：94.

们推荐出来。……伦明，字哲如，也是由援庵先生引入大学任教的。"[1] 除伦明外，从其他大学被引入辅仁大学任教的还有"赵万里、周作仁、沈尹默、郑振铎、马衡、刘钧、邓之诚、柯昌泗、朱师辙、陆懋德、范文澜、孙人和、魏建功、罗常培、郭家声、唐兰、容肇祖、罗庸、朱光潜、谭其骧"等人。[2] 伦明是 1929 年被聘为辅仁大学中国语言文字系讲师的，其开设的课程主要有："历代诗代表作品""诗专家研究""史记汉书研究""作文（二年级）"等。周一良是 1931 年考入辅仁大学历史系的，他在《纪念陈寅恪先生》一文中写道："我1931 年进入辅仁大学历史系，那时辅仁开办不久，制度很不健全，对于低年级课不重视。一年级有两门中国史课程。……而辅仁大学中国文史方面著名学者如陈援庵（垣）先生、余季豫（嘉锡）先生、伦哲如（明）先生等，一年级学生都无缘接近，更谈不到亲聆教诲了。我感到不满足，决心转学。"[3] 在辅仁大学讲课的同时，伦明还由孙中山和马邻翼于 1912 年倡议建立的中国大学（最初校名为国民大学）讲授"唐宋文"[4]。

 1933 年 7 月，伦明在离开北京大学的同时，也离开了辅仁大学，进入北平民国学院任教。民国学院原名北京民国大学，于 1916 年 9 月由参众两院议员吴景濂等数十人发起，由蔡公时和马景融以私人财力创办的。无论办学的条件，还是学校的名气，民国学院都远远不能与北京大学和辅仁大学相提并论，但伦明为什么要离开办学条件更好、名气更大的北京大学和辅仁大学而进入民国学院呢？推之原因，可能与其待遇有关。伦明虽然是著名学者，在学术界已有一定的影响力，但限于体制，他在北京大学和辅仁大学担任的都是讲师。1929 年 8 月 10 日《北大日刊》公布的《发聘书聘请新旧教授及讲师名单》，伦明名列讲师第十。1930 年 5 月《国立北京大学教职员录》在册国文教员，伦明名列讲师第五。1932 年 9 月 27 日《北平晨报》刊载的《北大昨发表系主任及教授讲师》一文，伦明等 54 人名列讲师名单。伦明在辅仁大学也是讲师。

[1] 台静农.北平辅仁旧事 [M]// 台静农.龙坡杂文（增订本）.北京：三联书店，2002：104-105.

[2] 章开沅.会友贝勒府：辅仁大学 [M].石家庄：河北教育出版社，2004：33-34.

[3] 周一良.周一良集：第五卷 [M].沈阳：辽宁教育出版社，1998：198.

[4] 黄寿祺.略述先师吴检斋先生的学术成就 [M]// 吴承仕同志诞生百周年纪念筹委会.吴承仕同志诞生百周年纪念文集.北京：北京师范大学出版社，1984：122.

而民国学院给伦明的则是教授。据《北平民国学院各系科教授一览》显示：姓名：伦明；别号：哲如；年龄：53 岁；籍贯：广东东莞；担任科目：目录学；通讯处：烂缦胡同东莞会馆。对于学者来说，教授不仅比讲师的待遇优厚，更主要的是对他学术地位的认可。

1937 年 7 月，伦明乘暑假南归回家扫墓，计划于暑假结束后返回北京。然而他南归不久，"七·七"事变发生，全面抗战爆发，交通阻塞，他不可能按计划返回北京了。于是他只好留居广州，寄寓在第六女家，期间"忽患脑充血，全身瘫痪，几频于危"，后虽经德国医生的精心治疗，捡回了一命，但他从此再也没有回到他曾经长期学习和工作过的北京。

2.4 返乡离世（1938～1944）

1938 年 10 月，日军侵占广州。伦明返回故乡东莞望牛墩。不久，东莞沦于日寇之手，伦明遂"辗转于新塘、横沥之间。时土匪猖獗，声言扒村，先生一日数惊，苦不可言。而乡间无书籍，又无可谈之人，是惟作诗以自遣。《御批通鉴辑览》一书，已翻阅数次，几可背诵云" [1]。同年 10 月，原在广州的岭南大学辗转迁移到香港，借用香港大学校舍于 11 月中旬复课。伦明得知这一消息，曾去信随岭南大学迁到香港的冼玉清，想托他在岭南大学谋一教席。以伦明的学术地位和声望，岭南大学的责任人马鉴、许地仙等当然希望他能来香港任教，但由于当时内地迁移香港的人太多，难求一栖身之所，所以伦明要去香港的希望落空。1941 年 12 月，太平洋战争爆发，日本随即进攻香港，香港沦陷，岭南大学在香港无法立足，不得已又内迁韶关曲江。冼玉清与伦明的通讯也因此中断。

1940 年 5 月，日伪广东省和广州市政府成立。不久，日伪广州市政府将原来的广州市立中山图书馆和市立博物馆合并，成立"广州市立图书博物馆"，

---

[1] 冼玉清．记大藏书家伦哲如 [M]// 艺林丛录：第五编．中国香港：商务印书馆香港分馆，1964：327.

任命郑渭中为馆长，伦明为副馆长兼图书部主任。关于伦明任日伪"广州市立图书博物馆"副馆长兼图书部主任一事，很少有学者提及，就是提及者也持的是客观介绍的立场，而没有给予任何指责或批判。我们认为这不是一个严肃学者应采取的实事求是的科学态度，无论何种原因，伦明出任日伪"广州市立图书博物馆"副馆长兼图书部主任这都是他人生中的一大缺憾，这关乎民族大义，丝毫含糊不得，不能因为伦明是著名学者，是东莞的乡贤，而为尊者讳，为亲者讳。伦明出任"广州市立图书博物馆"副馆长兼图书部主任大约不到一年时间。1941年4月15日，馆长郑渭中报称："副馆长兼图书部主任伦哲如，年老多病，不胜烦剧，拟请免去本兼各职，遗缺请委郎宝琛接充。"日伪《广州市政府指令》第五九八号，"应予照准"。同一天，日伪广州市长关仲羲下达训令。4月19日，免职通知到达日伪"广州市立图书博物馆"，当天，郑渭中签发免职通知。

也许是由于生活所迫，伦明被免去日伪"广州市立图书博物馆"副馆长兼图书部主任后不久，又受聘于日伪广东大学，任历史系教授兼主任。日伪广东大学是1940年7月26日，经日伪广东省政府第十八次省务会议通过，以广州光孝寺为校舍创办的,。太平洋战争爆发后，日伪接受了岭南大学校址。1942年秋，广东大学由广州光孝寺迁至河南康乐村岭南大学旧址，直到1945年日本投降，日伪广东大学被遣散。

广东大学是日伪时期广州最好的高等学府。当时在广东大学任职的有三十多位教授和五十多位讲师，其中有的是因老弱病残而没有随岭南大学内迁的岭南大学的教授。伦明在广东大学任职一直到他于1944年去世。据曾参与创办广东大学的陈嘉蔼后来回忆："广东大学院系确立后，开学前后，人事渐次确定。文学院分三系：中国文学系，我兼主任；教育学系，区声白教授兼主任；历史学系，伦哲如教授兼主任，伦逝世后，该系合并于中文系。"[1]这里需要指出的是，有的学者虽因生活所迫在日伪广东大学当了教授，或担任了其他职务，但他们对自己的言行有所取舍和声明，如物理学家、南海人任元熙，在应聘日伪广东大学教授之时，曾很庄重地声明："古时王猛当秦符坚的宰相，许衡出任异族，

---

[1] 陈嘉蔼. 沦陷时期的广东大学 [M]// 广州市政协文史资料委员会. 广州文史资料：第52辑. 广东：广东人民出版社，1998：96.

做元朝的官吏，均是不得已之事。我来大学，只教我的书，所有开会、演讲和与政治有关的事情，我决不参加。这是我首先要声明的。""徐信符当时表示愿意就聘为图书馆长，但要易名为徐成，和只能在港遥领"[1]。但从目前所发现的资料看，伦明没有发表过类似声明。

为了实现续修《四库全书》的夙愿，伦明自就读京师大学堂起就特别重视访书和藏书，其藏书十分盛丰。在任广东大学历史系主任和教授期间，教学之余，他主要从事访书、藏书、校书和编撰《续修四库全书总目提要》的工作。伦明在广州的藏书分别存储于小东门寓所和南伦书院。如果说伦明的北京藏书主要奠定于他入读京师大学堂以及此后他任教北京大学、辅仁大学和北平民国学院期间，那么，他在广州的藏书主要奠定于他先后两次执教广东期间（第一次是1907 ~ 1910年，第二次是1937 ~ 1944年），尤其是第二次亦就是他任广东大学历史系主任和教授期间的搜访。据孙殿起回忆，1943年秋，他曾三游广州，见过伦明在广州的藏书，"其中以粤人所著书居其大半"[2]。

1944年10月，伦明在家乡东莞故里病逝，享年67岁。魏隐儒《藏书家伦哲如》记载："伦氏卒后，将广州藏书全部让于广东省图书馆。北京所藏部分，于1947年全部归北京图书馆。"[3]但据查考，尚无实物和文字资料证明伦明在广州的藏书"让于广东省图书馆"。

---

[1] 陈嘉蔼口述，黎思复整理. 广州沦陷时期前后见闻杂记 [M]// 李齐念. 广州文史资料存稿选编：第四辑. 北京：中国文史出版社，2008：251.

[2] 孙殿起口述，雷梦水整理. 藏书家伦哲如 [M]// 随笔：第九集. 广州：广东人民出版社，1980：96.

[3] 章长炳，等. 耆年话沧桑 [M]. 上海：上海书店出版社，1993：157.

| 第 3 章 |

藏书之丰与著述之博

伦明一生与"书"结下不解之缘。王謇《续补藏书纪事诗》赞扬伦明"藏书盈库兼仓富，续补可嗣四库书。安得群儒策群力，提要远追逊代初"[1]。冼玉清亦云："五十年来，粤人蓄书最富而精通版本目录之学者，当推东莞伦哲如先生。"[2]伦明集藏书家、文献学家、阅读学家、大学教授于一身，且藏且研，亦述亦著，在近代广东乃至近代藏书史中占有重要的地位[3]。

3.1 聚书之广

《续书楼藏书记》云："凡余之得书也，以俭、以勤、以恒。"[4]这是伦明聚书的心得。他以"俭"倾囊购书，以"勤"抄录校书，以"恒"补漏续书。每到一地，便抽空到厂肆、书店、小书摊觅书，往来朋友间亦以书会友，若遇价昂者或罕见本，则借阅后自行抄录，从抄录中不仅提升了学识内涵，而且誊录许多善本古籍，促进了藏书的收集与流通。

---

[1] 王謇.续补藏书纪事诗·伦明（哲如）[M].杨琥，点校.北京：燕山出版社，2008：189.

[2] 冼玉清.记大藏书家伦哲如[M]//艺林丛录：第五编.中国香港：商务印书馆香港分馆，1964：324.

[3] 本章内容参考了罗志欢的《伦明评传》，熊静的《伦明文献学著述考》。

[4] 伦明.续书楼藏书记[J].辅仁学志，1929，1（2）：64.

3.1.1 独遇奇书不论钱——倾囊购书

"平生丝粟惜物力，独遇奇书不论钱。书坊质库两欢喜，只有妻孥饿可怜。"[1]《买书》一诗描述了伦明购书之苦乐，其一生的活动区域，不外乎学校、官场，书肆更是闲暇时的去处。其购书足迹遍及大江南北。偶有佳本，价格不菲，亦常与书贾商讨价钱，稍有踟蹰，则为人所购，因此而交臂失之。他曾言："余一婆人耳，譬入酒肉之林，丐得残杯冷炙，已觉逾分，遑敢言储藏哉？"[2] 为了购书，不得不省吃俭用，节衣缩食。但遇有佳本，却不惜重金购置。变卖家当，动用妻子妆奁的事情时有发生，以致引来妻子怨言，而他却以诗自嘲说："廿年赢得妻孥怨，辛苦储书典笥裳。"[3] 他的家人曾说："我家主人宁吃残羹剩饭，身着破衣烂履而不以为然。"[4] 在粤籍藏书家中，伦明家境不甚富裕，一清贫教书匠，生活俭朴，为了购置图书，不惜四处搜求，如无余财，借债、押物也是常有的事，"他那部《吴柴庵全集》押出去以后，就未能赎回。"其嗜书太劳精神，以至于"生平无一日记其心静耳"[5]。

如前章所述，光绪二十八年（1902），25 岁的伦明考取了京师大学堂，初到北京的伦明，正好抓住了这个机会，收购了富家抛出的大量书籍，买到很多善本古书。《续书楼藏书记》记述："壬寅（1902）初至京师，值庚子之乱后，王府贵家储书大出，余日游海王村、隆福寺间，目不暇给，每暮必载书满车回寓。"[6]

光绪三十三年（1907），30 岁的伦明从北京大学堂毕业回到南粤，先后在广西和广东从事新式教育。曾任两广方言学堂教务长兼经济科教授、广州西区模范高小校长等职。教务之暇，伦明与同事马叙伦"游每同行"[7]，到府学东街（今

[1]《伦哲如诗稿》（第二册），国家图书馆藏稿本，自编第 9～10 页。

[2] 伦明．续书楼藏书记 [J]．辅仁学志，1929，1（2）：63.

[3] 伦明：《丁卯五日吟稿》《伦哲如诗稿》第三册，国家图书馆藏稿本，自编第 3 页。

[4] 孙殿起口述，雷梦水整理．藏书家伦哲如 [M]// 随笔：第九集．广州：广东人民出版社，1980：94.

[5] 孙殿起口述，雷梦水整理．藏书家伦哲如 [M]// 随笔：第九集．广州：广东人民出版社，1980：95.

[6] 伦明．续书楼藏书记 [J]．辅仁学志，1929，1（2）：61.

[7] 伦明．辛亥以来藏书纪事诗·马叙伦 [M]．杨琥，点校．北京：北京燕山出版社，2008：113. 清光绪三十二年（1906）下半年，马叙伦应陈介石老师之邀，先后到广州两广师范馆和方言学堂教书。

文德北路）逛古旧书肆，搜访图书，并对广东地区藏书大家的书藏流向特别留意。《续书楼藏书记》记载："余丁未（1907）旋粤，时南海孔氏三十三万卷楼书初散出，而鹤山易氏，番禺何氏，钱塘汪氏（官于粤者）所藏亦散，余皆得择而购之。同时潮阳丁氏持静斋藏书，间有见于坊肆者，屡属友谋之，未得间，而书已尽矣。顺德李侍郎文田家，多藏明清之际野史，余辗转请托，竟不获一阅，是二事余甚憾之。"[1]这一时期伦明的搜访所得，除从书肆购买外，还包括广东和官于广东的著名藏书家散出之书。其文中提到的数家书藏，今多可考证。

辛亥革命爆发，清王朝被推翻后，伦明得到同乡叶灿薇的资助，"乃尽购之"，所得之书满载四大竹箱。1918 年至 1919 年间，为了方便搜集和管理藏书，伦明抛却了官员、教授等显位，开设通学斋书肆，经销古今图书，降尊纡贵地去做"书贾"，在北京新华街开设"通学斋"书肆，雇用原会文斋学徒孙殿起主持店务。此后二十余年，"通学斋"成为伦明藏书的物流中心。晚年伦明则留居广州期间，徐信符《广东藏书纪事诗》云："返粤隐居故乡。辟'续书楼'以庋南携之古本，日校群书其中。"[2]虽兵荒马乱，仍四处奔走乐此不疲地搜藏、校雠。伦明见书如朝圣，个中苦楚波折，经济之窘迫，难以尽言，为典籍之保存、文化之传承做出了自己的贡献。其教书之余，总是身披一件破大衣，脚蹬一双破鞋袜，出没于大小书摊之间，凡有用之残篇小册，断简零书，无不收纳。久而久之，北京大小数百家书铺伙计，沿街书摊小贩无不认识这位先生，大家乐于向他提供图书信息，打趣地称他为"破伦"。面对这些或是善意的怜惜，或是恶意的嘲讽，一律置之不顾而泰然处之，文化典籍对人生志趣的召唤力，可见一斑。

3.1.2 佳椠一见爱欲夺——痴觅群书

"我生寡嗜好，聚书成痼疾。佳椠如佳人，一见爱欲夺。"[3]伦明访书"有异乎人之求之者"，闲游厂肆，却频顾冷摊，对于别人不屑一顾的散置零放的

[1] 伦明.续书楼藏书记 [J].辅仁学志，1929，1（2）：62.

[2] 徐信符.广东藏书纪事诗·伦明续书楼 [M]// 近代中国史料丛刊续编：第二十辑（第199～200 册）.中国台北：文海出版社，1975：255.

[3] 伦明.南归次老杜北征韵留别诸友 [J].民大中国文学系丛刊，1934，1（1）.

书堆，他却饶有兴致，翻翻拣拣，时常遍翻书架上下，于灰尘寸积的残册零帙中，往往搜得"惊所未见"之珍本。他曾自述访书情形："盖小贩中有打鼓者，收卖住户破旧器物书纸，转鬻于市摊，市摊以得之贱也，亦贱售之。游人熙熙，稍纵即逝。久之，稍熟习，则留以相待者有之。又书客之载书而返也，筐中琳琅，得之者在捷足，余先时而探其讯，则预伺焉，若为他人所先，视其籍跟踪而求，十不失一。"[1] 一反京中"士大夫深居简出，肆伙晨起挟书候于门，所挟书率陈陈相因"[2] 的旧习。日积月累，其"书癖"有增无减。完全进入了"莫知其然而然"[3]，自觉不自觉，无有目的而达目的的境界。

自光绪二十八年（1902）进京就读京师大学堂，至 1937 年南归留居家乡，伦明主要在北京、两广从事教育、搜访图书和续修《四库全书》的工作。又曾远赴焦作、沈阳等地任职。为访书，其足迹所至上海、天津、开封、南京、武昌、苏州、杭州等。1918 年至 1919 年在经营"通学斋"书肆期间，伦明曾多次亲自回广州访书。其记云："岁戊午（1918），在广州麦栏街邱某家，见宋槧王右丞、孟浩然、韦苏州诸集，旧抄《宋二十家文集》，毕秋帆、钱竹汀诸家校《资治通鉴》等书，并宋拓兰亭书画多种，皆孔氏抵债物，转数主而至邱也，为怃然久之。"[4] 又常与粤中藏书家徐信符、莫天一等赏奇辨异，交流心得。1924 年至 1927 年间，伦明因就任道清铁路局总务处长之职，居焦作三年，期间曾多次到附近的怀庆、卫辉、清化等地访书，每次都有收获。其中在清化访得毛昶熙家旧藏，极其罕见。1931 年夏，伦明在上海访得罕传本、嘉庆间梅花书院原刊本《二洪遗稿》一部，并据原本影印三百余部，撰跋附后。是年由同业处访得清初禁书番禺屈大均所撰之《翁山文钞》一部计十卷，为常熟薛熙评本，康熙间刻本，书内凡忌讳处皆有墨钉。此翁山晚年所为之文，每卷之首的"翁山文钞"四字书名，并"番禺屈大均撰"六字，印书时俱已铲去。此书后由商务印书馆伊见思代《广东丛书》编委会购去，影印于《广东丛书》第一、二集内。约 1933 年 4 月，伦明得到"东

[1]　伦明 . 续书楼藏书记 [J]. 辅仁学志，1929，1（2）：63.

[2]　伦明 . 续书楼藏书记 [J]. 辅仁学志，1929，1（2）：63.

[3]　伦明 . 续书楼藏书记 [J]. 辅仁学志，1929，1（2）：64.

[4]　伦明 . 辛亥以来藏书纪事诗·孔昭鋆 [M]. 杨琥，点校 . 北京：北京燕山出版社，2008：15.

方文化事业总委员会"的赞助，应日本汉学研究团体"斯文会"的邀请，前往东京帮助鉴定该会所藏的中国古籍。在日本工作期间，他不失时机，常常到当地的书摊或书店搜访图书。1934年秋，伦明在北京访得高邮王氏三世稿本若干种。由他与陈垣、余嘉锡、孙人和诸人集资合购。其中包括王念孙所撰写的《段懋堂（玉裁）墓志铭》《与江晋三论音韵书》等。1937年夏历7月，伦明由京返粤。是年访得南海曾氏"面城楼"宋、元、明善本书十二种，其中有宋刊本宋熊节所撰《新编音点性理群书句解》二十三卷，订十六册，钤有"玄律周京图书""长洲吴氏""栋亭曹氏藏书""董斋考藏印"各印记。

3.1.3 异进留得精抄本——执志校雠

"不爱临池懒读书，习劳聊破睡工夫。异时留得精抄本，算与前贤充小胥。"[1]购买之外，若碰到佳本欲购而不得，伦明便以借抄补购书之穷，自谓"余胸中之目录，十倍于眼中之目录"。又云："书之为物，非如布帛粟米，取之市而即给，不得已乃以抄书补购书之穷。有抄之图书馆者，有抄之私家所藏者，又有力不能致，而抄之坊肆者；有抄自原稿本者，有抄自传抄本者，又有猝不易得，而抄自刻本者。"[2]其有《抄书》诗言他常年雇用三名抄工，随时为之抄写。据胡金兆《百年琉璃厂》记载，王志鹏系邃雅斋弟子，练就一手抄书、修补绝活。"抗战前大学者伦明、建国后酷爱收藏的李一氓，都曾把他请上门，帮助抄书、修书，结下深厚的友谊。"[3]除请人抄书外，伦明还常常亲手抄录。孙殿起记云："某岁津门书贾以重值购入清翁覃溪方纲未刻稿数种，先生得知亟赴津往观，以其价奇昂不可得，乃设计携归旅邸，尽三昼夜之力摘其切要而还之。"[4]抄后校雠，昼夜不辍，其用力抄书如此。《辛亥以来藏书纪事诗》传八五"丁传靖"中记载伦明曾向其多次借抄河北丰润张允亮收藏过的《明季清初二十八科进士履历》

[1]《伦哲如诗稿》（第二册），国家图书馆藏稿本，自编第9～10页。

[2] 伦明.续书楼藏书记[J].辅仁学志，1929，1（2）：64.

[3] 胡金兆.百年琉璃厂[M].北京：当代中国出版社，2006：51.据雷梦水《琉璃厂书肆四记》，王志鹏曾在北京吉祥头条路北开书店，后歇业，王氏颇善装订古书。

[4] 孙殿起.记伦哲如先生[M]//中国人民政治协商会议北京市委员会文史资料研究委员会.文苑掇英.北京：北京出版社，2000：33.

《崇祯十五年缙绅录》等书。"余每从借录，常借得丰润张氏《明季清初二十八科进士履历》，又借余《崇祯十五年缙绅录》，皆手抄之。"[1] "童心便有爱书癖，手指令余把笔痕"，中国文献典籍的长流广积，与伦明等藏书家"书癖笔痕"、执志抄录与精细校雠实不可分。

3.2 藏书之好

伦明因志业于"续修四库全书"，其在广州和北京两地的藏书楼和书斋都称为"续书楼"，由此表明续修《四库全书》的决心。《续书楼藏书记》和《伦哲如诗稿》中，多处述及其因"用"而购书、抄书、藏书之例。而如何择书以藏，伦明在古来藏书者与治学者已有门径之上形成了自己的特色，既能通目录纠厚古薄今之弊，又能明版本补近书禁书之漏。

3.2.1 补近漏以续书

文献学家罗继祖在《东莞伦氏续书楼》中总结伦明藏书特点云："尤重清人著述，为续修《四库》计也。"[2] 其读书、选书眼光别具一格，提出"书至近代始可读"[3]，认为乾隆时编纂的《四库全书》并不完备，于清代尤为疏漏，他指出此书有三大缺点：一是由于七阁抄本"急于完书，伦明藏《玉管照神局》以致缮校不精，讹错百出"。二是参加编修的大臣不识版本，往往以劣本充数，随意删节和篡改书中的内容。[4] 三是"忌讳太多，遗书未出，进退失当"[5]。因此，这部书大有增补、校勘和续修的必要。

伦明所提出的重视清人著作和清代出版物可谓那个时代藏书之先锋。通学斋书店就专门收集清人著作和清刻本，其中以未见于《四库全书》者最多，他

[1] 伦明．辛亥以来藏书纪事诗 [M]．杨琥，点校．北京：北京燕山出版社，2008：79．

[2] 罗继祖．两启轩笔麈 [M]．上海：上海书店出版社，2000：170．

[3] 伦明．续书楼藏书记 [J]．辅仁学志，1929（1）2：61．

[4] 伦明．辛亥以来藏书纪事诗·刘体智 [M]．雷梦水，校补．上海：上海古籍出版社，1990：44．

[5] 伦明．续书楼藏书记 [J]．辅仁学志，1929，1（2）：65．

曾自豪地说:"鄙藏之书,可作续修《四库》资料者,已达十之七八。"[1] 可以想见,中间清人著作、清刻精抄之本不胜枚举。伦明专嗜清人著作原因有三:其一,认为"前贤著录,多属一隅之见",亟待"发潜德而阐幽光之"。有云:"始余读《汉学师承记》《文献征存录》《诗人征略》《书目答问》等书,意谓清人述作,略具于斯矣。乃访购所及,时出各书称引之外。"[2] 其二,伦明曾说:"自来藏书家贵远贱近,肆贾之智识因之。若者宋本、元本、明嘉靖本;若者影宋抄本、明抄本、名家手校本;又若者白棉纸、开花纸;不问书之良否,而惟版本、纸质是尚。"[3] 他认为一味追求所谓宋刊、元椠、明抄,离开图书内容和学术价值去谈版本形式是不对的,不问书之良否,而惟版本、纸质时尚的风气,不过是"肆贾之智识",应该加以拨正。因而反对腐儒厚古薄今之说,否定藏书家贵古贱今、崇远薄近之论。可见伦明对当时藏书界的积习有一种清醒的认识。其三,伦明认为《四库全书》"宜校、宜补、宜续,而续最要,且最难"。[4] 故其撰写《续修四库全书提要》,大多借助所藏丰富的清人著作,并注重收集当代书籍以及《四库全书》未收之书,为抢救、保护传统文化遗产竭尽全力。明胡应麟说:"书聚而弗读,犹亡聚也。"[5] 藏以致用,利用藏书进行学术研究,是明清以来岭南私人藏书家比较普遍的作风。如明代丘濬之博雅,黄佐之著述宏富,张萱之博涉各种学问;张维屏编《国朝诗人征略》,陈澧著《东塾读书记》等,无不与其藏书及善于阅读有关。伦明本人推崇张之洞《书目答问》,叶德辉《观古堂书目》,叹为有识。因此他藏书的指导思想首先是内容好,且有用。

清代在将近三百年的历史中,学者辈出,著作繁多。王国维、梁启超等对清代的学术作过很高的评价。故清代人的著作从 20 世纪 20 ~ 30 年代以来,就引起一些人注意。其中北京有两位藏书家注重清人别集的收藏,一为邓之诚,而另一位就是伦明。邓之诚曾说:"检《书目》,数年来所集顺康人诗文仅

[1] 孙殿起口述,雷梦水整理. 藏书家伦哲如 [M]// 随笔:第九集. 广州:广东人民出版社,1980:95.

[2] 伦明. 续书楼藏书记 [J]. 辅仁学志,1929,1(2):64.

[3] 伦明. 续书楼藏书记 [J]. 辅仁学志,1929,1(2):63.

[4] 伦明. 续书楼藏书记 [J]. 辅仁学志,1929,1(2):64.

[5] 胡应麟. 经籍会通 [M]// 少室山房笔丛:卷四. 北京:中华书局,1958:70.

二百八十种，合之旧藏适三百种。……然伦哲如所藏集部为康熙刻本者凡十二箱，予所有者，或可企及此数，且有为哲如未见者。"他的目标是偿"盈千之愿"。[1] 关于清集数量最多的记载，见于王钟翰《北京访书记》："伦明藏清人文集，几及万种。……不三十年，其书多已易主。"[2] 这一数字是否确实，有待查考，但数量之多是众所周知的。此后，许多文献都记录了这个事实。徐信符《广东藏书记略》："续书楼书目，以集部最为丰富，其余各部悉备，秘本极多，此亦粤中所不可得也。"[3] 邓之诚《清诗纪事初编序》："东莞伦明以书为性命，专收清人集部几备。尝见语所藏原刻顺、康人集，凡十二木箱，其书皆归北京图书馆。"[4] 台静农《北平辅仁旧事》："国内专力收藏清人著作的，不过三数家，要以他（伦明）所收的为最多了。他在北平数十年，日常出入于大小书坊。他想编续《四库全书》，故斋名续书楼，这一宏愿，当然不能达到，后来他的书归了北京图书馆。"[5] 梁启超也深知伦明收藏清人别集的分量。1927 年至 1928 年间，他在主持编纂《中国图书大辞典》（又名《群籍考》）时，即"以集部相委"[6]。伦明等以续修《四库全书》而广为搜集清人别集，有抢救、保护传统文化遗产之功。

关于现存于国家图书馆的伦明藏书，原北京图书馆研究馆员冀淑英先生[7] 就其数量、质量、内容和特点作过详细介绍，并给予极高的评价。"我们馆差不多有七八百种书是伦家的书。伦家的书绝大部分是清刻本或清代著述。我馆建立乙库就是以清刻本和清人著作为主，建库时是从大书库挑出来的一批书

---

[1] 邓之诚.五石斋文史札记（二十五）[J].邓瑞，整理.中国典籍与文化，2007（3）：114.

[2] 王钟翰.北京访书记 [M]// 周叔弢先生六十生日纪念论文集.中国香港：龙门书店，1967：101.

[3] 徐信符.广东藏书记略 [M]// 广东省文史研究馆.广东文物.卷九.上海：上海书店出版社，1990：857.

[4] 邓之诚.清诗纪事初编 [M].上海：中华书局上海编辑所，1965：2.

[5] 台静农.北平辅仁旧事 M]// 台静农.龙坡杂文（增补本）.北京：生活·读书·新知三联书店，2002：104-105.

[6] 伦明.辛亥以来藏书纪事诗·梁启超 [M].杨琥，点校.北京：北京燕山出版社，2008：70.

[7] 冀淑英（1920～2001），直隶（今河北）河间人。1942 年毕业于辅仁大学中文系。原北京图书馆研究馆员，《中国古籍善本书目》副主编，第七、八届全国政协委员，国务院古籍整理规划小组组员，国家文物局文物鉴定委员会常务委员。长期从事中国古籍善本的分类编目工作，致力于古籍版本学、中国书史、古典目录学的研究。主要著作有《自庄严堪善本书目》《冀淑英文集》《冀淑英古籍善本十五讲》等。

和零买进来的一些为基础。伦家的书,是整批买进的。"[1] "孙殿起主持通学斋几十年,他非常用功,将经手的书全都做了记录,编成《贩书偶记》。《贩书偶记》在学界、教育界非常受重视,学者对它的评价很高,认为《贩书偶记》是清代著作的一个总目录,是《四库全书总目》的续编。……《贩书偶记》收的都是清代著作或者是清刻本,里面有极少数是明朝人,或作者入了民国了。《贩书偶记》的著录原则如此,我们馆购买的伦家的书也符合这些原则。"[2] "这批伦家的书,实际就是通学斋书店的书,我们馆全部买下来了,资料相当丰富。这里面有清刻本,清朝人的著作,还有极少数的明朝人的著作,都和《贩书偶记》著录的一样。我们买的伦家的书,几乎都可以从《贩书偶记》查出来。"[3] "伦家书有个特点,就是收了很多禁书,包括乾隆时禁毁的书和《四库》不收的书。再有一个特点,就是书中多有伦明的校跋。我们的馆藏有乙库存的清刻本和清人著作打底子,再加上伦家的书,以及多年来零买的书,在清刻本和清人著作方面,我们才大大地丰富起来。"[4] "伦家的书,禁书有很多比较稀见的资料。有一部书叫《虬峰文集》,著者为李馣,兴化人。……李馣的这个《虬峰文集》就编入《清代文字狱档》,而且在当时是非常严重的。"[5] "伦明跟孙耀卿(殿起)两位老先生开通学斋书店,得到很多特别的资料。比如有几种吕留良的书,以及很多别的禁书。还有当时所谓正面的东西,比如说纳兰性德的集子《通志堂集》,这个集子完整的当时也很少见,这个书非常漂亮。还有很多清代的文集,伦家书里都有,我们如果有机会把伦家的书看看,可以了解很多关于清代人的知识。"[6]

[1] 冀淑英.冀淑英古籍善本十五讲[M].北京:北京图书馆出版社,2009:67.
[2] 冀淑英.伦明藏书与清刻本的入善问题[M]//冀淑英.冀淑英古籍善本十五讲.北京:北京图书馆出版社,2009:79-81.
[3] 冀淑英.伦明藏书与清刻本的入善问题[M]//冀淑英.冀淑英古籍善本十五讲.北京:北京图书馆出版社,2009:82.
[4] 冀淑英.伦明藏书与清刻本的入善问题[M]//冀淑英.冀淑英古籍善本十五讲.北京:北京图书馆出版社,2009:82.
[5] 冀淑英.伦明藏书与清刻本的入善问题[M]//冀淑英.冀淑英古籍善本十五讲.北京:北京图书馆出版社,2009:83.
[6] 冀淑英.伦明藏书与清刻本的入善问题[M]//冀淑英.冀淑英古籍善本十五讲.北京:北京图书馆出版社,2009:83.

　　周叔弢云："《贩书偶记》前后编之书，绝大部分是孙殿起为伦明所收集。伦氏书不知今归何处。我以为其重要不亚宋元，如星散则不为人所重矣。"[1] 足见伦明的藏书特点是各本齐备，自成系统，是一个时代文化学术的集中体现，其整体价值极高，若星散则失去了它原有的价值。清人诗文集，浩如烟海，其内容的丰富与可贵，对于清史以及中国文化遗产的研究甚有价值。此类文献之所以受到重视，正因为它有独特的时代价值。"其重要不亚宋元"是对伦明孜孜不倦收集清人著作的高度评价。

3.2.2　通目录以求书

　　唐代学者毋煚就指出，如果没有"剖判条流，甄明科部"的目录学，学者读书就会像"孤舟泳海、弱羽凭天、衔石填溟、倚杖追日"一样困难，而有了目录学，学者读书就"将使千峡于掌眸，披万函于年祀，览录而知旨，观目而悉词，经墙之精术尽探，贤哲之睿思咸识，不见古人之面，而见古人之心"[2]。清代学者王鸣盛则将目录学视为"学中第一紧要事，必从此问途，方能得其门而入"，认为读书人如果没有目录学知识，就无法读书。晚清名臣张之洞以"门径"来比喻目录学对于读书人之重要性，他在《輶轩语·语学》中以"读书宜有门径"为标目明确提出：如果读书"泛滥无归，终身无得（虽多无用）。得门而入，事半功倍……此事宜有师承，然师岂易得？书即师也。今为诸君指一良师，将《四库全书总目提要》读一过，即略知学问门径矣"。"《四库提要》为读书之门径"。他在《书目问答》卷二《史部·谱录类·书目之属》的注释中又强调："此类各书，为读取一切经、史、子、集之途径。"又说："为学之道，岂胜条举，根柢工夫，更非寥寥数行所能宣罄。此为初学有志者略言之，乃阶梯之阶梯，门径之门径也。"[3] 清末重要思想家梁启超进一步论述了目录学的职能和作用。他指出："著书足以备读者之顾问，实目录学家最重要之职务也……就目

---

[1] 弢翁寄家书 [M]// 李国庆，周景良.弢翁藏书年谱.合肥：黄山书社，2000：214.周叔弢（1891～1984），原名暹（xian），字叔弢，以字行，晚年自号弢翁。是天津著名藏书家，藏书名重海内外，宋元版书和敦煌卷子是其藏书精华。中华人民共和国成立后，其陆续将这些藏品无偿捐献给国家。

[2] 毋煚.古今书录序·全唐文·标集四部经籍序略（卷 3791）.

[3] 张之洞.輶轩语（卷一）·语学 [M]// 张之洞全集：卷二七二.武汉：武汉出版社，2008.

录学的立场言之，则取便检查，亦是此学中一重要条件。"他还认为目录学可以帮助读者查阅有关文献，了解那些"非一人之力所能尽藏、所能尽读"之书的内容，因为"流览诸录，可以周知古今著作之大凡，有解题者读其解题，虽未读原书，亦可知梗概"[1]。

专门目录学的观念，至近世才发展。善用"书目"，则可以按类书，寻根穷源，辨章学术，考镜源流。故"书目"与"书志"是读书的门径，得其门而入，则"将使书千帙于掌眄，披万函于年祀，览录而知旨，观目而悉词，经坟之精术尽探，贤哲之睿思咸识，不见古人之面，而见古人之心，以传后来，不其愈已"[2]。伦明将其毕业的大部分精力，都用在了续修《四库全书》及其提要上，而其动力，源之于他对目录学重要性的认识，他不仅十分清楚目录的功用，而且将编纂目录的重要性提高到关乎国粹兴亡的高度。"编订一应之书目，以待搜求也。查教部直辖之图书馆，收藏非不富，然皆就旧有而保存之，初未调查我国现存之籍共有若干。例如经部，除四库所录外，其未收者若干种。在修四库后成书当时未录者若干种。或旧本尚存，或尚有抄本。其最精要之某种则不可不多方求之，或就藏书家移录之。盖此图书馆为全国之模范，其完备亦当为全国冠。况迩来旧书日少，且多输出，私家藏贮，不可持久。若无一大图书馆办此。则国粹真亡矣。"[3] 图书馆藏书不仅要丰厚，而且更要重视书籍的编目，以方便搜查。

1921年9月，伦明辞去北京大学教席[4]，拟专心于续修《四库全书》的工作。据他在《续书楼藏书记》中回忆，其"续书之志，发于甲子（1924年）"。实际上，伦明从事续修《四库全书》及其提要的工作可以追溯到1920年。是年9月他辞去北大教席，每天闭门读书，以为续修《四库全书》及其提要做准备。这年12月，他在给教育部次长陈垣的信中提出三点建议："（一）编定一应之书目以待搜求也；（二）为校勘《四库全书》也；（三）续修四库全民书提

---

[1] 梁启超. 佛家经录在中国目录学之位置 [M]// 饮冰室合集·专集之七十六. 北京：中华书局，1989.

[2] 唐刘煦，杨家骆. 新校本旧唐书附索引（经籍上·序言）：卷46[M]. 中国台北：鼎文书局，1985：1965.

[3] 陈智超. 陈垣来往书信集（增订本）[M]. 北京：生活·读书·新知三联书店，2010：74.

[4] 原文"弟自九月即脱离大学教席"，陈智超. 陈垣来往书信集（增订本）[M]. 北京：生活·读书·新知三联书店，2010：75.

要"[1]。并指出这第三点"最要紧"。他认为，乾隆修书之时多所忌讳，未著录并未存目者甚多，且晚出之书为当时所未前者也甚多，至于乾隆后之著述未收入的就更多。"尝谓我国学术之发挥光大皆在乾隆以后，若此小半截不全，大是憾事。"因此，他建议乘"为时示久，各书搜求尚易，且宿学现存者亦尚有人"的有利时机，组织专人从事此项工作，争取"一、二年而功成"。他毛遂自荐，请求陈垣将续修《四库全书》及其提要的事委派于他，"若得附骥尾而有所表见，则我公之赐也"[2]。但此信写后不久（第二年 5 月），陈垣辞去教育部次长职位，伦明的提议也就不了了之。

1925 年，因各国退还庚子赔款限定用于文化事业，当局遂决定影印《四库全书》，同时提议续修提要，并交内政部和教育部办理。时任代理教育部部长的章士钊提议将文渊、文津阁藏之《四库全书》择一运到上海交给商务印书馆影印。伦明从报上得知此事后，即撰成《续修四库全书刍议》一文，交报纸刊出，提出续修之事分为搜集、审定、纂修三项，三项之中又以搜集最难，他因而建议，通过"奖以优价""奖以名誉"的优惠政策来购书、征书。他还对续修提出如下建议：（一）进书不必发还，可将原本汇集成帙；（二）改抄写为影印，以节省劳力。但此事后来又因清室善后委员会的反对和教育部人员的阻扰而流产。此后，伦明又多次参与有关方面续修《四库全书》及其提要的计划，但都屡屡受挫。1931 年后，他参与日本人主导的东方文化事业委员会组织的续修四库提要工作。

"明尝拟以独力续修《四库书提要》，搜储遗籍万数千种，多人间罕见本。"[3]据统计，在全部六十类提要中，伦明参与撰著的有十一类，负责整理主编的有经部尚书类等五类、史部传记类、集部别集类广东部分。抗战爆发后，伦明回到广东，在十分艰苦的环境下，仍以一人之力续修四库全书提要不止。伦明的学生孙殿起后来在回忆与老师交往事宜的《记伦哲如先生》一文中记载："1942

[1] 伦明. 与陈垣书 [M]// 伦明全集（一）. 广州：广东人民出版社，2012：458.

[2] 伦明. 与陈垣书 [M]// 伦明全集（一）. 广州：广东人民出版社，2012：458.

[3] 赋呈叔海夫子七律四首并乞削正 [M]// 江翰编辑，高福生释笺：近代名人手书诗札释笺. 北京：中华书局，2009：120.

年（辛巳）秋，耀卿三游广州……先生谓耀卿言：'吾近数年撰提要稿，于学问尤见进益，至其群经传授源流支派无不洞悉，近年在粤有所闻见，辄笔书之，积稿盈箧'云云"[1]。伦明晚年，仍孜孜不倦地为撰写提要而研读群经，探索源流支派日有所进，为续书做着不懈努力。

伦明在北京的藏书，曾自编（一说孙殿起编）《续书楼书目》，稿本惜未刊行。散佚数册，故其所藏究竟多少、内容如何，语焉不详。据孙殿起记述："他在北京所储藏的书，写记目录凡两次。二十年代奉派杨宇霆、郑谦为张学良抄过一次，因故中辍；1938年他眷属南归，又抄一次，计十余册，每册五十页。由他的眷属携归，经友人借阅佚去数册。"[2]叶恭绰深知续书楼藏书"优点在各本齐备，一拆散即无价值也"[3]，1944年伦明去世后，叶欲以"万金"收购其全部藏书，他辗转向其家人索要书目，后由伦明弟子李棪"逐次转寄"，呈交到叶恭绰手里，但最终因乏力而收购未果，引为憾事。此目题名《东莞伦氏续书楼藏书目录》，现存于上海图书馆，凡十三册，红格十六开墨笔稿本，在第十三册中，夹有李棪短札二通。第一通云："遐庵（叶恭绰）老伯钧鉴：前日奉访，不遇为怅。兹接到伦八太寄来书目五册，侄略为翻阅，觉编次不甚佳。中以集部书为多，但只列书名，不注撰人及版本，令选择者较难抉择耳。适余仲嘉晋谒之端，特托其带呈，希检收为荷（此部分书籍存在伦八太手，闻仍存北平。八太已得其主人同意出售者，但疑秘此书目不示人）。徐俟面详。率此敬请大安。"[4]第二通云："续书楼书目第三册至第七册，即存在烂熳胡同东莞会馆伦八太处之书。第十七箱至第八十六箱，此批书可随时在北平交付云。所藏广东人著作，从前系放在上斜街东莞会馆者，现大都在伦七太之手。"[5]东莞

[1] 雷梦水整理，孙殿起口述．记伦哲如先生[M]//雷梦水．书林琐记．北京：人民日报出版社，1988：91-92．

[2] 孙殿起口述，雷梦水整理．藏书家伦哲如[M]//随笔：第九集．广州：广东人民出版社，1980：96．

[3] 叶恭绰：《矩园余墨·纪书画绝句》（铅印本），1948年。此书1963年由香港商务印书馆出版影印本。

[4] 张宪光．续书楼藏书有多少[N]．东方早报，2013-4-7（B09）．

[5] 张宪光．续书楼藏书有多少[N]．东方早报，2013-4-7（B09）．

图书馆目前正在整理《东莞伦氏续书楼藏书目录》。

3.2.3 明版本以辨书

通目录方可求所需之书，然书有先刻、后刊，亦有真、有伪，如何获得较好的本子，去伪存真，就需要通过版本学来辨识。伦明以精湛的版本学知识和丰富的实践经验为《续修四库全书》奉献一生，去伪存真，抽丝剥茧，如侦探一般，一步一步地辨明真伪。版本的辨识，需多阅读相关的书籍与实际经验的累积，方能有些许的心得。新学者可从图录观察起，或由前人所述，尽可能找到原本，比较其内容所述之真伪，方有所得。

1902 年，伦明从同乡陈伯陶处借抄《四库书目略注》，底本为粤中另一藏书家李文田所有。后来，伦明在琉璃厂书肆"屡见之"，知道"皆非新抄"。据云是"老辈相传，不知作者何人"。宣统间，日本田中氏刊印莫友芝《邵亭知见传本书目》；未几，邵章又刻其祖邵懿辰《四库目录编注》（一名《批注四库简目标注》，后称《增订四库简明目录标注》），伦明认为"二书无甚同异"。经过一番考证，始知"侍郎（李文田）殆从此移录。而莫（友芝）、邵（懿辰）二公亦如是耳"。《邵目》多有征引《莫目》，而有大量材料为《莫目》所无。这两部书目对《四库全书简明目录》版本进行补充，各有特点，是考证《四库》版本的重要参考书。

《书目答问》是一部颇有影响的书目，在近现代流传很广，它给初学者指引治学门径，对研究者也有极大的参考价值。尽管它本身存在某种程度的错误和不足，但实践证明这是一部颇具水平的书目，自光绪二年（1876）刊布以来，有大量翻刻、校补版本面世。[1] 在主要撰述人张之洞去世以后，作者的真实性曾有争议，成为近代学术界的一桩公案：一说为张之洞自撰（或张之洞自撰，缪荃孙助理）；一说为缪荃孙代作；一说依据书坊旧本而成。陈垣主"张之洞自撰说"，曾撰《艺风年谱与书目答问》一文[2]，肯定《答问》的作者是张

---

[1] 来新夏等整理《书目答问汇补》（北京：中华书局，2011 年版）乃集大成之作，经眼的版本达到 49 种之多。附录一即为作者所见《书目答问》49 种的图版 55 幅。

[2] 吴泽.陈垣史学论著选 [M].上海：上海人民出版社，1981：382.图书季刊，1936（1-2）：19.

之洞，缪荃孙仅为助理。伦明先主"缪荃孙代作说"，后又主"依据书坊旧本说"。1919年至1929年的十年间，伦明对《书目答问》进行研究，批校补正全书，"通校全书的有胡玉缙、伦明两家。胡氏批校以考订古籍为主，内容固多精审，而涉及原书补阙纠谬之处不多。伦氏批校以考订版本为主，所补正于原书的明刊本与叶（德辉）本有些重复，但多比较罕见的清刊本"[1]。这当得力于伦明收藏有丰富的清人著述和清刻清抄本。伦明批校本题记云："余过录此本在己未夏间，距今岁一周星矣。时时检览，偶有所见，亦注其下，未有识别，竟致混淆。忆乙丑始晤叶先生于都门，谈次各相见恨晚，约互抄借所未有书。别数月，余一寓书长沙，候起居不得复，未几，先生遂遭横祸。比闻其藏书散出，沪上旧都直隶书局售得其一部，以目见示，佳本十不二三，未知其他又失落何所，为之怆然，因授笔记之于此。己巳夏四月六日书于沈阳故宫之通志馆东莞伦明。"[2]伦明认为，《书目答问》系据"江阴某君记录旧本而成"。且《邵目》《郘目》用的也是旧书坊"纪录秘本"。《辛亥以来藏书纪事诗》云："江阴缪筱珊先生荃孙，为近代大目录学家。张之洞《书目答问》乃先生代作，据年谱则作于二十四岁时也。颇疑先生早岁从宦川滇，地既偏僻，又乏师承，何能博识若此？陈慈首云：'是书盖江阴一老贡生所作。先生得其稿，又与张之洞共参酌成者。'慈首尝令江阴，所言或有据。此书津逮艺林，至今治学者无以易之，功亦大矣。而先生一生以书为事业，实肇于此。"[3]此说虽"属穿凿"，有"以传闻代替事实"之嫌[4]，但亦不失为一家之言。

3.2.4 知校勘以修书

校勘古籍，乃是古典文献研究较高层次的方法，必须明目录、版本，方能

[1] 袁行云.《书目答问》和范希曾的《补正》[M]// 李万健，赖茂生.目录学论文选.北京：书目文献出版社，1985：391.

[2] 来新夏.书目答问汇补[M].北京：中华书局，2011：6.

[3] 伦明.辛亥以来藏书纪事诗·缪荃孙[M].杨琥，点校.北京：北京燕山出版社，2008：39.陈慈首（1875～1932），名思，奉天辽阳人，光绪二十八年（1902）壬寅科举人。累任广西藤容二县知县，江苏江阴县知事。著有《西王母辑释》及《华藏诗集》.

[4] 袁行云.《书目答问》和范希曾的《补正》[M]// 李万健，赖茂生.目录学论文选.北京：书目文献出版社，1985：386.

为之。"为比勘篇籍文字同异而求其正；进一步言之，则搜集图书，辨别真伪，考订误缪，厘次部居，以及于装潢保藏等，举凡治书事业，均在校勘范围之内。"[1]伦明抄校之书不计其数，使稀见罕传之书得以保存传播。古书之讹有误字、脱字、衍文、迭字、重文、阙字、偏旁、错简、颠倒、混淆、妄加、妄删、误改、误读，如校雠不精，以讹传讹，将使古书文益晦，义益舛，以致于不可解读[2]。"一字辛勤辨鲁鱼，益书益己竟何如。千元百宋为吾有，眼倦灯昏搁笔初。"[3]伦明在自题《校书》诗中就曾不无自豪地表示，经过他校勘的书，差可做到"千元百宋为吾有"。孙殿起称："先生生平手校之书百数十种，丛书如张氏双肇楼印之《清代燕都梨园史料》正续编及董氏《邃雅斋丛书》，皆先生襄助而成也。"[4]国家图书馆藏伦明抄、校之书有：《聊斋志异》《玉管照神局》《历代纪元部表》《蒿庵集》《元和郡县图志》《殷顽录》《丁氏遗著残稿》《封氏闻见记》《杜诗附记》《汉隶今存录》《漱六山房读书记》《日知录校正》《书目答问》等；伦明在给容庚的信中提到，曾亲笔批校《李长吉集》《江文通集》，抄录《南疆佚史》等。[5]知见者还有：《邓析子》《姑山遗集》《西庄始存稿》《闾丘诗集》《藏山阁诗文存》《田间尺牍》《义丰集》《畏垒山人诗文集》等。国家图书馆现藏伦明校本：《玉管照神局》《历代纪元部表》《金石林地考》《元和郡县图志》，以《岱南阁刻本》为底本，据孙伯渊跋抄本校录；《杜诗附记》《漱六山房读书记》《日知录校正》《丁氏遗著残稿》《蒿庵集》，清张尔岐著，一函四册，前三册为乾隆癸巳刊本，第四册为抄本，辑录了刊本未收的张氏诗文，卷末有伦明过录张氏遗嘱，故第四册可能由伦明辑佚。此外，伦明代友人校订的书籍尚有：张次溪《清代燕都梨园史料》、张橺丞《邃雅斋丛书》等。

1934 年，伦明为邃雅斋校订《邃雅斋丛书》。内收《三传经文辨异》四

[1] 蒋元卿. 校雠学史 [M]. 中国台北：台湾商务印书馆，1969：3.

[2] 俞樾，等. 古书疑义举例五种 [M]. 北京：中华书局，2005：1-156.

[3] 《伦哲如诗稿》（第二册），国家图书馆藏稿本，自编第 9～10 页。

[4] 孙耀卿. 记伦哲如先生 [M]// 中国人民政治协商会议北京市委员会文史资料研究委员会. 文苑掇英. 北京：北京出版社，2000：34.

[5] 伦明致容庚书 [M]// 广东省立中山图书馆. 广东省立中山图书馆馆藏名人手札选萃. 北京：商务印书馆，2002：109.

卷、《孔子三朝记》七卷及目录一卷、《史记释疑》三卷、《尚友记》不分卷、《师友渊源记》不分卷、《筠轩文钞》八卷等八种稀见文史著作，是现代出版史上一套著名的丛书。邃雅斋开业于 1926 年，是琉璃厂中颇有名气的书店。该店由张樾丞出资，董金榜（会卿）、刘英豪（子杰）、郭景新（子璋）三人合伙经营。它不仅售书、收书，还出版书籍。《邃雅斋丛书》主要由刘英豪、郭景新具体操作。董氏先策划后总其成。董氏在《序》中，对丛书之制及其源流，详细辨析，阐明此套丛书以传刻罕见不彰之书为职司，很具水平，绝非一般书商所能。实则这与伦明的参与有直接关系，《序》云："东莞伦哲儒先生储藏之富，鉴别之精，并时无两。厨中秘笈概允相假，因拟次第流布，以兹编为发轫。原书为刻为抄，概就摄印，不烦剞劂，并谢校雠。"[1] 可见这套丛书的立意、选目、出版，都接受了伦明的指导和建议，甚至所据底本也多取自伦明的藏书。

"书不校勘，不如不读，校勘之功，厥善有八。习静养心，除烦断欲，独居无俚，万虑俱消，一善也。有功古人，津逮后学，奇文独赏，疑窦忽开，二善也。日日翻检，不生潮霉，蠹鱼蛀虫，应手拂去，三善也。校成一书，传之后世，我之名字，附骥以行，四善也。中年善忘，恒苦搜索，一经手校，可阅数年，五善也。典制名物，记问日增，类事撰文，俯拾即是，六善也。长夏破睡，严冬御寒，废寝忘餐，难境易过，七善也。校书日多，源流益习，出门采访，如马识途，八善也。"[2] 校勘不仅能静心养性，以利己；又补缺残本为全本，以利人。据现存的伦氏批校本来看，伦明校书极讲章法，所选校本均为珍、善之本，如有多种校本，则以各色工楷小字抄写于页面空白处，不改原文，版面整洁精美，堪称精品。

3.3 归书以公

伦明因为"好聚书，聚既多，室不足以容，则思构楼以贮之。……自乾隆朝命儒臣纂四库书，撰提要，哀然大观矣。由今视之，皆糟粕耳，则思为书以

[1] 董金榜：《邃雅斋丛书》（序），1934 年邃雅斋影印本。

[2]　叶德辉．藏书十约 [M]// 祁承．澹生堂藏书约（外八种），上海：上海古籍出版社，2005：50.

续之，此续书楼所由名。然楼未成，书亦不备。"[1] 如前所述，"续书楼"并非实体建筑之名，而为伦明在广州和北京两地藏书处的统称，甚至晚年回到东莞望牛墩家中，他的书斋也称"续书楼"；任河南道清铁路局总务处长时，伦明则将焦作的居室则为"读书庐"。[2] 书缘之浓厚可见一斑。

藏书之存放历来为藏书家之要事。伦明壮岁多获藏书家旧物。晚年学益精粹，嗜书成癖，鉴裁甚精，收储至富，可称汗牛充栋，蔚为大观。但是，或力有不足，或囿于技术，其藏书疏于整理，保存不善，虫蛀、水浸、人窃，散失颇多。"当年，伦明在东莞新馆的家中装满藏书，由于书多且堆至屋檐下。这只是私人藏书的小部分。另有 400 多箱藏书放在烂缦胡同的东莞会馆，总计数百万册书，当时雇有李书梦先生专门负责看书、晒书。伦明的藏书放在最里面的四合院。"[3] 据孙殿起回忆，伦明在北京的藏书"拥书数百万卷，分贮箱橱凡四百数十只，书房非有十楹屋宇，不得排列"[4]。1929 年，朱希祖曾去参观伦明藏书，感叹其所藏清代集部最富，"北平藏书家无出其右者"。抗日战争前，顾颉刚曾前往参观伦明在东莞会馆的藏书，他说："伦哲如先生性好搜罗秘籍，任辅仁大学教授，课外足迹全在书肆，数十年中所得孤本不少。其居在宣外东莞会馆，刚于抗日战争前曾往参观，室中不设书架，惟铺木板于地，真书其上，高过于人，骈接十数间，不便细索也。"[5]

在广州的藏书分别存储在小东门寓所和南伦书院。"己酉夏（1909），余寓广州小东门。西江水骤涨，……他日检书，乃多所失，……水渍至不可揭视。"后"余尝出游，以书寄存广州南伦书院。"[6] 因小东门寓所"储积过多，不易整理"[7]，且广州暑月卑湿，藏书易致蛀损，寓所藏书残缺、虫蛀比较严重。宣统

[1] 伦明.续书楼藏书记 [J].辅仁学志，1929，1（2）：61.
[2] 《丁卯五日吟稿序》《伦哲如诗稿》（第三册），国家图书馆藏稿本，自编第 1 页.
[3] 伦志清.人才济济的"士乡"——我所知道的东莞会馆（二）[N].东莞日报，2009-2-16（B03）.
[4] 孙殿起.记伦哲如先生 [M]// 中国人民政治协商会议北京市委员会文史资料研究委员会.文苑撷英.北京：北京出版社，2000：34.
[5] 顾颉刚.邃雅斋丛书 [M]// 顾颉刚.缓斋藏书题记（四）.王煦华，整理.上海图书馆历史文献研究所.历史文献：第 4 辑.上海：上海科学技术文献出版社，2001：18.
[6] 伦明.续书楼藏书记 [J].辅仁学志，1929，1（2）：62.
[7] 伦明.续书楼藏书记 [J].辅仁学志，1929，1（2）：62.

元年（1909）夏，珠江主干流西江、北江连降暴雨，江水骤涨，西关较低之地江水漫门而入，"转瞬二三尺"。水深至门楣及屋顶，塌屋死人，灾情惨重。伦明家中仆辈收拾不及，部分图书已浸于水中，家仆恐被主人责备，谎称没事。过了一段时间，当伦明回来查检时，发现很多图书已被水浸，水渍已使图书不可翻阅，如果及时知道灾情，采取适当措施以修复还来得及，但由于家仆隐瞒实情，耽搁了最佳抢救时机。这次水灾，寓所藏书损失不少。事后，伦明将一半藏书寄存于位于广州仙湖街（今越秀区大南路仙湖街52号）的伦姓合族祠——南伦书院。[1] 期间，院中一个以收卖破铜烂铁为生的人，先偷挖书柜上的铜钥换钱，继又盗卖柜中的图书。朋友在书肆上认出是伦明的藏书，便写信告知。伦明知道后，虽驱赶了盗书者，也追查到少量藏书的去向，但已被盗卖不少，损失无可挽救。[2]

1915年，伦明第三次北上京城[3]。因南粤高温潮湿，书易致蛀损，始悉不宜藏书，因此欲全部置移北京。此时他"已决心弃乡土"，举家迁居北京。先"赁居莲华寺"[4]。不久，迁居同在烂缦胡同的东莞会馆，住最西面的四合院，此即后来"续书楼"所在地[5]。伦明初意将广州的全部藏书运至京城，但因缺少运费，只好将藏书一分为二，挑选部分精善之本随行北上，其余仍寄存南伦书院，谋日后条件许可再回来搬运。不料迁延时日，暂存广州的藏书终未输运北上。四五年间，唯1920年冬回过广州一次，因停留短促，伦明顾不上料理藏书就匆匆赶回北京。不久，广州传来消息，因为修马路，南伦书院被拆，伦明身在北京，鞭长莫及，藏书在迁徙中流失，无人知晓下落[6]。正是"积来栋易充，

---

[1] "南伦书院，宗族祠名。伦家祠，越秀区大南路仙湖街52号，20世纪80年代已拆改为民居。" 黄泳添，杨丽君. 广州越秀古书院概观 [M]. 广州：中山大学出版社，2002：161.伦明迁居北京后，其京外通信处是：广州城仙湖街南伦书院。见《北京东莞学会会员录》，北京东莞学会，1918：2.

[2] 伦明. 续书楼藏书记 [J]. 辅仁学志，1929，1（2）：62.

[3] 伦明. 续书楼藏书记 [J]. 辅仁学志，1929，1（2）：62."乙卯，余三至京师。"乙卯，即1915年。又1918年《北京东莞学会会员录》登记到京年月是"六年八月"，即1917年。待考。

[4] 伦明. 续书楼藏书记 [J]. 辅仁学志，1929，1（2）：63.莲华寺，一作莲花寺.位于烂缦胡同与西砖胡同之间，今永庆胡同37号.旧有莲花胡同，今已拆除。

[5] 伦志清，李金海测绘：《东莞会馆平面示意图》.图稿复印件由作者提供.

[6] 伦明. 续书楼藏书记 [J]. 辅仁学志，1929，1（2）：62-63.

载去宅难拔"。[1] 这部分流散之书，今粤中各公私藏家或有收藏，但因伦明藏书从不钤印 [2]，且藏目未就，除经其批校或题跋者略可辨外，其他各本已难以识别了。

藏书不易，持久保藏亦难，故一般藏书家都守着唐代杜暹"鬻及借人为不孝"的古训，对藏书保管严密，不轻易借人，或只作局部开放，允许朋友借抄。明清两代藏书家在文化学术上的贡献是巨大的，但作为社会文化财富的保藏者，他们比较封闭，缺乏开放性，因而限制了它的社会作用，这是封建社会文化落后的一种表现。至近代，这一状况发生了改变。20 世纪以后，传统的藏书私有、子孙世守的观念已日趋淡漠，它随着近代公共图书馆的设立与发展，以及视图书"为天下之公器"的观念的树立，而在社会学术文化的发展中退居次要地位。于是，私藏转公藏为大多数藏书家所认同。如康有为、梁启超、石德芬、梁鼎芬、邓实等岭南藏书家，都反对把藏书作为私有财产秘不示人的陋习，而主张图书流通，开放私人藏书供士人阅览，甚至将家中所藏，捐献给国家。

伦明对民族文化遗产持有一种正确的民族立场和开放的态度。他对来之不易的藏书十分爱惜，"平时他告诉家里人等任何人不准擅自动他的书籍。一般朋友难进他的书房"[3]。但对学者、识书、懂书之人却十分开放，乐意利用自己的藏书为学术研究服务。如陈垣撰《史讳举例》，谢国桢撰《晚明史籍考》，容肇祖整理《何心隐集》，张荫麟撰《纳兰成德传》[4]，南桂馨编辑《刘申叔遗书》，王重民编《清代文集篇目分类索引》，张次溪刊《清代燕都梨园史料》等，都得益于借阅伦明的藏书。胡适撰写《醒世姻缘考证》，用到伦明抄录的李葆恂《归学庵笔记》、佚名《般阳诗萃》等珍贵材料。[5] 这种态度，实在是对岭南地

[1] 伦明．南归次老杜北征韵留别诸友 [J]．民大中国文学系丛刊，1934，1（1）．

[2] 伦明《续书楼藏书记》开篇第一句云"续书楼者余钤书所自署也"，然未见印存，待考．伦明．续书楼藏书记 [J]．辅仁学志，1929，1（2）61．

[3] 孙殿起口述，雷梦水整理．藏书家伦哲如 [M]// 随笔：第九集．广州：广东人民出版社，1980：96．

[4] 张荫麟云："更有一意外之获，近从伦明先生处，得读余数年来调求而未得之《通志堂集》，喜可知矣。据此书可补正本传之处甚多。"张荫麟．纳兰成德传 [J]．学衡，1929（70）：26．

[5] 耿云志．致伦明（1934 年 1 月 7 日）[M]// 欧阳哲生．胡适书信集（上）．北京：北京大学出版社，1996：605．

区藏书家开放传统的继承和发扬。刘半农记载过一段书缘："去年中秋前一日，东安市场隐逸书肆贾人持旧书数种求售，中杂此卷（《翻清说》），适以事忙，匆匆一阅，便即归之。后思翻译方术，古人鲜有讲论；魏氏生雍乾之世，而持说乃多与今世译人不谋而合，是固译界一重要史材也。乃欲重索其书，则已为别一书肆取去。更求之彼肆，又以已售对。问售与何人，则游移其辞，不即实告。迹访无从，怅然而已。后偶与赵斐云（万里）谈及，嘱为关意。越一月，斐云果见其书于伦哲如许，便以余追求之情相告。哲如慨然曰：'既半农需此，吾当举以相赠。'于是原卷复归于余。区区五叶破书耳，而既失复得，中有一段因缘，当志之以彰斐云、哲如两君之惠。廿二年一月二十，北平。"[1] 短短不足三百字，道出两位藏书家和版本学家的故事，赵万里的热诚，伦明的义气豪爽跃然纸上。

伦明一生含辛茹苦，节衣缩食地搜书、访书、藏书。对旧式藏书楼的兴衰有充分的了解，深为"学术之患，世道之忧"而忧。其在《辛亥以来藏书纪事诗》自序中，感慨藏书之事"为变甚剧"，"百数十年之积蓄，尽于一旦；万数千里之输运，集于一隅。犹未已也，涵芬楼靡于非意料之烈弹，海源阁劫于无意识之战火，犹可委日，天灾时势，无可如何。乃一家奴耳，能罄丁持静之全；一鼠窃耳，能分范天一之半，是则人谋之不臧矣……"[2] 在总结了书之聚散的主客观原因后，进而得出："书之聚散，公私无别，且今后藏书之事，将属于公，而不属于私，今已萌兆之矣。"[3] 的结论。伦明生前就对自己的藏书归宿有了打算。抗战中，目睹日本侵略者在中国大肆劫掠文物古籍的罪行，更加强了他欲将所藏归公的愿望。如前所述，1941 年 2 月至 8 月间，时北平图书馆（今国家图书馆）馆长袁同礼滞留香港，联系转移北平图书馆 300 箱善本运入美国，寄存到美国国会图书馆暂时保管之事。伦明嘱托当时在香港的冼玉清从中"关说"，希望将自己的藏书归于北平图书馆。当时或因战乱无暇顾及，或因"条件不符而罢"[4]，最终未能遂愿。病势危急之时，伦明藏书归公的愿望越来越强

[1] 刘半农.翻清说（跋）[M]// 半农杂文二集.上海：上海书店出版社，1983：358.

[2] 伦明.辛亥以来藏书纪事诗 [M].雷梦水，校补.上海：上海古籍出版社，1990：1-2.

[3] 伦明.辛亥以来藏书纪事诗 [M].雷梦水，校补.上海：上海古籍出版社，1990：2.

[4] 冼玉清.记大藏书家伦哲如 [M]// 艺林丛录：第五编.中国香港：商务印书馆香港分馆，1964：328.

烈，曾贻书张伯桢，"属以所藏书介归国立北京图书馆"[1]。但未等到消息，在
1944 年 10 月，伦明怀抱未遂之愿而溘然长逝。伦明逝世后，藏书由其家人保
存和管理。

为了实现伦明生前的心愿，也为了保存伦明视之为"性命"的珍贵典籍，
陈垣、冼玉清、袁同礼等一批学者为之奔走努力。1945 年 9 月间，冼玉清随
岭南大学从粤北迁回广州河南康乐村，始知伦明已于去年十月病终东莞故里，
至为惋惜。"因函商其北京家属，请以藏书归公，卒归北京图书馆，成先生志
也。"[2] 同年 12 月 28 日，北平图书馆馆长袁同礼在给胡适的一封信中，谈到正
在接洽的私家藏书中，包括伦明的藏书："适之先生著席：战争结束以来，故
家文物纷纷散出，除海源阁已收归国有外，正在接洽中者只有傅沅叔、伦哲如
（在平）、潘明训、刘晦之、刘翰怡及潘氏滂喜斋（均在沪）。目前沪上之房租、
地产均按美金或金条计算。潘明训（名宗周）去世后屡闹家务，各支主张分书
析产，尤有提前收购之必要。渠家索价美金五六万元，虽力请政府设法，但
宋院长对于文化事业之赞助似尚不如庸之先生。故甚盼美方可以给予少许之援
助，则在国内进行较易办理。除在沪时曾奉上一电外，兹又奉上致 Stevens 先
生电稿副本及说明一纸，仍希相机进行，不胜感盼。专此，敬候道祺。同礼叩
上十二，廿八，重庆。"[3]

1946 年 12 月 13 日，通学斋伙计告知邓之诚："伦哲如书决定由北平图书
馆出资收买，价由图书馆组织'评价委员会'定之，等于发官价而已。其书装
大木箱三百余，皆有清一代文集。"邓氏叹之"富哉！"[4]

1947 年春，"又经陈援庵（垣）丈再商始成，去先生之逝已三年矣。"[5] 其

[1] 张次溪：《伦哲如先生传》，见张次溪辑：《宣南逸乘》（油印本），出版年月未详，第 2 页。

[2] 冼玉清.记大藏书家伦哲如 [M]// 艺林丛录：第五编.中国香港：商务印书馆香港分馆，1964：328.

[3] 袁同礼致函胡适（1945 年 12 月 28 日）[M]// 中国社会科学近代史研究所中华民国史组.胡适
来往书信选（下）.北京：中华书局，1980：73-74.

[4] 邓之诚.五石斋文史札记（二十四）[J].邓瑞，整理.中国典籍与文化，2007（2）：122.

[5] 张次溪：《伦哲如先生传》，见张次溪辑：《宣南逸乘》（油即本），出版年月未详，第 4 页。其
"三十六年冬"语，有误。

藏书归于公藏，终可慰伦明于九泉矣。1947 年 3 月 11 日，通学斋店员雷梦水告知邓之诚，"伦哲如藏书近以一万万元归北平图书馆"[1]，故胡适有"他（伦）家藏书很富，听说后来也卖光了"之言。[2] "卖"是事实，但相对伦明藏书的数量及其学术价值而言，所谓"卖"，实无异于"捐"。当时邓之诚就为之愤愤不平，直截了当地说："此价在平世不及万元，得值仅十之一耳！无异掠夺。"[3]

关于伦明藏书归于北平图书馆的交接经过，伦绳叔有一段记录：先父一生从事学术，除著作外，当以所存之书籍闻著于社会，命之曰伦氏续书楼。然吾辈后生不得保守，乃决议让与北平图书馆。此乃八姐慧珠由港与袁同礼氏商洽而定。今由图书馆派人帮予同整目录（前目录已遗失，仅余五册目录），迄今已告完毕矣。（民三十六，一月，廿九日）[4] 伦志清先生从父辈那里得知，当时"场面比较壮观，几大卡车，运了好几次"。伦明藏书归公后，时任职于北平图书馆的王重民曾检阅这批藏书。在 1947 年 6 月 17 日致胡适信中云："今日检阅伦哲如的藏书，有蒋师焴《咏怀诗注》两本，末附纪昀、戴衢亨《蒋公墓志铭》两篇，秦赢《东桥先生传》一篇，始恍然为十余年前编《文集索引》时记得那个名字。"[5]1949 年 9 月 16 日，张元济等前观北平图书馆善本书库，"见所收伦哲如禁书颇多"。[6]

对于前文冀淑英先生"这批伦家的书，实际就是通学斋书店的书"的说法，人们有不同的解读。从前文提到这批藏书"很多禁书""多有伦明的校跋"和"《四库》不收的书"的情况看，国家图书馆所藏伦氏旧物与通学斋书店、《贩书偶记》或有一定关系（因为伦氏藏书多半出自孙殿起之手），但不能肯定就是通学斋书店的书。据资料记载，伦明"殁后，由冼玉清教授作介，续书楼藏书卒

[1] 邓之诚.五石斋文史札记（二十五）[J].邓瑞，整理.中国典籍与文化，2007（3）：109.
[2] 胡颂平.胡适之先生晚年谈话录 [M].北京：中国友谊出版公司，1993：62.
[3] 邓之诚.五石斋文史札记（二十五）[J].邓瑞，整理.中国典籍与文化，2007（3）：109.
[4] 资料由伦志清先生提供.
[5] 北京大学信息管理系，台北胡适纪念馆.胡适王重民先生往来书信集 [M].北京：北京图书馆出版社，2009：481.
[6] 张元济.一九四九年赴会日记 [M]// 张元济.张元济全集：第 7 卷.北京：商务印书馆，2008：383.

归国立北平图书馆"[1]。伦明藏书是 1947 年归公的，时通学斋书店仍由孙殿起、雷梦水经营，直至 1956 年公私合营，并入中国书店。伦明藏书归公后直至通学斋合并之前，邓之诚等学者仍与通学斋保持密切联系，并从该店买到许多珍善之本，其在《五石斋文史札记》的记录[2]，可作一例证。另外，因为禁书、《四库》不收的书和伦明校跋过的书，都是伦明苦苦以求，为续修《四库全书》而准备的珍贵典籍，放在书店销售的可能性很小。据此，现国家图书馆收藏的应为伦明在北京东莞会馆"续书楼"的藏书，而并非在通学斋书店经营的书。

　　关于伦明藏书的去向，时人也多有记述。冼玉清《记大藏书家伦哲如》云："先生（伦明）久欲编印《续岭南遗书》，其弟子李校劲庵允经纪其事，并允向粤督陈济棠措款，先生尽以所藏粤人著述秘籍授之。李君来香港执教，以书寄存北京大学图书馆。先生来书嘱访李君求交代，李君唯唯。其后邓之诚文如教授亦有函来，嘱转告李君速为处理。今李君远适异国，秘籍之下落如何？中心耿耿。盖编印《续岭南遗书》，乃粤人应有之事也。"[3] 这批粤人著述是伦明生前准备用来续修《岭南遗书》的，现是否仍存于北京大学图书馆及其去向有待查考。

　　叶恭绰《辛亥以来藏书纪事诗序》云："节予（伦明）好藏书，恒节衣缩食以求，以每一书之版本齐备为的，亦一特色，殁后其家不省，任市侩择尤抽取，而弃其余，乃拉杂贱售之，不知其优点在各本齐备，一拆散即无价值也。其藏书本拟以万金悉归余，余因乏力未果，此与不收曾刚甫遗书同一憾事，然余之藏书今亦已不能保，固不足悔矣。"[4] 郑逸梅《忆叶恭绰老人》："他（叶恭绰）藏书很多，不少是原来藏书家伦明的藏品，伦明逝世后，恭绰购存之。"[5] 是说与叶恭绰自记颇有出入。魏隐儒《藏书家伦哲如》："伦氏卒后，将广州藏书全

[1] 李致忠. 中国国家图书馆馆史 1909 ~ 2009[M]. 北京：北京图书馆出版社，2009：151.

[2] 邓瑞整理，从 2001 年起在《中国典籍与文化》连载（2001 年第 2 期至 2010 年第 4 期，共 37 期），2007 年由北京图书馆出版社以《邓之诚日记》之名结集出版.

[3] 冼玉清. 记大藏书家伦哲如 [M]// 艺林丛录：第五编. 中国香港：商务印书馆香港分馆，1964：327-328.

[4] 叶恭绰. 矩园余墨·纪书画绝句（铅印本），1948. 此书 1963 年由香港商务印书馆出版影印本.

[5] 北京燕山出版社. 古都艺海撷英 [M]. 北京：北京燕山出版社，1996：308.

部让于广东省图书馆。北京所藏部分,于1947年全部归北京图书馆。"[1]据查考,尚无实物和文字资料证明伦明在广州的藏书"让于广东省图书馆"。

"夫价之有贵贱,常也,大率旧者贵而新者贱,精者贵而粗者贱,罕者贵而多者贱。今也不然,同是一书,适时则贵,过时则贱,而时之为义又至暂,例如辛酉以前,宋元集部,人所争得也,乃过此则竟无问之者矣。又如辛未以前,明清禁书,人所争得者也,乃过此亦几几无问之者矣。又其他,则藏家之易聚易散也。夫物之有聚散,亦常也;自聚之而自散之,则偶也。梁武帝曰:'自我得之,自我失之,亦复何恨!'然梁武在位之日甚久,以三十年为一世计之,几及两世矣。今之人朝聚而夕散者,何其多也,聚而无不散者,何其不期而合也。尤可异者,昔之聚散,如西家卖田,东家置产,不有所废,其何以兴?今也不然,试历数二十余年来,散者接踵不绝,聚者屈指几何?散者之有出无入,一如国家帑藏之外溢也,是不可以寻恒聚散视之也。自学吏兴而需新书者多,需旧书者少;自大图书馆兴,即需旧书者多,而购书者少。"[2]朝聚而夕散,聚散无恒常,更替跌宕,何其多也!伦明的大部分藏书得以遂其心愿,安身于国家图书馆,书墨清韵犹存……

3.4 著述之博

伦明曾自言"以搜访故书及过录批校之事耗去一生精力,著书时间反而被夺去"。[3]与不少藏书家一样,他为收集典籍,不仅耗去不少资财,而且占用了大量时间和精力,毕生为续修四库奔走,著述并不多,其诗文亦多未刊行,惜多散佚。[4]然其学识广博,往来奔波之余仍恭勤不倦,笔耕不辍,所知见者仍颇为可观。《版本源流》(一名《版本学》)《目录学讲义》《续书楼书目》《读

---

[1] 章长炳,等.耆年话沧桑[M].上海:上海书店出版社,1993:157.

[2] 伦明.辛亥以来藏书纪事诗[M].雷梦水,校补.上海:上海古籍出版社,1990:1-2.

[3] 雷梦水.书林琐记[M].北京:人民日报出版社,1988:5.

[4] 徐雁于2008年曾游说其北大同窗、东莞图书馆长李东来投资编辑出版《伦明全集》,参见徐雁著:《秋禾行旅记》,南京师范大学出版社,2009年版,第195页。在东莞市政协的积极推动下,《伦明全集(一)》于2012年10月由广东人民出版社出版。

未见书斋书录》《清修明史考稿》《清代史籍书目提要》《清代史学书录》《清代及今人文集著者索引》《清代及今人文集书名索引》《四库全书目录补编》《续修四库全书提要稿》《续四库全书刍议》《拟印四库全书之管见》《关于印行四库全书意见书》《丛书目录拾遗序》《伦哲如诗稿》《乡园忆旧》《辛亥以来藏书纪事诗》《辛亥以来藏书纪事诗草稿》《伦哲如札记》《续书楼读书记》《续书楼藏书记》《建文逊国考疑》《渔洋山人著述考》《孔子作孝经证》《原孔》《清史谈屑三种（尚可喜父子事考、道光广东夷务记、道光广东夷务杂记）》《三补顾亭林年谱》《颜元及其弟子著作札记》《奉天通志》之《实业志》《交涉志》等。另有集外诗文上百首（篇），抄校图书凡一百数十种[1]。就内容而言，其涵盖版本目录学、史学、文学等；就形式而言，关涉诗文创作、史志编纂。文献、史志辨章学术，考证源流；诗词文学意境开阔，寓意深邃，体现出"文章文学共创"之特色。文章以传达知识为其职志，以思想为其内容，以字句为其外形；文学则以创作艺术为其灵魂，文章与文学皆求文辞表达之正确，但于此外，文章著述更考究思考之规则，求其内容之精当与方法之科学。

3.3.1　文章撰著

3.3.1.1　版本目录学论著

伦明任大学教授多年，以讲授版本目录学而知名学界。1917年以后，先后在北京大学、辅仁大学、民国学院等校开设"明清史籍研究（解题）""清代史学书录""清代著述考""目录学""版本源流"等课程。这些课程讲义有的已编撰成书，有的是为学术研究而成的检索工具书，纲举目张，考辨详正，对某一学科或某一专门课题进行了全面系统的论述，可依循实用文章学的路径进行阅读与研究，以适应读者之诸需求。

3.2.1.1.1《清代史学书录》

根据傅振伦《记目录学家伦明先生二三事》所记，其在北京大学求学期间，曾师从伦明学习版本目录学。在回忆这段经历时，傅氏提到伦明"为学生讲授

---

[1] 罗志欢老师在《伦明评传》第198页中对伦明之著述进行了统计与阐述；熊静博士在《伦明文献学著述考》一文中对伦明的文献学著述亦进行了详细考论。

目录学，编印《清代史籍书目提要》讲义"，并应招至东莞会馆老师寓所，就编辑中国史学书目的问题向伦明请教。按照老师的指导，傅振伦写了一篇《编辑中国史籍书目提要之商榷》，刊登在中华图书馆协会主办的《图书馆学季刊》1933年第7卷第2期。其中关于史籍分类部分，傅振伦将中国历史书籍分为四类十二部，史学部位列第四。史学部之外，尚有纪传部、编年部、星历部、谱牒部等十一部。这既是伦明、傅振伦师生的共同看法，也体现了伦明撰写《续修四库全书提要》的经验。

1927年，奉系军阀张作霖占据北京后，将北京大学与其他八所国立大学合并，更名为京师大学校，原北大文科改为文学院。伦明于此时受聘为文学院教授，为学生讲授目录、版本学。由于伦明当时已是闻名于世的学者，且专擅目录之学，故学生虽激烈反对军阀干预校务，但对伦氏的学问都十分敬佩，常有朝夕求教之举。《清代史学书录》亦是伦明为授课而编写的讲义。但此书并未公开发行，传本甚罕，北京大学图书馆藏有两部。熊静博士在其论文中对伦明在北京大学讲授目录学所用讲义的演变情况也作了一推测：1927年，伦明开始担任北大教职后，授课讲义的名称为《清代史籍书目提要》，持续时间大约至1929年。1929年后，可能由于"史籍"提要数量过于庞大，故开始选取"史籍"中的某一类讲授，《清代史学书录》就是其中之一。在《续书楼藏书记》中，伦明回忆"余续书之志，发于甲子（1924）"，而续修的重点，在于清代顺治元年（1644）以后的清代典籍，"以四库书中，清代最疏漏"[1]。其后，虽然没有得到官方支持，但伦明个人的收书、藏书活动都是围绕这个目标展开的。由此推论，在伦明初任北大教职时，掌握的清代史籍还不是非常丰富，通过数年有计划的收集后，伦明知见的清代史籍数量大增，而《史籍提要》的规模也随之一再扩充。在规定的授课时间内，完全讲授《史籍提要》时有不逮，故只能分类、逐段介绍，《清代史学书录》就这样产生了。

按照《《清代史学书录·绪言》所载，"清代史学"书籍应当分为八类。在伦明指导傅振伦撰写的《编辑中国史籍书目提要之商榷》中，对于史学部分类进行了说明。《商榷》中，史学部子目包括：史考（考异、校正、补遗、史注、

---

[1] 伦明 . 续书楼藏书记 [J]. 辅仁学志 .1929（2）：64.

训释）、辑佚、校雠、义例（史评）、评论（史论）、蒙求。与《清代史学书录》的分类并不完全一致，但二者的收书范围是基本相同的。对于这种分类方法的来源，《商榷》并不讳言，谓之"章氏（注：章学诚）史学专部，以刊误之类为考订，……今师之而增其目如上"[1]。可见，《商榷》史学部分类是直接增补章学诚《史籍考》而成的[2]。与《商榷》分类体系基本同源的《清代史学书录》，在撰著过程中应该也受到了章学诚目录学思想的影响[3]。

3.2.1.1.2《版本源流》

《版本源流》（一名《版本学》），颇负时誉，但也惜未见流传。1928 年，日本著名汉学家吉川幸次郎在北京求学期间，就曾旁听过伦明的"版本源流"[4]。此书亦仅以讲义行世，没有单行本。现北京大学图书馆藏有民国排印本，首页卷端题"版本源流"。从上往下依次钤盖"张庆隆""张子兴""青藜阁"朱印。版心上鱼尾上方题写书名，下鱼尾以一条细黑线代替，细黑口，并印有"北京大学"字样。正文前有《绪言》，由对数个问题的讨论构成，议题包括：书用竹帛考；书有刻板考；书有活字板考；宋元明清及近日刻书之优劣论；历代目录配隶（注：分类）大略；四库全书总目提要之弊端；近世目录学流派。正文则由一个简略的集部古籍目录构成，计收楚辞类 45 种、别集类 273 种。每种均著录书名、卷数、版本、作者，并简述其内容。收录标准是"在元以前，概收廉遗。明人则慎择之。自清以后，另为专书（《绪言》）"。特重集部的原因，或是因为伦明认为四库全书"子集二门提要，较经史为劣也（《绪言》）"[5]。

3.2.1.1.3《目录学讲义》

1937 年伦明在《讲坛月刊》第 5 ~ 8 期上连载《目录学讲义》。他认为，目录学对于研究国学的人来说，就如同游历西湖的人必先看西湖便览、出差上海的人必先阅上海指南一样的重要。因为，我国的书籍浩如烟海，一般都归之

---

[1] 伦明.续书楼藏书记 [J].辅仁学志.1929（2）：64.

[2] 傅振伦.编辑中国史籍书目提要之商榷 [J].图书馆学季刊，1933（1-4）：230.

[3] 熊静.伦明先生文献学著述考 [J].大学图书馆学报，2014（1）：110-115.

[4] 章学诚.史籍考总目.章学诚.校雠通义通解.王重民.通解.上海：上海古籍出版社，2009：174-175.

[5] 熊静，伦明先生文献学著述考 [J].大学图书馆学报，2014（1）：110-115.

于经、史、子、集四部，但究竟归之于四部中的哪一部？一部中又归之于哪一类？以及诸如哪些书籍应该读？哪些书籍应多参考？某书的内涵是醇正还是驳杂？某书的版本是优佳还是劣质、是完整还是残缺？等等诸如此类的问题，形象贴切，简明易懂地阐述了目录学的重要性。同时，伦明指出版本学为"藏书家所有事"，目录学为"学者所有事"，今人每将版本与目录混为一谈，实际上版本是版本，目录是目录，目录学并不等于版本学。版本学，主要是通过对古籍之行格式、字体、纸质、墨色等种种之异同的辨别，来判定其版本的异同优劣。就此而言，目录学与版本学有相同的一面，如某书刻本佳，某书刻本不佳；某书是完本，某书是缺本之类，这也是目录学所涉及的内容。但除此之外，目录学还要涉及诸如某书醇、某书疵、某书醇疵参半、某书大醇小疵、某书小醇大疵等内容。又同一书，注之者有多家，校之者也有多家，那么，这些多家的注校者中，哪家的注本或校本精而详？哪家的注本或校本疏而略？这些都属于目录学涉及的内容。凡醇者精者详者，悉阐发之，不厌其多，应有尽有；凡疵者疏者略者，悉指适之，亦不厌其多，应有尽有。这样，人们只要阅读了有关的目录学著作，就能知所取舍。又比如，目录学还要研究历代传本是存还是佚、是完还是缺？或者已佚已缺但已经重辑重补的情况，并要加以一一著明，以便使当今的读者只要阅读有关目录学著作就能一目了然。总之，"为版本学者属古之今，部分藏书家所有事；为目录学者通古与今，凡一般学者所有事也"。换言之，版本学研究的是图书版本的出版年代、刻版或印刷的质量优劣，而目录学研究的，除图书版本的出版年代、刻版或印刷质量的优劣外，还要"辩章学术，考镜源流"，研究图书内容的优劣、真伪和源流等问题，所以一为"藏书家所有事"，一为"学者所有事"。此外，伦明强调，目录学不仅不等于版本学，也与目录有别，"今人又每以目录为目录学，误矣"。目录只是古今以来私人藏书楼或公家图书馆对所藏书目的造册登记，不足以言学。但是目录学又基于目录而成，"故研究目录学者，关系目录之各事项，固不可不知也"。那么，目录学与目录究竟有何区别呢？刘纪泽给目录和目录学下的定义是："目为篇目，录谓叙录。""目录学者，纲纪群籍簿属甲乙，辨章学术，剖析源流，鉴别旧椠，

70

校勘异同,提要钩玄,治学涉经之学。"[1] 汪辟疆在 1934 年商务印书馆出版的《目录学研究》一书中认为："目录者,综合群籍,类居部次,取便稽考是也。目录学者,则非仅类居部次,又在确能辨别源流,讲究义例,本学术条贯之旨,启后世著录之规。"伦明虽然没有直接回答目录学与目录的区别问题,但从他的前后论述来看,其见解与刘纪泽、汪辟疆大致相同,认为目录只是古今以来私人藏书楼或公家图书馆对所藏书目的造册登记,而目录学则要在此基础上"辩章学术,考镜源流"。伦明区分目录学与目录的不同这一见解非常重要,而如今有的研究者则把二者混为一谈,如他们把梁启超、胡适等人在五四时期向青年人推介的阅读国学最低书目也说成是目录学著作,即是一例。伦明指出研究目录学者,必须知道"关系目录之各项事",这其中包括:"书之起源""书之分类""书之聚散"和"清代撰著之特色"。他在论述"书之分类"时,提出了"目录之例因时而变"的思想。"目录之例"并不是一成不变的,而随着时代的变迁发生变化,比如,金石目录二门,以前仅附属于史部,今因这两类题材大增,有"宜量为变通"的必要,"使之匀称",他门有类于金石两门者,"亦宜推及之"。他也十分赞同"近日图书馆又以点画繁简分类,不复拘拘于四部"的做法,认为与"四部分类"法比较,"以点画繁简分类,于检寻自较便",因而"可兼用之"。但如果因此"废除四部之别,则大可不必也"。他还指出,编辑目录之事"渐盛"于近代,其中有"以一类为限者",如朱彝尊之《经义考》,谢启昆之《小学考》;有"以一省一区或一府为限者",如徐世昌的《大清畿辅书徵》、张国淦的《湖北书徵存目》、项元勋的《台州经籍志》、孙诒让的《温州经籍志》;有"以一家为限者",如钱氏、胡氏、袁氏的《艺文目》;有"以一人为限者",如他自己的《渔洋著述》书目。其他如顾修的《汇刻书目》,朱记荣的《续汇刻书目》,杨守敬的《丛书举要》,孙耀卿的《丛书目录拾遗》,此类甚多,"则购书者之检查也"。如倪氏的《经籍会要》,张氏之《书目答问》,"近来此类甚滥,佳者甚勘,则示读书者所取资也,是皆不必家有其书,自儿其书,但据目以成编,其中或有不可信者,须分别观之"。伦明在论述"清代撰著之特色"时,认为"撰著之体,代有进步",与前代相比,"清代特色有六":即"辑佚""补

[1] 刘纪泽.目录学概论 [M].北京:中华书局,1931.

71

注""订残""校勘""翻译""丛刊"。

就目录学自身而言,伦明认为,它也有广狭之别。在刘向之前,中国所谓的目录之书,等于簿记,而真正可称之为目录学的,始于刘向的《别录》,其他如南宋陈振孙的《书录解题》,南宋晁公武的《郡斋读书志》,清代钱曾的《读书敏求记》,乾隆时的《四库提要》,阮元的《四库未收书目提要》,张之洞的《书目答问》等,与《别录》近似,"示学者以途径使知所取舍,而不必夸鹜博",也可称之为目录学,但都是一种狭义的目录学,我们今天所讲者的目录学,亦即狭义的目录学。

3.2.1.1.4《渔洋山人著书考》

《渔洋山人著书考》是伦明除《目录学讲义》之外,在版本目录学方面具有代表性的著作,亦是了解其版本目录学思想比较有参考价值的文献。伦明尝言:"余嗜读渔洋书,嗜书之癖,又与渔洋同。"因此搜集王氏著作最勤,且多为初刻初印之本。1929年6月,《燕京学报》第5期发表伦明的《渔洋山人著书考》。同年北平燕京大学刊行《燕京学报》第5期单行本。王士祯(1634~1711),原名士稹,字子真、贻上,号阮亭,又号渔洋山人,人称王渔洋,谥文简。新城(今山东桓台县)人,常自称济南人。博学好古,著述极富,能鉴别书、画、鼎彝之属,精金石篆刻,为一代宗匠,与朱彝尊并称。自其逝世后,研究王氏学术,整理王氏著述者代不乏人。从王氏弟子惠栋(定宇)编著《渔洋山人精华录训纂引用书目》,至翁方纲(覃溪)所订《渔洋山人书目》,后又有带经堂《渔洋山人书目》及其他《渔洋著述书目》,民国初《重修新城县志·艺文志》中参照惠栋的《渔洋山人精华录训纂引用书目》与翁方纲《渔洋山人书目》,编制《王士祯著述书目》,可谓逐步完备。但其亡佚著作到底有多少,亦恐无法确定。

宣统元年(1909),伦明购得南海孔氏所藏《渔洋全集》三十六种本,此通行本"字迹多漶漫,思得初印单行本读之,随时搜访,蓄积遂多"。"然余所得,竟有出于惠目之外者,又以叹聚书之难,而永备之不可期也。偶以暇日,辑成斯目,揭要提纲,聊备检览,且冀继续增其所无"[1]。之后便撰写了《渔洋山人著书考》一文。此文收录王士祯《带经堂集》《表徐落笺合选》《阮亭诗选》

---

[1] 伦明. 渔洋山人著书考 [J]. 燕京学报, 1929 (5): 913.

等著述以及评点、校刊之书凡一百二十六种。末附《惠栋精华录采用渔洋书目》和《渔洋著述三十六种目》，另有《评猷氏集古录第一集》一文。伦明从目录、版本的角度，不仅搜集了惠栋《精华录训纂》所未备；而且据通行本《渔洋全集》三十六种目，为之搜集善本和初印单行本；尤其是对每种书的著述、版本等情况都略加说明，撮要其内容。此文为研究王渔洋提供了更为齐备的书目和参考资料。

3.3.1.2 与《续修四库》相关著作

伦明身后留下了近两千篇《续修四库全书总目提要》稿以及《四库全书目录补编序》《续书楼读书记》《续修四库全书刍议》《拟印四库全书之管见》《关于印行四库全书意见书》等与续修四库相关的洋洋数十万言，为今天研究和了解续修《四库全书》的过程提供了珍贵的资料。

"藏书盈库兼仓富，续补可嗣四库书。安得群儒策群力，提要远追逊代初。"[1] 王睿在《续补藏书纪事诗》中赞扬了伦明在藏书、续补《四库全书》和撰写《续修四库提要》的功绩。续修四库的最初提议始于光绪十五年（1889）六月十六日，翰林编修王懿荣上疏恳恩特饬续修库书。此论出后，虽应者云集，但由于种种原因，始终未能实现，即使是影印《四库全书》的计划，也是屡议屡辍[2]。而在多年的藏书、校书活动中，伦明深感《四库全书》"忌讳太多、遗书未出、进退失当"[3]，故矢志续修库书，并终生为之奔走呼号，未有一日稍辍。据伦明本人回忆，续修之志，始于 1924 年。但实际上早在 1921 年前后，伦明在给时任教育部次长的陈垣的信中，已经提到了自己的修书计划。1924 — 1928 年间，伦明曾有三次机会实现自己续修《四库全书》的理想，但均因合作者之故，半道中辍。按照伦明的计划，完整的续修工作，包括搜集、审定、纂修三步，除了广罗异本，撰写提要，还要精校善本。也许是感到以个人之力行续修之事，实在力有不逮；于是在续修工作无法全面推进的情况下，伦明将主要精力放到了续修四库提要上面。伦氏续修四库提要的记载，最早见于 1926 年《广

[1] 王睿. 续补藏书纪事诗·伦明（哲如）[M]. 李希泌，点注. 北京：书目文献出版社，1987：39.

[2] 孙殿起. 琉璃厂小志 [M]. 上海：上海书店，2010：116.

[3] 郭伯恭. 四库全书纂修考 [M]. 上海：上海书店，1989.

东七十二行商报》刊登的伦明致莫伯骥书，谓"欲以个人之力，成《续修四库全书提要》。已着手两载，成二百数十篇"[1]。1925 年，利用日本政府退还的庚子赔款，中日双方派员共同建立了东方文化事业委员会。1927 年 12 月，其下设机构人文科学研究所成立，提出"续修四库全书总目提要"的目标。后为抗议济南惨案，中方委员集体辞呈，该委员会遂改由日方独自经营。自 1928 年至 1938 年间，先后聘请了七十余位中国学者参与提要撰写，伦明就是其中之一[2]。1928 年，伦明在《燕京学报》上发表《续书楼读书记》，收录"尚书"类提要 13 篇，就是其续修提要的阶段性成果。国家图书馆现藏有《续书楼读书记》手稿本，与刊本颇有不同，一册一函，线装，以《燕京学报》稿纸抄写，一页三百字。封面及正文均题"续书楼读书记"，"伦明"。

1931 年至 1937 年间，伦明受邀为东方文化事业委员会撰写续修四库提要。在此之前他撰写续修四库提要的工作一直在持续进行着，主要依靠个人藏书独立完成的。今存标明为伦明所撰的条目，约有五十余万字。共撰写提要 1903 条，其中经部 1138 条，史部 759 条，集部 6 条。这批提要，今已收入齐鲁书社影印本《续修四库全书总目提要（稿本）》第 14 册 70 页下至 15 册 672 页上。

罗列书目是纂修工作的基础，对于《四库全书》收录的经史子集四部书籍，伦明最不满的就是集部，认为"惟集部未得其人，因之疏陋谬误特为减色[3]"。据熊静博士的推论，伦明在着手续修四库提要之初，就编纂完成了检索工具书《清代及今人文集著者索引》和《清代及今人文集书名索引》，现均藏于中国国家图书馆，手稿本。两书虽属同一性质的检索工具书，大部分内容也是互相重合的，但收书数量和排列方式却不尽相同。《清代及今人文集著者索引》，一函两册，线装，抄本。正文以预先印制的绿格稿纸抄写。每页版心均题有："续四库全书提要"，"哲如手稿"。正文按照著者姓氏笔画顺序排列，仅录作者、书名两项。"八旗人、僧、闺秀"单独列类，不依姓氏笔画。共收清代及民国初年著者作品 1313 种。《清代及今人文集书名索引》，版式、形制与《清代及

---

[1] 伦明. 续修四库全书刍议 [J]. 国学月刊，1927（4）.

[2] 伦明. 建文逊国考疑 [J]. 辅仁学志 1932（2）：1—62.

[3] 中科院图书馆. 续修四库全书总目提要（稿本）[M]. 济南：齐鲁书社，1996.

今人文集著者索引》完全相同，亦用"哲如手稿"绿格稿纸抄写。著录书名、卷数、作者（无则省），共收书 556 种。上述两书均未见前人记载。从抄写用纸来看，应当是伦明续修《四库全书》的工作成果，供撰写集部提要检索之用。可见，伦明的续修工作是有整体规划的。在今后一个长时段里，其所撰的《续修四库全书总目提要》以规模和水平不易追摹，仍具有无法取代的巨大价值。金毓黻这样评价《续修四库全书总目提要》的编撰："主撰者为江瀚、胡玉缙、杨钟羲、伦明诸老辈，皆在北平撰稿，经其事为桥川时雄（子雍），询之岩村，谓成已过半，并将经部提要付之油印，出以示余。此为伟大之事业，中土老儒倡议多年，卒鲜成功，而今则有观成之望，诚无意中之佳觏也。"[1] 通过深入挖掘，应当会有更多的伦氏提要手稿呈现在读者面前 [2]。

依据广义的文章学理论，古代的"经、史、子、集"绝大多数是以实用为主的文章，少数是审美为主的文学，文学多列入"集"。文章的阅读以汲取思想，获得信息为主，伦明的提要撰写着眼于历史的真实，分析多诉诸科学的论证，注重语言的准确性、主旨的深刻性以及作者的倾向性，目的在于寻求科学真理 [3]，"吾近数年撰提要稿，于学问尤见进益，至其群经传授源流支派无不洞悉"。因此，伦明撰写的四库提要稿中除集部六种外应都分属于文章撰述。

3.3.1.3 史志编纂

3.3.1.3.1《奉天通志》

编纂地方志是全面系统地整理文献史料的方法和形式。1928 年 11 月 1 日，奉天省长翟文选创设通志馆，纂修《奉天通志》[4]。此志由张学良任总裁，伦明被聘为纂修，赴沈阳参加《奉天通志》的编纂，历时两年多时间完成初稿。[5] 全书实为辽宁地方史料之总汇，凡二百六十卷，七百万字，卷帙浩繁，取材宏富，内容翔实，囊括了上迄虞夏，下迄民初之辽宁史料，是辽宁省唯一的一部较完

[1] 金毓黻. 静晤室日记（第五册）[M]. 沈阳：辽沈书社，1993：3511.

[2] 熊静. 伦明先生文献学著述考 [J]. 大学图书馆学报，2014（1）：110–115.

[3] 曾祥芹. 曾祥芹文选·实用文章学研究 [M]. 北京：高等教育出版社，2010.

[4] 《奉天省长公署为通志馆成立并启用关防的通令（1928 年 11 月 17 日）》，辽宁省档案馆. 编修地方志档案选编 [M]. 沈阳：辽沈书社，1983：109.

[5] 董惠云. 奉天通志馆与《奉天通志》的编纂 [J]. 辽宁地方志通讯，1983（1）：79.

备、较系统的通志。这部通志的编纂者包括伦明在内，如辽阳的白永贞、金毓黻，新城的王树枏，江宁的吴廷燮等，都是当时著名的学者，其中不乏东北史地专家，因此这部通志从内容到体例都达到相当水平[1]。

《奉天通志》拟目共分二十三门，伦明所编《实业志》包括：农业、工业、商业、矿业、林业、渔业、牧畜、蚕业。1933 年已脱稿，凡九册（卷）；与穆六田合编之《交涉志》包括：条约、交际、国书、要案、历代朝聘，1933 年10 月尚在征集材料，1934 年 1 月正在编纂期间。[2] 伦明完成编纂任务后返回北京。因其收藏清一代文献丰富，又精于版本目录之学，所编《实业志》《交涉志》，保存了不少经济、外交史的资料。但"嗣因脱稿中有简陋不全，亟待修辑，为从速完成计，乃将……《实业志》，归馆长白永贞重编……"，《交涉志》因涉及伪满与日本关系，迫于时势，最后定稿时被删除，损失了不少有用的资料。

除了编纂《奉天通志》外，伦明赴沈阳还有另外一件重要事情，就是协助筹印沈阳故宫文溯阁《四库全书》。1928 年 12 月 4 日，由奉天省公署特设"奉天文溯阁《四库全书》校印馆"，推举张学良为总裁，翟文选为副总裁，金梁任坐办，主持馆内日常工作，筹备影印事宜，并拟用东北地方财力影印此书。此次影印计划由杨宇霆发起，金梁和伦明负责具体事务。除拟议影印、校雠外，还决定续修《四库全书》。然而不久，"九一八"事变爆发，沈阳失陷，文溯阁藏书迁储伪满国立奉天图书馆，由日本人控制，影印《四库全书》工作也被迫停止。

3.3.1.3.2《岭南遗书》等

无论是古代广义文章学的分类还是现代实用文章学的分类，史志毫无疑问地列入文章学研究的范畴，不仅讲究实地、实事、实物、实人、实情，还辐射政治、经济、文化、社会生活等各个方面，可谓文章学、文献学、历史学、地理学的多学科融合。清代随着学术研究的发展，人们对于乡邦文献的收辑越来越重视。尤其是在清代后期，刊刻地方丛书成为一种风气。从现存岭南地方丛

---

[1] 罗志欢. 伦明评传 [M]. 广州：广东人民出版社，2014：156-157.

[2]《各门类编纂分工情况（1933 年 10 月）》《各门类编纂进展情况（1934 年 1 月）》，辽宁省档案馆. 编修地方志档案选编 [M]. 沈阳：辽沈书社，1983：134-138.

书来看，清代中晚期至民国初年，岭南地区辑刻丛书进入高潮，这与两广总督阮元、张之洞等人先后大力倡导有关。人们越来越重视汇辑乡邦文献、弘扬地域文化。正如梁启超所云："清代学者殆好为大规模的网罗遗佚，而先着手于乡邦。"[1]岭南学者以编印丛书的形式，对乡邦典籍进行系统的整理，保存了众多善本、珍本、孤本及佚书，使一些濒临亡佚的珍本秘籍重与世人见面。如伍崇曜、谭莹合力之作《粤雅堂丛书》《岭南遗书》，就收录了不少珍贵文献。与续修《四库全书》一样，整理粤中文献，续编《岭南遗书》以及编撰《国史经籍志》《清史儒林文苑传》均为伦明未了之心愿。

古籍丛书汇集了大量的文献典籍，是文献整理成果的主要形式之一。《岭南遗书》由粤雅堂文字欢娱室刊刻，主持编辑者为伍崇曜，有志于整理乡邦文献，刊印明清间广东学者著述，以惠士林，其延聘同邑谭莹协助编订，并为各书撰写跋语（署名伍崇曜）。道光十一年至三十年（1831~1850）刊成第一至五集，同治二年（1863）刊成第六集。凡六集五十九种附二种三百四十四卷，所辑广东地方文献多为罕传之本。杨孚《异物志》、刘欣期《交州记》、王韶之《始兴记》都是久已亡失之书，虽只言片语，对研究广东地理风土却具有较高的参考价值。还有《广州人物传》《百越先贤志》《罗浮志》等有关广东史志的书，亦丰富充实，《春秋古经说》《毛诗通考》《谷梁礼证》等对于经学，《补后汉书艺文志》《补三国艺文志》《南汉纪》等对于史学、目录学，《测天约术》《算迪》《周髀算经述》等对于天文算学，都弥足珍贵。在清晚期，《岭南遗书》可以说是一部质量较高的地方性丛书，具有一定的学术影响。但从内容看，《岭南遗书》所收以经书、史书、子书为多，集部仅收诗文两三种。从作者看，以明、清人为主，唐代仅一人，宋代三人。另有汉代二人，晋代一人，南朝宋一人，这四人的著述均系曾钊所辑。鉴于是书收录未备，伦明久欲续编。他在搜集续修《四库全书》资料的同时，也很留意对岭南文献的收集，曾请托居住广州的同乡莫伯骥代为访求。其与莫伯骥书云：弟久离乡土，于粤人著述多有欲觅而不得者。如曾勉士之经学各种，吕坚、黄虚舟、刘彬华诸集，温伊福文集，又《劬学堂集》《何宫赞遗书》、陈海楼《赐书堂集》，皆不可得，欲乞吾兄代为访求。此外，粤人

[1] 梁启超.中国近三百年学术史 [M].北京：人民出版社，2008：337.

有何名著，亦乞录目见示。[1]

冼玉清《记大藏书家伦哲如》云："先生（伦明）久欲编印《续岭南遗书》，其弟子李梭劲庵允经纪其事，并允向粤督陈济棠措款，先生尽以所藏粤人著述秘籍授之。"[2] 伦明认为"搜求本省文献自是要事"，而编印《续岭南遗书》，更是"粤人应有之事"。经过多年收集，伦明所藏粤人著述多至二三百种，且以精秘本居多。[3] 续编《岭南遗书》的资料就绪，他的弟子李梭时在北京大学研究院深造，得知伦明计划后主动请缨，答应经纪其事，并允向粤督陈济棠筹措以完成续编的刊印。于是，伦明把历年收集到的岭南文献全部交给他整理。可惜随着李梭回香港执教，续编之事不了了之，交给他的藏书也不知散落何处。冼玉清对此事的来龙去脉比较清楚。据她回忆，李梭因到香港执教，把书寄存北京大学图书馆。伦明来信嘱托冼氏一问，敦促他移交图书，李氏应而不置可否。后来，邓之诚也来信，"嘱转告李君速为处理"。其时李氏已远赴英国伦敦，"秘籍之下落如何？中心耿耿"[4]。这是伦明生前未了却的一大夙愿。

1914 年春，北洋军阀政府欲沿袭历代为前朝修史的成例，向总统袁世凯呈请开设清史馆，编修《清史》。总统袁世凯接到呈文后，非常高兴。原来这位大总统正准备恢复帝制，因此，他极想笼络清朝遗老，而纂修《清史》正是网罗这些人的绝好机会。修成《清史》，不仅可以文事饰治，同时可以换取前清遗老们对他的拥戴。于是，他欣然批准设立清史馆，同时广罗"海内通儒"，分任纂修之事。编修工作历时十余年，至 1927 年，主编赵尔巽见全稿已初步成形，担心时局多变及自己时日无多，遂决定以《清史稿》之名将各卷刊印出版，以示其为未定本。全书共五百三十六卷，计有本纪二十五卷，志一百四十二卷，

[1]《伦哲如在都门致莫天一书》，卢子枢抄，原载《广东七十二行商报》第七版，1926 年。原件现藏卢子枢艺术纪念馆。

[2] 冼玉清.记大藏书家伦哲如 [M]// 艺林丛录：第五编.中国香港：商务印书馆香港分馆，1964：327.

[3] 与罗香林书 [M]// 广东省立中山图书馆、香港大学冯平山图书馆.罗香林论学书札.广州：广东人民出版社，2009：336.

[4] 冼玉清.记大藏书家伦哲如 [M]// 艺林丛录：第五编.中国香港：商务印书馆香港分馆，1964：328.

表五十三卷。传三百一十六卷，记载上起努尔哈赤在赫图阿拉建国称帝，下至宣统三年（1911）清朝灭亡，前后二百九十多年的清代史事。1928 年夏间，因国民党的北伐军即将进入北京，《清史稿》仓促付印，未能对全书统一修改和认真校勘，故史实、人名、地名、年月日的错误遗漏比比皆是。伦明略观此书后认为"其艺文志略讹殊甚，儒林、文苑传为数寥寥"。于是发愤欲撰一书，"只录书目，下级最简评语，仿《书目答问》而略详。后附著书人事实，俾与前相参照，兼详其他著之未见者。期合艺文、儒林、文苑为一，以补《清史稿》之缺，且为修续书者之大辂椎轮焉"[1]。

早在 1925 年，伦明曾建议乘续修《四库全书》之便，顺带完成《国史经籍志》和《清史稿·儒林传》《清史稿·文苑传》两传。旋因章士钊辞职，影印《四库全书》亦成泡影，其他计划及设想均成空谈。《清史稿》印行后，艺文、儒林、文苑诸志再次让伦明失望，所以续修之意更为强烈。1928 年 6 月 28 日，国民政府接收清史馆，派易培基接收故宫博物院。行政院设《清史稿》审查委员会，北京大学史学系主任兼故宫博物院文献馆专门委员朱希祖参与其事，特嘱傅振伦襄助。当时傅振伦请教伦明，讨论《清史稿》得失，伦明重申主张："《明史》应补忠节、遗逸二传。《清史》应以儒林、文苑二传改作《学人传》，其内容应包括经学、史学、文学、诗学、词学、艺学（如印人传、书人传、画家传、竹人传以及畴人传等）。"[2] 又认为朱兰坡《史学文抄》《经学文抄》《国朝耆献类征初编》、钱仪吉《碑传集》、缪荃孙《续碑传集》等，虽未称完备，但皆可取资。最终由于时局不稳等原因，此书的编撰工作并未启动，成了伦明生前又一未了之夙愿。伦明之后，热衷于校订、续修儒林、文苑二传者，如汪宗衍有《〈清史稿·儒林·文苑传〉校记》[3]，谭宗浚手定《续修儒林文苑传条例》[4]，张舜徽有《清人文集别录》六百篇（于书名下各系一传）[5]，在某种程度上做了伦明想做而未做的部分工作。

[1]　伦明 . 续书楼藏书记 [J]. 辅仁学志，1929，1（2）：65.

[2]　傅振伦 . 记目录学家伦明先生二三事 [J]. 文献，1987（2）：287.

[3]　朱东润，等 . 中华文史论丛：第 3 辑总第 19 辑 [M]. 上海：上海古籍出版社，1981：277.

[4]　广东文征编印委员会 . 广东文征：第六册 [M]. 珠海：珠海书院，1973：170.

[5]　清史稿儒林文苑传 [M]// 张舜徽 . 爱晚庐随笔 . 武汉：华中师范大学出版社，2005：14.

伦明不仅热衷于史志文献的收集和编撰，也很重视方志，曾建议编辑《古今方志存缺（佚）考》《方志艺文考》《方志金石考》《方志人物考》等。[1] 这些主张，对后人修志侧重艺文著作、金石文物、文献资料以及整理旧方志的重点和开发方志文章学都有很大启示。

3.3.1.3.3《建文逊国考疑》

建文逊国是伦明一直关注的研究课题。《建文年谱》为明赵士喆纂修。伦明为之撰写了提要，考作者生平、成书过程、版本源流，并辑录了前人对此书的观点。1932 年，伦氏在《辅仁学报》第 3 卷第 2 期上发表了《建文逊国考》，文中第三部分提到赵士喆此书 [2]。文后附《建文逊国考疑补遗一则》。

"建文逊国"是明史一桩扑朔迷离的历史疑案，当明成祖率军打到南京时，他的侄子建文帝是死于火灾，还是"逊国"出逃了呢？为此民间流传有不少传奇故事。而史学界则一直存在三种说法：一是自焚说，二是出亡说，三是"不知所终"的折衷说。自焚说的主要依据是《明太祖实录》《明太宗实录》以及清编《明史》。而出亡说的依据比较多，比如谷应泰的《明史纪事本末》《明史·姚广孝传》以及《明史·胡传》。"不知所终"说则多见于清代编修的关于明史的典籍。伦明根据自己的藏书，梳理各种史籍记载，分别论述史仲彬《致身录》和程济《从亡随笔》二书，"详为辨析"，又遍举钱谦益、李清、潘柽、潘耒、王鸿绪、朱彝尊等人的著作，"一一为之驳正"，客观地辨析史学界有关建文帝下落的这三派学说。该文为研究"建文逊国"历史疑案提供了丰富的史料及文献线索。

3.3.2 文学创作

在伦明的生命历程中，诗词创作占有一定的比重。但较之收藏图书，续修《四库全书》，作诗实为余事。他明确表示："吟咏之事，等于博弈，始以为乐，久则疲神废事，今后当稍辙辍矣。"[3] 然其诗词仍焕发着独特魅力。其精于古典诗

---

[1] 傅振伦 . 记目录学家伦明先生二三事 [J]. 文献，1987（2）：288.

[2] 伦明 . 续修四库全书刍议 [J]. 国学月刊，1927（4）.

[3]《丁卯五日吟稿并序》《伦哲如诗稿》（第三册），国家图书馆藏稿本，自编第 1 页。

词研究和旧体诗词的创作，早年在北京大学是以诗词教授身份为人所知的，在辅仁大学文学院开设"历代诗代表作品""诗专家研究"课[1]，专门讲授杜甫的诗歌，他认为杜诗"集前代之大成，开后来之宗派"，受之影响很深。许多诗作与杜诗风格相近。

3.3.2.1《无题》和《汴梁行》

光绪二十八年（1902）初至光绪三十三年（1907）冬，梁启超逃亡日本期间，在日本横滨创办《新民丛报》半月刊，共出 96 号。《饮冰室诗话》即连载于该刊第 4~95 号，后编订成书出版。该刊是 20 世纪初资产阶级改良派的重要刊物，是梁启超宣扬在中国实行君主立宪、反对民主革命的重要阵地。清光绪二十九年（1903），即伦明入读京师大学堂第二年，作《无题》八首，悲愤怆恻，影射清末民初史事以及八国联军侵入京城后的情形。同学廖道传以《燕京秋感次友人东莞生韵》和之。后伦明自署"东莞生"，将此诗寄给当时因"戊戌变法"失败而流亡日本的梁启超。梁氏随即录入《饮冰室诗话》。[2] 之后，《饮冰室诗话》也录入了廖道传的《燕京秋感次友人东莞生韵》（自署"嘉应健生"），梁启超认为廖诗和伦诗"工力悉敌，可称双绝"。[3]

除《无题》外，伦明诗作见存较早的还有《汴梁行》。光绪三十年（1904），梁启超主编的《新小说》第 9 号刊登了一篇歌谣——《汴梁行》，作者亦署名"东莞生"。[4] 诗以"我广东人"的身份进行叙述："嗟我广东人，胡为来此乡……嗟我广东人，心热如病狂……嗟我广东人，得失盍较量……嗟我广东人，春梦酣黄粱……嗟我广东人，劝君且勿忙……"以此推之，此"东莞生"与《无题》作者"东莞生"当同属一人。《新小说》为文学杂志。光绪二十八年（1902）十月，

---

[1] 辅仁大学文学院中国文学系课程表及课程说明 [J]. 磐石杂志，1933，1（2~3）：147-148. 辅仁大学. 辅仁大学文学院中国文学系课程组织及说明民国二十二年度 [M]. 台湾：辅仁大学出版社，1933.

[2] 梁启超. 饮冰室诗话（九九）[M]. 舒芜，校点. 北京：人民文学出版社，1959：79.1981 年，钱仲联主持《清诗纪事》编撰工作，据《饮冰室诗话》收录了《无题》八首. 见钱仲联. 清诗纪事（二十一）光绪朝卷宣统朝卷 [M]. 南京：江苏古籍出版社，1989：15372.

[3] 梁启超. 饮冰室诗话（一三五）[M]. 舒芜，校点. 北京：人民文学出版社，1959：111. 又廖道传（叔度）. 三香山馆诗集 [M]. 廖国藏，梁中民，点校. 广州：中山大学出版社，2000：1.

[4] 《新小说》第 9 号，光绪三十年（1904）六月二十五日补印发行，第 167 页。

梁启超等人创刊于日本横滨，第二年起，迁移至上海，由广智分局发行一年，共出 24 期。它对晚清小说理论的探讨、小说创作的繁荣、翻译小说的兴起，以及对中国古典小说的新认识、新评价，都起了积极的作用。所载作品，内容无所不有，小说之外，亦载戏曲、地方戏、笑话、杂记、杂歌谣等。丰富了读者的知识见闻，增长了读者对历史社会的了解。其第 9 号所载除东莞生的《汴梁行》(《杂谣歌》)外，还有几篇广东人的作品：我佛山人《痛史》(《历史小说)《二十年目睹之怪现状》(历史小说)，东莞方庆周译述《电述奇谈》(写情小说)、外江佬戏作《粤讴新解心四章》(《杂谣歌》)等。这些作品从另外一些方面展示了"诗界革命"和"新派诗"的成绩，特别是这些理论主张和创作实践产生的广泛影响，也具有重要的价值。[1]

光绪三十二年（1906)，《无题》重刊在《广益丛报》第九十八号（第四年第二期）的"国风"栏目上，仍署名"东莞生"。是作者自投还是梁启超代为刊布，不得其详。《广益丛报》为综合性旬刊。光绪二十九年（1903)，杨庶堪（沧白）与朱必谦等创办于重庆，1921 年 1 月停刊。内容多为转载《民报》文章，宣传新思想，倡言革命，为推动辛亥革命运动在重庆的发展起了重要作用。除东莞生的《无题》外，同期同栏目还有梁启超的《神户舟中晨起》诗。至此，《无题》和《汴梁行》的作者是谁，仍然是一个谜。人们推测可能是广东东莞人，但无人知晓其真实姓名。1927 年，伦明在河南焦作有《丁卯五日吟稿》，他在《怀梁任公先生都中七叠前韵》中说出了真相。诗曰：斟酌新衣改故裳，早年观海住扶桑。爱我诗篇图主客，迟君书目写祠堂。大儒人识尊荀况，素学谁云变许行。冰水青蓝言语妙，世间目论并提康。[2] "爱我诗篇图主客"句自注云："癸卯岁（1903）以《无题》七律八首寄日本，承采入《诗话》"；"迟君书目写祠堂"句自注云："去岁索余所藏书目至今写未竣也。"从这首诗的自注可知，自署"东莞生"的《无题》八首，正是伦明的作品。[3] 《汴梁行》

[1] 左鹏军. 黄遵宪与岭南近代文学丛论 [M]. 广州：中山大学出版社，2007：290.
[2] 《怀梁任公先生都中七叠前韵》自注，《伦哲如诗稿》（第三册），国家图书馆藏稿本，自编第 5 页。
[3] 余祖明编：《广东历代诗钞》，已将《无题》八首列于伦明名下。见《广东历代诗钞》卷六，能仁书院丛书第一种，香港：能仁书院，1980 年版，第 624 ~ 625 页。

的作者虽未见于说明材料,但从自署"东莞生"以及发表时间和歌谣内容分析,可推定为是伦明的作品。

在《汴梁行》这篇长诗中,伦明一方面认为科举已成为嫖、赌、饮、吹以外的"第五大病",对科场舞弊,科举制度的种种弊病予以批判,"嗟我广东人,胡为来此乡?云是求功名,功名二字窈未详。微名腐鼠不足吓,敢与立言立德争辉光。……嗟我广东人,心热如病狂。头衔大书特书奉旨乡试四大字,奴隶质寒乞相挥鞭得意方扬扬。嫖赌饮吹以外此为五大病,倾家破产谁为偿?"一方面对人们为了科举功名的狂热而感到不屑与无奈。"金顶累累压头顶,旗杆列列森道旁。除此以外思想绝,父诏兄勉耿耿志勿忘。迨闻朝议罢科举,补牢并力追亡羊。贫者竭铢锱,富者倒箧囊。纷纷捉刀人,衣冠优孟来登场。嗟我广东人,得失盍较量。黄金虚牝实堪惜,豚蹄篝车安可望。连年赤旱道有瑾,胡不资作馈贫粮?疫疠流行遍城邑,胡不一助施药汤?徵歌选舞亦足豪,求田问宅犹为长。……不见闾阎愁叹盗贼白日肆披猖,使我民穷财尽此物真不祥。[1]继而伦明号召广东人尽快克服自身的各种缺点,提倡从民族振兴、国家前途的高度思考问题,摆脱当时种种目光短浅的羁绊,为国家富强、民族独立真正作出贡献。[2]"嗟我广东人,春梦酣黄粱。我有一言与君酌,急须独立图自强。自强之基本于学,理财法律政治下至矿牧农工商。……嗟我广东人,劝君且勿忙。金榜朱卷非功名,八股策论非文章。时俗谬解足一哂,风水相命同荒唐。匹夫立志足救世,五洲名誉流无疆。今何时乎?流血玄黄龙战日,鸡虫得失真毫芒。悲哉嫫母无盐不自丑,秋风打到东南洋。我闻齿冷,我歌断肠。作歌箴客复自悼,明日裹粮挟赘泛海求师襄。"[3]史载,光绪二十八年(1902)、二十九年(1903)的壬寅、癸卯科顺天乡试和光绪二十九年(1903)、三十年(1904)的癸卯、甲辰科会试在开封河南贡院举行。伦明远赴开封,或许是陪弟叙参加癸卯顺天乡试,或许是自己参加癸卯或甲辰科会试。《汴梁行》句句为肺腑之言,皆切中时弊。

[1]《新小说》1904 年第 9 号,光绪三十年六月二十五日补印发行,第 167 ~ 168 页。
[2] 左鹏军. 黄遵宪与岭南近代文学丛论 [M]. 广州:中山大学出版社,2007:291.
[3]《新小说》1904 年第 9 号,光绪三十年六月二十五日补印发行,第 168 页。

3.2.3.2《伦哲如诗稿》

《伦哲如诗稿》从未正式发表[1]，手稿现藏国家图书馆。诗稿凡六册，其中第四册为油印本，且内容与第五册重复，实则五册。诗以大字书写，注则小字双行。增删涂乙之处甚多，皆蝇头《伦哲如诗稿》（第六册）封面小字，偶见笔误，盖属草未定之稿[2]。全诗稿收录诗词凡161题，225首，几占其现存诗作的二分之一。诗作并未编年，个别诗有明确的创作时间，最早1911年，最晚1937年，据此知《伦哲如诗稿》乃其南归前诗作之汇编。其余作品大部分没有明确的时间，仅从诗歌内容以及诗中所及人和事，依稀可见其生平足迹。伦明虽然长期寓居北方，但常怀乡情，多次往返京粤两地，对广东的情况甚为了解。在他的交游圈中，粤籍友朋占有相当的比例，并与他们保持着良好而密切的联系。《伦哲如诗稿》每一册都有不少诗作吟咏广东风物人事。

第一册稿纸版心镌"道清铁路监督局"七字。为诗十四题，凡四十一首。其中词十四阕。《寄杨昀谷广州时客浔江·辛亥》《浣溪沙春恨十首·辛亥三月重客都门作》所署时间"辛亥"，即1911年。《洁珊馆长暨德配苏夫人五旬有九双寿诗》，奉天通志馆副馆长袁金铠，字洁珊，生于1870年，据此，是诗当作于1929年。从1911年到1929年，时间跨度较大，且各诗并未按年编排。其余诗作则没有明确的系年。第一册大部分诗作所吟人和事多半与两广有关，主要反映伦明定居北京前任职两广期间的工作和生活。

第二册稿纸版心镌"河北大学校用笺"七字。为诗十七题，凡三十五首。有明确时间者见《舟抵上海次日游西湖作诗一首》，自注云"丙寅冬游西湖。甫下车即闻风鹤之警，因雇小车绕湖边一周而返。"[3]丙寅，即1926年。据诗题所示，是年前后，伦明足涉南京、上海、杭州、广州、沈阳等地。

第三册稿纸版心未镌文字。全册为《丁卯五日吟稿》，为诗七十一题，凡

---

[1] 东莞市政协早有整理伦明诗文计划。2011年东莞市文联启动"东莞历史名人评传丛书"工程，其中包括《伦明评传》，遂将所搜集到的大部分诗文汇编成《伦明全集》，2013年由东莞图书馆编，广东人民出版社出版。

[2] 此节参照罗志欢的《伦明评传》（广东人民出版社2014年版）第172～174页的有关内容。

[3]《伦哲如诗稿》（第二册），国家图书馆藏稿本，自编第7页。

七十一首。[1]丁卯，即 1927 年。是诗作于河南焦作，其中怀人诗凡三十八首。

第五册稿纸版心镌"奉天通志稿"五字。为诗三十四题，凡三十七首。考《二月二十六清明日作十七叠前韵》诸诗[2]，均为 1929 年作。诗多记游居沈阳时的事。

第六册稿纸版心镌"辅仁大学"四字，个别页镌"续修四库全书总目"八字。为诗二十五题，凡四十一首。所署时间最早 1933 年，最晚 1937 年，其中《补录挽丁闇公传靖》作于 1930 年，是册诗作当为南归前的作品。

伦明在北京大学、辅仁大学、民国学院任教以及参加东方文化事业总委员会《续修四库全书提要》的编纂，结识了很多外国学者。宾主间讨论版本、交流藏书、吟诗唱和，他还曾亲赴东洋鉴定古籍。高田真治、桥川时雄、藤冢邻、服部宇之吉等日本人在其诗作中出现，使伦明的诗作呈现其个人与时代特色。

综观伦明一生的文学创作不见其小说、戏剧而集中体现在诗歌创作上，其作品具有明显的近代岭南诗派的重要特征。汪辟疆曾指出："近代岭南派诗家，以南海朱次琦、康有为、嘉应黄遵宪、蕉岭邱逢甲为领袖，……此派诗家，大抵怵于世变，思以经世之学易天下，及余事为诗，亦多咏叹古今，指陈得失。或直溯杜公，得其沈郁之境；或旁参白传，效其讽谕之体。"[3]可见"经世之学""余事为诗""溯杜参白"乃近代岭南诗派的重要特征。梁启超评伦明早期诗作认为"哀艳直追玉溪（李商隐），言外之美人芳草，字字皆《湘累》血泪也"[4]。伦明中晚年南北飘零，"诗中不乏嗟老叹贫之语，诗风渐趋于老辣浑厚，有东野、杜陵气象。"[5]伦明服膺清人江湜，以其《伏敌堂诗录》赠予初学诗者王生希古，并题诗于卷首。江湜（1818 ~ 1866），字持正，又字弢叔，别署龙湫院行者，长洲（今江苏苏州）人，诸生，捐得浙江候补县丞。诗宗宋人，多危苦之言。江湜遭逢离乱，半生辗转闽浙苏三地，毕生心力凝结为《伏敌堂诗录》。

---

[1] 《伦哲如诗稿》（第三册），国家图书馆藏稿本，自编第 1 页。

[2] 《伦哲如诗稿》（第五册），国家图书馆藏稿本，自编第 14 页。

[3] 汪辟疆．汪辟疆说近代诗 [M]．上海：上海古籍出版社，2001：40．

[4] 梁启超．饮冰室诗话（九九）[M]．舒芜，校点．北京：人民文学出版社，1959：79．

[5] 张宪光．续书楼藏书有多少 [N]．东方早报，2013-4-7（B09）．

其诗记行述闻见，以漂泊、回归为内核，辐射出孤独、深愁、思乡、回归四类情感主线，于山程水景中抒写出一颗乱世愁郁的心魂。钱仲联称之为"清代之孟东野"。伦明是这样评价江湜的《伏敌堂诗录》："危苦语多欢语少，天生屯骨那能康。"[1]他自己的经历与江湜相似，诗风也与之接近。他以诗经世，创作了大量反映现实，揭露黑暗，同情笔下人物疾苦的作品。

冼玉清曾说："先生（伦明）性和易，学问渊博，于书无所不读。工诗文，下笔如飞，尤擅叠韵诗，每每一韵叠至五六十首者。"[2]韵是诗词格律的基本要素之一，用韵是诗人增强其情感及美感表达效果的主要目的。唐代诗人杜甫、韩愈皆以善用险韵、奇韵取胜。而叠韵诗是一种特殊的诗体，属于古代文人的游戏之作。《伦哲如诗稿》中，叠"裳"韵70首，"巾"韵24首，"时""边"韵各4首，叠韵诗多达百余首，几乎占诗稿总量的一半，这是其诗歌创作的一个重要特征。值得注意的是，这些叠韵诗集中出现在客居焦作、沈阳期间，漂泊中的孤独、无聊、茫然，或可作为产生这种游戏心态的注脚。从创作形式上说，这种心态多少影响了伦明诗歌创作的质量，一定程度上也影响了后人对其诗作的评价。但从诗歌内容上说，这类交游、怀人诗又提供了丰富的历史和人物资料。其《抵家作》（六首）之六[3]、《元旦感怀叠前韵》《余拟续修四库书提要从事三载成稿寥寥元日秉笔感而有作例叠前韵》《怀傅沅叔先生都中》《怀梁任公先生都中》《怀夏润枝师都中》等[4]，其内容也多提及藏书、著书事。

伦明诗作成集者有《辛亥以来藏书纪事诗》《辛亥以来藏书纪事诗草稿》（疑即所谓《续（补）藏书纪事诗》）《伦哲如诗稿》等。此外，尚有在报刊杂志发表，或为友朋著作题词、唱和、诗序等凡五六十首，粗略统计，伦明现存诗作约500首。据说还有《乡园忆旧》七言绝句数百首[5]，当为南归后的作品，今仅存

---

[1]《伦哲如诗稿》（第三册），国家图书馆藏稿本，自编第31页。

[2] 冼玉清.记大藏书家伦哲如 [M]// 艺林丛录：第五编.中国香港：商务印书馆香港分馆，1964：328.

[3]《伦哲如诗稿》（第二册），国家图书馆藏稿本，自编第14页。

[4] 以上均见《伦哲如诗稿》（第三册），国家图书馆藏稿本。

[5] 冼玉清.记大藏书家伦哲如 [M]// 艺林丛录：第五编.中国香港：商务印书馆香港分馆，1964：328.

其目，未见其诗 [1]。

伦明不但有丰富的藏书实践经验，而且有独到的理论观点，可谓书痴笔痕，藏以致用之典范。其在 1929 年发表的《续书楼藏书记》中说"计童龄迄今垂四十年"，或从光绪二十八年（1902）京师求学到 1935 年发表《辛亥以来藏书纪事诗》，亦有三十多年的访书、藏书经历，其间"际群籍集中之时，日积月累，有莫知其然而然者" [2]。其聚书丰厚，选书精湛，归书以公，为典籍之保存、文化之传承做出了自己的贡献，无论藏书史、文献学上，还是在学术史、阅读学等方面，都给后学者以启迪和借鉴。伦明之文章文学著述亦可圈可点，相得益彰，尤其是《辛亥以来藏书纪事诗》更是文章文学交汇之结晶。

[1]　罗志欢.伦明评传 [M].广州：广东人民出版社，2014：172.

[2]　伦明.续书楼藏书记 [J].辅仁学志，1929，1（2）：64.

|第4章|

纪事觅书缘——《辛亥以来藏书纪事诗》之锦缆（揽胜）

4.1 编撰缘由、时间及体例

藏书纪事诗是一种以诗纪事、以诗存史的藏书史著述体式。清末叶昌炽之《藏书纪事诗》首创"纪事诗体藏书家传"的体例，其综述藏书家渊源递嬗的独特文体为士林所重，素有"书林之掌故""藏家之诗史"之誉。[1]"纪事诗体藏书家传"的编撰一时成为风潮。续作者有伦明《辛亥以来藏书纪事诗》、徐信符《广东藏书纪事诗》、吴则虞《续藏书纪事诗》、王謇《续补藏书纪事诗》等多种，或以时代区分，或以地域区隔,记事记人,存数代藏书掌故。1993 年《上海近代藏书纪事诗》出版后未见踵其事者,尚难预知今后是否还会有仿其体例、继为作者，时移世变，即使有潜在写作，而作为新旧文化转型之际出现的著述体式，藏书纪事诗必然为现代史学著述所取代而告终结。

在各种继起之作中，伦明的《辛亥以来藏书纪事诗》（以下简称《辛诗》）可谓承上启下，堪与叶著比肩，《辛诗》共有诗作 155 篇，收藏书家 150 人，附录 28 人，其中为丁日昌、张之洞、李盛铎、傅增湘、张伯桢 5 人各作两首诗，其中清代及以前 22 人，余皆为辛亥以后人。尤其是开篇为叶昌炽诗传，其赓续叶书之意十分明了,是继叶书后创作最早、变体最新、传人最多的藏书纪事诗。

---

[1] 叶昌炽.藏书纪事诗·出版说明 [M].上海：古典文学出版社，1958：1.

从所传人物来说，叶著为通代藏书家传，而伦著为断代藏书家传，"倘以叶昌炽《藏书纪事诗》为书林《史记》，伦明《辛亥以来藏书纪事诗》则为书林之《汉书》"[1] 故引起学人极大关注，被予以了极高的评价。周子美（1896~1998）认为，在这几部续补作品中"伦哲如之《续藏书纪事诗》尚为选择精审"。[2] 但此书在伦氏生前并未刊出单行本，故在相当长的一段时间内，均以抄本流传，20世纪 90 年代后出现了多种整理本，版本面貌比较复杂。下面我们将按照时序，逐一介绍《辛亥以来藏书纪事诗》的版本，并对各版本之间的关系作一说明。

《辛亥以来藏书纪事诗》最早连载于天津《正风》半月刊 1935 年第 1 卷 20 — 24 期，1936 年第 2 卷 1 — 3 期、5 期，共记藏书家（藏书楼）143 位。1935 年，粤籍名流吴贯因在天津创办《正风》半月刊[3]，伦明遂试作诗文记述近代藏书家轶事，以使读者得知梗概。这就是后来的《辛亥以来藏书纪事诗》，是年 9 月起，在该刊第 1 卷第 20 期至第 24 期，1936 年第 2 卷第 1 期至第 3 期，共连载 8 期，第 5 期刊出最后一篇。后因吴氏逝世，《正风》停刊，诗亦中止，尚有若干首和续作四十余首未刊登。当时没有刊印单行本，故被抄录、转录，广为流传。因此，稿本和流传之抄本成了足本。稿本现藏国家图书馆。别有金山高燮[4]、番禺叶恭绰、吴县王謇、王伯祥、郑逸梅，太平苏继顾等抄本。1937 年，燕京大学引得编纂处刊行蔡金重《藏书纪事诗引得》[5]，蔡氏"因其续叶氏之作"，

[1] 瞿朋. 藏书纪事诗研究 [D]. 南开大学硕士论文，2010：27.

[2] 周子美先生 1987 年 3 月 28 日函 [M]// 徐雁，谭华军《续补藏书纪事传》前言. 谭卓垣，伦明，徐绍棨，王謇，等. 清代藏书楼发展史续补藏书纪事传. 徐雁，谭华军，译补. 沈阳：辽宁人民出版社，1988：100.

[3] 吴贯因（1879 ~ 1936），原名吴冠英，别号柳隅，广东澄海南洋人。清末举人。日本早稻田大学政治学学士。回国后，于 1912 年和梁启超在天津创办《庸言》月刊。1931 年初，他在《庸言》上连载了洋洋数万言的《五族同化论》一文，逐个论析了汉、满、蒙、回、藏五族的混合性质，进而说明了各族之间血统等互相渗透融合的历史，此文对于当时和以后"中华民族"融合史的研究，产生了较大的学术影响。其后任北洋政府卫生司司长。1935 年起，在天津创办《正风》半月刊，发表史论专著多种。且擅诗文，工书法，于文史学和语言学均有研究。时人把他与诗人侯节、许伟余合称为"澄海三才子"。

[4] 现藏上海师范大学图书馆。

[5] 蔡金重. 藏书纪事诗引得（引得第二十八号）[M]. 北京：哈佛燕京学社，1937. 此书 1966 年由燕京大学图书馆再版。

率先将《辛亥以来藏书纪事诗》一并编入，使伦著得以与叶著并列垂诸久远。同年7月，容媛在《燕京学报》第22期《国内学术界消息》隆重推介蔡书。此后，直到伦明故去之前，《辛亥诗》未出版过单行本。

1948年叶恭绰刊印《矩园余墨》，将伦明《辛亥以来藏书纪事诗》，徐绍棨（信符）《广东藏书纪事诗》《广东藏书家生卒年表》《广州版片记略》，及黄慈博《广东宋元明经籍椠木记略》合刊一册。据叶氏《序》《辛亥以来藏书纪事诗》所用底本为伦明去世后，叶氏自其家抄录的遗稿。然叶氏所录为残本，仅载藏书家32位。

20世纪40年代，现代文史研究家王伯祥（1890~1975）曾托郭绍虞雇书手抄录一本。后又命其子浞华再过录一本留存家中，原抄本则赠予陈乃乾。王氏题识云："《辛亥以来藏书纪事诗》，浞儿抄本，一厚册，东莞伦哲如（明）撰，志在续吾乡叶氏缘督老人未竟之绪者。仅在杂志分期刊登，未见完帙。十年前曾属绍虞为予抄寄一本（以此杂志在北方发行，上海无从觅得，乃托绍虞雇书手抄全寄沪）。去岁之冬，命浞儿复过录一通（以原抄本乃乾欲之，因命浞重抄，即以原抄本移赠乃乾焉）。顷始毕工，装册备览，亦多储一副本也。"[1] 又郑逸梅记：

"伦明著有《辛亥以来藏书纪事诗》，闻曾载某报，我没有看到，仅见叶恭绰的《矩园余墨》附录一部分，非其全貌。幸同乡王佩净（睿）录有完整稿，苏继颃向之借抄，我看到了喜不自胜，再由苏家转录。苏本经范祥雍、陆丹林校阅，丹林熟知伦明其人，附记伦明设书铺，以珍籍运销域外，颇多丑诋。苏认为毁之逾分，把它删去。"[2]《辛亥以来藏书纪事诗》刊载后很快为学者、藏家所喜爱，辗转传抄，广为流传。除稿抄本外，20世纪80年代以来有多种整理本行世。

1985年，徐雁、谭华军将伦明《辛亥以来藏书纪事诗》、王睿《续补藏书纪事诗》、徐绍棨《广东藏书纪事诗》、吴则虞《续藏书纪事诗》四种汇为一编，统一按照作者姓氏笔画排列，收入北京大学学海社编印的《北京大学学海丛书》，这是《辛亥以来藏书纪事诗》最早的今人整理本。此书后又与《清代藏书发展史》合刊，交由辽宁人民出版社（1988年）出版。其中《辛亥以来藏书纪事

[1] 王伯祥. 庾橡偶识：卷三 [M]. 北京：中华书局，2008：90.

[2] 郑逸梅. 珍闻与雅玩 [M]. 北京：北京出版社，1998：546.

诗》整理所据版本，据编者介绍，底本为天津《正风》半月刊刊本，参校本为上海高燮闲闲山庄抄本 [1]。书末附徐雁教授《书城掌故藏家史别有续编在人间——〈续补藏书纪事诗四种〉整理记》云："对于同《藏书纪事诗》相类似的撰述，早在一九七五年以前，台湾学界的同行们即予以相当的注意。其成绩便是单行本和《近代中国史料丛刊》本《广东藏书纪事诗》的问世。《丛刊》本编者且述其愿望云：据本书序言原注，知记广东藏书故实者，尚有东莞伦明撰《辛亥以来藏书纪事诗》一卷，经寻访未得。我们馨香祷祝伦著有重现之一日。若天假机缘，亦归本馆出版，与此书合璧，自是使人生平欣慰的乐事。此言发于一九七五年，是当日文海同人在台湾虽对《辛亥以来藏书纪事诗》予以搜访而终未及见者。（按：伦著虽以广东人氏故，记广东藏书家事迹为多，但未如'文海'言专'记广东藏书故实者'。）为呼应北京书目文献出版社和上海古籍出版社出版校补本《藏书纪事诗》，我北京大学学海社以学术之公心，播秘籍之不传，将经年寻觅所得的秘本《藏书纪事诗》的续著、补著和仿作汇为一编，总其名曰：《续补藏书纪事诗四种》。" [2]

　　徐雁教授认为此四种续作"史料价值确实是比较高的"，并总结其史料价值有七个方面：一是近代藏家的传记资料；二是藏书史实的记录辨正；三是私家藏书的聚散终结；四是重要典籍的流传存毁；五是近代藏书风气的变迁；六是近代书业的活动实录；七是近代书院的藏书事实。[3]

　　1990 年，上海古籍出版社刊出了雷梦水校补的《辛亥以来藏书纪事诗》，是本书最早的单行本。据其出版说明，这次整理实际完成于 1987 年之前。全书由雷梦水借江氏藏抄本对勘叶氏节本，过录标校，加按语缀补而成，并经顾廷龙审阅。共收藏书家 155 位，附录 28 人 [4]。"《辛亥以来藏书纪事诗》初发表

[1] 熊静. 伦明与续修四库全书总目提要 [J]. 山东图书馆学刊，2013（3）：23-25，39.

[2] 谭卓垣，等. 清代藏书楼发展史·续补藏书纪事诗传 [M]. 徐雁，谭华军，译补. 沈阳：辽宁人民出版社，1988：458.

[3] 谭卓垣，等. 清代藏书楼发展史·续补藏书纪事诗传 [M]. 徐雁，谭华军，译补. 沈阳：辽宁人民出版社，1988：462-465.

[4] 谭卓垣，等. 清代藏书楼发展史·续补藏书纪事诗传 [M]. 徐雁，谭华军，译补. 沈阳：辽宁人民出版社，1988：462-465.

于一九三五年《正风》半月刊，分期连载，依叶氏之体例，据志乘、说部、别集信而有征者，暨耳闻目接近代藏书家之聚散变迁，述其梗概，系之以诗，后因《正风》停办，文亦中止。此书计收藏书家一五五人，附录二十八人，其中兼收清季二十二人，余则均为辛亥以来近人。此书颇具资料价值，很大一部分为《续藏书纪事诗》所引用。唯所录藏书家，亦多重见于他书。……作者由于受历史局限，所录人物，亦有汉奸等辈厕杂其间。[1]"

　　1999 年，上海古籍出版社又将此本与叶昌炽《藏书纪事诗》合订，出版了合刊本。《重版说明》指出："（叶、伦两书）从一个侧面折射出中华文化典籍保存、流通、传播的基本情况，以及历代藏书家这一中国文化人特定阶层的精神风貌。"[2]

　　同年，杨琥以雷梦水补校本为底本，参校《正风》半月刊连载本，重新点校《辛亥以来藏书纪事诗》，由燕山出版社出版。此本后又在 2008 年出版过重印本。《前言》云："清末学者叶昌炽《藏书纪事诗》首创了有诗有传，综述藏书家渊源递嬗之独特体例，为士林所推重，缘是而续补者竞起仿效。其间以伦明《辛亥以来藏收纪事诗》、徐信符《广东藏书纪事诗》、吴则虞《续藏书纪事诗》、王謇《续补藏书纪事诗》等，与叶著比肩。本书就是汇集了上列伦、徐、王等三家的续作而成。"[3]

　　伦明认为叶昌炽的《藏书纪事诗》搜集清代藏书家遗珠尚多，辛亥以来，尤为阙如。"余读而少之，为益数十人。辑录粗就，尚待润色，例依叶书，大抵据志乘、说部、别集信而有征者。"又云："余尝补君《纪事诗》数十人，今又拟《辛亥以来纪事诗》若干人。"[4] 知其在《辛亥以来藏书纪事诗》之前，尚有补叶书之作，惜仅"辑录粗就"，补续书稿未刊，稿本题名《辛亥以来藏书纪事诗草稿》，现藏国家图书馆。[5] 其编写《辛亥以来藏书纪事诗》，目的是续

[1] 伦明.辛亥以来藏书纪事诗 [M].雷梦水，校补.上海：上海古籍出版社，1990：1-2.

[2] 伦明.辛亥以来藏书纪事诗 [M].雷梦水，校补.上海：上海古籍出版社，1990：1.

[3] 伦明.辛亥以来藏书纪事诗 [M].杨琥，点校.北京：北京燕山出版社，2008：2.

[4] 伦明.辛亥以来藏书纪事诗（自序）[M].雷梦水，校补.上海：上海古籍出版社，1999.

[5] 宋远.辛亥以来藏书纪事诗未刊稿笺注 [M]// 中华文史论丛：第四十九辑.上海：上海古籍出版社，1992：75.

补叶昌炽《藏书纪事诗》之不足。徐雁等《中国历史藏书论著读本》著录伦明之《补藏书纪事诗》（稿本）[1]，郑伟章等《湖湘近现代文献家通考》著录伦明之《续藏书纪事诗》（手稿）[2]，均指此稿本。

　　除去上述整本外，还有学者在国家图书馆发现《辛亥以来藏书纪事诗草稿》一部，十五页，半页九行，以"续四库全书总目"稿纸抄写。从中辑出未发表的残稿44首[3]。此《草稿》及雷梦水校补的《辛亥以来藏书纪事诗》，均已收入东莞图书馆所编的《伦明全集一》。

　　以上就是迄今为止已经刊出的《辛亥以来藏书纪事诗》的主要版本。从版本源流来看，20世纪90年代后出版的整理本，基本上都出自雷梦水校补本（以下简称雷校本）系统。我们将雷校本与《正风》连载本对看，有两个显著的不同之处，其一是收诗数量（按：《正风》连载本未刊完），其二就是藏书家的排列次序。举例说明，《正风》连载本的前五位藏书家为"长沙叶昌炽、同邑陈子砺（伯陶）、丰顺丁日昌、南海孔少唐、孔昭鋆"，而雷校本则为"叶昌炽、鄞县范氏、纪昀、谭莹、卢址"。《矩园余墨》虽为节本，但共有条目的次序与《正风》连载本一致。

　　《正风》连载本是《辛亥以来藏书纪事诗》的祖本，《矩园余墨》印行于伦明去世之后，所据底本抄自伦氏家藏本。可见，至少在伦明生前，《辛亥以来藏书纪事诗》手稿的次序是一如《正风》连载本的。那么，今天我们见到的通行本的次序又是谁确定的呢？雷校本的出版说明，虽然提到所据底本为江氏抄本，但并未具体说明此本的来历。所幸今存伦明遗稿可以帮助我们解决这一问题。《伦明全集一》正文前影印了不少伦氏遗稿的图片，其中从《伦明〈辛亥以来藏书纪事诗〉手稿》的图片中可以看出，该手稿以红色稿纸抄写，卷端前三行分别题："辛亥以来藏书纪事诗／东莞伦明著／门人张次溪编校。"其后数页记录的藏书家次序，一如雷校本。如前章所述，伦明与张父伯桢为通家之好，

[1] 徐雁，王燕均.中国历史藏书论著读本 [M].成都：四川大学出版社，1990：40.

[2] 郑伟章，姜亚沙.湖湘近现代文献家通考 [M].长沙：岳麓出版社，2007：121.

[3] 宋远.辛亥以来藏书纪事诗未刊稿笺注 [M]//中华文史论丛：第四十九辑.上海：上海古籍出版社，1992：75.

又有同乡之谊，在北京更是比邻而居，故视次溪"如犹子"。伦明曾助张次溪校理《清代燕都梨园史料》，并题十二绝句代序。伦明故去后，张次溪亦为之作《伦哲如先生传》，以资纪念，可见二人关系之密切。因此，在伦明逝世后，由张次溪为之整理遗稿，是完全合理的。我们也可对《辛亥以来藏书纪事诗》收录次序改变的原因略加推测，《正风》连载本的排序依据是藏书家籍贯，同邑则前后相继。张次溪编定本则将之改为按照藏书家主要活动年代排列，更有利于体现全书的逻辑性。最后，雷校本所据底本"江氏抄本"，也许就是得自张次溪。

1936 年，《正风半月刊》停刊，《辛亥以来藏书纪事诗》尚有若干首和续作四十余首未刊登。20 世纪 80 年代以来出版的整理本中，伦明的续作均未附入，故非足本。1992 年，《读书》杂志的编辑宋远女士据国家图书馆所藏稿本抄出，"并仿雷先生校补之例，略事笺注。"成《辛亥以来藏书纪事诗未刊稿笺注》一文，附叶恭绰《辛亥以来藏书纪事诗序》，刊于上海古籍出版社《中华文史论丛》（第四十九辑），以补通行整理本之遗珠。卷首题记云：稿本原题"辛亥以来藏书纪事诗草稿"，半叶九行，四周双边，版心印有"续四库全书总目"七字。全册十五叶，由稿纸裁贴而成，故每叶行数多有出入。诗以大字书写，注则小字双行，诗下无注者，皆预留空白，以待补入。增删涂乙之处甚多，偶见笔误，盖属草未定之稿。[1] 此未定之稿为诗 44 首，其中记私藏 13 家，公藏 12 家，记藏书之事 10 首，有诗无注 9 首。续作最大特点是增加了对藏书事实的记载，其第二十二至第三十一，凡 10 首，全记藏书事实，如旧书外输、古籍回归、筹印四库、编纂《儒藏》、辟蠹方法、影印排印之优劣、麻沙本等，此类纪事是前作所没有的。而对公藏的记载也明显增多，其第十至第二十一，凡 12 家，全记公藏，如军机处、方略馆、国务院、各部衙门附属图书馆、国史馆、学部图书馆、北平图书馆、南京中央图书馆、文汇阁、文溯阁、北京大学、清华大学、东方文化会图书馆等书藏，此类纪事前作仅有五六首。这种变化，仍然体现其"凡属于书者，无所不纪。所重在书之聚散"的宗旨。

伦明开续补《藏书纪事诗》之先，其例又为王謇所效仿，王言"拙诗之作，

[1] 中华文史论丛：第四十九辑 [M]. 上海：上海古籍出版社，1992：75.

盖由先生启之也。"[1] 他最早抄录了完整的《辛亥以来藏书纪事诗》，所撰《续补藏书纪事诗》引用了很多《辛诗》的资料。除王謇外，继者还有吴则虞、刘声木、莫伯骥、徐信符、周退密等，研究藏书家的历史一时蔚然成风，《辛亥以来藏书纪事诗》等藏书历史文化专著诚为一代风骚之作。叶恭绰对《辛亥以来藏书纪事诗》亦有批评之语："此册所纪不少遗闻轶事，然有传闻失实者，又时杂以恩怨，未尽足据，且思想亦颇陈腐。"其可取者"特乡邦文献得此著录，固亦佳事"[2]。由于受历史局限，伦明为之立传的人物中亦有诸如张勋（北洋军阀）、梁鸿志（汉奸）等辈，但仅记其藏书事实，取其保存文献之功，此也符合伦明撰写此书"所重在书之聚散"的原则，亦体现了"纪事诗体藏书家传"体需秉承实事求是的客观原则。

4.2　编撰特色

《辛亥以来藏书纪事诗》依照叶昌炽《藏书纪事诗》的体例，为每个藏书家各写一诗，以诗系事，作为诗的注脚，实即藏书家之纪事史传。其诗不仅注重文采，而且凸显藏书家之精神。在注传中，则详细辑录了有关该藏书家的史料文献以及作者自己对文献或传主的考释和评论。其内容除藏书部分外，还包括刻书、校书、抄书、访书、买书、卖书、读书、著书等遗闻逸事，包含古籍版本、目录、校勘、印刷等方面的丰富史料。更为重要的是，伦明为传不限私人藏书家。"与叶书异者，叶书但纪私家，此则凡属于书者，无所不纪。所重在书之聚散。"[3] 并且"无所不纪"，如纪广雅书局、涵芬楼等公办书店或藏书楼。也不限藏书家一门，还有当时的著名学者，如余嘉锡、康有为、梁启超、王国维、章士钊、陈垣、袁同礼、马叙伦、于省吾等。他们利用丰富的藏书进行研究，撰写学术著作或刊刻流传，对于传播文化、促进学术的繁荣发展，都起到了巨大的作用。伦明在注传中比较全面地反映了这些学者的著述情况，对于后人了

[1] 王謇. 续补藏书纪事诗·伦明（哲如）[M]. 杨琥，点校. 北京：北京燕山出版社，2008：189.

[2] 叶恭绰. 矩园余墨·纪书画绝句（铅印本），1948. 此书 1963 年由香港商务印书馆出版影印本。

[3] 伦明. 自序 [M]// 伦明. 辛亥以来藏书纪事诗. 雷梦水，校补. 上海：上海古籍出版社，1990：2.

解这些大学者的研究和著述提供了依据。所以，《辛亥以来藏书纪事诗》非伦明所言为"狗尾续貂"，实则是续补叶书的一部力作，对于了解古籍聚散线索、版本递藏源流、近代藏书家事迹以及学者著述目录等，均有重要参考价值。

徐信符曾说："今日粤中明悉藏书掌故者，当推伦氏。"[1] 此言不虚。作为藏书家、阅读学家和诗词教授，伦明既精于版本目录学，本身又是通学斋书店老板，加上十数年到各地搜访图书的经历，对当代藏书家及其藏书聚散了如指掌，耳闻目睹尽是真切的藏书轶闻，对传主材料的采集和运用得心应手，内容上有不少独到的见解。同时因为伦明记述的藏书故事材料新鲜，内容丰富，与众不同，故书迷们乐为赏阅。

伦明一生，无论读书交友、出仕为官、治学著述、为人处世都秉承"凡属于书者,无所不纪。所重在书之聚散"的实事求是的思想。《辛亥以来藏书纪事诗》则"若乃其事其人，耳目触接，远不一世，近在当前，不烦撷拾，涉想即至……"全书三分之二的传主与作者或为来往知交，或为偶遇书友，作者或传其目，或睹其书，很多记载就取材于作者与传主的实际接触，是"耳目触接"的第一手资料，多为外人所不知，至为珍贵难得。上海古籍出版社 1999 年版《重版说明》指出："是书较多地反映了近代藏书家受时代变革影响，注重经世致用，在藏书、治学及志趣等方面都较以往偏于玩赏，秘不示人的藏书家有很大的不同。"[2]

合而论之，《辛亥以来藏书纪事诗》的编撰特色体现在以下五个方面：第一，资料准备充足，广搜博采，择别精审。伦明自幼酷嗜藏书，热心藏书事业和有关藏书方面的研究，在治学和藏书中掌握了大量丰富的第一手材料。在他交游活动中，接触认识了许多著名藏书家，并得以借观他们收藏的珍贵版本书籍，这对他积累素材、开阔视野及激发进一步的创作兴趣都有很大的作用。其诗与传文中征引的资料，自正史、方志、官私书目、序跋、碑铭、诗文别集等，举凡各个类目，极为广泛丰富，往往数百字就能充分说明一个藏书家的生平事迹、藏书状况、藏书特点、藏书功过、典故逸事等，叙述简洁明了。第二，体

[1] 徐信符. 广东藏书记略 [M]// 广东省文史研究馆. 广东文物：卷九. 上海：上海书店出版社，1990：857.

[2] 伦明. 辛亥以来藏书纪事诗 [M]. 雷梦水，校补. 上海：上海古籍出版社，1990.

例有所变通，灵活而不呆滞；叙述生动，具有很强的可读性。《辛亥以来藏书纪事诗》除诗本身语言丰富，其传文征引了许多有关藏书家的典故轶事，生动活泼，使本诗具有很强的可读性。更使读者对藏书家们既能有全面的概观，又能对藏书状况作具体的把握。第三，考证严谨，论断中允；宁可缺疑，力戒臆断。伦明精于校勘之学，考证功力深厚。《辛亥以来藏书纪事诗》的资料广泛丰富，择别精审，对有疑问和缺漏的方面，力争进行了考证补充，对不能辨别的资料则宁可阙疑也不作主观臆断，这是其资料的主要特点。同时，诗中揭露了许多鲜为人知的事件，或亲历或考证，还原历史真相。比如"陈垣"条，陈氏拟补《唐郎官石柱题名》事，在其他文章中尚未提到，亦未见专治唐史者论及此事。又"丁日昌"条，陆心源对丁日昌的不满与攻讦，缘于丁先他购到了上海郁松年"宜稼堂"的精华部分。伦明在对事件进行详尽考证后，断定此事其错在陆："相传有豪夺之事，盖陆存斋诬之。存斋欲据郁氏宜稼堂书，及至闽归，其精椠已为中丞所得，大嗛之，因造无稽之言。"[1] 此事后来经过蒋凤藻（香生）、俞樾（荫甫）的居中调停后，以陆不得已向丁认错而告终。第四，为历史上的书商、收藏家写诗立传，以纪念表彰她（他）们在历史上的贡献。伦明因为访书，走南闯北，结识了大批藏书家和坊肆书贾，"余交游中，书贾居半，纪不胜纪，则摘其可称者数人著之。"[2] 通学斋孙殿起由贩书而成为著名的版本目录学家，尤精通清代禁书，他的《贩书偶记》一版再版，常为藏家所谈论。和孙殿起一样，书商而有著作闻名者尚有文禄堂王文进，他对裱书和识别版本极有研究，著有《文禄堂访书记》。伦明给予二人极高评价："故都书肆虽多，识版本者无几人，非博览强记，未足语此。"孙、王"皆俱通人之识，又非谭笃生（锡庆）、何厚甫（培元）辈所能及矣"[3]。有诗赞扬两位云："书目谁云出郇亭，书坊老辈自编成。后来屈指胜蓝者，孙耀卿同王晋卿。"[4] 书贾历来为人轻视，但伦明不囿成见，与他们有着广泛而经常的联系。这些精于版刻

---

[1] 伦明. 辛亥以来藏书纪事诗·丁日昌 [M]. 雷梦水, 校补. 上海：上海古籍出版社, 1990：7.

[2] 伦明. 自序 [M]// 伦明. 辛亥以来藏书纪事诗. 雷梦水, 校补. 上海：上海古籍出版社, 1990：2.

[3] 伦明. 辛亥以来藏书纪事诗 [M]. 雷梦水, 校补. 上海：上海古籍出版社, 1990：112. 谭笃生, 正文斋主人；何厚甫, 会文斋主人, 均为北京琉璃厂的书贾.

[4] 伦明. 辛亥以来藏书纪事诗 [M]. 雷梦水, 校补. 上海：上海古籍出版社, 1990：111.

鉴别，有一技之长的书贾们与伦明交换着各种图书信息，交换着自己的藏书。他们的丰富经验和卓越能力，对书籍流通与流传是有很大贡献的。为他们立传，即表达对书贾的尊重，肯定书商抢救典籍、保存和传播文化的作用，这是社会一大进步。第五，文章文学双创之结晶。伦明的诗作呈现了个人与时代特色，即以诗记事，以诗明志。《辛亥以来藏书纪事诗》尤其彰显了文章与文学双创的独特性。古代藏书家多以珍藏前代的版本为主，重在收藏和鉴赏版本，而近代藏书家主要以自己的学术志趣为取舍，不甚重视版本，重在应用。又如古代藏书家所藏范围尽管极为广泛，但是基本上以儒家经典及释经之作为主，诸子、史地和文集均为附庸，至于小说、戏曲之类，更被视为不登大雅之作，很少有人问津。而晚清以降，随着西方文化的传入和先秦诸子学的复兴，正统观念受到巨大冲击，传统上被视为"异端"的思想复活，此种观念的转变于藏书风气产生深刻的影响，以前不甚重视的子、史、集均为藏书家所重点搜罗的对象，乃至著名学者吴梅、朱希祖、马廉等均以收藏小说、戏曲而成收藏名家。再如清代藏书家慑于专制主义的淫威，凡统治阶级宣布为禁毁之书，多不敢收藏，更不能刊印，而辛亥革命后，为宣传革命，揭露清政府之专制，章太炎、黄节、邓实、刘师培等创办《国粹学报》，刊布大量清廷禁毁书目，一时之间，明季野史、明末清初遗民文集成为众藏书家搜集收藏的重点。近代藏书风气的变迁及其与思想观念、学术风气之转移之间的关系这些均在《辛亥以来藏书纪事诗》中有所体现，不仅如实地反映了晚清藏书状况，传播了藏书家们读书与藏书的理论和方法，又抒发了藏书家们的炽热之情。藏书家们的喜好跃然于诗句中，有"不观江海爱蹄涔，老去尤于诗律深"的陈宝琛；有"好收四库书原本，为藏书家别开一格"的刘体智等；藏书家们严谨周密的为学之方亦提纲挈领地娓娓道来，陈澧"群书手校墨淋漓，百册残余署学思"；李慈铭"订疑补缺用功深，字细如绳密似针"；傅增湘"篇篇题跋妙钩玄，过目都留副本存"。品读《辛亥以来藏书纪事诗》能让我们沉浸于史志与诗情的完美融合中，不仅体味到丰富的诗性情结，更领悟了深刻的治学哲理。

4.3 藏书家藏以致用之标的 [1]

自鸦片战争（1840 年）开始，在近代（1840 ~ 1949）这 100 多年的岁月里，中国都处于一个动乱不定的时期。内忧外患的双重夹击，国内政权的频繁更迭，中国由封建社会变成半殖民地半封建社会。基于社会环境的历史变迁，中国近代百年来的政治、经济、文化、生活等均与封建时期大有不同，而这些或多或少地影响了中国近代藏书家的藏书活动及其发展。随着藏书者的增加与活跃，中西文化的交流与碰撞，书籍的买卖更为频繁，藏书活动愈加丰富多彩。从而使得藏书收集行为具有社会化、科学化倾向，藏书的地位与价值得到深入与延伸。伦明以藏书家群体作为一个缩影，揭示影响藏书行为的各种因素，藏书各环节之间的相关性，及其藏书家们对古籍收聚、保存所做的贡献，从而使人们更鲜活形象地体会到在新旧杂陈、中西交融的环境中藏书家对于藏书孜孜不倦的热忱，为今日古籍的收藏与延续提供借鉴。本节选取了伦明本人与《辛亥以来藏书纪事诗》中的 19 位藏书家们为研究对象，对《辛亥以来藏书纪事诗》中藏书家们的藏书原因，影响藏书的几个因素，藏书渠道的比较分析、藏书重点的比较，以期总揽《辛亥以来藏书纪事诗》之藏书家群体的藏用特色。这些藏书家的选择以中华书局 2009 年出版的苏精的《近代藏书三十家》（增订本）和河南教育出版社 2001 年出版的范凤书的《中国私家藏书史》这两本著作所列举的藏书家为范本，选取了藏书数量达 10 万卷或 10 万册以上、藏书质量高，或在某一方面收藏甚富、在藏书过程中通过自己的收集累积了丰富而科学的收藏经验并藏有所用的藏书家。

4.3.1 藏书缘由

4.3.1.1 向往与追求

阿路易斯·哈恩（Alois Hahn）曾在一篇名为《收藏家社会学》的文章中说过收藏家往往对艺术有着强烈的亲和性。当然，藏书家也不例外。对于他们

---

[1] 项晓晴. 中国近代藏书家藏书访集活动的比较研究 [D]. 广西民族大学硕士学位论文，2012.

而言，书不仅仅是文本或知识载体，还是艺术品。求美，就是以书籍的艺术价值和鉴赏价值为追求目的的一种收藏动机。随着社会的发展与物质文化水平的不断提高，人们对美好事物的向往一如既往，且审美水平不断提高。这种心理，主要表现在藏书家们对于书籍版本、纸张的讲究，以及对插画、版画书籍的收藏。叶德辉曾把书比喻成女人，曾写成《买书》诗一首："买书如买妾，美色看不够。"[1] 又如陶湘因欣赏清代浙江开化生产的一种色白光滑、坚韧细密，专门用于皇室刊印殿版书的佳纸，于是只要是开化纸所印的书，不论种类，无论内容，有见必收，因此赢得"陶开花"[2]的雅号。

4.3.1.2 抢救与保存

中国是一个历史悠久的国家，早在公元前8、9世纪，就已经有了丰富灿烂的文化，并留下宝贵的文化遗产。之后，中华民族各地区的文化相互融合、相互推进，使我国的文化不断发展、不断演进。但令人扼腕的是在朝代的更替中，很多文化遗产被天灾人祸毁灭了。而保存至今的传统文化，一来是地上及地下的文物；二来是历代藏书家历经人间沧桑而保存下来的图书资料。由于近代战乱纷扰，很多古书图籍毁于战火或被侵略者掠去，基于对先人的怀念和崇敬，对曾经辉煌的，凝结了人类智慧精华，展现了博大精深的古籍文献将要消失于世的痛惜，当时的藏书家除了为满足自我需求收藏图书以外，更有一份为国家为后人保存文化典籍的历史责任感与使命感。如抗日战争中，郑振铎、傅增湘、张元济、叶景葵等人奋不顾身抢救古籍，甚至在国家拿不出太多钱购买的情况下，自掏腰包买下献给国家。诚如郑振铎在《劫中得书记》（序）中说："夫保存国家文献，民族文化，其苦辛固未足埒攻坚陷阵，舍生卫国之男儿，然以余之孤军与诸贾竞，得此千百种书，诚亦艰苦备尝矣。虽所耗时力，不可以数字计，然实为民族效微，则亦无悔！"[3] 如果没有藏书家的抢救与保存，它们早已从人们的记忆里消失得无影无踪。而藏书家在收藏古籍的过程中，通过抢救把过去如实保存下来，并为我们重塑经典。

---

[1] 王晋卿 . 叶德辉的藏书思想与方法 [J]. 湘潭大学学报，1996（3）：116 .

[2] 苏精 . 近代藏书三十家 [M]. 北京：中华书局，2009：94.

[3] 郑振铎 . 劫中得书记（序）[M]. 广西：广西师范大学出版社，2010：4.

4.3.1.3 阅读与研究

受中国传统文化中重实用轻思辨的思维模式影响，古代文人十分重视藏书的性质、功用。他们认为图书承载着千古兴亡之事、治乱平定之策、思想统治之术，图书是知识的宝库，文化的海洋。基于发展自己、完善自己的需求，他们通过阅读、研究图书文献，充分发挥其使用价值，进而获取其内容实质。以对知识的追求为目的而收藏是藏书家中最普遍、最真实的一种心理活动，深入主题是他们藏书的根本环节。藏书与对藏书的关注是密不可分的，藏书家们如不是在他的藏书领域中认认真真地研究探索，那他其实算不上是在藏书，只是在盲目地堆积书籍。他不可能把其藏书整理得井井有条，也不可能进行有计划的扩充。正如一句老话，满满的一箱金币是一笔财富，但不是收藏。"赏鉴家之藏书，非吾力所得，吾之藏书，但求便读而已。"[1]中国近代藏书家无论其家境如何、在哪就职，本质上他都是一个读书人、文化人，自觉地想要从书中得到知识，享受沉浸在书中的感觉。"我不是一个藏书家。我从来没有想到为藏书而藏书。我之所以收藏一些古书，完全是为了自己研究的方便和手头应用所需的。"[2]藏书家们的藏书缘由一开始都是为了阅读和求知。

4.3.1.4 修身与致用

孔子为了著述立说、教育讲学、治国安民的社会需要而进行藏书，可谓是中国藏书第一家。自汉武帝后，历代统治者都以其儒学为文化正统，而深受儒学影响的近代藏书家当然也以修身济世的目的作为收藏动机。19 世纪末 20 世纪初的中国，内忧外患，受人欺凌。国门洞开，西方文化强制性输入，而西学的特点是讲求实务、放眼世界。这在某种程度上又与中国儒学讲求经世致用的社会价值观不谋而合，因而容易受到有识之士的青睐与认同。他们梦想通过文化的力量振兴中华，希望通过西学的路径改进封建落后的社会，如同西方列强一般，走富强的道路。这种强烈的爱国救国的使命感驱使他们阅读图书、收藏图籍，从而把书里的内容变换为惊醒世人、激励人心的武器。例如，康有为花费一千二百金购得上海制造局译印的三千多本西学新书放置在自己建立的万木

---

[1]　甘鹏云：《崇雅堂书录》，乙亥夏月潜江息园用聚珍本，1935 年。

[2]　郑振铎. 劫中得书记（序）[M]. 广西：广西师范大学出版社，2010：5.

草堂内，只为以此培养改良的人才和制造社会舆论。梁启超在《梁氏饮冰室藏书目录》里说："所藏但期切于实用，不必求其精橐。上自典册高文，下逮百家诸子,旁及东浪海外之书,无不殚事收集。"[1] 由此看来,其藏书但求育人立身,强国富民，以为致用。

文人藏书的雅嗜，自古以来都是士人身份的一种象征。读书或收藏书籍历来被世人认为是有修养有品位的生活。藏书已经成为他们生活方式中不可或缺的一部分，同时也是该生活方式的一面忠实的镜子。因而藏书对于文人而言，不只是占有与被占有的关系，更是精神价值的物化，身份的象征，社会的认同。基于这种普世的价值观，使得文人学者获取了藏书的社会动机。此外，由于近代宋元古本的价格高昂，普通世人一般买不起。再加上宋元古本产生的年代相去甚远，流传至今的书籍少之又少，这使得近代藏书家得书非常艰难。不仅要花费大量的财力，更需要藏书家们费尽心力去寻找、收集、整理、保存。而这些千辛万苦获得的书籍，历代藏书家都渴求能够当成一种传家宝，一种比金钱还高贵的财富，子子孙孙，世代永保。这种传承后代的心理促使他们在开始藏书后更努力去收集与保存。例如，丁祖荫为了更好地珍藏古籍以传后人，其藏书一向秘不示人，就连知己好友也不能窥其典藏。

为实现特定的藏书目的，每个藏书家的原因几乎都不止一个，而是由各种不同的原因组成的一个综合体。单个原因在综合体中的分量对比就构成这个藏书家的独家特色，影响甚至决定接下来整个藏书活动，而且这个综合体在藏书活动过程中有可能发生变化与转移。同时，每位藏书家付出的努力程度也是不同的，并且为实现不同的目的而付出的个人努力也不尽相同。比如有的藏书家如盛宣怀，他不以藏书著名，只是在空闲之余，抱着可遇不可求的心态，利用闲钱去访购收藏古籍，以至于很多人都不知其藏书极富。而有的藏书家，特别是学者藏书家，如伦明、叶德辉等人藏书为了阅读与治学，随着研究的深入以及对知识的渴求，他们会为了寻访一本或一类古籍而耗尽家蓄，整日流连于书市，甚至废寝忘食借录抄校。

---

[1] 国立北平图书馆编. 梁氏饮冰室藏书目录 [M]. 北京：北京图书馆出版社，2005：8.

4.3.2 藏书背景

4.3.2.1 物质基础

任何一个人若想要开展某一领域的收藏都需要有一定的物质条件来支持。每个藏书家（哪怕是最富有的藏书家）的藏书收集都要受到当时的书价状况、物价水平、藏书人的收入状况等制约。以下根据《清会典》《清史稿》等制成近代书价、工资收入、工价、物价对比表，从而更直观地反映物质基础作为藏书家开展藏书收集的首要前提条件的原因。

表 4.1 近代书价、工资收入、工价、物价对比简图

书价	职业收入情况		物价水平（米价表示）
	月工资收入	工价	
清末普通书本均价0.3 两	清末正一品尚书 180 两	光绪年间，日工资：0.19 ~ 0.28 两	光绪年间米价平均 2.17 两 / 石
清末普通古籍均价3 两	清末正二品总督 155 两		
清末《铁琴铜剑楼藏书》所载元本均价4.86 两	清末正七品知县 87.08 两		
清末《藏书纪事诗补正》所载宋本均价13 两	清末正八品县丞 15.83 两		
	清末正九品县主簿 7.75 两		
民国初年普通本均价5角，抗战前均价1.2元	民国期间一般官员 60 ~ 100 元	民国初年，日工资：0.25 ~ 0.30 元	民 国 初 年（1912 ~ 1920年 ）米 价 在6.42 ~ 7.40 元 /石之间
民国初年明清本均价十几元，抗战前均价几十元，部分精本上百元	民国期间医护人员、医生50 ~ 120 元	1921 ~ 1929 年，日工资：0.2 ~ 0.4 元	1921 ~ 1929 年，平均米价 13.83元 / 石
	民国期间中学教员（中级职员）100 ~ 200 元		
民国时期宋元本价格比清末上涨十倍，部部过百上千，有些甚至上万元	民国时期大学教师（部级副部级）官员 260 元以上	1930 ~ 1937 年，日工资：0.5 ~ 0.6 元	1930 ~ 1939 年，平均米价 10 元 /石

（续表）

书价	职业收入情况		物价水平 （米价表示）
	月工资收入	工价	
战争期间，书价与前期相比均略下降	战争期间，教师工资与工人工资基本持平		战 争 期 间（1940～1949年），米价较以往上涨35倍

（说明：本表中清末官员俸禄根据《清会典》《清史稿》等制成，所列官员俸禄为顺治以后制，养廉银制度则是雍正时期所定，养廉银因地区、职位数量有别，所取为平均值；工价数据源于《清圣祖实录》卷34，郭蕴静《清代经济史简编》及《中国经济全书·清末工匠之赁银及其支给之法》；书价根据《民国价格史》等相关资料制成；物价根据陈存仁《银元时代生活史》和李文海主编《民国时期社会调查史》等制成。）

4.3.2.1.1 书价与物价比较

从表 4.1 中，我们可以看出清末古籍的价格，特别是宋元古本的价格相对于当时的物价和收入情况而言，是十分昂贵的。清末一般古籍、元本书、宋本书平均每卷/册的价格分别是 3 两、4.86 两、13 两银子，购买一卷/册古籍的价钱分别可以兑换同时期 6.51 石、10.55 石、28.2 石的大米。若按清代度量衡的标准换算（1 石 =150 斤），购买一卷/册古籍的价钱就分别可以购买 976.5 斤、1582.5 斤、4230 斤的大米。当时，一石大米足够一户 5 口之家吃上一个月。那么，用购买一卷/册普通古籍的银两去兑换大米能让一户 5 口之家吃上半年，而拿购买一卷/册宋元古本的银两去兑换大米的话足够一户 5 口之家吃上一两年了。更何况表中列举的古籍均价只是一卷/册书的价格，而一部书往往又不止一卷或一册，如果是元刻《新唐书》这类有 225 卷的大书，那价格之高则为天文数字。民国时期，书价浮沉，但总体趋势是上升的，古籍中宋元本更是水涨船高。如傅增湘 1923 年以 2400 元获得张之洞的旧藏宋刊本《白氏六帖事类集》，1934 年他要花 13000 元方可收购宋刊《周易本义》十四卷。如若按同期米价折算，购买宋刊本《白氏六帖事类集》的价钱可购买 33192 石大米，相当于 4978800 斤的大米，足够一大户上有老下有小的家庭吃一辈子了。

4.3.2.1.2 书价与收入情况比较

通过对比表 4.1 中书价与收入情况的数据，我们可以知道，清末朝廷官员购买小部分当代先人的古籍是没有问题的。正八品、九品官员的每月收入有时勉强尚能买到一两本一般的元刻本，却已买不起一本宋刻本，正七品知县省吃俭用也只能买到两三本一般宋刻本。一般为朝廷工作的人员对购买古本是可望而不可即的。据《大清会典事例》卷 906 载："乾隆三年(1738)定，眷录书籍贡生十员，每员每日给银六分。"则每个贡生每月收入仅 1.8 两银，即使不吃不喝，攒上三年才能买一部宋刻本《孟浩然诗集》。而对于普通老百姓来说，其收入仅能糊口而已。上海的人力车夫每天所得人力钱仅有 130 ～ 350 文，一个月平均劳动 25 天，也仅得 6000 文左右，按当时市价还买不到 1 石大米。[1] 连基本温饱都不能够保障，更何来闲钱购买天价古籍，更别说要成为藏书家了。

到了民国时期，物价平稳，实际工资收入连年呈上涨趋势，社会各界的分配收入发生了一定程度上的改变。上海工人的月工资一般为 15 ～ 20 元，普通官员、技术工人、小学教师、医护人员等的月收入在 50 元左右，达到小康水平；中层职员、工程师、中学教员、医生、记者、作家、律师和一般演员月收入在 100 元左右，进入中产阶层；大学教授、校长、高级官员的月工资基本在 260 元以上，而一对知识分子双职工家庭月收入则将近 400 元，可以说是相当富裕了。[2] 但对比于同期书价，我们可以知道当时社会上工人的工价仍然非常低，一个月 15 元左右的收入除了购买一石的大米，几乎所剩无几。处于小康阶层的普通官员、技术工人、小学教师、医护人员等，一个月工资大概可以购买几部明清古籍；而处于中产阶层的中层职员、工程师、中学教员、医生、记者、作家、律师和一般演员等月工资勉强可以购买一部宋元本；只有处于高收入水平的大学教授、校长、部级、副部级官员才能稍有选择与余地购买古籍，但如果像伦明等藏书家们想要购买宋元古本还是十分困难的。

4.3.2.1.3 近代藏书家官职身份、收入状况与书价比较

在中国藏书史里，纵观藏书家这一群体，几乎都有其专司之职业，而藏书对于他们而言只是一个兴趣爱好，或是一个副业。如果以他们所从事的行业，

---

[1] 余耀华. 中国价格史 [M]. 北京：中国价格出版社，2000：948.

[2] 贾秀岩，陆满平. 民国价格史 [M]. 北京：中国物价出版社，1992：256.

或者说以他们的社会身份来对藏书家的类别进行划分，那大致可以分为官员藏书家、学者藏书家、实业藏书家三大类。在《辛亥以来藏书纪事诗》中学者型藏书家几乎占了 50% 的比重。这是由藏书活动这一具有意识形态特点又兼备社会存在的客观实践特性所决定的。而在这些学者藏书家中，又多是大学教授。民国时期大学教授是社会中上层，经济收入远远高于普通民众。加之当时废科举建学堂的大环境，各地广办学校，致使教师资源短缺，大学教授除了本职工作以外，还同时在几所大学兼职或是多个期刊的撰稿人，如伦明、朱希祖等人，有些又在国家研究机构里任职，如缪荃孙在主讲南菁学院、泺源书院、钟山书院之余又充京师图书馆正监督等。这样一来，他们在本职工资收入的 200 多元的基础上又增加了其他额外收入，这大大充实了其藏书资金。

其次，官员藏书家的比例也较大。在没有废科举之前的清末，"学而优则仕"的道路依然是读书人的首选，在成功考取科举进入仕途后，很多文官往往同时从事两、三个职位，例如，叶昌炽在做翰林院编修时又兼国史馆、会典馆监督，或被雇佣在当时的大藏书家中编撰藏书目录，如李盛铎聘请缪荃孙等人帮其整理编制藏书目录。盛宣怀官至一品尚书侍郎，李盛铎更是政界大臣，他们除了每月领取高于别人的俸禄外，每年又有上万的养廉银作为补贴，可谓收入十分丰厚。且洋务运动以后，兴办企业之风盛起，一些官员藏书家转战实业界，开始经商，比如盛宣怀在总管招商局、电报局、铁路总局时又开办织造、教育事业；陶湘开设纱厂、建银行等。经商获取的高额利润让他们富甲一方。

再次，实业藏书家的数量也逐渐增多。实业界的藏书家可分为两种，一种是继承祖辈产业，藏书家含着金钥匙出生，自是比他人有着得天独厚的经济条件。如刘承干、严遨等人。一种是自己经商创业致富的有为青年，如潘承厚、丁福保。他们通过经商创造了大量金钱财富，又靠着自己创业累积下来的精打细算的理财经验，使得他们不仅能够有条件开展古籍的收藏，更能完好地保存古籍，不至于晚年家道中落后变卖藏书。实际上，上述数据比例只是一个硬性参考。近代大多数藏书家身兼数职，收入来源广泛。多渠道的收入使得他们维持温饱已不成问题，比起一般老百姓更能够从容地享受文化生活，满足自己的精神需求。由此看来，经济收入无疑对消费方式以及行为产生重要影响。

表 4.2 20 位藏书家官职身份、藏书状况

藏书家	生卒年	官职身份	藏书故实	文献出处
叶昌炽	1844～1916	翰林院编修	家藏卷帙，不下万卷	《藏书纪事诗》（自序）
卢靖	1856～1948	提学使	创建木斋等图书馆，捐书十余万卷	《沔阳县史志资料》
李盛铎	1859～1935	山西布政使	北京大学图书馆藏李氏木犀轩书五万多册	《北京大学图书馆藏李氏书目》（引言）
梁鼎芬	1859～1918	书院院长	梁鼎芬藏书数十万卷	《艺林散叶》
叶德辉	1864～1927	教育会会长	吾家藏书不下三四世，二十万卷	《观古堂藏书目录》（序）
章钰	1865～1937	翰林院纂修	藏书三千多部七万多卷	《近代藏书三十家》
张元济	1867～1959	商务印书馆总经理	搜罗禾郡及盐邑文献又创涵芬楼东方图书馆	《涉园图咏》（跋）
徐乃昌	1868～1943	知府	荃孙得清文集千种比之积余所藏乃小巫也	《积学斋藏书志》（序）
陶湘	1870～1939	银行家	陶氏涉园藏书总数以三十万计	《故宫殿本书目》（题辞）
傅增湘	1872～1949	提学史	藏园所藏近二十万卷，手校一万六千余卷	《藏园群书经眼录》（整理说明）
梁启超	1873～1929	教授	庋藏甚富，计四万余册	《广东藏书家小记》
伦明	1875～1943	教授	他藏书的箱橱有四百数十只	《藏书家伦哲如》
莫伯骥	1878～1958	富商	家有五十万卷楼藏书五十万卷有奇	《五十万卷楼藏书目录》
朱希祖	1879～1944	教授	书藏北平、南京、隆阜三处，后者就六十箱	《近代藏书三十家》
蒋汝藻	1876～1954	实业家	中华书局图书馆购进蒋氏书五万四千余册	《中华书局大事纪要》
刘承干	1882～1963	富商	刘氏嘉业堂收藏达六十万卷	《嘉业堂藏书聚散考》
杨守敬	1839～1915	参政员参政	尝游日本搜古籍，藏书数十万卷	《清史稿文苑三》卷四百八十六
缪荃孙	1844～1919	翰林院编修	收藏图书十余万卷，金石一万余种	《江阴续志》
康有为	1858～1927	工部主事	康氏一生积累了大量藏书，数十万卷	《康有为藏书考》
徐恕	1858～1927	学者	藏书箱逾千，册近十万，捐献国家	《湖北藏书家纪事》

4.3.2.2 文化底蕴

现代藏书家辛德勇曾说："学术界很多人往往以为藏书不过是有钱有闲就可以做到的事情，其实不然。除了金钱和时间之外，还要有机缘和学识。而在机缘和学识二者之中，学识要更为重要。因为若没有相应的学识，哪怕是天赐良缘，多半也会视而不见。"[1] 而学识的获得，不是一朝一夕便能实现之事，而是藏书家从小受家庭文化熏陶与学校正规教育，长大受群体文化影响而进行的终生学习的过程。

文化，是人类在改造自然与改造人类自身的过程中，创造出来的社会的第三大要素。文化塑造着社会中的人、群体以及整个社会制度，是人类社会生活的主要内容，是人类社会得以存在和发展的重要基础。正如马克思主义哲学原理中所言：物质决定意识，意识对物质具有能动的反作用。人类在创造文化的同时，文化也在潜移默化地影响、改造、教化、引导着人类。因而文化背景作为影响因素对人生观、价值观的形成与完善、思考方式、行为习惯的养成与发展都有着至关重要的作用（见下表）。

表 4.3 20 位藏书家文化背景

藏书家	籍贯 / 工作地	家庭背景	个人教育背景	师友情况
叶昌炽	浙江绍兴 / 苏州	祖上经商，家道中落	1876 年举人	冯桂芬入室弟子
卢靖	湖北沔阳 / 北京	书香世家，几代都是塾师	1884 年举人	
李盛铎	江西德化 / 北京	四世藏书世家，官商家庭	1889 年一甲二名进士	与日本汉籍目录学家岛田翰等人往来密切
梁鼎芬	广东番禺 / 湖北	书香世家，自小丧父	1876 年举人，1880 年进士	师从大儒陈澧，入张之洞幕中
叶德辉	湖南湘潭 / 湖南	藏书世家，祖辈经商	1885 年举人，1892 年进士	师从王先谦
章钰	江苏苏州 / 苏州	祖辈经商，家道中落	1899 年举人，1903 年二甲进士	入端方幕中
张元济	浙江海盐 / 北京	十世藏书世家，官宦世家	1892 年二甲进士	与傅增湘关系甚密

[1] 辛德勇 . 未亥斋读书记 [M]. 上海：华东师范大学出版社，2001：128.

（续表）

藏书家	籍贯/工作地	家庭背景	个人教育背景	师友情况
徐乃昌	安徽南陵/江苏	官宦世家	1893年举人	与缪荃孙等人为友
陶湘	江苏武进/上海	官宦世家	1889年补大兴县学生员，保送鸿胪寺序班	入缪荃孙门下，与盛宣怀关系密切
博增湘	四川江安/北京	藏书世家，官宦世家	1889年举人，1898年进士	师从大儒吴汝纶
梁启超	广东新会/上海	家境不裕	1889年举人	早年师从康有为
伦明	广东东莞/北京	藏书世家，官宦世家	1901.1903年举人，入京师大学堂学习	与朱希祖等关系密切
莫伯骥	广东东莞/广州	书香世家，父亲是塾师	广州光华医学堂学医	与伦明等关系密切
朱希祖	浙江海盐/北京	书香世家	考取浙江官赞留学日本早稻田大学研究历史	受业于章太炎门下
蒋汝藻	浙江吴兴/上海	藏书世家，祖辈经商	1903年举人	与王国维交往甚密
刘承干	浙江吴兴/上海	书世家，经商	1905年贡生	与张元济、缪荃孙、叶昌炽往来
杨守敬	湖北直部/湖北	祖辈经商	1862年举人	与陈乔森、潘存、邓承修三人为终身好友
缪荃孙	江苏江阴/江苏	官宦世家	1876年进士	入张之洞幕府，与梁鼎芬、叶德辉、傅增湘、罗振玉等人往来
康有为	广东南海/江沪	藏书官员世家	1895年进士	师从朱九江
徐恕	湖北武昌/湖北	祖辈经商	留学日本	与章太炎、郑振铎、博增湘、张元济等为挚友

4.3.2.2.1 区域文化

区域文化，或者说文化的地域性，是指文化受地理环境的影响而表现出来的地方性。它意味着在特定的区域内呈现着较为相近、相似或相同的文化特征，使它和另一区域文化形成鲜明的对照或差异。人类的出现首先就是分区域的，这就造成生活在不同区域的人群，按照自己不同的方式来创造自己的文化，同时又要受到这些文化的影响。

（1）北方地区藏书文化。清朝定都于北京开始，北京逐渐成为全国政治、经济、文化中心。而受着北京的地域辐射作用，连带着周边的天津、山西、山东、东北等地都是繁华一片。而北方地区藏书文化的崛起，始于山东聊城的杨以增。正如近代学者袁同礼所言："清代私家藏书，除二三家外，恒再传而散佚，然辗转流播，终不出江南境外者几二百年。殆杨至堂得艺芸书舍之经史佳本，情势始稍变。"[1] 清末藏书四大家之一的杨以增凭着自己任职于江南河道总督的关系，广收江南地区流出的古书旧籍，然后运回山东。正是这次南书北运，改变了北方在私家藏书史上的地位，开创了北方地区的藏书文化。受着这一文化的影响，近代私家藏书出现了李盛铎、傅增湘、周叔弢三者鼎立于北方的局面。

（2）江南地区藏书文化。江南素称文人渊薮，在宋代时就已经是全国刻书、藏书中心。明万历（1573～1620年）以后，江浙各地藏书家人才辈出，出现了藏书世家。到了清代乾隆（1736～1795年）、嘉庆（1796～1820年）时期，江南一带不仅成为全国著名的私家藏书重镇，同时也是重要的学术文化研究中心。然而进入近代以来，由于连年战火，尤其是长达十多年的太平天国革命，江南一直处于战事中心，以至于江南地区的经济、文化备受重创，私人藏书散乱损毁，全国藏书中心的地位遭到削弱。但由于传统的深厚及藏书风气的渲染，战后江南地区的经济文化得到很快的恢复。再加上民国时期，上海成为仅次于北京的经济中心和重要的商业城市，随着上海辐射作用的发挥，周边城市——江浙一带的私家藏书又逐渐回复往日景象，成为近代全国私人藏书最发达的地区之一。

据吴晗的《江浙藏书家史略》所记载，在历代出现的399位藏书家当中，杭县（今浙江省）占了105人，其中海宁38人，绍兴27人，鄞县27人，吴兴24人，海盐22人，嘉兴21人。这些地区到了近代也仍然是藏书家涌现的中心。浙江人杰地灵，素有文化之邦的称号。宋室南迁之后，临安（杭州）一

---

[1] 袁同礼. 袁同礼文集·清代私家藏书概略 [M]. 北京：北京图书馆出版社，2010：3.

直是东南地区文化中心，仅该地的藏书家就占了江浙地区藏书家总数的 1/4。而浙江吴兴更是藏书家的诞生之地，清末的四大藏书家之一陆心源就是代表。正是这种代代相传的藏书传统培养出了民国时期著名的三大藏书家——刘承干、蒋汝藻和张钧衡。

而江苏地区由于其地理位置优势且自明、清以来没有受到大的破坏，因而商业发达、财富聚集，成为我国经济发展重心。正如吴晗分析该地的经济发展与藏书发达之间的关系时说道："以苏省之藏书家而论，则常熟、金陵、维扬（今扬州）、吴县四地始终为历代重心，其间或互为隆替。大抵常熟富庶；金陵、吴县繁饶，且为政治重心；维扬为贾所集，为乾隆之际东南经济重心也。"[1]

在《辛亥以来藏书纪事诗》的藏书家中，有 22 位便是江苏人。民国时期，随着上海作为通商口岸，商业贸易更为发达，很多前清遗老、学者、实业家聚居于此，而很多江浙一带的藏书家也经常到此访集书籍，使得上海亦成为全国藏书中心之一。

（3）广东与两湖地区藏书文化。清乾隆、嘉庆年间，广东地区的私家藏书名不见经传。清末时也是发展缓慢。然而，民国初始两广的私家藏书大有后来者居上的劲头。这与在粤历任官吏的倡导、风化不无关系。正如伦明在《辛亥以来藏书纪事诗》里说道："光、宣间，粤吏多好收藏。"这些官吏或来自江浙一带的藏书中心，或来自书香世家，多多少少有着藏书的兴趣，上行下效，对当地私人藏书之风的盛行具有启发的功效。如果说北方地区藏书文化的崛起基于南书北运的事实，那么广东藏书文化的兴起则得益于北风南及的流布。此外，广东地区独特的人文背景以及经济的快速发展也是藏书之风兴起的原因。而两湖地区的私家藏书文化一直不温不火，间有大藏书家出。如湖南湘潭的袁芳瑛、方惠功等。受地方藏书文化的感染，近代的两湖地区也出了像叶德辉、卢靖、杨守敬等独具特色的藏书家。

4.3.2.2.2 族群文化

家族是个体出生后首先生活于其中的社会群体，也是个体接受社会影响最早、最直接、最长久的社会化场所，家庭的教育和影响对个人早期思想、习惯

---

[1] 吴晗. 江苏藏书家小史（序）[J]. 图书馆学季刊，1934（1）：1.

的养成甚至人生价值观念、行为模式的塑造都具有十分重要的意义。一方面，童年是人一生思想启蒙的关键时期，儿童在这一时期的智力水平、人格特征和品质特性的形成和发展，对其以后的思想行为具有举足轻重的作用，而家族在这一时期正好担负着最主要的教化责任。另一方面，家庭是社会结构中的一种特殊的社会化场所，儿童来到这个世界，家庭便是他人生旅途的第一站，父母便是他人生的第一任老师，不论他是否愿意，都不能摆脱家族对他的各种影响。所以说，家族文化对于藏书家藏书念头的启发、藏书行为习惯都有着深刻影响。

（1）书香世家。所谓"书香世家"，即世世代代尊重知识、尊重文化、追求真理、讲究科学的家族，他们爱书、读书，重视教育，人才辈出。他们对于社会的文化发展有着良好的模范作用，对于时代的进步有着良好的引导作用。

从表4.3中我们可知，出生于书香世家的藏书家有卢靖、梁鼎芬、伦明、莫伯骥、朱希祖、刘承干等。他们的共同点是祖辈都是文人，成长于这样的家庭，从小受到良好的家庭教育，接触的都是文人墨客，耳濡目染，自小便知书达理，恪守儒家文化礼俗。比如卢靖，祖父与父亲都是塾师，少年时就跟着父亲在私塾学习算学。又如梁鼎芬三岁就跟随叔父读书，能"日识二十余字"，四岁便由母亲"日授毛诗数章"，六岁便可吟诗作对。而梁启超五岁从祖父读《四子书》《诗经》，六岁跟随父亲学习中国略史和《五经》。从小接受家中长辈的文化教育及思想启蒙，读书写字，接触书本古籍，很自然地便开始对书产生好感，进而喜爱藏书。

（2）官宦世家。"官宦世家"是指在封建社会中，由于一人当官，鸡犬升天。只要"大树"不倒，子孙世代受到庇荫的家族。由于1905年前的清末，我国一直实行科举制，使得多少文人学者抱着"学而优则仕"的心理，希望通过科举从此进入仕途。因当时在清皇朝做官的大都是文人学者，所以说官宦世家在某种程度上其实就是书香世家。他们要想成功考取科举，自小阅读四书五经是必备的。而生于官宦家庭的李盛铎、徐乃昌、陶湘、傅增湘、缪荃孙、康有为等人受到祖辈入世的影响，更是一心希望得以继承父业，进入官场。例如，伦明本人自小进入私塾、学堂读经史，学写作；缪荃孙自小幼承家学，十一岁读毕《五经》，十七岁开始攻经学、小学，为科举做准备。

（3）藏书世家。中国的传统文化——读书、藏书在全国蔚然成风。这不是偶然的，是数朝、数代人，一以贯之、坚持不懈、努力奋斗而形成的。爱惜图书、珍藏书籍，是一种公共美德，特别是以血缘关系为基础的家族里，相继数代以藏书为业，藏书代代相传、子孙世守，保存了大量古籍文献，且又因为自小藏书、读书，成为文人学者或进入仕途，在历史上成果累累，声名远播。我们通常把这种家族称为"藏书世家"。

虽说"藏书均不过三代"，但还是存在特例的。李盛铎、叶德辉、张元济、傅增湘、伦明、蒋汝藻、康有为等的家族便是特例。他们的家庭藏书都过三代，像张元济还是第七代藏书传人。这样的族群背景让他们从小生活在书的王国，对书有一种浑然天成的好感，进而成年后不由自主地也开始藏书。另外，由于自小接触古籍，让他们对于版本的鉴别、文献的收集方法等都有着先于其他藏书家的认识与了解，从而使得他们的藏书相比于其他藏书家的藏书更为精善。

当然，藏书世家对其后人的影响不只是藏书精神的传承，还有物质上的一种继承。在封建社会，藏书家在去世后都会把自己的藏书当作留给子孙的财富，有的子孙也因血缘关系继承了祖上的大量藏书，有些甚至能得到 10 万卷以上的古籍文献，如四代藏书世家的后人李盛铎。这种先天的条件让他们从出生就自然地跨入藏书家的行列。

（4）经商世家。在古代中国，商人位于社会底层。但随着八国联军的入侵，西方资产阶级文化的渗入，特别是辛亥革命之后，民族资产阶级兴起。在这一系列历史条件的相互作用下，清末的中国商业经济异常发达，特别是沿海的江南、两广一带，涌现了许多靠着经商大富大贵之家。与此同时，因自小受着封建儒学思想的影响与熏陶，商人心理始终自觉地位的卑微，希望自己的子孙能够考取科举进入仕途，从此光宗耀祖，提升家族的社会地位。在这种家庭背景下培养出了许多大藏书家，如李盛铎、叶德辉、章钰、刘承干、蒋汝藻、杨守敬、徐恕等人。

这样家庭背景的藏书家不仅拥有收集古籍的经济基础，而且其藏书行为又因获得家人的大力支持，使其藏书的动机更为强烈。如刘承干不愁吃穿，又因生于商人家庭不喜出仕，便在考得举人后以钱捐官，当个"挂职官员"，终生以藏书、读书、研书为事。他们在藏书上所取得的成就与其生于商人家庭的背景是密不可分的。

4.3.2.2.3 个体教育

我国自春秋末孔子办学育人以来，教育一直备受重视。到了科举制盛行时期，书香文化家庭纷纷送孩子入私塾，跟随塾师读书写字，诵经习文。如傅增湘 10 岁便随父"抵天津，延师受业"[1]。在书院接受正规教育的期间，学校与老师的教育作用开始逐渐取代家庭和家长的教育作用，孩童不仅从老师那里习得知识文化、行文的方法技巧，而且还受到老师人生观、价值观的影响。如师从儒学大师吴汝纶的傅增湘、师从大儒陈澧的梁鼎芬，与师从倡导新学的康有为的梁启超，其价值观念是完全不同的，因而其收书的重点又不尽相同。因受到时代风气的影响，当时的家长送孩子进入私塾、学院接受教育的目的在于考取科举进入仕途，因而近代的藏书家 90% 以上都是举人出身，不是乡试举人，便是二甲进士。拥有良好的教育背景，自小熟读经史，为其以后对藏书的访集与鉴定打下良好的基础。

而在科举制被废除、新学流行后，各地又纷纷兴办学堂、高等学校。这使得读惯八股文的学子有了更多机会接触新鲜知识，或是进行自我的再教育。如伦明 1904 年入京师大学堂学习。甚至有些人有了出国留学深造的机会，如徐恕、朱希祖等。这种继续深造的个人教育背景为开阔其眼界、增长其知识、扩展其收书的领域与渠道铺平了道路。

4.3.2.2.4 同伴文化

"同伴群体"或"伙伴群体"，是由地位相近、年龄、兴趣、爱好、价值观念和行为方式大体相同的人组成的一种亲密的非正式群体，又称为朋友群体。与族群背景与个人教育背景一样，同伴文化背景也是影响人身心发展与行为思考方式的重要环境背景。甚至随着人年龄的增长，他们把越来越多的时间花在与同伴群体的交往中，接收同伴群体的影响，在这时，同伴群体的影响力便超过了家庭与教育背景的影响。

正所谓"物以类聚，人以群分"，由于近代藏书圈子的狭小，以及古代藏

---

[1] 孙荣耒．近代藏书大家傅增湘研究 [D]．山东大学博士学位论文，2007：10．

书家流传下来的祭书、品书的雅兴，致使藏书家之间不论家世背景、不分政治立场，都是亲密友好的朋友关系。如果没有志同道合的朋友，藏书家的世界只是一个构想，其可行性是十分低的。但因为藏书家圈子的存在，他们在相互联系、频繁来往的过程中增进藏书的数量，提高藏书的质量，加强个人的修养与学识。傅增湘曾说："一时同好者，争与赏奇析异，意兴飞腾。丹铅校勘，约为课程，瓻酒往还，时得通假。邮筒之使，交影在途；文燕之欢，清谭彻旦。藏园岁暮祭书之典，与会者常数十君。或发为咏歌，或题诸典籍，风流胜概，传播长安。同时辈流荦荦可纪者，自德化夫子（李盛铎）以次，如董诵芬、章茗理、邓正暗、吴松邻、袁寒云、昊偶能、陶涉园、朱翼厂诸公，皆能穷搜博采，家富万签、常契古欢，乃修雅谊。"[1] 除了上述友人外，与之往来甚密的还有张元济、杨守敬、徐乃昌、蒋汝藻、朱希祖、叶德辉、刘成干、张均衡、周叔弢、王国维、袁同礼、王重民等人，几乎已经囊括了整个时代的藏书家。伦明为访书，足迹遍布大江南北，既有夏孙桐、缪荃孙等良师益友；又有林纾、马叙伦、朱希祖等同事密友；梁启超、陈垣、叶恭绰等学者均是其深交挚友；坊肆书贾与其往来密切；服部宇之吉等日本学者也与其切磋学术……

"物以类聚"，同伴群体是个体对与之往来的人的自由组合与自由选择，往往对对方产生较高的心理认同感。正因为群体内的成员是自己独立自由选择的伙伴，且大都有着相同的社会背景，受到相似的社会教育，在智力发展水平、兴趣爱好以及对外界事物的感受与认识上有着极大的相似性，因而可以通过与之来往互通信息，交换情报。

4.3.3　访书策略

访集渠道是藏书家获得藏书的来源。而想要拥有藏书，首先就得获知藏书的渠道信息，再根据这些信息渠道进行形式多样的收藏。《辛亥以来藏书纪事诗》讲述了书籍聚散离合的故事，古籍善本往往流传有绪。在收书过程中，私人藏书家面对内容、形态不一，但质量同等的古籍时，收藏动机不同的人其选择结果会完全不同。他们往往根据基本的需求确定要寻访的古籍范围，进而决定采

[1] 傅增湘. 藏园群书题记 [M]. 上海：上海古籍出版社，2008：47.

取何种方法或渠道。如刘承干虽然家财万贯，但面对宫中秘藏而市面上没有传本的《清实录》《清国史》，也只能采取抄录的方式进行访集；陶湘以求美为动机开展图书访集活动，在访集过程中，面对同样是访集重点对象的明刻本、开化本、闽刻本时，即便开化本的内容质量、学术价值不如其他版本，但仍会优先购买纸张优美的开化本。藏书家在多种需求中进行选择，使藏书行为朝着其需求最为强烈、迫切的方向进行，从而使藏书行为的效果最大化。同时，藏书家们的收藏方向，会随着时间的推移，环境的变迁，价值观念的变化而发生变更。如刘承干早年为完成其父刘永藻编纂《清朝续文献通考》和其伯父刘紫回辑《清朝诗萃》的遗愿，便以此为访集策略，专收史、集两部图书。逐年积累，愈积愈多，愈多眼界愈宽，兴趣愈浓，嗜好愈甚，欲望愈高。于是系统性收藏向开放性收藏转变，最后，只要是书商送上门的，不论什么书他都收。如果碰见自己未曾收过的善本，即使书商故意抬高价钱，他也不计较，务必得而后安。朱希祖青年时期在日本求学，由于师从章太炎，受其反清复明思想与鼓吹革命的影响，开始留意晚明史籍，并以南明史为学术研究的方向，定下了广收明末抗清志士文集的访集策略。而民国以后，朱希祖在北大任教，受到蔡元培的赏识与提携，又因受到新文化运动的影响，当时朱希祖的藏书访集策略发生了小小的转移，他把对清代史料、抄本的收集置于南明史的收藏之上。

4.3.3.1 多方访购

访购是中国近代藏书家聚书的一个最主要、最普遍的途径。而根据访购地点、访购方式、访购数量和访购对象的归属不同，其访购渠道不尽相同，访购行为也有所区别。

第一，国内访购与海外访购。根据藏书家访购图书的地点不同，其访购渠道可分为国内访购与国外访购。国内访购是指藏书家以中国为访购范围进行图书访集活动。抽样所选的 20 位近代藏书家几乎都主要以国内访购作为其获取藏书的主要渠道。但李盛铎、杨守敬、傅增湘、伦明、康有为、徐恕、朱希祖等人也采取海外访购的形式。海外访购是指藏书家在海外求学，旅居国外，或根据工作需要出差海外的时期在异国访购图书的活动。我们可以发现，海外访购需要藏书家要么有留学海外或掌握异国语言的个人教育背景；要么身居官场高位，以海外出差的职务之便以搜求图书的身份职业背景；要么便是逃亡海外以躲避国内纷争的社会人士。其中最出名的海外访购古籍的藏书家便是杨守敬，作为驻日随员前往日本工作的三年里，他访得大量罕见的古本秘籍，并根据这些经历写成国内第一部根据外藏汉籍为著录对象的知见目录——《日本访书志》16 卷。

第二，自购、代购与函购。根据藏书家访购图书的形式不同，其访购渠道可分为自购、代购和函购。自购是指藏书家以其生活、工作、居住的所在地区的书肆、书店、书坊为中心，又或奔走于全国各大城市，主要是京津、江南一带，事必躬亲地进行图书访购的行为。由于藏书家个人喜好的不一，而古籍的购买涉及版本的鉴定，很多藏书家都把访书过程的本身当作是一种学习的过程，并且乐于享受那种发现别人没有发现的古本秘籍或经过鉴定发现其为孤本秘本时瞬间的喜悦。所以几乎所有的藏书家，只要是在力所能及的范围内，都会亲自前往访购。

代购是指由于藏书家想要购买的图书在其他城市或书店，在本人来不及或无法亲自去购买的情况下，托熟人代替购买的一种访购形式。以此种方法访集图书要求藏书家先非常熟悉书藏之地以及其流通状况。如缪荃孙的友人梁鼎芬、叶德辉、傅增湘、罗振玉等人常常替他代购书籍。

函购与代购是十分相似的，它们都是指想要购买的图书在其他城市或书店，但本人来不及或无法亲自去购买。但不同的是函购的托付对象一般是书商，藏书家通过信件、电报、电子通讯等方式告知书商自己想要购买的书籍及给出的价格，如若书籍没有卖出，给出的价格书商可以接受，那书商会为其留下书籍待他日亲自来取，或为他寄去书籍，藏书家日后再付款的一种访购形式。这种方法的运用一般存在于关系亲密的相熟书商与藏书家之间。他们通过日常往来以及多次友好的买卖交易建立起诚信关系，甚至有的书商已成为藏书家的朋友，这样一来函购就变成了代购。如叶德辉通过北京琉璃厂甸的相熟书商"以函论价购归 [1]"清刻本卢世㴗的《尊水园集略》20 卷。

第三，整体访购与零散访购。根据藏书家访购图书的数量不同，访购对象

---

[1] 王晋卿. 叶德辉的藏书思想与方法 [J]. 湘潭大学学报，1996（3）：116.

的归属同一与否，其访购渠道可分为整体访购与零散访购。

整体访购是指藏书家直接向藏书家本人或其子孙或收得某一藏书家大量藏书的书商整体购买其藏书的访购行为。整体访购的实现一般需要藏书家拥有雄厚的经济基础，对其所要购买的藏书家之藏书有所了解与研究，且藏书整体质量高、价值非凡。整体访购的访集形式不仅大大充实了藏书家的家藏数量，而且让所收藏书家的收藏原貌得以完好保存，其内在关联不会因缺本少册受到破坏。例如，李盛铎早年购得湘潭大藏书家袁芳瑛卧雪庐的五分之一的珍藏，还为其单列书橱，整体排架；刘承干直接向一些家境破败的地方藏书家整体收购其藏书，例如，甬东卢氏之抱经楼、独山莫氏之影山草堂、仁和朱氏之结一庐、丰顺丁氏之持静斋、太仓缪氏之东仓书库等。

零散访购是指藏书家间或从书肆、书店、书坊等书商处，一本、几本地零散购买书籍古本的访购形式。这也是大多藏书家访购图书的一种方式。由于近代古籍价格居高不下，整体访购的资金需求量大，而大多数藏书家只是一般文官或书院教授，他们购买一本宋元古本往往要花上一个月甚至几个月的薪水，无奈之下只能天天流连于书市，期待能零星地淘到一两本古本。

尽管根据个体情况差异采用的访购形式复杂多样，但其影响因素大致是相同的。

第一，相同的社会背景的影响。中国近代是一个战火四起、硝烟不断的年代，而兵荒马乱又恰是藏书家的最大天敌。然正如一枚硬币有着两面。正因着乱世，许多藏书家跟随时势四处转移，带不走的藏书或转卖他人，或直接留于家中，无人看管，被人盗取；或寄存寄卖于书肆书坊；或因战争家道中落，需要靠卖书养家活口，维持生计。种种原因使得旧藏在藏书家之间传递、流通，进而繁荣了书市，刺激了藏书聚集活动的进行。

第二，近代书市发展的影响。乾隆三十八年（1773年）清皇朝开四库馆，编纂《四库全书》，向民间征集图籍，促发书市繁荣发展。到了近代，北方的京城出现了像琉璃厂、隆福寺这样的大型书肆。书肆内珍玩古本荟萃，书肆周围又聚居文人学者，一时间，门庭若市，人群川流不息。而又因庙会、集市的发展，出现了散据九城的书肆。如前门外打磨厂、东四牌楼、西四牌楼、鼓楼大街、什刹海、护国寺、东安市场等。一般九城之肆收九城之书，而琉璃厂、隆福寺的书肆收九城之肆之书，更东达齐鲁，西至秦晋，南及江浙、闽蜀、楚粤，于是举国之书尽归京城书肆。

而随着政治经济中心的北移，江南一带的书坊虽不如前清时期的热闹，然遗风犹存。如叶德辉提及苏州书坊时说："玄妙观前无一旧书摊，无一书船友，感慨无已。惟叶鞠裳日记所载，尚有绿润堂、世经堂、来青阁、述古书肆、大成坊书肆、书估侯念椿、陈某及曲阜孔某等。鞠裳晚年喜研金石之学，搜求碑版，不遗余力，然其所获善本，亦不在少数，足见吴门书业虽式微，而尚不至完全绝迹也。今护龙街之来青阁，为当年坊肆之硕果仅存者。" [1]

民国时期，上海书业迅速发展，成为江南书业贸易的后起之秀，大有跟京城书肆一比高低之势。近代国内书市的繁荣为藏书家访购图书提供了很大的便利。此外，八国联军入侵后，中国一跃打破闭关锁国的局面，西方文化传入中国的同时，外国人又在掠夺中国的古典文献运回己国。而后又因科举制的废除，国家给予优秀文人学者公费出国留学的机会，这样一来使得出国成为可能，这又为有权有钱的藏书家开辟了一条全新的藏书访购渠道。

4.3.3.2 相互置换

购买是以货币衡量物品价值的一种方式，而置换是以物品价值衡量物品价值的方式。自原始社会开始，交换便作为一种商品贸易与流通的方式得以存在。而在以图书为实物进行贸易流通的收藏领域，物物交换时有发生。通过这种两厢情愿的方式让置换的双方各得所好，各取所需，是物尽其用的一种表现形式。而根据充当货币价值的物品的不同，图书收藏领域中的置换又可分为以书换书和以物换书这两种。

以书换书是指藏书家之间、藏书家与书商之间，或藏书家与其他拥有图书的人之间，为了各取所需、互济余缺而进行的一种书籍交换行为。虽然这样的方式并未在数量上增加自己的藏书收藏，甚至有时还会减少，但在某种程度上，通过以书易书，藏书家都得到了自己非常想要的某些书籍或某系列书籍中的几册，从而使其家藏趋向系统与完整。

---

[1] 苦竹斋主. 书林谈屑 [J]. 中国现代出版史料（丁编下卷）: 651.

随着藏书家的藏书向系统化、特色化发展，清代以后，这种以各取所藏置换彼此所需的方式大为盛行。一种是发生在私人藏书家之间。如 1911 年傅增湘曾与前辈缪荃孙交流书籍，缪氏日记里也曾有相关记载："辛亥十二月小除夕阴，傅沉叔欲以《夷坚》易《嘉枯》，允之。"[1] 此外，在藏书家与书商之间也时常进行。当书商手中握有藏书家十分想要得到的某本古刻本或古抄本，而藏书家由于流动资金不够且在借抄又不允许的情况下，只能以其家中所藏的某本同等珍贵的古本，或者某些近代刻本、印本、抄本，自己的著作、家藏目录，多余的复本书等去与书商进行协商交换。再次，也会发生在藏书家与拥有藏书的个体之间，主要指文人学者、非书商的百姓等。如叶德辉与日本学者之间"以己刻丛书易彼国影刻宋元本医术及卷子诸本；海内朋好或以家刻新书交易"[2]。

以物换书是指以别人感兴趣的、可以计价的物品，如土地、房产、衣物、珠宝、器物等来换取图书的一种藏书访集行为。这种购求方式比起上述一种要复杂得多。但凡值钱的、有用的、对方喜欢的一切都可作为易书的"货币"，这完全取决于对方对物品的认知价格。如杨守敬在日本访书时，发现"好古钱者甚多，而碑版藏弄者甚少"[3]，所以每遇到不能以货币购买的古籍，便以随身携带去的各朝各代的金石碑帖以及古钱币、古印章等来与之交换。其在自撰的《邻苏老人年谱》中也有提及："余初到日本，游于市上，睹书店中书，多所未见者，虽不能购，而心识之，幸所携汉魏六朝碑板，亦多日人未见，又古钱古印为日本人所羡，以有易无，遂盈筐箧。"[4] 采取以物换书的置换方式使杨守敬在日本访书的三年里访得了不少国内没有的孤本秘籍。

4.3.3.3 刊印搭印

刊印的原始意思是说通过刻板或排版以印刷成册。在这里，刊印作为一种藏书访集、获得的渠道，主要指藏书家自己采购纸张，聘请刻工与印刷工为其刊印家中所藏或转接别人的藏书，以增加藏书或藏书副本，达到流通传布古籍

[1] 缪荃孙. 艺风老人日记 [M]. 北京：北京大学出版社，1986：2449.

[2] 石月炜. 论叶德辉的藏书成就及其藏书思想 [D]. 河北大学硕士学位论文，2009：11.

[3] 杨守敬集：第 7 卷 [M]. 湖北：湖北人民出版社，1988：71.

[4] 黄正雨. 杨守敬日本访书考略 [J]. 图书情报论坛，1995（4）：55.

的功效。如刘承干每遇到有价值的书，都会请版本学家鉴定，再自己花钱选购上好的纸张，聘请国内著名的书铺或著名的刻工、印刷工来刊刻成书。

另外，还有一种特别的刊印方式，那就是搭印。它是指刊印古籍者版成印刷时，搭印者自备纸张，给予一定的费用，请其代印少量留予自藏。在近代藏书家里采取这种方式收藏图书的人不多，最著名的就要属傅增湘了。1918 年他曾用上好的纸张搭印缪荃孙刻印的《黄荛夫书跋》10 部。而后十年里，又因与张元济（开办商务印书馆）关系密切，张在印书时总是免费让他搭印，甚至是每遇少见古籍便自动多印几本送给他。通过搭印的方法，傅增湘获得大量精美的新版古籍。

以刊印作为访集图书渠道需要藏书家有一定的经济能力支持，而且刊印的过程比较复杂，它不仅涉及到藏书家宏观调控的能力，知识素养的全面，同时还需要刻工根据选定的木板与底本进行刊刻、印刷工精细地印刷等共同配合才可完成，而刊印的数量一般是几十甚至上百，也有以此来买卖挣钱的，但更多的是留存研究或赠送友人。如刘承干、缪荃孙、卢靖、叶德辉、徐乃昌等人就是凭着自己的经济能力与学识能力刊印古籍。还有一种刊印的情况是，藏书家凭借自己的职务之便以刊印古籍。其中，张元济便是这一典型。他凭着自己主持商务印书馆的身份，借得许多珍贵的公私藏书刊印古籍善本。这些新版的刊印本除了在书市上流通销售外，张元济有时还会取得一些赠予友人。利用职务之便刊印以聚书的藏书家还有李盛铎、叶景葵等。

4.3.3.4 抄录校勘

近代中国，虽然雕版印刷十分成熟，各种铅印、胶印得到发展，且又引进了西方的铅字排印机械印刷技术，正所谓可藏图书琳琅满目，访集渠道丰富多样。但抄录依然是近代藏书家除了访购以外最重要、最常用的访集方式。虽然抄写的过程耗时费力，无比辛苦，但自宋代以来就广受藏书家的喜爱，甚至有些抄录的古籍经过数代藏书家的递藏，到了近代其价值远远高于一些宋元古本。伦明评价傅增湘时，说其"过目都留副本存"[1]。或从藏书家之处借得，或借于相熟的书坊书肆，或借自对外开放的公共图书馆或私人图书馆；伦明本人亦亲

---

[1] 伦明. 辛亥以来藏书纪事诗 [M]. 雷梦水，校补. 上海：上海古籍出版社，1990：42.

笔抄写，有时雇人抄录，或令其朋友、子孙代抄。通过这样的方式，藏书成果丰硕。此外，就算是再有钱的藏书家，也会通过抄录为其家藏添砖加瓦，刘承干就是其中一位。他抄书所得的数量虽然不多，但都十分珍贵。如 1922 年他出钱请人代抄清宫秘籍《清实录》《清国史》全稿，断断续续抄了 7 年，终抄得除了《清国史》表格以外的所有卷册内容。价值之高,是《清实录》《清国史》在当时民间唯一完整的版本。

藏书家以抄录作为藏书访集的渠道最普遍的原因是因为近代古籍文献价格高昂，很多教授、官员要花费一个月薪俸才能购买几本，甚至有些家庭负担过重的藏书家一个月薪俸都不足以购取一本宋元古本。无奈之下，为了满足自己的精神文化需求，藏书家只能以转借抄录的方式获取藏书。虽然转印别家的藏书有时候需要花费一点转借费，但相比于原本的价格，其费用还是可以承受的。如伦明年少时因家贫常常借书抄读，另外，还有一些藏书家抄书是因为所见为孤本、稀本或国家藏书，不能购买，只能抄录，这种情况下，为了争取时间，藏书家一般雇人为其抄写。如傅增湘集合门生数人借抄周叔弢高价购得的明杨澄刻本《陈伯玉集》。其次是便捷。抄录不像雕版印刷或机械印刷，需要刻书者先制作书版，后又经印刷工人的印刷装订才能成册。它只需要简单的笔墨纸砚便能独立操作完成，简便易行。而且当有时藏书家的访集条件并不那么理想的情况下，比如在公共图书馆这种只能短暂停留的地方，抄录又是最理想的访集渠道了。如傅增湘在日本东福寺参观书院藏书时，因为时间得短暂，就让随行人员分别抄录佛鉴禅师语录 4 册。三是美观。中国古代藏书家开展藏书，看中的不仅是图书文献中的思想内容，还有书中文字的书法等艺术形式。一本完美的藏书应是作者思想内容的高深价值与刻书者或抄书者书法文字的美丽形式相结合的整体。但自明末后，刻书刊印的书坊增多，竞争激烈，为了追求利益的最大化，商家不再追求精美细致的雕版，使得刊印的书籍质量大大下降，且又因为每个人的审美观点不同，其对书籍形式美的要求又不一样。近代藏书家中也有因为嫌弃所收古籍的书法、纸张恶劣，而专门聘请书法家或知名刻书家进行重新抄写、刊刻的。陶湘抄书就是基于这样的原因。四是为了保证与提高藏书的质量，校勘是藏书家整理藏书必不可少的环节。有的藏书家如版本学家叶德辉利用抄书的过程与原本进行比对，这个过程实际上等于一次仔细校对，从而达到事半功倍的效果。还有的藏书家如张元济、李盛铎等人为了避免孤本的流失或流布藏书，常常一书又备有副本，有的副本又不止一部，而储备副本最常用又最经济的手段就是抄录。此外，近代藏书家大都是文人雅客，承袭了古人很多浪漫、雅致的生活习惯，比如祭书会就是一个很好的例子。藏书家在祭书会上赞赏古籍，吟诗作对，高谈阔论，对先人的诗词歌赋倒背如流。如此惊人的记忆力，很大程度上源于抄书的习惯。正所谓好记忆不如烂笔头，藏书家通过抄录古籍，不仅获得新的藏书，且获取记忆深刻的知识，抄录亦成为藏书家不断学习的一种方式。

由于近代经济政治文化中心的集中，藏书圈子狭小，圈内藏书家几乎都是朋友关系，他们在自己访书聚书的同时，关心同好，互通有无，使人得其书，书得其人，充分彰显了藏书士大夫的德行。除上述几种访集方式之外，藏书家之间有时会赠送对方一心购求的书籍，有时会赠给对方自己编撰的图书，这种互赠方式不仅成为藏书家聚书的一个补充渠道，更是他们维系友谊、交流沟通的手段。如刘承干经常刊刻古籍赠予友人或同时期的藏书大家，甚至是与之素未谋面的伦明也因为他的相赠获得一千多册善本古籍。但在近代的藏书家里，通过利用职务之便，不需花费任何人力、财力、物力便能获得大量珍贵藏书的也大有人在。如李盛铎在任职学部大臣时，与其女婿何彗威一起截取了四百多种要上交朝廷的敦煌卷子精品；还有被称为汉奸藏书家的陈群，其藏书大多是在战争时期沦陷区的各公私家藏、文献机构等，来不及疏散后方或无力保存而散落的图书档案，由各地方伪组织接收后转送内政部时搜刮而来的。这是一种不大光彩的巧取藏书渠道，实际上是等同于一种掠夺。

4.3.4 访集重点

由于每位藏书家受到不同经济条件、文化背景、访集动机、访集方法的限制与影响，使得他们访集侧重点朝着不同倾向发展，据此访集得来的藏书又形成了自己区别于他人的专藏或特藏。这些风格独特、系统完整的藏书不仅反映了他们在这一领域的学术成就，他们的价值观念与精神取向，以及近代藏书文化的特色，而且为后人增长知识、学术研究提供丰富的资料，因而值得我们好好分析研究。表 4.4 通过查阅所选 20 位藏书家各自藏书访集重点的文献资料，分析各个影响因素对近代藏书家访集重点的影响度，比较每位藏书家藏书访集重点的区别。

表 4.4　20 位藏书家访集重点

藏书家	以文献年代、地域区分重点					以文献版本形式区分重点				以文献内容形态区分重点													以艺术性区分	
	宋	元	明	清	外国	刻本	异本	校抄	稿本	经	史	子	集	丛书	戏曲	小说	佛经	方志	档案	敦煌	医书	其他	版画	纸张
叶昌炽						√							√											
李盛铎	√	√	√			√	√	√		√	√	√	√						√	√	√	√		
梁鼎芬			√									√	√					√						
叶德辉		√	√	√		√	√	√				√										√		
章钰								√	√	√														
张元济	√					√							√											
徐乃昌			√					√																
陶湘			√	√				√															√	√
傅增湘	√	√				√	√	√																
梁启超					√													√						
伦明			√	√				√							√		√	√			√	√		
莫伯骥	√	√	√					√		√														
朱希祖			√					√											√			√		
蒋汝藻	√	√						√																
刘承干	√	√	√	√								√							√					
杨守敬				√	√			√														√		

（续表）

藏书家	以文献年代、地域区分重点					以文献版本形式区分重点				以文献内容形态区分重点													以艺术性区分	
	宋	元	明	清	外国	刻本	异本	校抄	稿本	经	史	子	集	丛书	戏曲	小说	佛经	方志	档案	敦煌	医书	其他	版画	纸张
缪荃孙								√	√	√			√					√				√		
康有为				√						√	√	√						√						
徐恕	√	√	√	√												√								
总计	7	6	8	7	5	9	2	10	7	3	7	2	11	4	0	2	3	5	1	1	3	5	1	1

4.3.4.1 以文献年代、地域区分访集重点

4.3.4.1.1 以宋元古本为访集重点。根据表 4.4 可以得知，以宋本为访集重点的藏书家有 7 位，分别是李盛铎、张元济、傅增湘、莫伯骥、蒋汝藻、刘承干、徐恕；以元本为访集重点的藏书家有 6 位，分别是李盛铎、傅增湘、莫伯骥、蒋汝藻、刘承干、徐恕。以访集宋本为重点的藏书家，除了张元济外，也都以元本为访集重点，因而可放在一起对比分析，为何这些藏书家以访集宋元古本为喜好？

第一，宋元古本本身的优势。宋元时期，雕版印刷兴盛，当时的书籍几乎都是以这种方式刊印的。宋刻本历来被认为是刻书的典范，无论是格式、装订、纸张、墨迹等，样样考究，开本铺陈，行格疏朗，字体端庄，纸质如玉，墨光如漆，刀法剔透，印出的整本书籍在形式上堪称完美。且宋人刻书的底本有许多是照唐人或唐以前的写本翻刻，无论是内容或形式都比较接近原来的本真面貌，所记载的文字内容较为详实可靠，其版本价值与学术价值都非常高。

藏书崇尚宋元始于明代，而这种风气也一直延续至近代。近代战乱频繁，且距离宋元久远，宋元本日渐稀少，加上宋元本选经名家收藏，留下不少名家书印、校迹、题跋等于上，使得本就十分稀罕的宋元古本更显珍贵，被近代藏书家公认为镇库之宝，其形如古玩的姿态愈加明显。

第二，以宋元古本为访集重点的藏书家群体的优势。综观以宋元古本为访集重点的藏书家群体，我们不难发现，这些藏书家相比于其他人有着以下优势：

首先，经济实力雄厚。从上文关于对近代书价的论述中可以得知，清末宋元古本的价格相比于一般书籍就已经很贵了，而民国时期平均每 10 年其书价就又涨 10 倍，这让当时很多藏书家可望而不可即。而上述 7 位以宋元古本为访集重点的藏书家中有着 5 位是近代著名实业家，他们或本身就出生于富商家庭，如刘承干等即便什么事都不干，一生购书、藏书，也有花不完的财产；或自己创业发家致富，如张元济开办商务印书馆，莫伯骥在广州开药房，他们每年所挣得的利润都十分可观。还有便是像李盛铎、傅增湘这样的政界高官，他们的年收入本身就比一般人高出许多，再加上多渠道的收入来源，使得家财更是不少。这样一来自然就有了比别人更有力的经济条件支持他们去访集宋元古本了。

其次，文化水平甚高。并不是所有商人都财大气粗，没文化、没知识，在近代很多商人不仅有经商的本事，而且还是文化各界的大家，所谓儒商就是指这类文质彬彬的实业家。在以宋元古本为访集重点的实业藏书家里，要么生于书香世家，要么生于官宦之家，从小受着良好的教育，长大后很多人甚至没有继承祖业，而是以文人姿态一心扑在学问上，如刘承干、严遨。李盛铎、傅增湘更是科举出身，读遍四书五经，著书立说，文化素养极高，自然偏好版本、学术价值高的宋元古本。

4.3.4.1.2 以明清本为访集重点。明清本相较于宋元古本，其年代距近代又近了一些。且明代以后，随着古书市场的需求量上升致使图书的刊刻量加大，加上明代学术水平无法与宋代相比，刊印水平去宋元甚远，价值自然降低。到了清代，官家向民间征收古籍刊印《四库全书》，使流通的书籍愈多，可刊印的数量愈大，且又因为清末仍受厚古薄今的传统思想影响，清人所刊所著之书的价值不受当代人所重视。两代藏书传世多，流传广，导致价格比起宋元古本来说相对偏低。在抽样选取的 20 位近代藏书家里，以明本为访集重点的藏书家有 8 位，分别是李盛铎、叶德辉、陶湘、伦明、莫伯骥、朱希祖、刘承干、徐恕；以清本为访集重点的藏书家有 7 位，分别是梁鼎芬、叶德辉、徐乃昌、陶湘、伦明、刘承干、徐恕；如若除重总计一共有 9 位，这么算来以明清本作为收藏重点的占据了一半的人数。通过对比分析这些同样以明清本作为藏书访集重点的藏书家，我们可以看出：

首先，以访集明清本为重点的藏书家中不乏也有以宋元古本为访集重点的，莫伯骥、李盛铎、刘承干、徐恕这四家就是如此。这是由他们的访集策略与经济条件所共同决定的。但凡有一定经济实力又以藏书为癖好的藏书家，其访书时大致都是采取开放性的访集策略，只要是内容价值好，版本价值高的古籍，无论时代，一律收购。

其次，以访集明清本为重点以形成自己系列化特藏的藏书家有朱希祖、陶湘两家。他们以访集明清本为重点是根据自己的藏书动机和兴趣爱好所决定的。例如，朱希祖是因专职收藏明朝史；陶湘是因收藏清代"开花本"，从而间接以明清本为访集重点。

再次，以访集明清本为重点以研究所用的藏书家有叶德辉、伦明两家。伦明之所以选择以明清本为访集重点，主要是针对《四库》所收之书范围偏狭，收书内容讹误多，未收书品类繁多，为有朝一日能续修《四库全书》而重视对明清本的收藏。同时也因对清末藏书以收宋元古本为贵的藏书风气的反对以及为研究所用的藏书动机等。而叶德辉曾批判当时的藏书风气"佞宋之癖，人于膏肓"，认为"宋元人藏宋刻书，明人藏明刻书，此事之至易也"[1]，而得本朝易得之书，不仅对于自己的学习研究有着更大的帮助，而且对于亦从商的叶德辉来说其性价比更高，收藏更划算。

根据统计结果可以看出，以国外文献为访集重点的藏书家有 5 位。而所谓国外文献，主要指两种情况，第一种是外籍中印的文献，即经由国人翻译，在中国内地印刷出售的外国人所写的介绍外国文化的书籍，在当时一般是普通机械印刷本；另一种是中籍外印的文献，也就是中国人编写、刊印后流传到外国，有些又经外国人重新刊印的古代典籍。

以外籍中印的文献为访集重点的藏书家主要是康有为与梁启超。梁启超早年师从康有为，跟随其从事政治活动，进行维新变法。当时的康有为受西方科

---

[1] 叶德辉.书林余话 [M].上海：上海古籍出版社，2008：217.

学、务实的思想影响，且翻译的外籍普通印刷本属于新书，价格不高。康有为与其门下弟子便专收西方译书藏于广州的万木草堂，梁启超甚至还为其藏书撰写了《西学书目表》以鼓励当时的青年人购买西学之书。

　　而以外籍中印的文献为访集重点的藏书家主要有李盛铎、伦明、杨守敬、叶德辉四家。前三者都有一个共同特点，那就是都到过日本，并在日本购得大量国内流传过去的，但国内当时已绝版的古本、稀本。这是由他们的官职身份与地域性访集策略所促成的结果。李盛铎、杨守敬都是当时深得朝廷信任高官要员，朝廷派遣其出使日本，便等于给了他们一个去国外访集古本书籍的机会。加上他们本身是文人学者出身，事先对国外存有大量中国古籍情况有了基本的了解，所以到了那里自然便以古本文献为重点进行图书访集活动。而还有一个例外，那就是叶德辉，虽然他没有到过海外，但出于对日本政治制度和学术文化的向往与推崇，又凭着自己在经学、小学、版本学等方面的学术造诣，日渐得到日本学者的认可，在与日本人建立良好关系，进行交流往来的过程中，叶德辉树立起了以访集国内没有的古籍文献为重点的信心，以交换或代购的方式获得门类与数量众多的海外古籍文献。

4.3.4.2 以文献版本形态区分访集重点

　　4.3.4.2.1 以刻本为访集重点。从《辛亥以来藏书纪事诗》举隅的20位藏书家中可知，以刻本为访集重点的近代藏书家的人数有9位。主要原因在于近代以前的书多是以雕版印刷的形式刊布，大部分以宋元明清本为访集对象的藏书家访得的很大程度上都是刻本。但这里我们要研究的主要是以刻工、刻坊、雕刻方式不同所产生的图书版本。而以这种刻本为访集重点的藏书家，如陶湘、李盛铎等，多数是因为对书籍质量价值的重视，对书籍美的追求。其中，成就较高的是藏书家陶湘。由于早年入缪荃孙门下，受其熏愿，特别留意吴兴闵氏所刻套印本的访集，甚至是"遇重出而印本较前尤精美者，展转抽易，至再至三，极意线装，耗金无算"[1]。套印本就是在以前普通的朱墨两色上，再加蓝紫黄共五色，印出的书籍色彩绚烂，艺术性大于思想性，且套印多半用于前贤名家批评圈点的书，目的在便于初学者分别途径，段落分明；但也因为如此为当时学

---

[1] 陶湘：闵版书目（序），涉园铅印本，第5页。

士雅人不屑收藏。此外，陶湘还以明末清初毛氏汲古阁刻本和官家所刻的武英殿本、袖珍本为访集重点，只要版本纯正，即便缺角少页，也倾注精力与钱财进行大力访集。还有与陶湘有着相同审美追求的李盛铎，本着物以稀为贵的搜书态度，专访当时传世较少的铜、泥、胶印活字本。另外，因经济条件的制约，不以求美、求稀为动机而以刻本为重点进行收藏的藏书家退而求其次，在访集图书的过程中只能以版式不大好看，但却很便宜的石刻本、坊刻本为重点。如叶昌炽，因为当时还只是一介书生没有多余的金钱去访购价格高昂的精美古籍，只能购买石刻本和一般坊刻本。

4.3.4.2.2 以异本为访集重点。从《辛亥以来藏书纪事诗》举隅的20位藏书家中可知，以异本为访集重点的有2位。所谓异本又称重本，是指因校注、印者、印地、印时等的不同而形成的同一种书籍的多种版本。据叶德辉《书林清话》所言，宋朝私刻便有三十二家之多，著名的有"赵韩陈岳廖余汪"等七家，而坊刻留传到后世的也有二十多家。私家刻书兴盛的同时带来了大量异本，且"古书流传，颇多错乱"，这为近代刊印书籍带来一定的困难，于是"利用私目，详其异同，审定其正误，辨明其真伪，恢复其庐山真面"[1]成为很多藏书家在刊刻书籍前的又一主要任务。为了选定最好的底本以刊印品质高雅的书籍，历代藏书家特别注重对异本书籍的收藏以备校勘之用。不少藏书家受校雠群籍、读书治学的藏书动机所影响，以异本为访集重点，最后成为版本学家的藏书家之代表。例如，叶德辉因充分认识到异本的特殊功用与学术价值，所以在藏书搜访的过程中特别注重异本的收聚。其弟子刘肇隅在为叶德辉的《郋园读书志》写序时也说道"吾师叶郋园吏部承先世之楹书，更竭四十年心力，凡四部要籍，无不搜罗，宏富充栋连橱。而别本重本之多往往为前此藏书家所未有"[2]。傅增湘认为，校勘在讲究版本的同时也需要对比异本，博采众长，从而形成自己的观点和特色。

4.3.4.2.3 以抄校本为访集重点。从《辛亥以来藏书纪事诗》举隅的20位藏书家中可知，以抄校本为访集重点的近代藏书家的有10位。抄本，即手抄

---

[1] 石月炜. 论叶德辉的藏书成就及其藏书思想 [D]. 河北大学硕士学位论文，2009：15.

[2] 叶德辉. 郋园读书志序 [M]. 中国台湾：台北明文书局，1990：4.

本，是指按原书抄写，未刊印于世的古书版本。在版权意识还不大普及的年代，整本整本地抄写古书的现象是普遍的。除了一些藏书家以抄书卖钱以外，大多数藏书家只是为校对、研究或收藏而进行抄书。校本是指藏书家取善本对照校雠，发现讹误或不同之处，则详录在上的普通版本，一般都是藏书家事前抄写以校对用的抄本。所以把它们合为一个概念，称为抄校本。以抄校本为访集重点的私人藏书家访集的原因与版本形式又不尽相同。有以宋元旧抄本为访集对象的，例如，叶德辉、莫伯骥、杨守敬、缪荃孙，他们中大多数人佞宋元刻本，但独好宋元抄本，因为购买宋元抄本的价格比购买宋元刻本要便宜得多，这使得很多只是为研究、阅读而藏书的藏书家有了另外的途径去了解与研究宋元古籍。此外，宋代文人学者、藏书家除了在学术造诣上有所建树外，又大多是书法家，有些抄本比刻印之书还要精美，且独具特色，这又大大增加了其版本价值，使得就算是再有钱财的藏书家，像莫伯骥等也以其为访集重点四处寻访。另有以名家抄校本为访集对象的，例如，李盛铎、蒋汝藻、章钰、伦明 4 位。名家抄本的价值不仅在于书籍思想内容的价值，更在于经过名家的抄写与校雠而后的版本升值。有些人以此为访集重点是看中它今后的升值空间。但像伦明、章钰这样的学者，以此为访集重点更看重的是经过名家抄写批校予以的正误，以求取知识的正确性。

4.3.4.2.4 以稿本为访集重点。从《辛亥以来藏书纪事诗》举隅的 20 位藏书家中可知，以稿本为访集重点的有 7 位。章钰曾说："藏书一事，旧刻为贵，名人手迹尤可贵。"[1] 而名人手迹的范围十分广泛，包括名家著作手稿、日记、书信、题词、题跋等等。在这里主要指由作者本人亲笔书写，但属于私人的，没有刊印发布的稿本。由于稿本不像刊印本那么美观好看，且笔墨写在纸上的文字容易氧化，保存较难，甚至有些作者有不留手稿的习惯，所以存世的古代稿本数量少、较难得到；而近代人的稿本，又多受人忽视，所以价格不高。但事实上，从未付梓的稿本，尤其是名家手稿，其文献价值与珍藏价值都很高。

以稿本为访集重点的藏书家不仅看重其各方面的价值，更是求真动机使然。由于任何一部书在作者写成原稿交予刊刻后，难免会有手书之误，这种古今皆

---

[1] 章钰：《四当斋集》卷二，第 9 页。

同的情形，轻则易失作者本意，重则颠倒是非，贻误后人。因此，很多以批校、考据藏书版本、内容的私人藏书家，如傅增湘、章钰等人，在收集刊印本的同时，也以收稿本为重。以稿本为访集重点的藏书家基本上也关注对抄校本的收集，他们共同看重的是抄校本、稿本学术价值和研究价值，而且相比于刻本而言，二者的价格更低。

4.3.4.3 以文献内容形态区分访集重点

根据表 4.4 可以得知，以经、史、子、集四部为访集重点的藏书家分别有 3 位、7 位、2 位、11 位，以丛书为访集重点的藏书家有 4 位，以戏曲为访集重点的 0 位，以小说为访集重点的藏书家有 2 位，以佛教经典文献为访集重点的藏书家有 3 位，以地方方志为访集重点的藏书家有 5 位，以档案史料为访集重点的藏书家有 1 位，以敦煌遗书为访集重点的藏书家有 1 位，以医书为访集重点的藏书家有 3 位，还有其他 5 位藏书家又另有不同的访集重点。由于以各个内容领域为访集重点的人数不等，多的十几位，少的只有一两位，缺乏可比性，因而在以下的论述中只以人数较多的访集重点领域进行比较分析。

4.3.4.3.1 以经、史、子、集四部为访集重点。

第一，以经部为访集重点。以经部为访集重点的叶德辉、李盛铎、康有为都是四部兼收的藏书家。他们深受文化背景影响，自小便开始习读经书，科举出身，受过正统的儒学教育，虽然康有为早年也宣传新学，但晚年他又变成了封建思想的保守派、捍卫者。其中尤以叶德辉对经部的访集成就最高，他曾在题跋中说：“余喜藏国朝儒先之书，而经学尤为笃好。”[1] 由于与经学大师王先谦保持亦师亦友的关系，深受其正统国学思想的影响，藏书重点呈现明显的“四部体系”，且根据其藏书动机与教育背景所体现的访集原则也显示出经部书籍优先访集的特点。

第二，以史部为访集重点。以史为镜可以知兴替。中国有着 5000 年的文明史，历代最高统治者都非常重视修史、藏史的工作，由于这种官方思想的影响与传播的深化，使得历代藏书家也都极其重视对史籍、史料的珍藏。但那时候的史籍仅仅局限于正史，即官修的十三史、二十四史等。民国以后，受《国

---

[1] 王晋卿.叶德辉的藏书思想与方法 [J].湘潭大学学报，1996（3）：114.

粹学报》的影响，世人争购清代禁毁之书，而被禁毁的书中大部分是野史。受世风影响，以史部为访集重点的藏书家一是源于猎奇心理的刺激，例如，李盛铎有一段时间专收清代禁书，其中大多是明朝野史。二是受文化背景影响，例如，朱希祖师从章太炎，受其反清复明思想的影响，以访集明万历年间至南明的史籍为访集重点，甚至明末的史书、文集、奏议乃至古本、稿本均为其收藏的主要目标，故在当时拥有全国公私第一的美称。三是受藏书动机驱动，例如，缪荃孙一生以史学研究为重，其对藏书的访集注重家谱、传记、方志、金石等类文献的收藏，从谱传到地方史志无所不及。

第三，以集部为访集重点。以集部为访集重点的藏书家颇多，其中又可分为两大派：一派是以乡邦乡贤文集文献为访集对象，如叶昌炽、张元济、伦明；另一派是以清人文集为访集对象，如叶德辉、伦明、缪荃孙、徐乃昌、梁鼎芬。

通过分析总结以乡邦乡贤文集文献为访集对象的藏书家可知他们存在以下共同点：首先，以乡邦乡贤文集文献为访集对象的藏书家几乎都是生于家乡，却长期活动于外地，怀抱着一种对家乡的眷恋，对乡贤的崇敬与怀念，在成年后有条件进行访书时，就会先想到借藏书以重温家乡故梦，了解更多乡土风情。在心理上，这是一种对成长中某种缺失的补偿行为。例如，如张元济以先人藏书为访集重点，只要得知书市上有卖便高价购回。这种行为事实上就是缺失心理的表现。为填补这种缺失而以乡邦乡贤文集文献为访集对象，进行珍藏。其次，受到求全藏书动机的驱使。国难当头，面对国内文献外流的形势，藏书家自觉履行其保护图书以实现文化传承的使命感，从自家做起，用心搜罗乡邦文献，联家而乡，联乡而县而省，积小成大，化零为整成了其访集图书的首要目的。

而近代藏书家以清人文集为访集对象的共同原因有三：一是从官职身份分析，他们都是文官，自然重视也懂得本朝文人文集的价值所在。二是从思想观念分析，他们都佞宋元，重当朝。在以清人文集为访集对象的藏书家里，除了叶德辉藏有一些宋元旧抄本外，其他人都不以藏宋本古本为贵，而是另辟蹊径，以藏本朝文献为重。三是从藏书动机分析，他们藏书都为求知，为阅读，为研究。

4.3.4.3.2 以医书为访集重点。以医书为访集重点的藏书家有李盛铎、伦明、杨守敬 3 位。他们因地域性访集策略影响而在海外访集医书。明治维新后，日本改革以中国医学为基础的传统医学，实行新的医师考试制度，规定此后开业行医者必须通过理化、解剖、生理、病理、药剂、内外科等六门考试，也就是说汉方医师必须通过西医考试才能领取执照。这种压制汉方医师的改革政策让许多汉方医师所收藏的大量中国医学书籍失去了用处，因而纷纷贱价出售。而此时期到日本访书的李盛铎、杨守敬，看到市面上大量质高价廉的古籍出售，便以此为访集重点大力购买。

4.3.4.3.3 以戏曲、小说为访集重点。晚清以降，随着西学东渐、先秦诸子学的复兴，藏书风气亦发生深刻的转变，近代以收藏戏曲、小说而闻名遐迩的藏书家不少，吴梅、朱希祖、马廉等均以收藏小说、戏曲而成为收藏名家。他们以戏曲或小说为访集重点的原因有三：一是兴趣爱好使然，如吴梅自 18 岁起就嗜爱戏曲并在工作前就已购得 2 万多卷戏曲书籍；二是经济情况的影响，戏曲、小说等民间文学图书一直被认为是不登大雅之堂的"小书"，不值得收藏，导致收藏者少，价格便宜，而吴梅、马廉不是有着雄厚经济实力之人，恰好反其道而行之以收价格便宜的戏曲、小说以满足自己的兴趣爱好和藏书癖好；三是为保存文化成果，"明朝的小说虽然很多，可是流传下来的很少，这是因为当时越流行的东西，越没有人注意保存，所以大部分就被毁掉了……"[1] 郑振铎出于对先人文化成果被毁的痛心，特别留意收藏明刊本的小说，以至于他所收得历代短篇、长篇小说丰富而系统，形成系列化专藏。

4.3.4.3.4 以佛经为访集重点。自东汉佛教传入我国以来，到魏晋以后，无论是佛堂寺庙，还是宫廷民间，刊印佛经、抄写佛经的活动络绎不绝。而藏书家以访集佛经为重点，一般与个人信仰、家庭影响、社会风尚、自身经历等有关。康有为、梁启超早年从政，经历了失败的改良，多年流亡海外，回国后虽然政治立场背道而驰，但人生观与价值观都不约而同发生了转变，从积极入世到淡泊出世。而佛教典籍作为隐逸文化的一种，与他们晚年隐世的价值观念不谋而合，因而专心收藏佛教经书，一心修身养性，自得其乐。

4.3.4.3.5 以方志为访集重点。宋代以来荟萃地方文献于一编的方志，是中国独特的一类图书。在清末，地方志尚不为藏书家所重视，普遍无人购买，书

[1] 郑振铎. 郑振铎古典文学论文集 [M]. 上海：上海古籍出版社，1984：296.

铺以箩论价，一元一箩。一箩就是把书堆起来一杖高的程度。即便是少见的善本志书，因无人问津，其价钱也相当便宜，每册只值小银钱一角。然而自日本侵略我国开始，外国人大肆收购甚至公然掠夺我国有关历史、地理、各朝各省市的方志书，这种接近疯狂的大规模收藏才开始引发公私藏书家、藏书机构的重视。当时以方志为访集重点的藏书家有梁鼎芬、张元济、朱希祖、刘承干、缪荃孙等人。他们主要出于保全国家地理图籍、史料文化，勿让其落入外国侵略者手中的藏书动机与国外人士争相抢购。张元济认为："地方志虽不在善本之列，然其珍贵之记述，恐有比善本犹重者。" [1]

4.3.4.3.6 以访集其他类为重点。其他类只是一个笼统的概括，其中最具特色的就是以目录为重点的访集。以目录或目录著作为访集重点对象的藏书家有叶德辉、伦明。他两人都是近代有名的目录学家，其藏书动机不仅在兴趣爱好，更在研究致用，通过研究各藏书家之藏书目录，以书目为指导来进行古籍收藏，以书目为资料进行著书立说。叶德辉观古堂所藏目录学书籍共 122 部，较《四库全书》所著录的 20 余部为多。收有不少乾隆以来的目录学著作以及日本学者研究中国目录学的著作。另外，还有一些以收术数、方技为访集重点的藏书家，如李盛铎、伦明。在中国文化史上，戏曲、小说一直被学士认为是戏子之言、小道杂说，即便清代开始在民间广为流传，但仍属不入流的民间文学一派。当时购买图书者，首重经史要集和唐宋八大家诗文集，有余力者再求旧刊善本，至于词曲说唱、传奇小说之类不登大雅之堂的图书，就算价格再怎么便宜，学者也多屏而不观。然近代科举制废除后，学者的眼光随其真性情发生转移，从只关注经史子集四部向外扩展，随着关注、购买的人的增加，小说戏曲类书籍的价格也高涨。以版画书、插画书为访集重点、以纸张为标准访集重点的藏书家只有陶湘 1 位。

一本图书的价值并不仅仅在于它的思想性，有时也在于它是藏书家感兴趣的某种艺术态度和艺术经验的真实见证，是藏书家审美表达与审美倾向的物化。而在中国近代，以插画本、版画本为访集重点正是体现了藏书家审美眼光及其求美的藏书动机。由于插画本、版画本古籍的稀少，以及近人藏书多是以求知、

---

[1] 张元济. 张元济诗文 [M]. 北京：商务印书馆，1986：284.

求实为目的，相较于内容相同只多出来几幅小画却高出几倍价钱的图书，他们往往是选择放弃的。而一些注重思想美与形式美相结合的书籍的藏书家或以保全古代传统文化为动机的藏书家，他们深知插画本、版画本的价值，并开展以其为重点的收藏。以求美为藏书动机的陶湘，不仅收藏插画书、版画书，而且还以对图书纸张的追求为重点收集古籍，这种对艺术形式的注重与执着追求堪称史上第一艺术藏书家。

| 第 5 章 |

存史明书志——《辛亥以来藏书纪事诗》之集萃

叶昌炽撰《藏书纪事诗》最初是想给每位藏书家写一篇传记，但"自维才训識陋，丝麻菅蒯，始终条理之不易，乃援厉樊谢《南宋杂事诗》、施北研《金源纪事诗》之例，各为一诗，条举事实，译注其下"。[1] 给每个藏书家写传记，过于复杂难行，因此他援引《南宋纪事诗》和《金源纪事诗》的体裁，以诗纪事，下系正文，举凡有关藏书家生平、藏书状况、历史功过等各种资料，间附以他自己的考证和案语，开创了纪事体藏书家传的体裁，所记人与事跨越千年，为历代藏书通史，涵盖最广。伦明则专意于辛亥以来，首创藏书断代之史，此时西方藏书理念东渐，图书馆次第建成，藏书家多身与其役，亲为营造，或慷慨捐书，俾助书籍流通，学术公行[2]。《辛亥以来藏书纪事诗》不是简单的资料堆砌，而是经过有序的整理编排，记书事存藏书史，抒诗情明读书志，具有很高的系统性及理论性，对研究藏书史、阅读史提供了许多有益的线索，对开启审美与实用互相促进、和谐发展的阅读观有广阔的现实意义。

---

[1] 叶昌炽. 藏书纪事诗（自序）[M]. 上海：上海古籍出版社，1999：1.

[2] 瞿朋. 藏书纪事诗研究 [D]. 南开大学硕士论文，2010.

5.1 记事存藏书史

5.1.1 书林轶事

伦明《辛亥以来藏书纪事诗》所记多为民国年间事，尤其在传注中多伦明亲见、亲闻之事，很多记载取材于作者与传主的实际接触，又多为外人所不知，所以甚为珍贵，可以从中细致品味近代藏书家们的爱书之缘与轶闻趣事。例如，传一七萧穆"收藏有分到寒儒，片纸来从血汗余。""性极仆，节缩所余，尽以购书。"[1] 传二三张之洞"每日暮，必驱车至琉璃厂，满载而返，临去，至罄橐不能给价。"[2] 伦明评价"此举殊近豪夺，在今人则名之曰无条件接收矣"。传三九屠寄"中年后，屏绝他务，专撰《蒙兀儿史记》。性嗜酒，笔一枝，酒一壶，恒不离手。戊巳间以国史馆事，重来京师。"伦明在北京大学授课，往返经其庐，修谒较勤，尝乘间请曰："书何时可成？"先生笑曰："余今年六十矣，再须六十年可成，然余固不其期其成。家中雇一刻工，成一篇即刻一篇，死而后已。"一位痴迷执着之可爱老头让人深深感动。[3] 传四〇吴昌绶"君熟于目录，尤究心典故名物，君尝选诗晚晴簃，一日以手抄本陈梦雷《松鹤堂诗集》示同人曰：'此未刻孤本，可宝也。'"[4] "同坐关颖人，知余有刻本，明日借以相示，君大恨，取己书片碎之。"其他人讥讽吴昌绶走极端，但伦明认为此事出自吴昌绶，是情理之中，"一书悻悻君何褊，仕宦文章总梦华。""余谓出之君，亦雅事也。"传六〇刘承干与伦明未曾谋面，却"屡赠余书，盈数百册"，体现了藏书家之间的神交与信任。传六七章珏"言黄荛翁《所见录》稿本十余册，殁后付瞿木夫，庚甲劫后，为陆存斋所得，所著《群书校补》，即窃之荛翁者。向闻人言，《仪顾堂集》前二卷，考证之文，系吾乡某君之稿，存斋购得攘为己有。果尔，是存斋惯于窃庄也"，将个中纠纷查证明晰[5]。传七九杨守敬"从

[1] 伦明 . 辛亥以来藏书纪事诗 [M]. 雷梦水，校补 . 上海：上海古籍出版社，1999：13.

[2] 伦明 . 辛亥以来藏书纪事诗 [M]. 雷梦水，校补 . 上海：上海古籍出版社，1999：18.

[3] 伦明 . 辛亥以来藏书纪事诗 [M]. 雷梦水，校补 . 上海：上海古籍出版社，1999：30.

[4] 伦明 . 辛亥以来藏书纪事诗 [M]. 雷梦水，校补 . 上海：上海古籍出版社，1999：31.

[5] 伦明 . 辛亥以来藏书纪事诗 [M]. 雷梦水，校补 . 上海：上海古籍出版社，1999：45.

黎莼斋使日本，多得未见书，作《日本访书记》及《宋元本留真谱》。又为黎莼斋刻《古逸丛书》，除《庄子注疏》，蔡刻《杜诗》外，皆吾国久佚之本也。其雕版之精，实出宋椠上，《谷梁传》尤精佳，无一笔异形。在日本印者，纸墨精良，印工不苟。至苏州所印，则无足观矣。"先生常云："世之藏书者，大抵席丰履厚，以不甚爱惜之钱财，或值故家零落，以贱值捆载而入，我则自少壮入都，日游市上，节衣缩食而得。在日本则以所携古碑古钱古印之属易之，无一幸获者。"[1]伦明与传八八方尔谦"十年前，识之于津门书店，旋访之其寓，尽出珍本相示，目不暇给。忆有渔洋山人稿本二种：一评其叔祖季木诗，中多抹句，谓染钟谭习；一《南台故事》残稿，后来黄叔琳所辑当本之。比闻书已尽出，日惟以借小债度活。"言语间深为其惋惜。"旧日豪华识地山，乱书堆呈拥红颜。十载津门阻消息，白头乞食向人间。"方尔谦（字地山）是当时京津藏书界的著名玩家，伦明与方尔谦结识于津门书肆。方尔谦与袁世凯次子袁克文是姻亲，而袁克文是民国时期有名的藏书家，这样伦明通过方氏与袁克文也成为了书友，方尔谦晚年移居津门，家财散尽。近代交通的发达，购书已可以遍及全国各地。传一一二徐兴符"家本儒素，而购书甚豪。往昔余居粤时，与有同好，每一佳本出，辄为所夺。君未出广州一步，而自北平以至宁、苏、沪诸书店，无不识君名，盖皆曾通函购书者也。"[2]传一三。张鸿来，伦明每从借读焉，其"校近琉璃厂，君课暇即访书，书肆人无不与君习，谓张先生廉而诚，有所欲，宁贬价与之。以故所积日富，自营精舍，芸帙盈数屋，雅静整洁，佳本不乏"，展现了一位书肆之君子形象[3]。传一五三叶德辉，"己亥春始于故都识面，约相互抄所有两家书，彼此有所欲得，抄就交换，以页数略相等为准。别后曾致长沙一书，未得复，而君难作矣。君见古本不多，所著《书林清话》《余话》，大卒撮自诸家藏书志。自编《观古堂书目》，亦无甚佳本。据云尚有《续目》，未编成，君殁后见其《郋园读书志》，不过如是，勿刊可也。然君素精小学，辑录各书，具有条理，但版本目录，非所长耳。君有侄启勋字定候，积书

---

[1] 伦明.辛亥以来藏书纪事诗 [M].雷梦水，校补.上海：上海古籍出版社，1999：66.

[2] 伦明.辛亥以来藏书纪事诗 [M].雷梦水，校补.上海：上海古籍出版社，1999：90.

[3] 伦明.辛亥以来藏书纪事诗 [M].雷梦水，校补.上海：上海古籍出版社，1999：102.

好古，克绍家风。"[1]叶氏藏书闻名遐迩，其爱书惜书也是世所共知，伦明所记与他相约彼此抄书十分有趣，更难得的是，伦明竟称其所藏"无甚佳本"。《辛亥以来藏书纪事诗》所载书林轶事不胜枚举，兹见下表。

表 5.1　《辛亥以来藏书纪事诗》之书林轶事

序号	人物	事件	评论
一、叶昌炽[2]	李仲约侍郎善风鉴	"盲书贾"，《日记》卷一所记事。李仲约侍郎善风鉴，尝戏君曰："一老教官耳。"然君曾任甘肃学政，学政管教官，教官管诸生，学政实亦管诸生，与教官何异	侍郎之言，非不验也
四、谭莹附子宗浚、孙祖任[3]	孙祖任	1.家多藏书，其广州西关旧宅所藏，多被人窃卖，坊间流出，钤南海谭氏藏书印者所在有之。 2.璪青兄某官湖北，携书数十簏，弃之芜湖广州会馆。 3.璪青喜书画，善鉴别，惟于书若不甚珍惜，尝觅某书店代为整理，某书店利其售也，凡全者分而散之，诡称残缺。既而璪青无后命，遂弃破屋中，逾年，某书店以百金得之。书店本不识书，一转移间，所赢已千金矣。 4.璪青有老姬，善作馈，友好宴客，多请代庖，一筵之费，以四十金为度，名大著于故都	家有籝金懒收拾，但传食谱在京师
九、丁日昌(一)[4]	1.陆存斋 2.中丞次子惠康	1.相传有豪夺之事，盖陆存斋诬之。存斋欲据郁氏宜稼堂书，及自闽归，其精椠已为中丞所得，大嗛之，因造无稽之言。蒋香生、俞荫甫俱有辨，不赘述。 2.中丞次子惠康，字叔雅，能文章，负志节，与妇不协，弃家出游。晚居京师，嗜青花磁及古琴，时亦购书。与余订南紧观书之约，然叔雅实无归志，且不知持静斋之所有，已成漏厄也。光绪中叶，有四公子之称，谓谭复生嗣同、吴彦复保初、陈伯严三立及叔雅也	中丞遗爱在三吴，豪夺何人敢肆诬。浊世翩翩一公子，可惜无福读楹书

[1]　伦明.辛亥以来藏书纪事诗 [M].雷梦水，校补.上海：上海古籍出版社，1999：117.

[2]　伦明.辛亥以来藏书纪事诗 [M].雷梦水，校补.上海：上海古籍出版社，1999：1.

[3]　伦明.辛亥以来藏书纪事诗 [M].雷梦水，校补.上海：上海古籍出版社，1999：3.

[4]　伦明.辛亥以来藏书纪事诗 [M].雷梦水，校补.上海：上海古籍出版社，1999：7.

（续表）

序号	人物	事件	评论
三〇、梁思孝[1]	1.仆人史某 2.其子	1.按察有仆史某，殁后，其妾倚用之。史乘间窃书出，久之，事破。其戚崔介其余书归余，佳本略尽矣。 2.按察每得一书，必自写书名卷数刻于木夹上，字秀劲，售书时，其子以木夹有先人手迹，留之，余争不能得，然弃置不复问，厨妇旋杂薪炭摧烧矣。	小人女子败而家，葛帔西华镜可嗟。痴绝买珠还椟事，无书何用保书枥
三六、李希圣[2]	1.徐可行 2.方氏碧琳琅馆 3.日人岛田翰	1.吾友徐行可近得无名氏题跋一册，断为李亦元所作。书皆巴陵方氏碧琳琅馆所有也。2.余见日人岛田翰《皕宋楼藏书源流考》，有工式通题辞，中一首云："巴陵方与归安陆，一样书林厄运过，雁影斋空题跋在，流传精椠已无多。"注云："亦元遗著，有《雁影斋题跋》，所见多巴陵方氏藏书，庚子后，大半散失。"	1.据此，则行可之言有征矣。但题跋系亦元自作，非为方氏。盖方氏书来京时，多由亦元经手售卖（见叶鞠裳日记抄）。故得尽睹之。亦元于光绪壬寅充大学堂提调，而方氏子以售余之书赠大学堂，管学大臣，管学大臣张公百熙，为之奏奖知县，想亦由亦元作介，可谓一手经理矣。2.所赠大学堂书，无一种在题跋中，盖方氏书不止此，亦元题跋亦不止此
四〇、吴昌绶[3]	1.伦明 2.同坐关颖人	君熟于目录，尤究心典故名物，君尝选诗晚晴簃，一日以手抄本陈梦雷《松鹤堂诗集》示同人曰："此未刻孤本，可宝也。"同坐关颖人，知余有刻本，明日借以相示，君大恨，取己书片碎之	人或讥其褊，余谓出之君，亦雅事也
四八、王存善[4]	故友黄晦闻	晚岁居上海，岁丙辰，有客介我观其藏书，最佳者有沈文起校《圣宋文选》、卢抱经校《宝刻丛编》。碑版尤富，多宋拓。尝游小市，见其手写《陶诗》，故友黄晦闻以贱值得之，后以归其子叔鲁	光宣间，粤吏多好收藏，如姚布政觐元、陆兵备心源、王观察秉恩、沈提学国桐、蒋运使式芬、汪知府大钧、莫知府棠、裴县令景福及子展辈皆是。人徒知方功惠而已，勿问其政声何似，而雅尚殊足嘉也

[1] 伦明.辛亥以来藏书纪事诗[M].雷梦水，校补.上海：上海古籍出版社，1999：22.

[2] 伦明.辛亥以来藏书纪事诗[M].雷梦水，校补.上海：上海古籍出版社，1999：28.

[3] 伦明.辛亥以来藏书纪事诗[M].雷梦水，校补.上海：上海古籍出版社，1999：31.

[4] 伦明.辛亥以来藏书纪事诗[M].雷梦水，校补.上海：上海古籍出版社，1999：37.

（续表）

序号	人物	事件	评论
五 五、李盛铎（二）[1]	姜张淑贞	八月八日报载，李木斋妾张淑贞，以木斋遗弃伤害诉于天津法院，索赔五万金。闻淑贞归木斋八年，今年二十三，木斋已七十六矣。犹记去岁南浔某公，亦为其妾挟讦，几破产，可谓无独有偶矣	添香捧砚旧怜卿，竟为钱刀到法庭。非管吹翻一池水，直愁倾了两书城
六四、徐世昌 附：徐世章 孙师郑[2]	1. 王闿运 2. 孙师郑 2. 弟世章	1. 开晚晴簃选诗搜集部，佐之者嘉善曹理斋秉璋也。然全无别择，而应有者反多阙漏，今其书犹存理斋所，加以所选之人，不详考始末，生死不别，宜诗抄之不足观矣。甫出版，疵议纷起，乃停刊拟修改，至今未改定也。2. 嗣又修《清儒学案》，更简陋绝不为之备书，仅以薄薪给纂员，任其详略，亦已仓卒告成。好名而又惜费，其成绩亦可睹矣。3. 孙师郑选道咸同光四朝诗史，中多显宦且生存者。乙卯，王壬秋来京师，见之詡曰："四朝诗人，何无我分耶？" 3. 菊人弟世章好收储，颇有佳本，尝得纪文达手改《四库提要》原稿	文学彬彬大小徐，选诗当代石仓具。别裁初刻同前辙，犹胜壬秋一字无
七〇、吴怀清[3]	1. 永乐大典 2. 伦明	1. 为余言庚子之乱，洋兵入城，有英兵入翰林院，大掠器物外，《永乐大典》若干册在焉。事为主将所闻，勒令送还，英兵索收据，而掌院已逃，守门役乃邀集诸翰林留京者商处置，既发遣英兵去，众议瓜分《大典》，人得若干册。事后未有究者，而《大典》亦无售处。2. 嗣莲溪于同事家，又收得若干，共百余册。宣统间，值骤贵，莲溪因以致富，夏屋渠渠，而书亦垂尽矣。岁己巳，余自沈阳归，有友托物色《大典》，余思及莲溪，往询之，则已殁，其家尚藏二册。一全，一不全。皆有精图，不欲卖。余强之，全者要值三千元，不全者减三之二，未成交，不知终能保之否	算是刀兵不敢伤，无如内盗自分赃。到头能润几人屋，五百年来大典亡

[1] 伦明.辛亥以来藏书纪事诗 [M].雷梦水，校补.上海：上海古籍出版社，1999：41.

[2] 伦明.辛亥以来藏书纪事诗 [M].雷梦水，校补.上海：上海古籍出版社，1999：48.

[3] 伦明.辛亥以来藏书纪事诗 [M].雷梦水，校补.上海：上海古籍出版社，1999：54.

（续表）

序号	人物	事件	评论
八四、樊增祥[1]	1. 法梧门 2. 傅沅叔 3. 伦明 4. 杨升庵	1. 恩施樊山增祥，未殁前，旧藏抄本宋元人诗集数十册散出，盖《永乐大典》辑佚原来，法梧门祭酒旧藏也。2. 傅沅叔云："梧门在翰林日，每占院中书为己有，而易首二页，以泯其迹。"余年见此书外，尚有明抄本《识大编》亦如此。3. 樊山常语余，三十年前，曾以百金购一古铜器，爱而固肩之，不复取视。顷以售之某古玩店，如前价。计吾于兹物止两见耳，盖一见于买入时，一见于卖出时也。呜呼！此好古者恒有事，不足怪，静言思之，乃自怪耳，讵惟樊山然哉。君未殁前，书已多散出，余购得其旧藏明刻数种。4. 杨升庵尝窃内阁书出，世庙目为偷书贼	梧门祭酒效升庵，物证留传匪二三。重感樊山惆怅语，卅年勤苦为厨蝉
一一〇、陈融[2]	1. 陈石遗、2. 陈松山	尝致余书，托就近代鉴别，云除甚咸者外，皆可用也。近人陈石遗衍成《元诗纪事》，陈松山成《明诗纪事》，君之《清诗纪事》又将成矣。陈陈相因，亦艺林一佳话也	陈陈何事苦相因，经事诗罗一代人。除却碍牙盐味重，勿须嫌滥止嫌贫
一一三、曾钊[3]	1. 龙山温氏（温毅夫）2. 朱九江	1. 南海曾勉士先生钊，晚年以面城楼所有书，售于龙山温氏。先是禁烟之役，广东与英人开衅，总督祁口（女贡）以先生知兵，檄令修碉筑坝，募勇固守。旋议和，所支帑三十余万，不能报销，倾家不克偿，遂质其所有于温氏。徐铁孙自浙寄诗怀之，有"误人岂有阴符书"句，盖指此也。2. 相传朱九江先生曾泊舟龙山两月，观其书。余二十年前亦一至龙山，访温毅夫给事，欲介毅夫观书，适主人外出，不果。近闻书已散出，中有屈翁山《易外》，为徐信符所得孤本也。又闻有书目一纸，存毅夫许，盖书将售时，例须征同意于族绅，故毅夫得留此也，俟向毅夫索阅之	面城故物尚依然，人说朱翁此泊船。我亦曾在桑下宿，婵嫒一梦竟无缘

[1] 伦明 . 辛亥以来藏书纪事诗 [M]. 雷梦水，校补 . 上海：上海古籍出版社，1999：71.

[2] 伦明 . 辛亥以来藏书纪事诗 [M]. 雷梦水，校补 . 上海：上海古籍出版社，1999：89.

[3] 伦明 . 辛亥以来藏书纪事诗 [M]. 雷梦水，校补 . 上海：上海古籍出版社，1999：91.

5.1.2 书藏胜览

伦明既精于版本目录学，本身又是通学斋书店老板，加上数十年到各地搜访图书的经历，对藏书家之藏书聚散了如指掌，诸多藏书家的收藏信息叙述甚详。其在论述"书之聚散"时，对于近代以来"私家藏书将渐渐熄灭以至于无"的状况，深感惋惜，尤其对近二十年来"掠贩家"为一己私利，而"四处搜括"私人藏书，"几尽竭泽而渔"的做法，表示出了极大的愤慨，因为这些人"所掠得之书，除一小部分归公私各图书馆外，余者流出海外，一去不返，吁可哉惧"[1]。以下采撷部分藏书家之丰富书藏分别阐述。

5.1.2.1 传三四：王仁俊（1866～1913），"一生踪迹傍南皮，晚隐金门鬓似丝"[2]。王仁俊精于史学及敦煌学。清末敦煌石室被伯希和所窃，他任图书局副局长时，将亲眼所见伯希和所窃经卷，著成《敦煌石室真迹录》，这是全世界最早的敦煌文献资料集，各卷多采录原文。同叶昌炽、罗振玉等人，被认为是在敦煌学研究领域具有开山之功。亦是最早专门研究西夏文书档案的学者，光绪三十年编纂有《西夏文缀》2 卷，是一部最早西夏文书档案汇编之作，对于研究宋、辽、金、夏四国关系史，具有较高的史料价值。家藏书数十箱，明本较多，其藏书处为"籀鄦簃"。撰有《籀鄦簃书目》1 册。后来时局动荡，藏书大多为来薰阁书店购走。大部分自著手稿几十种，归于通学斋书店。因此，《辛诗》对其书藏数目记载尤为详细，"余得其著书全目一纸：《格致古微》五卷，《表》一卷，《群经讲义》三卷，《孔子集语补遗》一卷，《毛诗草木今名释》一卷，《尔雅疑义》一卷，《他颉篇辑补校斠证》三卷，《说文引汉律令考》二卷，附录二卷，《说文一家学》一卷，《说文独字成部考》一卷，《汉书许注辑证》一卷，《周秦诸子叙录》一卷，《淮南子万毕术辑证》一卷，《正学编》三卷，《辟谬篇》二卷，《辽文萃》七卷，《艺文志补证》一卷，《西夏文缀》二卷，《艺文志》一卷，《存古学堂丛刻经史词章学》四卷，《感应篇儒义》六卷，《古本考》一卷，《学堂歌笺》二卷，以上已刊。又《孔子经解》《两汉传经表》《通经表

[1] 伦明. 辛亥以来藏书纪事诗（自序）[M]. 雷梦水，校补. 上海：上海古籍出版社，1999.

[2] 伦明. 辛亥以来藏书纪事诗 [M]. 雷梦水，校补. 上海：上海古籍出版社，1999：25.

订补》《吴郡汉学师承表》《吴郡著书考》《群经汉书辑证》《玉函山房续编》《春秋左氏传学》《尔雅读》《尔雅大字本校勘记》《说文考异纂》《小学钩沈补续》《释名集校》二卷,《补遗》一卷,《白虎通义集校》一卷,《引书表》一卷,《三代教育史》《大学堂文学研究法》《周秦学术源流考》《古今中外文字考》《管子训纂》《商君书表微》《鹖冠子间诂》《老子正谊》《淮南许注异同三诂》九卷,《淮南子杨榷》一卷,《补逸》一卷,《景佑六壬神定经纂》二卷,《佚秘府略笺》《汉书艺文志校补》十卷,《隋书经籍志校补》《古类书籍辑录存佚表》《许学》《郑学》《武庙祀典考》《西辽书》《秦权衡度量考》《荥阳郑氏石刻》《历朝石刻跋》《金石粹编补跋》《金石续编补跋》四卷,《金石萃编三续》《陶斋金石文录》《金石通考》《寰宇吉金录》《寰宇访碑录三续》《新墨缘汇观》《圣哲辩诬录》《小畜集考证》《王氏文献录》《正学堂集内篇》二十卷,《外篇》二卷,《附篇》一卷,《正学堂笔记》《吴谚证》《军歌笺》《盂鼎集》一卷,《克鼎集释》一卷,《群书佚文辑佚》《积古斋钟鼎彝器款识补遗》一卷,《壶公师考金释稿》一卷,《说文要旨明例》一卷,《补宋书艺文志》一卷,《补梁书艺文志》《陶斋钟鼎款识》《敦煌石室真迹录》六卷附一卷,《唐律明例疏》一卷,《存古学堂丛刻经学》十卷,《顾氏群书集说补正》二卷,《石刻正文》一卷,《五百经幢馆稿》一卷,《东西文菁华》《汉碑征经补》《许君说文多采用淮南说》一卷,《淮南许注考证》《籀祁赋荃》二卷,《碑版丛录》《金石萃编统补稿》《金石题跋》《籀祁簃读碑记》一卷,《金石簿录》《西夏文缀》外编、《尔雅学》《郑垄阳辨诬录》六卷,以上未刊。共一百种。"极致详尽之能,但百密仍有一疏,令伦明遗憾的是"闻《说文》诸稿本,归徐菊人,《管子训纂》归阚霍初,余无可觅"。王仁俊藏书印有"王氏籀鄦簃藏书记""王仁俊校勘经籍记"等。

5.1.2.2 传七一:朱师辙(1879~1969),"著书百种稿犹完,绝学留贻到子孙"[1]。民国初年,朱师辙与其父朱孔璋相继任清史馆编修,与著名学者缪荃孙等先后以15年时间汇集清代史料,成书536卷,定名《清史稿》。其中《列传》出于朱师辙手笔的有100多篇。伦明认为朱师辙家学渊源,考证"其祖父著述满家,多未刊行。祖丰芑先生骏声所著书,有《六十四卦经解》八卷,《易

[1] 伦明.辛亥以来藏书纪事诗[M].雷梦水,校补.上海:上海古籍出版社,1999:55.

郑氏爻辰广义》二卷,《易经传互卦卮言》一卷,《易消息升降图》二卷,《易章句异同》一卷,《学易札记》四卷,《尚书古今文证释》四卷,《逸周书集训校释增校》一卷,《诗集传改错》四卷,《诗序异同汇参》一卷,《诗地理今释》四卷,《仪礼经注一隅》二卷,《三代礼损益考》一卷,《井田贡税法》一卷,《大戴礼校正》二卷,《夏小正补传》一卷,《春秋平议》三卷,《春秋三家异文核》一卷,《春秋乱贼考》一卷,《春秋左传识小录》二卷,《春秋烈女表》一卷,《春秋国名今释》一卷,《春秋地名职官人名考略》三卷,《春秋阙文考》一卷,《四书碻解》二卷,《四子书简端记》四卷,《论语纪年》一卷,《孟子纪年》一卷,《经史答问》八卷,《传经表》一卷,《说文通训定声》十八卷,《补遗》二卷,《古今韵准》一卷,《六书假借经证》四卷,《说解商》十卷,《小学识余》四卷,《经韵楼说文注商》一卷,《说文引书分录》一卷,《古说字形谬误》二卷,《小字本说文简端记》二卷,《释庙》一卷,《释车》一卷,《释帛》一卷,《释色》一卷,《释农具》一卷,《古文释义》一卷,《说雅》一卷,《小尔雅约注》一卷,《江晋三音字十书补订》四卷,《七经纬韵》一卷,《秦汉郡国考》四卷,《晋代谢氏世系考》一卷,《十六国考》一卷,《名人占籍今释》四卷,《徐中山王谱系考》一卷,《朱氏世系考》一卷,《各府县人物志》二十卷,《山名今释》一卷,《老子》《列子》《庄子》《管子》《晏子春秋》《吕氏春秋》《新序》《说苑》《盐铁论》《风俗通义》、荀悦《申鉴》《论衡》、刘昼《新论》简端记各一卷,《读韩非子札记》一卷,《淮南子校正》六卷,《说丛》六卷,《岁星表》一卷,《天算琐记》一卷,《教度衍约》四卷,《轩岐至理》四卷,《汉书隽语》四卷,《俪语拾锦》四卷,《离骚约注》一卷,《李杜韩苏诗选》六卷,《苏诗分韵》一卷,《如话诗抄》一卷,《传经室文集》十卷,附《赋》十一卷,《传经室诗集》四卷,《庚午女史百咏》一卷,《选词九十调谱》二卷,《词话》二卷,《临啸阁诗全》四卷"。"其父仲茇先生孔彰所著书有《九经汉注》数十卷,《说文重文笺》七卷,《说文萃三编》九卷,《释说文读若例》一卷,《说文环语》一卷,《中兴将帅别传》三十卷,《续编》六卷,《三朝闻见录》若干卷,《光绪两淮盐法志》二百卷,《半隐庐丛稿》六卷,《小桃园笔记》四卷,《林和靖诗集注》四卷,《年谱》一卷,《血性录》四卷,《题曾文正公祠百咏》一卷,《圣和老人文集》六卷,《圣和老人诗集》四卷, 所刊者不及十之一二。少滨自著有《商君书解诂》及《词集》《清史艺文志稿》四卷，已刊。前岁皖人刊《安徽丛书》而不及君家，盖丰芑先生寄籍元和，仲裁先生又寄籍常州故也"。伦明惊叹如此丰盛之成果，赞曰："皖中山水减颜色，采访未登朱氏门。"

5.1.2.3　传七八：刘师培（1884～1920），"向歆传世阐绝学，妙义时参新旧间"[1]。作为经学大师，刘师培在继承《左氏》家学的同时，善于把近代西方社会科学研究方法和成果，吸收到中国传统文化研究中来，开拓了传统文化研究的新境界，成果很多。他运用进化论思想研究古代社会生活的《论小学与社会学之关系》《读书随笔》《国学发微》《小学发微补》等，具有开创意义；关于《左传》的研究成果，有《春秋左氏传古例诠征》《春秋左氏传例略》《春秋左氏传答问》《春秋左氏传时月日古例考》《读左札记》等。他研究《周礼》所著的《周礼古注集疏》《礼经旧说考略》《逸礼考》以及《古书疑义举例补》《论文札记》等，都有较高的学术地位。伦明在传注中既描述了刘师培的形象，"余于己未始得识面，身颀而瘦，沉默寡言笑，手不释书，汲汲恐不及"，又阐述了刘师培的治学与藏书特色，"记诵该博，手所校注纂录至多"，并详细收录了所藏刘氏之著述，"其目有《尚书源流考》《毛诗礼记》《毛诗词例举要》《荀子词例举要》《礼经旧说考略》《逸礼考》《周礼古注集疏》《西汉周官师说考》《春秋古经笺》《读左札记》《春秋左氏传时月日古例考》《春秋左氏传传注例略》《春秋秋氏答问》《春秋左氏传古例诠微》《春秋左氏传例解略》《周书补正》《周书玉会篇补释》《尔雅虫名今释》《小学发微补》《群经大义相通论》《古书疑义举例补》《周语补音》《穆天子传补释》《管子斠补》《晏子春秋补释》《晏子春秋校补》《晏子遗文辑补》《老子斠补》《庄子校补》《墨子拾补》《荀子补释》《荀子斠补》《荀子逸文辑补》《韩非子校补》《贾子新书校补》《贾子新书佚文辑补》《春秋繁露斠补》《春秋繁露佚文辑补》《白虎通义校补》《白虎通德论补释》《扬子法言校补》《理学字义通释》《读道藏记》《读书随笔续笔》《左盦题跋》《国学发微》《周末学术史序》《两汉学术发微论》《汉宋学术异同论》《南北学派不同论》《古政原论》《古政原始论》《敦煌新出唐写本提要》《楚辞考异》《琴操补释》

---

[1]　伦明. 辛亥以来藏书纪事诗 [M]. 雷梦水，校补. 上海：上海古籍出版社，1999：65.

《左盦集外集》《诗录词录》《论文杂记》《文说》《经学教科书》《中国历史教科书》《中国地理教科书》《伦理学教科书》《中国文学教科书》《中国中古文学史讲义》《中国民族志》《攘书》《中国民约精义》等"。但欣喜中又深表遗憾,"又先生操笔时恃其强记,不暇核审原书,加以印本草率,字多鲁鱼。始事时,余曾约余季豫共任雠对,既而俱苦其烦,改由赵羡渔专任之,恐未能尽善而无憾也"。既为刘氏稿本的缺漏,又为刘氏之《左传疏证稿》失于四川,"至先生《左传疏证稿》失于四川者,竟不可返。或云为天津某家收得,俟详访"。

5.1.2.4　传一一五:桂浩亭(1823 ~ 1884),"东塾门中桂浩亭,众家荟萃证群经"[1]。桂浩亭长于考证,而以博文约礼、明辨笃行为宗。尝与曾国藩、林昌彝、陈庆镛、郭嵩焘等交游。伦明言其"著籍东塾门下最早,兼治群经,所著有《易大义补》《禹贡川泽考》《毛诗释地》《诗笺礼注异义考》《周礼今释》《箴膏肓评》《起废疾评》《发墨守评》《孝经集解》《孝经集证》《群经补证》《论语皇侃义疏考证》《孟子赵注考证》,俱已梓行。今通行本《桂氏丛书》,缺《群经补证》《论语皇侃义疏考证》《孝经集证》三种。其有目无书者,有《经学博采录》十二卷,《潜心堂集》十二卷。见《国史儒林传》者,有《四书集注笺》四卷,《子思子集解》一卷,《弟子职解诂》一卷,《朱子述郑录》一卷,重辑江氏《论语集解》二卷,《毛诗传假借考》一卷,《毛诗郑读考》一卷,《诗古今文注》一卷,《春秋左传集注》一卷,《春秋列国疆域图》一卷,《群经舆地表》一卷,《周髀算经考》一卷,《说文部首句读》一卷。此外不涉于经学者又有八种"。书藏甚为广博。

伦明撰写《辛亥以来藏书纪事诗》旨意在于"记书之聚散矣",故对藏书家们所藏书目不惜笔墨进行详尽的陈述(兹见表5.2),由此体现世易时移,物是"书"非:"……夫价之有贵贱,常也。大率旧者贵而新者贱,精者贵而粗者贱,罕者贵而多者贱。今且不然,同是一书,适时则贵,过时则贱,而'时'之为义又至暂。例如辛酉以前,宋元集部人所争得也,乃过此则竟无问之者矣;又如辛未以前,明清禁书人所争得者也,乃过此亦几几无问之者矣。又其他,则藏家之晚聚易散也。夫物之有聚散,亦常也;自聚之而自散之,则偶也。"[2]

---

[1]　伦明.辛亥以来藏书纪事诗[M].雷梦水,校补.上海:上海古籍出版社,1999:92.

[2]　伦明.辛亥以来藏书纪事诗(自序)[M].雷梦水,校补.上海:上海古籍出版社,1999.

表 5.2 《辛亥以来藏书纪事诗》所记书藏胜览

序号	得失辗转	评论
二、鄞县范氏 [1]	鄞县范氏天一阁，自黄梨洲抄成书目，阮文达序而刻之，凡书四千九十四种。同治间薛叔耘重编书目，存二千零五十六种，全者止一千二百七十种。岁庚午，乡人杨子毅长宁波市政，派员清理，并写定其目，凡书九百六十二种，比薛目止二分之一，全者止三百一十种。最多者为地志类，十存九分以上。缪筱珊《天一阁始末记》云："癸丑，余避乱侨沪，忽闻阁书大批出售。余友石铭，得宋刻《书经注疏》《欧阳集》六十四卷本。又见明刻明抄书五六百本及《明登科录》百十本。意其子孙居然肯卖，后知沪上奸商浼贼往偷，迨知觉，已去大半，鸣官究治，止是获到二贼罪名，书仍不能还阁"云云。另一说，则谓窃书者系薛继位，受海上遗老某公之指云云，似不足信	既受某公之指，何以得售之石铭？要之阁书被盗，则事实也
六、杨以增 [2]	聊城海源阁藏书，自杨以增传子绍和、孙保彝，递有增益。杨绍和编《楹书隅录》及续录，凡著录二百六十九中，江标刻《海源阁藏书目》，凡著录三百六十种，皆非杨氏善本，王献堂得其详，山东提学使咨部备案底本，实得四百六十九种：宋本一百二十，元本八十三，明本三十三，校本一百四十一，抄本九十一，谓皆是海内孤本。岁己巳战乱，匪于其家驻军，其家设司令部，至以阁中书炊火。后官兵又大肆劫掠，其书散布济南、保定各地。北京书客，争往收之，皆最善本也。先是保彝子某，携佳椠多种至天津	余在傅沅叔处见之，有四库底本《韩文举正》等若干种，不知究归何氏。辛未后，杨氏子收拾余烬，拟售与山东图书馆，要价十三万，议又不就，不知如何收结也
八、丁丙 [3]	仁和丁松生丙，藏书处曰八千卷楼。盖沿先世之称，其实逾四十万卷。松生取其中古刻旧抄，编《善本书室藏书志》。宣统末，归江南图书馆，所余尚数倍。松生子立中（字修甫），能保守之，同时陆存斋编《十万卷楼藏书志》，另以守先阁所储归之于公，咨部立案。存斋殁未几，其子某以十万卷楼所有，售之于日本松崎，而守先阁无恙。但书目止寥寥一册，大都寻常抄刻本，视丁氏远不逮矣。日本岛田翰讽存斋市道	存斋有知，亦何以自解耶

[1] 伦明 . 辛亥以来藏书纪事诗 [M]. 雷梦水，校补 . 上海：上海古籍出版社，1999：1.

[2] 伦明 . 辛亥以来藏书纪事诗 [M]. 雷梦水，校补 . 上海：上海古籍出版社，1999：5.

[3] 伦明 . 辛亥以来藏书纪事诗 [M]. 雷梦水，校补 . 上海：上海古籍出版社，1999：6.

（续表）

序号	得失辗转	评论
十、丁日昌（二）[1]	持静斋书之散出，世人多不知其故，亦不知其始于何时。以余所闻，揭阳城内有书店多家，专伺丁书。书之出也，悉由婢仆之手，多少精劣全缺不一。久之又久，而书已尽。广州有华英书局者，亦分支店于揭阳，有所得，随寄广州	余所见最精者，有《禹贡图》《毛诗要义》、文与可《画絮》等。盖始得时所欲甚奢，既不谐，则之上海，值亦因时与地而递减。惟所见有《书目》以为宋本而实明本者，如《唐文粹》之类，不能忆也。乙卯岁，华英挟《持静斋书目》版片归，遂不复去，书当尽于此时矣。后闻《禹贡图》归刘晦之，《毛诗要义》归李经迈，《画絮》未知流落何所
十一、孔广陶[2]	南海孔少唐广陶，居广州城南关，藏书处曰三十三万卷楼。光绪戊申后，书已散出。岁壬子，尽归康长素。所刻书，惟《北堂书抄》有功艺林。盖少唐借抄周季贶本，又合林飐伯国赓等，逐条细校，实胜祖本。同时姚彦侍亦刻此书，不知据何本，竟因少唐而中辍。少唐录季贶原本，今归徐信符。余取校刻本，于诸家校语多所删削，当非漫然也。此板已售之上海。他所刻若《复古香斋五种》《岳雪楼书画录》，寄存某书店中，无过问者。闻书目已编就而未刻，想佚之矣	剩炙残羹搬拾净，名存惟赖北堂抄
十二、孔昭鋆[3]	少塘次子季修孝廉昭鋆，出嗣别房，遗产数十万。岳雪楼书未散时，先取其佳本以归。有南园别业，饶花木之胜，余尝陪觞咏于此者数矣。不数年，家亦骤落，季修郁郁死。南园已易主为酒家	岁戊午，余在广州麦栏街邱某家，见宋椠王右丞、孟浩然、韦苏州诸集，旧抄《宋二十家文集》，毕秋帆、钱竹汀诸家校《资治通鉴》等书，并宋拓兰亭书画多种，皆孔氏抵债物，转数主而至邱也，为怃然久之
一四、莫友芝[4]	独山莫邵亭先生友芝，有影山草堂，在黔南，旧藏已经乱无存。后宦金陵，因家焉。手收益富，仍钤影山草堂藏印。余丁巳道沪上，于书坊见之，有绍兴三十一年刻《范杳溪集》最佳，余精椠甚多，计先生所藏，当不止此，其散亦不始今日也。先生有佅棠，字楚生，需次广东知府，亦嗜书，与王雪澄、沈子封辈同声气。辛亥之变弃官去。临行时，多所遗失	其挟而去者，未几亦散之沪肆。莫氏之书殆尽矣

[1] 伦明.辛亥以来藏书纪事诗 [M].雷梦水，校补.上海：上海古籍出版社，1999：7.

[2] 伦明.辛亥以来藏书纪事诗 [M].雷梦水，校补.上海：上海古籍出版社，1999：8.

[3] 伦明.辛亥以来藏书纪事诗 [M].雷梦水，校补.上海：上海古籍出版社，1999：9.

[4] 伦明.辛亥以来藏书纪事诗 [M].雷梦水，校补.上海：上海古籍出版社，1999：11.

（续表）

序号	得失辗转	评论
一五、李慈铭[1]	会稽李愁伯先生慈铭，卒于光绪中叶岁乙未，其家以"越缦堂遗书"九千余册，归北平图书馆。其《越缦堂日记》后六册求之樊山，不可得。据云存陕西故宅中。樊山殁，其家以争遗产构讼。陕西故宅及宅内所有，判归其嗣孙宝莲。余向宝莲询之，复言无有。或云是数册中，有菲薄樊山语，樊山恨之，已投烈焰中矣。先生殿试策，不知何时归宝应刘君所有。吾友陈援庵以重值易得，极宝爱之	订疑补缺用功深，字细如绳密似针。酒诰原来称脱间，焦琴何幸得知音
一六、孙诒让[2]	著书满家，生前流布，只《周礼正义》《墨子间诂》、《古籀拾遗》《札迻》《述林》数书，而《周礼》《墨子》二书尤为精力所萃。二书先有活字本，《间诂》后多改削重刊之本，《正义》虽系定本，而纸墨精劣，字多讹误蒙糊，湖北楚学社亦重刻之，近五六年始刊就印行。而温州人士又创永嘉学社，发行月刊，拟赓续传其遗著，甚盛举也	周官墨子版重开，逊学斋中几剩材。楚社才完温社继，云霄片羽惜南陔
一七、萧穆[3]	时值江皖洊乱，故家书玩散落，君以贱值得之。性极仆，节缩所余，尽以购书。故所蓄颇富，且多佳本，居然充藏书家矣。熊译元曾参沈子培安徽幕府，时君已殁，泽元语余，藩署旁有一书店，所售皆敬孚书也。其佳本多为沈得，泽元亦拾其余。书略尽矣，熊浼店中人介至敬孚家，有书一大篾，册皆厚廿许，一老妇指谓熊曰："此先夫一生精血所在，宁饿至死不卖。"熊逡巡去。按《敬孚类稿》与溥玉岑书有云："自文正薨后，即客于海上。专为留心四方文献起见，数十年来，所著各种不下四五百卷。草创略具，尚待随时增加。谨将书目各种，另列一单"云云。岂即篾中巨帙耶。又按《类稿》中跋三卷，《书记》二卷，俱佳。可以见敬孚所得之涯略	收藏有分到寒儒，片纸来从血汗余。忘向黔妻询觊缕，篋中巨帙是何书

---

[1] 伦明．辛亥以来藏书纪事诗 [M]．雷梦水，校补．上海：上海古籍出版社，1999：12.

[2] 伦明．辛亥以来藏书纪事诗 [M]．雷梦水，校补．上海：上海古籍出版社，1999：12.

[3] 伦明．辛亥以来藏书纪事诗 [M]．雷梦水，校补．上海：上海古籍出版社，1999：13.

（续表）

序号	得失辗转	评论
二一、吴式芬 [1]	海丰吴子苾观察式芬，及其子仲饴侍郎重熹，累代积书，刊有《金文攈古录》《九金人集》行世。侍郎殁于辛亥后，遗书渐散，至去岁九十月间，出尤亟，日见打鼓贩趋其门。最后，山涧口书贩李子珍以千百金全有之，载数十车，人皆以为弃余物，不之顾	余翻阅半夕，得佳本数十种。其金石类有子苾校本《平津读碑记》、子苾稿本《贞石待访录》十八巨册，谐价未就，而吴氏之书，从此尽矣
二二、张之洞（一）[2]	诸生，各给必读书若干种，听其点勘，名曰斋书。又广购巨帙精椠，储之一楼，供诸生参阅。刊有《广雅书院藏书目》二册。后书院废，一改为东文传习所，二改为高等学堂，三改为第一中学校。莫荣新督粤日，桂人倡议分书之半。黠者但计册数，以斋书给之，书贮梧州。未几，陈炯明伐桂，又挟以俱还，不知何时以书移植他屋。余偶过之，见雨淋苔渍，无人顾及，而其书渐发现于坊间。又数年，询之校中人，片纸无存矣	斋书粗劣院书精，广雅储才拥百城。桂水载来还载去，似闻弱盗胜强兵
二三、张之洞（二）[3]	光绪末，创设学部图书馆，征于归安陆氏之东输，思征天一阁、铁琴铜剑楼善本本人馆，被瞿氏坚拒。范氏允进呈二十种，后亦不果。此举殊近豪夺，在今人则名之曰无条件接收矣。公殁后，所藏书至辛酉散出，宋本止数种，《文中子》最佳。余明刻旧抄若干种，皆归傅沅叔。余亦得精椠数种，闻其家属仅得值三千元。公之清德可想见，或云其佳者早归高凌霨云	海王村畔屡停驹，金尽常添恋阙愁。空为他人防外溢，平泉花石岂长留
二五、柯逢时 [4]	富藏书。殁后，二子各得其半。其次子不克守，岁丁卯，邃雅斋以万二千金得之。多至百簏，无宋元本，大抵四部中重要而切用者	柯家山馆丰成荒，百簏缣缃看过江。记听中丞还俗语，好书堪读不堪藏
二六、盛昱 [5]	殁于庚子乱前。所藏书分次散出，至癸丑而尽。佳本多为景朴孙所得。己庚之间余游宣武门内小市，有醉香阁者，不知从何处拾其残余。皆小册单种，亦有佳本，书面题字，一望而知为祭酒笔也。祭酒藏有宋本吕惠卿《庄子注》。梁节庵尝借观累日，见节庵所著《梁祠图书条例》	余遍询傅沅叔诸公俱云未见，亦不闻他收藏家得之，岂已不在天壤间耶？数年前，俄京图书馆影印者，乃残本耳

[1] 伦明 . 辛亥以来藏书纪事诗 [M]. 雷梦水，校补 . 上海：上海古籍出版社，1999：16.

[2] 伦明 . 辛亥以来藏书纪事诗 [M]. 雷梦水，校补 . 上海：上海古籍出版社，1999：17.

[3] 伦明 . 辛亥以来藏书纪事诗 [M]. 雷梦水，校补 . 上海：上海古籍出版社，1999：18.

[4] 伦明 . 辛亥以来藏书纪事诗 [M]. 雷梦水，校补 . 上海：上海古籍出版社，1999：19.

[5] 伦明 . 辛亥以来藏书纪事诗 [M]. 雷梦水，校补 . 上海：上海古籍出版社，1999：19.

（续表）

序号	得失辗转	评论
二九、梁鼎芬[1]	君藏书数百簏。三分之，一赠焦山寺，一存广州梁祠，一留自读，今保存者惟焦山寺书耳	
三四、王仁俊[2]	殁于辛亥后。庚辛间，书始散出。余得其著书全目一纸	余按目求之，十得二三。闻《说文》诸稿本，归徐菊人，《管子训纂》归阚霍初，余无可觅。《缘督室日记抄》载捃郑遗书出售，索值万金，系甲辰闰五月，地在上海。故都遗稿之出，又后五年
四二、缪禄保[3]	己未岁，以所藏书售之上海古书流通处。所余抄校本及刻本之罕见者尚不少，并家稿携之人都。十余年来，零售略尽，并先生自撰《五代史方镇表》，亦售与北京大学。惟先生有晚年日记三巨册，曾见之邓文如许，多记版本及他轶闻，子寿云遗命不许刊	汲古书亡目幸传，如何斧季但论钱? 容斋末笔人争睹，独懔遗言不敢镌
四四、沈曾桐[4]	才誉远逊其兄，亦好收藏，宦粤东日，购南海孔氏书甚多，凡新抄本，皆归之。旋为粤督张坚伯所劾，罢官居京师，殁于辛亥后。其季子某设书店于后门大街，曰赖古堂。售所售，颇得售价。数年后书尽，旋闭歇。周栎园亮工，有赖古堂，富藏书。其子在浚，字雪客，能继其志	赖古堂中无雪客，太邱门内愧元方。一官换得书归去，即是千金陆贾装
四六、徐乃昌[5]	尝刊《清闺秀词集》初二编。无专集者，别为《闺秀词抄》。凡百数十家，搜罗不易。缪筱珊序君《随庵丛书》，引顾涧薲语，谓宋元旧本，日渐散佚，宜复刻之，勿失其真。是缩今日为宋元也，是后千百年为今日也云云。《随庵丛书》初二集，皆宋元本，其中有假之他人者，亦有不甚可信者。他刻若《许斋》《积学斋》二丛书，则近人著作也。闻所藏已尽散，其佳者多归天津李嗣香	刊成闺秀百家词，好事南陵合绣丝。堪笑痴儿保孤本，至今还是宋元时

[1] 伦明.辛亥以来藏书纪事诗 [M].雷梦水，校补.上海：上海古籍出版社，1999：22.

[2] 伦明.辛亥以来藏书纪事诗 [M].雷梦水，校补.上海：上海古籍出版社，1999：25.

[3] 伦明.辛亥以来藏书纪事诗 [M].雷梦水，校补.上海：上海古籍出版社，1999：33.

[4] 伦明.辛亥以来藏书纪事诗 [M].雷梦水，校补.上海：上海古籍出版社，1999：34.

[5] 伦明.辛亥以来藏书纪事诗 [M].雷梦水，校补.上海：上海古籍出版社，1999：35.

（续表）

序号	得失辗转	评论
四七、王秉恩[1]	前后司校勘者，有武进屠敬山师寄、会稽陶心云濬宣、元和王捍郑仁俊、长洲叶鞠裳昌炽诸人，皆一时之彦也。所刻多乙部切用之书。盖之洞雅慕阮文达，文达创学海堂，之洞亦创广雅书院；文达刻经解诸书，之洞则刻考史诸书，不相袭而遥相师也。之洞移鄂，君亦去职。代者但取闽本《武英殿取珍丛书》复刻之，糜十数万金，刻事随辍。宣统中君卸钦廉道事，重寓粤垣，余始相识。引观所藏古书字画，目不暇给。岁辛酉，重见于沪滨，须发如银，年逾八十矣。所藏尽散，案头惟手校《淮南子》数册，遍上下密行细字。自云一切异本，靡不迻录云	书刊史部百千卷，局聚儒林四五人。寂寞沧江头白叟，一编鸿烈是家珍
五〇、刘鹗[2]	铁云素以收藏著称，除书外，金石甲骨之属尤富。旋尽散，其书为会文斋、文友堂所得，曾见会文斋有书目。铁云辑有《藏龟》《藏陶》等书，海丰吴氏代刊之。别著《历代黄河变迁图考》，已梓行	一旦刑如辟草莱，单东寂寞去军台。收场姚陆同狼狈，不没他时博雅才
五四、李盛铎（一）[3]	早年购得湘潭袁漱六卧雪庐书。聊城杨氏书最先散出者，如《孟浩然集》《孟东野集》《山谷大全集》等，皆百宋一廛故物，君皆得之。所蓄亦不限于古本，吾国今日惟一大藏家也。性极秘惜，无人得窥其所有。近岁境大窘，商售于北平图书馆，当事者以费绌不敢答。曾以宋本数种抵押北平某书店，余得见之，非其精本	锦轴移来卧雪庐，晚年收得海源储。陆丁以后兹奇货，大力谁能挟以趋
七二、景廉（附：凤山 端方）[4]	收藏之富，可匹意园。有宋刊《张于湖集》《纂图互注周礼》《绝妙好词选》等，后归袁寒云；宋抄《洪范政鉴》，后归傅沅叔；《翁覃谿诗文杂著》手稿三十余册，后归李赞侯，转归叶誉甫。汉军端方字匋斋，所藏金石彝器甲宇内，旁及古籍，亦有佳本。壬癸间，其炉房以二千金售之，仅知者，有宋本《通鉴》，后归傅沅叔，今影印百纳本者是也。满洲凤山字禹门，所藏与朴孙埒，仅知者，有宋本《方舆胜览》《通鉴纪事本末》，又有抄本《六艺之一录》，乃得之南海孔氏者，今归刘晦之。禹门家资甚饶，故所藏出较后，约在前数年事耳	意园风雅继梧门，一脉相承有朴孙。风雅顿衰王气尽，资州南海两归无

[1] 伦明. 辛亥以来藏书纪事诗 [M]. 雷梦水，校补. 上海：上海古籍出版社，1999：36.

[2] 伦明. 辛亥以来藏书纪事诗 [M]. 雷梦水，校补. 上海：上海古籍出版社，1999：38.

[3] 伦明. 辛亥以来藏书纪事诗 [M]. 雷梦水，校补. 上海：上海古籍出版社，1999：41.

[4] 伦明. 辛亥以来藏书纪事诗 [M]. 雷梦水，校补. 上海：上海古籍出版社，1999：57.

（续表）

序号	得失辗转	评论
八二、黄节 [1]	君以说诗故，并治《楚辞》《文选》。凡见《毛诗》《楚辞》《文选》三类书，靡所不收。所储既多，不无罕见本，但性吝不肯示人。藏有汪龙撰《毛诗申成》稿本，未殁前数日，由余作价与副本归东方图书馆，余书则韫椟存北京大学。其诗稿为大力者索去印行，于其殁也，又襄而扬之，于是海内无不知晦闻而益重其诗矣	诗义参韩不废毛，兼之熟选读离骚。虽然弟子生前盛，怎及声名死后高
九四、袁克文 [2]	于乙丙间，大收宋椠，不论值，坊贾趋之，几于搜岩熏穴。所储又多内府物，不知如何得之也。项城败后，随即星散大半，为李赞侯、潘明训所有	一时俊物走权家，容易归他又叛他。开卷赫然皇二子，世间何时不昙花
一〇五、袁思亮 [3]	藏宋本《苏诗》，翁覃谿故物也。覃谿得此，因自号苏斋。文禄堂主人后又得一部，亦覃谿旧藏，前半部册首，皆有东坡像，后归傅沅叔。伯夔曾得持静斋藏世綵堂刻《韩昌黎集》，世称宋本集部第一者，竟毁于火	一苏斋变两苏斋，可惜双龙不获偕。东坡微笑昌黎哭，世綵堂空失所依
一二八、马叙伦 [4]	数年前，君以所藏，全归辅仁大学，凡两万余册。近代人词集，多至数百册，君不善词，而好收词集。数年前谭篆青家设选会，多资之	间摊往往获书佳，日日同寻府学街。岂是晚年憎绮业，割心——遗金钗
一三八、马廉 [5]	身后所藏曲本，售之北京大学，得值万数千金。前岁朱迪先以昇平署档案让于北平图书馆，得值万金。人已讶之，此又后来居上矣。通州王某，目短视，人称王瞎子。性爱明刻带图之书，不惜直，所得多曲本。然王故重图不重曲，手自摹写，工妙胜原图。去官，贫无聊，尽以质于隅卿，得值甚微，后悔之，愤艾成疾，卧床数载。今隅卿所有，多其物也	曲学唯须数曲名，昇平署不敌隅卿。转怜王瞎穷难死，病榻应闻太自声

[1] 伦明 . 辛亥以来藏书纪事诗 [M]. 雷梦水，校补 . 上海：上海古籍出版社，1999：69.

[2] 伦明 . 辛亥以来藏书纪事诗 [M]. 雷梦水，校补 . 上海：上海古籍出版社，1999：77.

[3] 伦明 . 辛亥以来藏书纪事诗 [M]. 雷梦水，校补 . 上海：上海古籍出版社，1999：85.

[4] 伦明 . 辛亥以来藏书纪事诗 [M]. 雷梦水，校补 . 上海：上海古籍出版社，1999：101.

[5] 伦明 . 辛亥以来藏书纪事诗 [M]. 雷梦水，校补 . 上海：上海古籍出版社，1999：107.

（续表）

序号	得失辗转	评论
一四一、涵芬楼 [1]	上海涵芬楼，储书甚富，先是当事者防万一之险，屡以他本移贮安全地，而未能尽。余游沪，登阁阅览竟三日，所见名人稿本、抄校本尚多，方志尤备，略记要目而去。壬申上海一役，空中落一弹，书与楼同毁	几岁搜储一秒林，江陵道尽痛斯楼。初今何地安弦诵，应费诸公庸户谋
一四四、谭笃生 [2]	熟版本，光宣间执书业之牛耳。惟好以赝本欺人，又内监时盗内府出售于谭，因以起家。殁于壬子，无子。歇业后，剩余之书，由其戚孔某，在文昌馆封卖，凡三四次始尽	五载春明熟老谭，偶谈录略亦能谙。颇传照乘多鱼目，黄袱宸章出内监
一五二、周铣诒 [3]	1. 殁于辛亥后数年，稿藏未刊，为易寅村所得。易寓上海，壬之役，其后毁于火，未知殃及否也。 2. 烬于丁巳七月长沙日报之火，侍郎所藏诸家底本，早散佚	辑《沅湘耆旧集续编》，始邓南村教谕显鹤，迄郭笃仙侍郎嵩焘，凡七百余家，合前编补、初集补，都百九十卷。先是侍郎费二十余年之力，搜集已刻未刻诗，凡千余册，拟续南村之书，未果。因以属之罗研生、吴南屏、张力臣，亦未就，再属笠樵为之。时光绪乙丑，侍郎主思贤讲席，笠樵为监学。至乙未，书始成。自序称例依邓氏，意主摭佚，如王湘绮辈亦不及焉

5.1.3 书藏归属

在我国古代藏书的发展史上，藏书因遭受自然灾害或人为破坏而造成散佚毁失是一种十分普遍的社会现象，学者称之为"书厄"或"艺林难劫"。聚、散是典籍流布的两途，"聚书"是私家藏书的主动脉，"散书"尽管客观上为典籍的传承流布提供了契机，但往往也导致了典籍在流转过程中的毁佚散失。因

---

[1] 伦明. 辛亥以来藏书纪事诗 [M]. 雷梦水，校补. 上海：上海古籍出版社，1999：109.

[2] 伦明. 辛亥以来藏书纪事诗 [M]. 雷梦水，校补. 上海：上海古籍出版社，1999：110.

[3] 伦明. 辛亥以来藏书纪事诗 [M]. 雷梦水，校补. 上海：上海古籍出版社，1999：116.

此，藏书楼如何管理，是藏书家们面临的重要问题，《辛亥以来藏书记事诗》不仅论及藏书管理，引发人们对书之妥善收藏的深思，而且从中深刻感受到私家藏书之旋聚旋散，"聚"与"散"这一对矛盾统一体尽管变幻无常，然书之公藏，已成趋势。

5.1.3.1 传七：瞿镛（1794～1846），"绛云楼后此名山，儒素相承创守艰。末世人心难与善，瞿家楼户镇长关"。[1] 瞿镛的瞿绍基购书极富，收藏多宋元善本。他继承父志，益加致力搜讨。常熟藏书，自钱谦益、毛晋、张海鹏、陈揆之后，以瞿氏最为知名。数世所积，至10余万卷。创"恬裕斋"藏书楼，后避光绪帝载湉讳，改名"敦裕斋"。先后收购黄丕烈、汪士钟散出善本，加数世所积，至10余万卷。成为道光、咸丰间全国四大藏书家之一。后又因获古铁琴与古铜剑，遂将藏书楼名为"铁琴铜剑楼"。收藏皆为宋元旧刻旧抄之本，拥书之多，藏书之精，当时无人超过他。与山东聊城杨以增"海源阁"藏书相对峙，时有"南瞿北杨"之称。瞿镛笃志藏书，不为名利所动。光绪欲得他的一珍秘本，赏瞿氏三品京堂官，并发帑币30万两，以易其书。他恪守祖训，竟不奉诏。其藏书有专人管理，每年必曝书一次。每有学人志士想阅览他的藏书，亦允许入书斋参阅，但不许借出，并为读者专辟阅书室，还提供茶水膳食。但其学友瞿冕垓，是镛同族人也。告诉伦明："初，主人公其书以供众览，凡造楼者，并供其膳宿。已而书渐渐失，盖不肖者乘间窃去，典守者不自觉也。于是扃其楼钥，而览书者遂绝足矣。"因对藏书管理不善，有不肖之徒乘机盗书，瞿氏不得不放弃对外开放"义举"铁琴铜剑楼闭门锁楼，读者也随之流失。由此可见，藏书楼如何开放是藏书家们需认真思虑的问题。瞿镛的儿子瞿秉渊、瞿秉浚，皆诸生，苦守先人之书，并多有增加。咸丰十年，为避兵祸，载家藏书妥善寄存各处，中间略有散失，复潜运江北。

瞿绍基、瞿镛父子两代藏书家虽依仗其殷实的家境，短短几十年使铁琴铜剑楼聚书达10万余卷，但经历了太平天国和抗日战争两大兵焚书厄的磨难后，瞿氏藏书已逐渐散失殆尽。光绪二十四年(1898)刊刻的《铁琴铜剑楼藏书目录》著录瞿氏珍善本藏书1194种，其中宋刻173、金元刻18、抄校本551，然据

[1] 伦明.辛亥以来藏书纪事诗[M].雷梦水，校补.上海：上海古籍出版社，1999：6.

1950 年瞿氏第五代藏书家瞿济苍、旭初、凤起兄弟捐献北京图书馆的铁琴铜剑楼藏书统计仅 242 种，2500 余册，占《铁琴铜剑楼藏书目录》著录的 1/5。民国 29 年（1940），瞿氏第四代藏书家瞿启甲已意识到铁琴铜剑楼藏书散佚势所难免，因此临终遗言子孙："书勿分散，不能守则归之公。"

5.1.3.2　传一三三：袁同礼（1895 ～ 1965），"万人海里人焉瘦，点鬼记事鬼自由。容膝室中密四周，都在图书馆学求"[1]。袁同礼是华裔美国图书馆学家，目录学家。1916 年毕业于北京大学。1942 年任北平图书馆馆长。1949 年赴美，先后在美国国会图书馆和斯坦福大学研究所工作。其在北平图书馆任馆长时，聘请一些专家，为该馆藏书、编目、书目等项业务打下基础。他是中国文化交流的使者，中国现代图书馆事业的先驱。著有《永乐大典考》《宋代私家藏书概略》《明代私家藏书概略》《清代私家藏书概略》《中国音乐书举要》《西文汉学书目》（英文本）等。袁同礼是中国新图书馆运动的推动者，创立了标志中国图书馆事业现代化的中华图书馆协会和国立北平图书馆，他将毕生的精力贡献给了图书馆事业。伦明归纳了袁同礼，"始从欧洲传图书馆学归国，有最便者数事：（一）编目不以经史子集分，而以笔画多少分，诸要书各附索引，亦有合若干种书，共作一索引者，于检甚便。（二）记书目于散片上，可以随时更调增损。（三）书帙包上下四周，不似旧式之空其上下。书本大小长短不同，而帙则同，插架有整齐划一之观"。认为此三事，藏书家皆当遵用者，藏书分目与摆设等管理理念当今之藏书家亦可遵用。

5.1.3.3　传六五：卢靖（1856 ～ 1948），"君尝捐资十万，设南开图书馆，去岁又拟在故都旧刑部街设木斋图书馆"。[2] 卢靖少时励志苦学，对算学尤感兴趣。光绪初写成《火器真诀释例》，由倪修梅推荐给湖北巡抚彭祖贤，得到赏识并为出版，聘他到书院讲学。光绪十一年（1885）以数学举于乡，经高剑中荐于朝，特旨以知县交直隶总督李鸿章门下任职。后任赞皇、定兴、南宫、丰润等县知县、保定大学堂监督、直隶提学使、奉天提学使等职。"乡邦梓旧计空前，微惜纡筹谬后先。"卢靖生平重视乡邦文献，先后辑刊有《四库湖北

---

[1] 伦明 . 辛亥以来藏书纪事诗 [M]. 雷梦水，校补 . 上海：上海古籍出版社，1999：104.

[2] 伦明 . 辛亥以来藏书纪事诗 [M]. 雷梦水，校补 . 上海：上海古籍出版社，1999：50.

先正遗书提要》《湖北先正遗书》《沔阳丛书》及《慎始基斋丛书》等。另有数学专著多部。"以独立印《湖北丛书》,拟分三期,首四库著录者,次四库存目者,又次在四库著录存目外者,计全书当在千册以上,非《畿辅》《豫章》所敢望也。其弟慎之曾就商于余,以为四库书今存三部,著录者尽人得见,存目者亦可按目求书,此外则人既未见其书,并不知其目,据闻多是稿本,不印将佚,宜倒置先后,而君则谓事在必成,缓急何别。果也初次书出,而后者不继矣。"

卢靖认为中国贫弱的最大原因之一是多数人没有文化,而要自强根本在于人才,培养人才依靠教育。因此,卢除自己身体力行的研究算学和兵器之外,历官所至都以兴办新式学堂为急务,并主张以"西法""西学"辅助中国之不足。留心典籍,私人藏书楼有"知止楼""慎始基斋"等,藏书有 10 余万卷,与弟卢弼的藏书观点相反,他不限于珍善秘本,重在实用和通用。他依据张之洞《书目答问》《輶轩语》,每购书,必参阅二书。因此他收藏清康熙、乾隆二朝御纂钦定图书和名家校刊本颇多,并辑《清代御纂钦定书目》,收书凡27400 余卷。他不仅关注私人藏书,最为注重公共图书馆的建设,对近代图书馆事业发展有特殊贡献。光绪末在丰润所设书院中,附设两所图书馆。后又创办天津、保定、奉天图书馆,捐银数千。辛亥革命后,又出资兴办学校和图书馆。创立师范、法政、农工商矿、美术、水产学堂几十所。民国十四年(1925年),在北戴河捐资办单(shàn)庄小学,学生全部免费。1927 年捐款 10 万元兴建南开大学图书馆,并以 73 岁高龄亲临工地督看。又捐出"知止楼"私人藏书 6 万卷作新馆藏书基础。南开大学为纪念他的贡献,命名为"木斋图书馆",并在 1928 年落成。又在北京成立"木斋教育基金会",创办一所为社会大众利用的"私立木斋图书馆",于 1936 年建成开放。该馆有 20 余万卷线装书,新书 4500 册,杂志 100 余种。编印有《北平私立木斋图书馆季刊》。私立"木斋图书馆"藏书后来全部赠清华大学图书馆。计有古籍 23425 册,1868 部。

伦明记其"尝捐资十万,设南开图书馆,去岁又拟在故都旧刑部街设木斋图书馆"。从卢靖捐建图书馆一事,伦明表达了自己的看法,"余以为近十余年来,国中设图书馆不少,即如吾粤省立图书馆,窥其所有,仅如寒儒斗室,每月常费千数百元,不添置一册,徒耗于馆员薪金。近闻政府议以三十万金,改筑馆址，诚美观矣，如败絮其中何。现值道衰文敝之日，守缺搜残，实为要务。力大者，自古椠至精刻旧抄，宜尽量收之；力小者，同就经史子集中，择其一部，应有尽有，庶几挽回外输，保存国粹，徒斤斤于形式，何当耶"。图书馆的建立不在物质与场馆，而在于书之所藏，保存国粹，此观点对我们今日的图书馆建设亦有借鉴意义。

　　5.1.3.4　传一二七：徐鸿宝（1881～1971），"诸非吾有皆吾有，更清名载口皆碑"[1]。徐鸿宝早年任学部图书局编译员、奉天测绘学堂、实业学堂监督。辛亥革命后，历任北京大学图书馆馆长、京师（后改北平）图书馆主任、故宫博物院古物馆馆长。早年从事自然科学研究，任职京师图书馆后，大力搜集流落书肆的孤本秘籍充实该馆。精于版本、目录、金石之学，与鲁迅、胡适等交往密切。抗日战争期间，将北平图书馆一批善本和唐人写经八千多卷，抢运到上海保存，上海沦陷后，又设法转移他处。新中国成立后，又运回北京珍藏。在此期间，曾和蒋复璁、郑振铎一起成立"文献保存同志会"（1940年），两度去香港收购古籍善本。一生致力于古籍珍藏保护及文物考古事业。1962年受到中央文化部褒奖。撰有《蜀石经北宋和工体石经》《宝晋斋帖考》等论文。数年以来，徐鸿宝为北平、东方各图书馆购书，凡耗数十万金，国内珍本，尽归公库。"俗例，凡经手支出，必有回润，而君一毫不染，故书肆无不交口颂君云。"[2]

　　在《辛亥以来藏书纪事诗》中随处可见藏书因管理不善和书厄等造成的散佚而流露的遗憾之情，如传二一吴式芬"累代积书，刊有《金文攟古录》《九金人集》行世。住南城达智桥，去余寓不百步"，对其藏书之境遇伦明概为叹止："侍郎殁于辛亥后，遗书渐散，至去岁九十月间，出尤亟，日见打鼓贩趋其门。最后，山涧口书贩李子珍以千百金全有之，载数十车，人皆以为弃余物，不之顾。余翻阅半夕，得佳本数十种。其金石类有子苾校本《平津读碑记》、子苾稿本《贞石待访录》十八巨册，谐价未就，而吴氏之书，从此尽矣。""清华家世海丰吴，此日真看竭泽渔。山涧口家繙半夕，弃余仍是杂精粗。"[3] "秘抄曾入澹生堂，

[1] 伦明. 辛亥以来藏书纪事诗 [M]. 雷梦水，校补. 上海：上海古籍出版社，1999：101.

[2] 伦明. 辛亥以来藏书纪事诗 [M]. 雷梦水，校补. 上海：上海古籍出版社，1999：101.

[3] 伦明. 辛亥以来藏书纪事诗 [M]. 雷梦水，校补. 上海：上海古籍出版社，1999：16.

大小钤章记鉴藏。道是鄂城刘氏物，廿年大索走书商。"传七〇吴怀清告之伦明：
"庚子之乱，洋兵入城，有英兵入翰林院，大掠器物外，《永乐大典》若干册在焉。
事为主将所闻，勒令送还，英兵索收据，而掌院已逃，守门役乃邀集诸翰林留
京者商处置，既发遣英兵去，众议瓜分《大典》，人得若干册。事后未有究者，
而《大典》亦无售处。嗣莲溪于同事家，又收得若干，共百余册。"到宣统年间，
书值突然涨价，莲溪因此而致富，然"夏屋渠渠，而书亦垂尽矣"。"岁己巳，
余自沈阳归，有友托物色《大典》，余思及莲溪，往询之，则已殁，其家尚藏
二册。一全，一不全。皆有精图，不欲卖。余强之，全者要值三千元，不全者
减三之二，未成交"，《永乐大典》之厄，伦明欲抢救，但未成功，故叹息"不
知终能保之否？"真可谓是"算是刀兵不敢伤，无如内盗自分赃。到头能润几
人屋，五百年来大典亡"[1]。传一二五刘绍炎"近二十年，以购古本书著闻。力
甚豪，南北书贾得佳本，争致其门。今岁五月，在北平图书馆见明抄本《晏公
类要》等十余种，钤有澹生堂诸印，询之，则刘氏书，书客从鄂寄来者也。何
聚之艰而散之速耶？"[2]传五九刘体智"好收四库书原本，为藏书家别开一格。
按乾隆时四库馆纂修诸臣，无识版本者，多以劣本充乏，证之《提要》可知也。
又多所删书改易。傖主故一律改为抄本，以泯其迹。往余在沈阳时，主用刻本
换写本，付影印，惟依四库所收三千余种，一一征求古本，大不易，此议止可
托之空言耳。君所收即不能备，得君为倡，使后来藏书家注意于此，何可少也。
君藏宋元明本甚夥，余所知者，有持静斋旧藏《禹贡图》，南海孔氏旧藏《六
艺之一录》，皆吾粤人故物也。有许君著者亦好积书，所蓄亦富，有宋本唐僧《宏
秀集》《切韵指掌图》等，皆归晦之。最近闻君营业亏累，不知波及藏书否？"[3]
何聚之艰而散之速耶？伦明传注的字里行间无不体现藏书之聚散，书海之浮沉。
但私家藏书归之于公却是最好归宿。传二〇记载唐景崇光绪二十年起，先后典
试广东、浙江，出督浙江、江苏学政，历任兵、礼部侍郎，学部大臣，晚年校
注《新唐书》未成，有见之者，谓其中《天文》《律历》二志最详细而且精湛，

---

[1] 伦明 . 辛亥以来藏书纪事诗 [M]. 雷梦水，校补 . 上海：上海古籍出版社，1999：54.

[2] 伦明 . 辛亥以来藏书纪事诗 [M]. 雷梦水，校补 . 上海：上海古籍出版社，1999：99.

[3] 伦明 . 辛亥以来藏书纪事诗 [M]. 雷梦水，校补 . 上海：上海古籍出版社，1999：44.

但列传全缺。唐景崇卒后，书稿存放至其侄许焕章。"焕章挟以为利，条陈粤西当局，请拨巨款，开局聘员，从事修补。当道置不理。焕章寻殁，争议纷起，卒定由唐氏家属及戚属余、陈二家，共同保管，未悉其意何居？"伦明直言不讳地指出："以言藏也，曷不寄之北平图书馆耶？以言刊也，曷不付之商务印书馆耶？"[1] 可见其主张藏书之藏于私不如藏于公的思想。

5.1.3.5　传一五〇：徐恕（1890～1959），"与余所抱之旨，殆不谋而相合者"[2]。徐恕光绪末年留学日本，次年为弟奔丧回国，曾馆于南浔著名藏书家刘承干家两年，有机会阅其藏书。"二岁尽读其所藏。"此后笃意经史，并绝意于仕宦名利，专以购书、藏书为乐。自名藏书楼为"箕志堂""藏棱斋""知论物斋""徐氏文房""桐风廎"等，储书 10 余万卷，并多有点勘题记。广交游，又与章太炎、黄季刚、陈伯陶、熊十力、郑振铎、傅增湘、张元济、徐森玉、陈乃乾等著名学者皆成挚友，与国内藏书大家徐乃昌、伦明等学习目录版本之学。治学广博，精于金石、考证、经史、诸子、目录、志略等学，然不轻易著书立说，治学严谨，不囿于古，不拘泥于今，兼采诸家之长。柯逢时、文廷式等家的精本均归其所有。藏书印有"小字六一""行可珍秘""自恣荆楚""用儒雅文字章句之业取天下先""不为一家之蓄，俟诸三代精英""学以七略为宗""为刊目录散黄金""有穷遐方绝域尽天下古文奇字之志""江夏徐氏藏本"等数十枚。刊刻有《缀学堂丛稿》《尔雅正鸣评》等。伦明传注曰"君暇则出游，志不在山水名胜，而在访书。闻某家有一未见书，必展转录得其副而后已。一切仕宦声利，悉谢不顾，日汲汲于故纸。版不问宋元，人不问古近，一扫向来藏书家痼习"，解放后，徐恕有感于新中国保护传统文化之诚，将其所藏图书近 10 万册全部捐献国家。其中有明清善本、抄本、稿本、批校本近万册，现藏于湖北省图书馆。另有宋、明、清画卷、册页、扇面、手札、楹联、金石片、铜镜、刀币、瓦当、封泥、印章、拓本碑帖等文物共 7000 余件，现藏于湖北省博物馆。1956 年 9 月，向中国科学院武汉分院捐赠了 500 箱、共计 3 万册书籍，其中大部分是线装古籍，多有稿本、精校本。

---

[1]　伦明．辛亥以来藏书纪事诗 [M]．雷梦水，校补．上海：上海古籍出版社，1999：16.

[2]　伦明．辛亥以来藏书纪事诗 [M]．雷梦水，校补．上海：上海古籍出版社，1999：115.

5.1.4 官商之藏

近世以来，世风时移，除藏书家与学者外，官僚、银行家等均热衷于藏书，然藏书之途径、旨趣各有特色。

5.1.4.1 传四八：王存善（1849 ~ 1916），"岭南有吏都超俗，但论收藏趣自佳"[1]。王存善是清末民初藏书家。早年随父至广东，光绪中署知南海，官虎门同知，并管理广州税局。与梁鼎芬、杨锐等人关系密切。光绪二十六年（1900）迁居上海。因擅长理财而受盛宣怀赏识，曾主持招商局并担任汉冶萍公司董事等职，擢保道员。其家世有藏书，其祖父王兆杏，字第花，道光中任浙江德清教谕，喜收藏图书，建有藏书楼"知悔斋"，并编有《知悔斋总目》，编纂有《昌化县志》20 卷。宣统三年（1911 年）编书目《知悔斋存书总目》。辛亥革命后，又出巨资购得众多流散的图书，殿本、明本、抄校本数百种。"知悔斋"藏书共达 20 余万卷。古本精椠亦多，如宋刻明印本《圣宋文集》、卢文弨校本《宝刻丛编》、钱泰吉校本《苏子美集》，均为"知悔斋"镇库之宝。藏金石碑版有宋拓本《道因法师碑》《怀仁圣教碑》《昭陵碑》等。辛亥革命前后，藏书有所流散。1914 年编有《知悔斋检书续目》。著录图书 20 余万卷，伦明记载其藏书中"最佳者有沈文起校《圣宋文选》、卢抱经校《宝刻丛编》"。"碑版尤富，多宋拓"，所藏碑版亦富，多宋拓。辑刊有《寄青霞馆奕选》。其子王克敏，曾任北洋政府财政总长，于 1917 年继承藏书，并购新书益多，可惜王克敏无心经营，投靠汪精卫，任伪要职，抗战胜利后，藏书一部分被充公。在杭州所藏，拨交给浙江省立图书馆。浙江省图书馆得 432 箱，计 50615 册。王存善亦喜校书，主要有《南朝史精语》《辑雅堂诗话》等。辑刊《寄青霞馆奕选》和《续编》各 8 卷，编印清初藏书家徐乾学、徐秉义的书目为《二徐书目合刻》。

因王存善在广东任职，故在传注中伦明归纳了光绪宣统年间，在粤任职的官员中好收藏者，"光宣间，粤吏多好收藏，如姚布政觐元、陆兵备心源、王观察秉恩、沈提学国桐、蒋运使式芬、汪知府大钧、莫知府棠、裴县令景福及子展辈皆是。"官吏藏书是当时之风尚，不少官吏藏书之名胜过其为政之职，

---

[1] 伦明 . 辛亥以来藏书纪事诗 [M]. 雷梦水，校补 . 上海：上海古籍出版社，1999：37.

如"人徒知方功惠而已，勿问其政声何似"，究其原因，在于"雅尚殊足嘉也"，"但论收藏趣自佳"[1]。

5.1.4.2 传一四二：潘明训（1867～1939），"百宋何妨又一廛，俗人雅事喜能兼"[2]。潘明训即潘宗周，伦明传注记其"少时供事洋行，现充英工部局总办"。经商成巨富，民国间曾任上海工部局总办。藏书专重宋刻。以巨资蓄书，"喜储宋椠，初以百种为限，闻近已逾限矣，并闻眼识甚高，元明以下蔑如也。"潘明训喜藏宋元古本，并得有 100 余种，均为精品。初得民国藏书家袁克文所藏宋刻孤本《礼记正义》《公羊经传解诂》二书。宋刻《礼记正义》70 卷 40 册，史家称"海内第一孤本"，系宋刻中极品，刊刻极为精美，书为南宋三山黄唐刊本，曲阜孔府旧藏，为海内孤本，每卷中都有季沧苇的藏印，潘氏见之大喜，诧为罕见，遂购之颜其新居曰"宝礼堂"此后竭力访求，先后收有"艺云精舍""宜稼堂""海源阁""读有用书斋"等藏书家的宋版书，20 余年间得宋版 107 部、元版 6 部，计 1086 册，均为精品。所藏咸储入工部局保险柜，外间难得一见。著名藏书家袁寒云（克文）曾以宋刊《礼记正义》登门求售，未几，袁氏所储善本十之六七均归潘氏插架。傅增湘藏书亦有部分归于他，藏书数量与黄丕烈等同。编成《宝礼堂宋本书录》4 册，每书先题书名、卷册数，其次考订版本题跋、版式、刻工姓名、宋讳、藏印等，按四部排列，附元刊本 6 种，多为黄氏"百宋一廛"、汪氏"艺芸精舍"、郁氏"宜稼堂"、杨氏"海源阁"、韩氏"读有用书斋"散出之物。中有宋廖莹中世采堂刻本《柳河东集》世间孤本，后归银行家陈清华。抗日战争期间，潘氏去世，其子潘世兹辗转将藏书运抵香港，曾先后捐献给岭南大学图书馆多种，其中珍贵者有元刊本 3 种；有百种宋刻精椠，解放初，全部捐献国家，藏北京图书馆。有《宝礼堂宋本书录》4 册行世，张元济作序。又有《宝礼堂书目》1 种，为张元济手订。

伦明由潘明训藏书之事引发感慨："案近来银行家，多喜藏书，武进陶兰泉、庐江刘晦之，其最著者也。闻杭州叶揆初者，亦浙江兴业银行董事，收藏稿本、抄校本甚夥。往日藏书之事，多属官僚，今则移之商家。官僚中虽不乏有力者，

---

[1] 伦明. 辛亥以来藏书纪事诗 [M]. 雷梦水，校补. 上海：上海古籍出版社，1999：37.

[2] 伦明. 辛亥以来藏书纪事诗 [M]. 雷梦水，校补. 上海：上海古籍出版社，1999：109.

而忙于钻营片逐，无暇及此，亦可以觇风气之变迁也。"对清末藏书风气由官僚转移至商家进行了描述，并认为官僚藏书虽尽力，但忙于钻营，故藏书量与质都无可比。

5.2 抒情传爱书缘

藏书诗多缘书事以抒情。叶昌炽的大批藏书纪事诗（416）首，记载都是有关刻书、校书、收书、抄书、读书的珍闻逸事，开创了系列传记七绝体式，实现了藏书史和文学史的巧妙结合，成为书林之掌故，藏家之"诗史"[1]。伦明《辛亥以来藏书纪事诗》中亦处处以诗传爱书情。例如，"非管吹翻一池水"，"直愁倾了两书城。"[2]"愁肠"二字淋漓尽致地表达了藏书家的爱书深情；"间摊往往获书佳，日日同寻府学街。岂是晚年憎绮业，割心一一遣金钗。"[3]描述了藏书家寻摊获书之勤和割心献书之慨；"累世搜储祖逮孙，海源恨不在桃源。杨江王目参差甚，兵火之余百一存"[4]的毁书之痛则千古悲叹；伦明曾"游沪，登阁阅览竟三日"[5]，痛惜涵芬楼因战乱"书与楼同毁"；"百年文献惟余此，遮莫诗魂散弹烟"[6]，则痛惜周铣诒辑的《沅湘耆旧集续编》等"百年文献""魂散弹烟"，付之一炬，"诗魂"概念，与"书魂"一词相映，言书烬魂散之苦。

"晚年贫病两缠身，卧榻谈书最有神。"[7]"谈书"是用口头表达心得的一种读书形式，王鸿甫到晚年处于贫病交加的困境依然卧榻阅读，谈笑有神，藏书人爱书之情跃然于诗句中，令人为之动容。"学就屠龙时已晚，众书端为一书

---

[1] 曾祥芹，刘苏义.历代读书诗 [M].北京：中国文联出版社，2001：42.

[2] 伦明.辛亥以来藏书纪事诗 [M].雷梦水，校补.上海：上海古籍出版社，1999：41.

[3] 伦明.辛亥以来藏书纪事诗 [M].雷梦水，校补.上海：上海古籍出版社，1999：101.

[4] 伦明.辛亥以来藏书纪事诗 [M].雷梦水，校补.上海：上海古籍出版社，1999：5.

[5] 伦明.辛亥以来藏书纪事诗 [M].雷梦水，校补.上海：上海古籍出版社，1999：109.

[6] 伦明.辛亥以来藏书纪事诗 [M].雷梦水，校补.上海：上海古籍出版社，1999：116.

[7] 伦明.辛亥以来藏书纪事诗 [M].雷梦水，校补.上海：上海古籍出版社，1999：77.

亡"[1]，描述熊罗宿"精鉴别，工心计"，但实验绘图配书的新法（用影版粘钢板上）未能成功，赞扬其探索精神，感叹其失败。古谚云："图书，图书，左图右书。"在探索"图文并茂"的征途上，藏书家曾经有多少挫折！"不辞夕纂与晨抄，七略遗文尽校雠"[2]夸赞孙人和"晨抄""夕纂"、校雠七略遗文的辛劳，敬佩其"全是为人谋"的藏书宏愿。的确，收书、读书是"益人益己"的崇高事业。"读书种子故家风"[3]，"读书种子"一词继承金圣叹的"书种"之说，意味代代相传的读书人就像"书种"绵绵不绝，使阅读的文化传承生生不息，这更是藏书家与读书家的宏愿。李桉"多藏禁毁书"，则显示了藏书家冲破官藏图书的局限，重视民藏图书的价值。"书目谁云出邵亭，书坊老辈自编成。后来屈指胜蓝者，孙耀卿同王晋卿。"[4]称赞孙耀卿著《贩书偶记》《丛书目录拾遗》，王晋卿著《古本过目记》，"皆具通人之识"，因而属于"青出于蓝而胜于蓝者"。"通人之识"可奉为藏书家与读书家的标准素养。"自标一帜黄汪外，天下英雄独使君"[5]，徐恕"所储皆士用书"，"尽读其所藏"，"暇则出游，志不在山水名胜，而在访书。""一切仕宦声利，悉谢不顾，日汲汲于故纸。版不问宋元，人不问古近，一扫向来藏书家陋习，与余所抱之旨，殆不谋而相合者。"[6]以此宣泄了藏书家的情志：读其所藏，不顾声利，就是"自标一帜"，堪称"天下英雄"！史书阅读离不开两部经典《史记》《汉书》（《前汉书》《后汉书》），伦明赞誉梁鸿志"遍征群书，作《钱牧斋两汉书考》"，因而有"梦寐追寻两汉书"[7]之感慨。

5.2.1　执志续书

伦明以续修四库为志业，《辛亥以来藏书纪事诗》中有不少藏书家亦与四库结缘，参与提要的收集与撰写。

[1] 伦明. 辛亥以来藏书纪事诗 [M]. 雷梦水，校补. 上海：上海古籍出版社，1999：96.

[2] 伦明. 辛亥以来藏书纪事诗 [M]. 雷梦水，校补. 上海：上海古籍出版社，1999：103.

[3] 伦明. 辛亥以来藏书纪事诗 [M]. 雷梦水，校补. 上海：上海古籍出版社，1999：105.

[4] 伦明. 辛亥以来藏书纪事诗 [M]. 雷梦水，校补. 上海：上海古籍出版社，1999：111.

[5] 伦明. 辛亥以来藏书纪事诗 [M]. 雷梦水，校补. 上海：上海古籍出版社，1999：115.

[6] 伦明. 辛亥以来藏书纪事诗 [M]. 雷梦水，校补. 上海：上海古籍出版社，1999：115.

[7] 伦明. 辛亥以来藏书纪事诗 [M]. 雷梦水，校补. 上海：上海古籍出版社，1999：119.

表 5.3 《辛亥以来藏书纪事诗》抒续书矢志

序号	内容	感慨
五九、刘体智 [1]	庐江刘晦之体智，好收四库书原本，为藏书家别开一格。	按乾隆时四库馆纂修诸臣，无识版本者，多以劣本充乏，证之《提要》可知也。又多所删书改易。慑主故一律改为抄本，以泯其迹。往余在沈阳时，主用刻本换写本，付影印，惟依四库所收三千余种，一一征求古本，大不易，此议止可托之空言耳。君所收即不能备，得君为倡，使后来藏书家注意于此，何可少也
六四、徐世昌附徐世章，孙师郑 [2]	菊人弟世章好收储，颇有佳本，尝得纪文达手改《四库提要》原稿	
六九、余嘉锡 [3]	武陵余季豫同年嘉锡，积二十余年之力，成《四库全书提要辨证》，博而核，止史子二部，已得七百余篇所辨者单就提要本文，证其舛谬，于阁书之割裂删改，尚未之及也	改字删篇四库书，馆臣属草更粗疏
一二六、金梁 [4]	金息侯同年梁，同客沈阳校刊文溯阁《四库全书》，事成为人忌阻，唯续编书目，倍增旧目，余一手所成，息侯为张学良作序。息侯前在京提议校印四库文源、文渊两本，皆事改垂成。今文渊阁已出样本，国联秘书长艾文诺已定留百本，亦为人所阻，息侯与余同抱伤心	试从四库溯渊源，续目校刊久对论

5.2.2 相识相知

伦明幼时即好读书，交游甚广，所游历所交往之处书不离手。《辛亥以来藏书纪事诗》充分反映了伦明和朋友们因书而聚缘，无论远近亲疏，无论是非褒贬，从中体会到浓浓的君子之交情。记载和描述了伦明和藏书家们寻书、谈书、论书、研习学术切磋之精彩片段。

[1] 伦明.辛亥以来藏书纪事诗 [M].雷梦水，校补.上海：上海古籍出版社，1999：44.

[2] 伦明.辛亥以来藏书纪事诗 [M].雷梦水，校补.上海：上海古籍出版社，1999：48.

[3] 伦明.辛亥以来藏书纪事诗 [M].雷梦水，校补.上海：上海古籍出版社，1999：53.

[4] 伦明.辛亥以来藏书纪事诗 [M].雷梦水，校补.上海：上海古籍出版社，1999：100.

表 5.4　《辛亥以来藏书纪事诗》藏书家相识相知

序号	交游论学	感慨
一一、孔广陶[1]	余方归自桂林，四五年间，月必数登其楼。菁华渐尽，剩者惟巨帙及习见本而已	五年访古百登楼，不汝瑕疵任取求
一八、谭献[2]	1. 仁和谭仲修先生献《复堂类稿》，余十余岁即读之，其诗词皆能背诵。 2. 余游杭州，入某书店，见架底有《述学》二册，细审之，乃先生评点本也。大喜，购之。记在涵芬楼见先生《董子春秋》稿本,先生治《春秋》主董子，必精心结撰之作，惜匆匆未及详阅	马总书携半部回，汪中述学没尘灰。平生矫矫西京学，不保江都一玉杯
二二、张之洞（一）[3]	又广购巨帙精椠，储之一楼，供诸生参阅。刊有《广雅书院藏书目》二册。余童时屡登楼观之。后书院废，一改为东文传习所，二改为高等学堂，三改为第一中学校	斋书粗劣院书精，广雅储才拥百城
二七、陈伯陶[4]	已巳，谒先生于九龙，留余饭。席间，谈及《梅村诗发微》，余急询："梅村题冒辟疆姬小像，末首'墓门深又阻侯门'句，阻侯门三字何谓？"先生曰："此指陈沅耳，辟疆尝属意沅。见陈其年妇人集。其时已归吴三桂，故曰阻侯门也。"往者故友罗瘿公即据此三字，为小宛入宫之证。冒鹤亭力辩其非，使早得先生是说，两君俱可以自喙矣	间为梅村笺本事，董姬原未入侯门
二九、梁鼎芬[5]	梁节庵按察鼎芬，余慕名数十年，未及修谒。戊午四月，遇于花之寺，询姓名，知为余，即曰："君家有多少好书耶？"余答："无有。"又曰："我曾借抄《瑶华集》，君记之耶？"盖十年前广州某书店，有蒋重光选《瑶华集》，君拟购之，未就，旋为余有。友人某向余借抄，久之，友始告余，实受君托。余瞿然不安，决以书奉君，而君已北行，余亦忘之矣	花之寺里遇花间，语及瑶华我恧颜
三九、屠寄[6]	戊巳间以国史馆事，重来京师，余在北京大学授课，往返经其庐，修谒较勤	日日先生住醉乡，生平不逐著书长。并时瑜亮难优劣，但见三都贵洛阳

[1] 伦明. 辛亥以来藏书纪事诗 [M]. 雷梦水，校补. 上海：上海古籍出版社，1999：8.

[2] 伦明. 辛亥以来藏书纪事诗 [M]. 雷梦水，校补. 上海：上海古籍出版社，1999：14.

[3] 伦明. 辛亥以来藏书纪事诗 [M]. 雷梦水，校补. 上海：上海古籍出版社，1999：17.

[4] 伦明. 辛亥以来藏书纪事诗 [M]. 雷梦水，校补. 上海：上海古籍出版社，1999：20.

[5] 伦明. 辛亥以来藏书纪事诗 [M]. 雷梦水，校补. 上海：上海古籍出版社，1999：22.

[6] 伦明. 辛亥以来藏书纪事诗 [M]. 雷梦水，校补. 上海：上海古籍出版社，1999：30.

（续表）

序号	交游论学	感慨
五二、夏孙桐[1]	师居麻刀胡同，与余寓相近，第就余借书，健步豪谈，见者不知其为八十一翁也	史稿难完又选诗，更修学案接前规。玉堂人向书中老，不是承明著作时
六十、刘承幹[2]	余未与君谋面，而君屡赠余书，盈数百册。己已南旋，道经上海，拟诣谢，杨子勤又作书为价，乃一来一去，俱阻船期，惘惘何已	比闻君搆家难，亏耗甚重，又传有曹仓失守之讯，后乃知其不然也
七六、梁启超[3]	一月，天津来书，以集部书相委，余复书略有所诤。大意谓时代愈迈，耳目难周，存佚无从定。《隋书经籍志》所云亡云有者，止据书目为断，以故其所亡者，往往发见于唐时。又辨伪一门，徒滋聚讼，不如听学者自辨，不必下我见。又书目以解题为要，不可如近人展转稗贩，讹谬杂出。先生虽未有后命，而书竟因之中辍。先生尝论《古文尚书》，谓洪良品持论甚好，吾无以难之，可惜自阎百诗作疏证以来，此案已定，不可翻矣。或质先生，言东晋至清初，千数百余年之定案，阎氏尚敢翻之，阎氏至今，岁止二百，而云案定不可翻，究竟主此案者何人？所持者何理？先生瞠目不能答	今日新非昨日新，尊师岂若友通人。错增朱例征经义，轻信阎书论古文
七七、章炳麟[4]	余杭章太炎先生炳麟，辛未再来故都，滞留半载，余倾慕三十余年，始得瞻仰颜色。谈次，论学推重宋儒，论文不薄方姚，与曩时意气迥异，是先生晚年进境欤，抑退境欤？非末学所能窥矣	北来留得雪泥痕，学养功深气象温
七八、刘师培[5]	余于己未始得识面，身顑而瘦，沉默寡言笑，手不释书，汲汲恐不及。逾年病殁，年止三十八。遗稿散佚，余所得除印本外，另从友人家抄得十余种。南君桂馨，先生故友也，托郑友渔介于张次溪而识余，述南君意，余尽举所有与之	向歆传世阐绝学，妙义时参新旧间。稿草不随黄土没，故人高谊邈难攀
八一、曾习经[6]	余壬寅来京师，多从君借书读。君喜谈书本，暇则偕游琉璃厂，随所见谆谆指示，余之癖于此，由君引之也	晚悟津门农利非，破书聊换首山薇

[1] 伦明.辛亥以来藏书纪事诗[M].雷梦水，校补.上海：上海古籍出版社，1999：40.

[2] 伦明.辛亥以来藏书纪事诗[M].雷梦水，校补.上海：上海古籍出版社，1999：45.

[3] 伦明.辛亥以来藏书纪事诗[M].雷梦水，校补.上海：上海古籍出版社，1999：63.

[4] 伦明.辛亥以来藏书纪事诗[M].雷梦水，校补.上海：上海古籍出版社，1999：64.

[5] 伦明.辛亥以来藏书纪事诗[M].雷梦水，校补.上海：上海古籍出版社，1999：65.

[6] 伦明.辛亥以来藏书纪事诗[M].雷梦水，校补.上海：上海古籍出版社，1999：69.

（续表）

序号	交游论学	感慨
八二、黄节 [1]	所储既多，不无罕见本，但性吝不肯示人。藏有汪龙撰《毛诗申成》稿本，未殁前数日，由余作价以副本归东方图书馆，余书则韫椟存北京大学	诗义参韩不废毛，兼之熟选读离骚。虽然弟子生前盛，怎及声名死后高
八四、樊增祥 [2]	樊山常语余，三十年前，曾以百金购一古铜器，爱而固扃之，不复取视。顷以售之某古玩店，如前价。计吾于兹物止两见耳，盖一见于买入时，一见于卖出时也。呜呼！此好古者恒有事，不足怪，静言思之，乃自怪耳，讵惟樊山然哉。君未殁前，书已多散出，余购得其旧藏明刻数种	梧门祭酒效升庵，物证留传匪二三。重感樊山惆怅语，卅年勤苦为厨蟫
八五、丁传靖 [3]	余每从借录，常借得丰润张氏《明季清初二十八科进士履历》，又借余《崇祯十五年缙绅录》，皆手抄之	阉公宦隐腹便便，年表开端顺治年
九一、沈应奎 附：张允亮 [4]	吴江沈羹梅应奎，丰润张庚楼允亮，与余订交较晚，而十余年前，余早识之厂肆。二君游必相偕，嗜好同，精识亦相等。他时记二君者，必为之作合传也	一双雅伴沈同张，厂肆时时见徜徉
九三、王鸿甫 [5]	我识君时，书未尽散，触目皆当余意，以初见不便问值。见《吕晚村惭书》二册，首有晚村遗像，从乞得之。未几，无一书存矣	乞得惭书晚村像，眼看国色属他人
九五、王瑚 [6]	丁巳，游广州，于登云阁书店购得宋本《淮南子篆图互注》，即余故物也。盖余于五六年前，以书托此店装修，久不过问，店主人因生盗心，诡云被某人借失，卒以赔补了事。君适与余谈及，取视之，果不误。余戏曰："真赃在此，我将兴讼。"相与一笑而罢	君朴实，无他所好，惟好书。长江苏省政日，故都书友造者，与行宾主礼，留宿衙斋，宦囊所得，尽付书肆，殁至无以为殓
九六、江天铎 [7]	近居沪上，喜搜求集部，每遇佳本，辄书来相炫。近得张来仪、储柴墟二文集，言来仪文为元文第一，柴墟为唐顺之师，顺之不能出蓝，皆其独到之见。余愧未读二家专集，无以复之也	竞公中岁研书法，余事论文语语精。近得张储二家集，为言风格压元明

[1] 伦明．辛亥以来藏书纪事诗 [M]．雷梦水，校补．上海：上海古籍出版社，1999：69．

[2] 伦明．辛亥以来藏书纪事诗 [M]．雷梦水，校补．上海：上海古籍出版社，1999：71．

[3] 伦明．辛亥以来藏书纪事诗 [M]．雷梦水，校补．上海：上海古籍出版社，1999：72．

[4] 伦明．辛亥以来藏书纪事诗 [M]．雷梦水，校补．上海：上海古籍出版社，1999：76．

[5] 伦明．辛亥以来藏书纪事诗 [M]．雷梦水，校补．上海：上海古籍出版社，1999：77．

[6] 伦明．辛亥以来藏书纪事诗 [M]．雷梦水，校补．上海：上海古籍出版社，1999：78．

[7] 伦明．辛亥以来藏书纪事诗 [M]．雷梦水，校补．上海：上海古籍出版社，1999：78．

（续表）

序号	交游论学	感慨
一一六、易学清附：陈之甫 [1]	家存先世遗书，厅壁楼槅皆贮满，未暇辨其版本，惟无嘉庆以后者。每册俱厚一寸以上，人呼易大本，书坊见之，不问而知为易氏书也。余屡造其家，见书日减少	百年文献回头忆，万卷烟云瞥眼过
一一八、莫伯骥 [2]	同邑莫天一伯骥，与余少相习。睽隔垂二十年，岁乙丑，阅粤报，见君论著，始通函商榷，自是往复不绝。君于是时，已从事聚书。又四年，余南旋，得观其所藏。闻迩年谢绝书客，手编藏书志已付梓，又深合老氏止足之义，余愧见未及此，使黄荛圃、张月霄辈知此意，何至垂老尽丧其所有哉。余与君，恰如虬髯公遇太原公子，知物无两大，遂遁迹为扶余国主，让老夫佗独霸南越，君闻此语，能禁一轩渠耶	君堪继起孔兼丁，我似相逢尹避邢。册万卷书非幸致，后身应是范东明
一二二、欧阳成 [3]	君尝为余言，人皆爱乡土，惟江西人不然，证之《豫章丛书》在本省销售者绝少可见	见君眷眷乡兼族，会见飒风起豫章
一三〇、张鸿来 [4]	以故所积日富，自营精舍，芸帙盈数屋，雅静整洁，佳本不乏，余每从借读焉	书中自有黄金屋，快哉书屋两兼之
一五三、叶德辉 [5]	长沙叶焕彬德辉，己亥春始于故都识面，约相互抄所有两家书，彼此有所欲得，抄就交换，以页数略相等为准。别后曾致长沙一书，未得复，而君难作矣	清话篇篇掇拾成，手编藏目不曾废。君见古本不多，所著《书林清话》《余话》，大卒撮自诸家藏书志。自编《观古堂书目》，亦无甚佳本。据云尚有《续目》，未编成，君殁后见其《郋园读书志》，不过如是，勿刊可也。然君素精小学，辑录各书，具有条理，但版本目录，非其长耳
一五四、王礼培 附：郭宗熙 [6]	己巳，余居沈阳通志馆，王君以书目一册，寄金息侯求售，凡三百二十五部，皆抄校本，皆有名人收藏图记。内有《文心雕龙》二册，注云"依季沧苇所影宋本过录，有《隐秀》一篇"，息侯与余相顾无法，余因录存其目一纸	京曹得暇话书丛，王郭同年志亦同

[1] 伦明.辛亥以来藏书纪事诗 [M].雷梦水，校补.上海：上海古籍出版社，1999：93.

[2] 伦明.辛亥以来藏书纪事诗 [M].雷梦水，校补.上海：上海古籍出版社，1999：94.

[3] 伦明.辛亥以来藏书纪事诗 [M].雷梦水，校补.上海：上海古籍出版社，1999：98.

[4] 伦明.辛亥以来藏书纪事诗 [M].雷梦水，校补.上海：上海古籍出版社，1999：102.

[5] 伦明.辛亥以来藏书纪事诗 [M].雷梦水，校补.上海：上海古籍出版社，1999：117.

[6] 伦明.辛亥以来藏书纪事诗 [M].雷梦水，校补.上海：上海古籍出版社，1999：118.

5.2.3 赏心悦目

身为藏书家，伦明在诗传中对传主们所藏精湛者在诗文间流露出羡慕与欣赏之意，如传五卢址"他若抄本明袁衮《皇明献实》、抄本明范守质《肃皇外史》，抄本明黄景昉《国史唯疑》、抄本无名氏《南渡录》，皆极罕见者也。"[1]；传一〇丁日昌（二）之"余所见最精者，有《禹贡图》《毛诗要义》、文与可《画絮》等。"但"后闻《禹贡图》归刘晦之，《毛诗要义》归李经迈，《画絮》未知流落何所。"深表遗憾[2]；对传一一孔广陶所刻书，称"惟《北堂书抄》有功艺林"[3]；赞传一四莫友芝"有绍兴三十一年刻《范香溪集》最佳"[4]；传十八谭献记载伦明"游杭州，入某书店，见架底有《述学》二册，细审之，乃先生评点本也。大喜，购之。"[5]欣喜之色，跃然纸上！传二二张之洞之"所藏书至辛酉散出，宋本止数种，《文中子》最佳。"[6]从二八徐梧生传文中伦明"所知者，有宋本《唐文粹》《攻媿集》，建本《文选》，巾箱本《荀子》《老泉文粹》，元本《困学纪闻》。其他明椠明抄佳本，不乏最佳者。北宋本《周易单疏》，为宋本经部第一，海内无第二本。"[7]伦明于三二陈宝琛处见其"家多藏书，其旧抄本《西园闻见录》，当属海内孤本"，虽"两见西园闻见录"，"余一见于丁闇公所，再见于邓文如所"，但"以卷帙之巨，未敢借抄也。""有心迻写力难任"[8]，遗憾之情溢于言表。传四五"绍兴王绶珊，余未识其人。有杜国盛者，撰《九峰旧庐藏书记略》，言其有宋本百余种，明本一千余种，方志二千八百一部，全国未收得者止十分之一。其嘉靖陆修《山东通志》，弘治《八闽通志》，明薛应旂《浙江通志》，明《绍兴府志》《宁波府志》《湖州府志》等，均棉纸精印，尤为世

[1] 伦明.辛亥以来藏书纪事诗 [M].雷梦水，校补.上海：上海古籍出版社，1999：4.

[2] 伦明.辛亥以来藏书纪事诗 [M].雷梦水，校补.上海：上海古籍出版社，1999：7.

[3] 伦明.辛亥以来藏书纪事诗 [M].雷梦水，校补.上海：上海古籍出版社，1999：8.

[4] 伦明.辛亥以来藏书纪事诗 [M].雷梦水，校补.上海：上海古籍出版社，1999：11.

[5] 伦明.辛亥以来藏书纪事诗 [M].雷梦水，校补.上海：上海古籍出版社，1999：14.

[6] 伦明.辛亥以来藏书纪事诗 [M].雷梦水，校补.上海：上海古籍出版社，1999：17.

[7] 伦明.辛亥以来藏书纪事诗 [M].雷梦水，校补.上海：上海古籍出版社，1999：21.

[8] 伦明.辛亥以来藏书纪事诗 [M].雷梦水，校补.上海：上海古籍出版社，1999：24.

所罕见云云。"[1] 传六十刘承干"所藏古本精椠不可胜数,旧抄本稿本亦多,若王惟俭《宋史记》、徐松《宋会要》皆巨帙,已归北平图书馆。所刻《嘉业堂》《求恕斋》《吴兴》诸丛书凡数百册,多罕见本,若杨子勤之《雪桥诗话》四集,皆资其所藏清代诗集也。"[2] 传一〇六沈宗畸"以编纂《便佳簃杂抄》之故,广收清代笔记数百种,多罕见之品。"[3] 传一三四周暹"向藏北宋本《文选》《(汤注)陶诗》最精。"[4]

5.2.4 传承沿革

文化的传承离不开藏书家们的世代相传和师门递嬗,《辛亥以来藏书纪事诗》中亦对父子或师生藏书之传承赞誉有加。例如,传一〇七:张伯桢(1877～1947),"抱残守缺谈何易,父子继承百世成"[5],作为康有为的高足,他一面校印《万木草堂丛书》,一面自著《南海康有为传》《万木草堂讲学记》《万木草堂始末记》《万木草堂丛书目录》及《袁崇焕传》等,并授其子编《清代学人年鉴》《清代朝野故事类编》《章太炎先生在狱逸闻》。特别在"亲其师,信其道,授其业"堪称典范。张伯桢幼年与伦明为同学,后和伦明一起治学20年,"幼年与余同学里邸,壮岁入都又与余同寓邑馆,凡二十年,朝夕与共"。喜收藏古籍和刊刻图书,搜集近代史料及其对粤东地区的先贤名人著述、诗文集颇丰。"国史久传六代名,回思家学想升平。"他因仰慕乡贤袁崇焕,整理出版遗集《袁督师遗集》。因此,伦明在《辛诗》中专为其设二传文,赞其"程史无须岳倦翁,自营草屋傍精忠"。其子"今次溪(笪溪)为《袁督师后裔考》,旬不愧家学矣。"故《辛诗》云:"流光邑乘兼家乘,岂是寻常继述同。"传一〇九为其子张次溪的诗传,伦明称其所收书多罕见,详列百余本要目[6]。这种上承下启的学术接棒与交棒,体现了藏书与阅读的文化递变作用。

---

[1] 伦明.辛亥以来藏书纪事诗 [M].雷梦水,校补.上海:上海古籍出版社,1999:35.

[2] 伦明.辛亥以来藏书纪事诗 [M].雷梦水,校补.上海:上海古籍出版社,1999:45.

[3] 伦明.辛亥以来藏书纪事诗 [M].雷梦水,校补.上海:上海古籍出版社,1999:85.

[4] 伦明.辛亥以来藏书纪事诗 [M].雷梦水,校补.上海:上海古籍出版社,1999:105.

[5] 伦明.辛亥以来藏书纪事诗 [M].雷梦水,校补.上海:上海古籍出版社,1999:86.

[6] 伦明.辛亥以来藏书纪事诗 [M].雷梦水,校补.上海:上海古籍出版社,1999:87.

表 5.5 《辛亥以来藏书纪事诗》赞父子或师门藏书继承者

序号	内容	感慨
四四、沈曾桐[1]	其季子某设书店于后门大街，曰赖古堂。售所售，颇得售价。数年后书尽，旋闭歇。周栎园亮工，有赖古堂，富藏书。其子在浚，字雪客，能继其志。朱竹垞云："黄子俞邰，周子雪客，藏书累叶，手迹犹新。"	赖古堂中无雪客，太邱门内愧元方。一官换得书归去，即是千金陆贾装
六八、贺涛附：贺葆真[2]	其子性存遵先志，岁有所益。以松坡常学于吴挚甫，于挚甫评点诸书，搜刻殆尽，谊笃师门，在近今尤不可多见	武强五世遵光泽，推及师门更美谈

5.2.5 悲恨离合

《辛亥以来藏书纪事诗》中既诉说了对藏书的热爱之情，亦表达了丧书的切肤之痛；未见之遗憾；亦或揭露藏书中之积习。

表 5.6 《辛亥以来藏书纪事诗》抒丧书之痛

序号	内容	感慨
八、丁丙[3]	宣统末，归江南图书馆，所余尚数倍。松生子立中（字修甫），能保守之，同时陆存斋编《十万卷楼藏书志》，另以守先阁所储归之于公，咨部立案。存斋殁未几，其子某以十万卷楼所有，售之于日本松崎，而守先阁无恙。但书目止寥寥一册，大都寻常抄刻本，视丁氏远不逮矣。日本岛田翰讥存斋市道，存斋有知，亦何以自解耶	不别精粗共部居，卷盈卅万二分余。守先阁上尘封外，未免相形愧小巫
十二、孔昭鋆[4]	岳雪楼书未散时，先取其佳本以归。有南园别业，饶花木之胜，余尝陪觞咏于此者数矣。不数年，家亦骤落，季修郁郁死。南园已易主为酒家	"他家玉貌惊初见，却是悲秋含怨时。"岁戊午，余在广州麦栏街邱某家，见宋椠王右丞、孟浩然、韦苏州诸集，旧抄《宋二十家文集》，毕秋帆、钱竹汀诸家校《资治通鉴》等书，并宋拓兰亭书画多种，皆孔氏抵债物，转数主而至邱也，为怃然久之

[1] 伦明. 辛亥以来藏书纪事诗 [M]. 雷梦水，校补. 上海：上海古籍出版社，1999：34.

[2] 伦明. 辛亥以来藏书纪事诗 [M]. 雷梦水，校补. 上海：上海古籍出版社，1999：52.

[3] 伦明. 辛亥以来藏书纪事诗 [M]. 雷梦水，校补. 上海：上海古籍出版社，1999：6.

[4] 伦明. 辛亥以来藏书纪事诗 [M]. 雷梦水，校补. 上海：上海古籍出版社，1999：9.

（续表）

序号	内容	感慨
一四、莫友芝[1]	先生有侄棠，字楚生，需次广东知府，亦嗜书，与王雪澄、沈子封辈同声气。辛亥之变弃官去。临行时，多所遗失。其挟而去者，未几亦散之沪肆。莫氏之书殆尽矣	云散烟消旧草堂，书业惊见影山堂。一家子弟同陵替，五马仓皇弃五羊
一八、谭献[2]	上海之役毁于火。不知海内有复本否	平生矫矫西京学，不保江都一玉杯
二一、吴式芬[3]	侍郎殁于辛亥后，遗书渐散，至去岁九十月间，出尤亟，日见打鼓贩趋其门。最后，山涧口书贩李子珍以千百金全有之，载数十车，人皆以为弃余物，不之顾。余翻阅半夕，得佳本数十种。其金石类有子苾校本《平津读碑记》、子苾稿本《贞石待访录》十八巨册，谐价未就，而吴氏之书，从此尽矣	山涧口家缣半夕，弃余仍是杂精粗
二八、徐梧生[4]	庚子之乱，多所丧失，而搜求不辍，较前犹盛也。学部设图书馆，多出君规划。殁于丙辰，遗书渐散，翰文斋诡得之。今岁夏，其家曾因此与翰文斋涉讼，不得直。其子某，求官于世交某君，以是书为贽。梧生弟植，居定兴。有所谓五公司者（即文友堂、文奎堂、宝文书局、晋华书局、待求书社），以八万金得其书，售之，不偿所出云	手定规模建石渠，好书留与后人畲。如何轻舍传家宝，来换应官一约符
三十梁思孝[5]	按察每得一书，必自写书名卷数刻于木夹上，字秀劲，售书时，其子以木夹有先人手迹，留之，余争不能得，然弃置不复问，厨妇旋杂薪炭摧烧矣	小人女子败而家，葛帔西华镜可嗟。痴绝买珠还椟事，无书何用保书柳
三一、陈庆龢庆佑[6]	公辅早殁，其孤不肖，以所遗书尽售于打鼓贩，得值极贱	打鼓担头论斤去，千金享帚独些些
三五、杨钟羲[7]	汉军杨子勤钟羲，与盛伯希为中表，辛亥后流寓上海，为刘翰怡校书，成《雪桥诗话》四集。未几，归京师。贫甚，尽货其书，惟存翁覃溪手写唐诗选六册，楷书绝精	格古旧闻郁华阁，抄诗曾住小玲珑。瓣香长奉覃溪手，手写唐诗楷绝工

[1] 伦明.辛亥以来藏书纪事诗 [M].雷梦水，校补.上海：上海古籍出版社，1999：11.

[2] 伦明.辛亥以来藏书纪事诗 [M].雷梦水，校补.上海：上海古籍出版社，1999：14.

[3] 伦明.辛亥以来藏书纪事诗 [M].雷梦水，校补.上海：上海古籍出版社，1999：16.

[4] 伦明.辛亥以来藏书纪事诗 [M].雷梦水，校补.上海：上海古籍出版社，1999：21.

[5] 伦明.辛亥以来藏书纪事诗 [M].雷梦水，校补.上海：上海古籍出版社，1999：22.

[6] 伦明.辛亥以来藏书纪事诗 [M].雷梦水，校补.上海：上海古籍出版社，1999：23.

[7] 伦明.辛亥以来藏书纪事诗 [M].雷梦水，校补.上海：上海古籍出版社，1999：27.

（续表）

序号	内容	感慨
三八、邓邦述[1]	盖君曾以书之一部归中央研究院，得值二万金。所鬻余者，别为之目也。君自序称："昔借债以买书，今鬻书以偿债。"嗜书者有同慨焉。君于近代本，殊多茫昧，如沈果堂《释骨》一篇，有单行写刻本，果堂集中亦有此篇。乃收一传抄本，且疑未曾付刻，如此之类，难免舍陋之讥矣	半生仕宦为书穷，可奈书随债俱空。群碧徒知尊古本，一篇释骨语槽槽
五三、陈毅[2]	君殁，书散出。当事仆与某书店侵蚀其值，过五分之三四，所得犹万余金云	漫言纸上全无用，不换功名亦换钱
七三、麟庆[3]	其家所藏书，皆钤"嬛嬛妙境"印，十年前，渐有散出，至去岁而大尽	余存有《嬛嬛妙境藏书目录》，系依四库分类，略备，惟不注明版本。亦有罕见者，有《鸿雪因缘》四集未刊稿，恽夫人之《正始集》原稿，及所收闺秀诗集单本数十册
七四、耆龄[4]	满洲耆龄字寿民，辛亥后尚存，与徐梧生善，终日摩挲古椠以为乐。所藏有汲古阁抄本《古文苑》《宋高僧诗选》《酒边词》《琴趣三编》等，后皆归袁寒云。光熙字裕之，住北新桥香儿胡同。丁戊到乙丙间，专收清人集部，多精椠，半归北平图书馆，半散书坊。余收得百余种	自此以后，满人无藏书者矣
七五、康有为[5]	先生性豪侈，用常窘，屡以《图书集成》抵债家，后竟弃之。先生书法为时宝重，殁后尤甚，门人徐某以整理为名，尽有之。其他图籍器物，则为女夫潘某所把持，尽散出矣	易米屡传博士券，泠痴几费门生钱。荀卿偶种焚书祸，庄叟何来胠箧篇
八八、方尔谦[6]	比闻书已尽出，日惟以借小债度活	十载津门阻消息，白头乞食向人间
一一七、辛仿苏[7]	君嗜欲多，无暇读书，又秘籍不轻以借人，身殁未几，所藏皆就地散矣，其家得值无几也	书不借人不自读，何如开阁放杨枝

[1] 伦明 . 辛亥以来藏书纪事诗 [M]. 雷梦水，校补 . 上海：上海古籍出版社，1999：29.

[2] 伦明 . 辛亥以来藏书纪事诗 [M]. 雷梦水，校补 . 上海：上海古籍出版社，1999：40.

[3] 伦明 . 辛亥以来藏书纪事诗 [M]. 雷梦水，校补 . 上海：上海古籍出版社，1999：59.

[4] 伦明 . 辛亥以来藏书纪事诗 [M]. 雷梦水，校补 . 上海：上海古籍出版社，1999：60.

[5] 伦明 . 辛亥以来藏书纪事诗 [M]. 雷梦水，校补 . 上海：上海古籍出版社，1999：60.

[6] 伦明 . 辛亥以来藏书纪事诗 [M]. 雷梦水，校补 . 上海：上海古籍出版社，1999：74.

[7] 伦明 . 辛亥以来藏书纪事诗 [M]. 雷梦水，校补 . 上海：上海古籍出版社，1999：94.

表 5.7 《辛亥以来藏书纪事诗》抒未见之遗憾

序号	内容	感慨
八六、钱学霈附：高燮 姚光[1]	余未识其人，十年来，屡欲到吴门一访之。计今年当七十余，不知尚健在否？又金山高燮字吹万，姚光字石子，余亦未识其人。但南北诸书店，咸啧啧称之，盖二君俱知学而又好积者。高君藏《毛诗》注本最多，又留意乡人著作，近见其摄印《明二何集》，亦罕见本也	平生足未涉吴闾，梦想苏斋时后方。三士都从耳边得，金山高燮与姚光

表 5.8 《辛亥以来藏书纪事诗》直陈藏书之弊

序号	内容	感慨
三七、张勋[2]	辛亥后，武人拥厚资，大治官室，以图书供点缀，惟张少轩将军勋，自有宗旨。所收书以殿本为限，殿本书又及百册者为限。书坊觊其重值，就不及百册者，每页中垫以纸，一册可分装二三册，张亦不细审也，自是遂成风气。其始犹用细洁之纸，渐且以粗劣者代之矣。其始但施于贵重之书，渐且普通之书亦为之矣	购者亦知其弊，吝不增价，而积习牢不可破，今沪渐尽效颦，甚矣，坏习之易移人也
三八、邓邦述[3]	盖君曾以书之一部归中央研究院，得值二万金。所鬻余者，别为之目。君自序称："昔借债以买书，今鬻书以偿债。"嗜书者有同慨焉。君于近代本，殊多茫昧，如沈果堂《释骨》一篇，有单行写刻本，果堂集中亦有此篇。乃收一传抄本，且疑未曾付刻，如此之类，难免谫陋之讥矣	半生仕宦为书穷，可奈书随债俱空。群碧徒知尊古本，一篇释骨语懵懵

[1] 伦明.辛亥以来藏书纪事诗 [M].雷梦水，校补.上海：上海古籍出版社，1999：73.

[2] 伦明.辛亥以来藏书纪事诗 [M].雷梦水，校补.上海：上海古籍出版社，1999：29.

[3] 伦明.辛亥以来藏书纪事诗 [M].雷梦水，校补.上海：上海古籍出版社，1999：29.

| 第 6 章 |

藏阅致书香——《辛亥以来藏书纪事诗》之创见

"好书堪读不堪藏。" [1] 伦明一语道破了"藏书旨在读书"的要核。如果藏而不读，读而不用，就失去藏书的意义。"书中自有黄金屋，快哉书屋两兼之" [2]，"书屋"与"黄金屋""两兼"的畅快，正显示了藏书家与读书家的志趣融通。诗之为"经"，表明读诗应采取审美和实用的双重视角，除了"人情"之外，还要"明志" [3] 沈德潜说："人谓诗主性情，不主议论，似也，而亦不尽然。……但议论须带情韵以行，勿近伧父（庸夫俗子）面目耳。" [4] 承继"诗言志"的传统，品读《辛亥以来藏书纪事诗》既要体味其诗性情结，更要领悟其诗性哲理，即诗句中所涵盖的读书、著书、传书之理。

6.1 读书通治学理

6.1.1 纲举目张

藏书家嗜书如命，倾囊购书，网罗美富，保存了大量珍贵典籍，同时他们不断开展整理、校勘、编纂等学术活动，如藏书目录的编纂，藏书的校勘，并

---

[1] 伦明. 辛亥以来藏书纪事诗 [M]. 雷梦水，校补. 上海：上海古籍出版社，1999：19.

[2] 伦明. 辛亥以来藏书纪事诗 [M]. 雷梦水，校补. 上海：上海古籍出版社，1999：102.

[3] 曾祥芹，刘苏义. 历代读书诗 [M]. 北京：中国文联出版社，2001：44.

[4] 曾祥芹，刘苏义. 历代读书诗 [M]. 北京：中国文联出版社，2001：39.

撰写了大量题跋，述著述之指要，辨一书之是非，考钞刻之源流，鉴版本之优劣，具有重要的学术参考价值和文献保存价值。

6.1.1.1　传二四：李文田（1834 ~ 1895），"不读书衣题识偏，那知精识媲全钱"[1]。李文田的藏书，与当时的京官藏书颇有不同，他的藏书取向体现了一个严谨的学者本色。其不以宋元版为重点，却取别家所忽略的西北地理和明代文集收藏，奠定了他作为藏书家的独特地位。《辛诗》曰："地征西北史南天，著作名山有佚编。"李文田存世的大部分著作都与西北史地有关，如《元秘史注》《耶律楚材西游录注》等是他在世时刊刻的，而他过世后由学生和朋旧整理出版的有《朔方备乘札记》《和林金石考》等。"其未刊稿，以《元史地名考》最巨"，伦明见到的李文田藏书特色，是指其所藏之书的书衣（封皮）上多有其用魏体楷书所写的书名，然后以小字记录其版本情况，最后以简短语句对该书作一评点。"每书衣皆有题识，辨证书中得失，无不精切，不似他藏书家但记得收岁月，板刻源流也。"伦明又记录了李文田藏书的另一重点"顺德李仲约侍郎文田，素究《元史》地理，好搜明季野史"。即明代野史与明人别集。李文田官至礼部侍郎，负责掌管国家的科举考试，他对于清代所严格禁毁的明代史料却怀有浓厚的兴趣。在其藏书所在地泰华楼中，除了西北史料，他所致力搜购的就是清代初期禁毁的明人野史和文集，可以说他是最早留意清代禁毁书目的学者之一。至于伦明提到的"丁氏持静斋中诸抄本，侍郎多有其副，中丞子惠衡所写赠也"。指泰华楼所藏丁日昌持静斋藏书钞本，则多由丁氏父子所赠送。丁日昌在朝中是广东同乡，同样酷爱藏书，是以丁氏所藏的善本多数录副本赠送李文田。

6.1.1.2　传三六：李希圣（1863 ~ 1905），"巴陵藏目渺无存，书跋徒留李亦元"[2]。李希圣为光绪十八年（1892）进士，官刑部主事。光绪二十八年（1902）充京师大学堂提调。初治训诂，通古今治法，尝纂《光绪会计录》以总综财赋，又草《律例损益议》，张百熙等极重之。其才气横溢，博学工文，有名公卿间。著有《雁影斋诗存》，传于世。《雁影斋题跋》共有 90 篇，每书皆记其行数、字数，

---

[1]　伦明 . 辛亥以来藏书纪事诗 [M]. 雷梦水，校补 . 上海：上海古籍出版社，1999：18.

[2]　伦明 . 辛亥以来藏书纪事诗 [M]. 雷梦水，校补 . 上海：上海古籍出版社，1999：28.

印记款识，力图还原古书面目，篇中所记于方氏所藏虽只存十一于千百，然而李氏有意挑选古刻秘钞记录在案，傅增湘曾考证到："顾余详览全编，录入宋刻凡二十四种，元刻凡三十三种。第其中如《仪礼图》《古今源流至论》《韩》《柳》二集皆元刻也，而误以为宋本。赵汸《春秋》三种，《宋史》《稽古录》《百川学海》《李文公集》《欧阳文忠集》《存复斋集》皆明刻也，而误以为元本。"李希圣坐拥书城，潜心考究，"于卷帙之异同，版刻之行格，收藏之印识，咸条分缕析，详著于编。使后人一展卷之顷而宛若自见其书，如问影于镜中，而图纹于掌上"，考证精审，记录綦详，是一部颇具考索价值的版本目录学术著作。藏书多有精品，大多来自于"碧琳琅馆"的旧藏，藏书处有"雁影斋"。藏书印有"湘乡李希圣藏书之章""李印希圣"等。

《辛诗》云"多少琳琅经手丢，更因献书博粗官"，将李希圣与方功惠的往来进行了精辟概括。湖南巴陵方功惠碧琳琅馆藏书名满海内，其搜讨至勤，好书有奇癖，闻人家善本，必多方钩致之，不可得则辗转传抄，期于必备，所入尽耗于书，为卷几盈五十万，宋刻元钞，罕见秘本卷帙浩繁。李希圣与方功惠孙方湘宾为旧交，时湘宾尽挈其书至京师出售，而李希圣恰幽忧独居，于是方湘宾请其厘定书目，梳理典籍，因而李得见皇皇五十万卷巨制，"遇旧椠精钞，随意记录，间加考证，以备遗忘"，"迨庚子夏五，红巾难作，湘宾仓卒南归，书亦稍稍为人售去。余所记，盖不及百种，于方氏藏书，不过九牛之一毛而已"。

6.1.1.3 传四三：沈曾植（1850～1922），"编成题跋待雕镂，藏目光窥海日楼"[1]。沈曾植为光绪六年进士，官至安徽布政使。戊戌维新期间，参加北京强学会，支持康梁变法。后因触怒权贵，辞官居上海。辛亥革命后，坚持"忠清"立场，参与张勋复辟，失败仍归上海。精研西北史地，又深谙古今律令。书法自成一派，近人誉为一代宗师。其藏书丰富，宋椠元刊近百种，有藏书楼"海日楼"，编撰有《海日楼藏书目》。著述多部，至今尚有未刊稿数种，存于后人手中。

沈曾植藏书起于他三十岁考中进士踏上仕途之后。起初由于家境较贫，加之官俸微薄，虽嗜求古朽，但丛书巨帙，善本名画，多不敢问津，只是在价格较低廉的书画中披沙拣金。他任京官时，是琉璃厂书肆的常客，书肆中有专卖

---

[1] 伦明. 辛亥以来藏书纪事诗 [M]. 雷梦水，校补. 上海：上海古籍出版社，1999：34.

拓片的澄清阁，经常来光顾的除沈曾植外，还有王廉生、李三老等人。王廉生较富，阁主每得好的拓片，都大致分作两份，价昂者归王廉生，价廉者归沈曾植，久而久之，成为规矩。

一日书肆中传言澄清阁将一宋拓礼器碑贱卖给沈曾植，王廉生便责怪澄清阁阁主，阁主急辩是明拓而非宋拓，王廉生不信，赴沈曾植处索观，果然是明拓，方才罢休。此后数十年沈曾植一直节衣缩食，购买他所喜爱的图籍书画。1912年沈曾植旅居上海时，从缪荃孙处借得一部明嘉靖本《山谷集》，喜爱之至，遂以百元买下，但囊中为之一空，生活困顿累日。经过多年的艰辛搜罗，加之鉴别精当，与其他藏书大家相比，虽藏品不能以万计，但精品亦琳琅满目。传注记载其"有《海日楼藏书目》，集中多题跋之作，曾影印手稿二册，首数篇即辨版本之作"，故《辛诗》言"编成题跋待雕镂，藏目光窥海日楼"。所著《蒙古源流笺证》已刊成。他若《元朝秘史注》十五卷附《九十五功臣名》一卷。《蛮书校补》一卷，《岛夷志略笺》一卷，《蒙鞑备录》《黑鞑事略》《西游记》《异域说》《塞北纪程》《近疆西夷传》各一卷，皆由吾友张孟劬为之校定。待刊尚有《诗文稿》《笔语》《杂俎》之类存于家，所藏书亦未散佚。

6.1.1.4 传五六：傅增湘（1872～1950），"篇篇题跋妙钩玄，过目都留副本存"[1]。傅增湘无论是在藏书、校书方面，还是目录学、版本学方面，堪称一代宗主。

其一生藏宋金刻本一百五十种，四千六百余卷；元刻本善本数十种，三千七百余卷；明清精刻本、抄本、校本更多，总数达二十万卷以上，是晚清以来继陆心源丽宋楼、丁丙八千卷楼、杨氏海源阁、瞿氏铁琴铜剑楼之后的又一大家。"南游江浙，东泛日本，海内外公私图籍，靡不涉目，海内外之言目录者，靡不以先生为宗。"

傅增湘有校书之癖。伦明赞扬傅增湘的《藏园题跋》妙在提要钩玄："过目都留副本存。"言傅增湘读书"过目不忘"，看一遍就在脑海里留下书的"副本"，这是"眼脑直映"的快读技能。"手校宋元八千卷"言其校书之多，"书魂永不散藏园"夸其读书之精，魂不舍书。"书魂"一词成为阅读学的尖端术

[1] 伦明.辛亥以来藏书纪事诗[M].雷梦水，校补.上海：上海古籍出版社，1999：42.

语。曾祥芹的阅读工具箱里就有适应文本结构五层次的一套读法:"语段抽义法、段落取精法、章节理意法、文篇归旨法、书本摄魂法。"傅增湘给自己作了规定,每天校三十页书。白天时间不够用,就熬到深夜。他嫌家中常有来人和杂事纠缠,就搬到别的房子里去校书。他心想,世间的善本珍籍无数,自己是不可能全部收藏到的,但每见一书就借来对校一次,其作用甚至胜过书归自家收藏。篇达一千卷的巨著《文范英华》,就是他在七十岁以后所校的。这样一部巨书就是四个年轻力壮的人不停地工作,也得一年功夫才能校完。到了晚年,傅增湘天天伏案校书,有时通宵不眠。即使在严寒的冬天和炎热的暑夏,他也坚持工作,不肯间断。有时家人摧他歇息,他也舍不得离开书房。"校书是对人类文明极有益的一件大事,庄子说,不为无益之事。人生在世,总要为人类做有益的事,怎么能虚度此生呢?"因此,为了校书他从不觉苦,仅《文苑英华》的校记就写了数十万字。每过一宋元本或明抄本,必以他过校一次。书不能皆为我有,已不啻为我有矣。又云:"每日校书,以三十页为度,平生所校,约八千卷,今日当日有所增也。"傅增湘每得一书,就撰写题跋一篇,每见一善本,也写一书录。在这些作品中,它辨版本之异同,校字句之误,穷搜宋代刻工姓名、避讳字样等资料,以资鉴别版本之佐证。其学识既精且博,往往发人所未发,详人所不能。他曾说,他所作藏书题识于版本校雠之学,能开自来目录学家所未开。

　　傅增湘还乐于传布古籍。他自己集资刊刻了《双鉴楼丛书》《蜀贤丛书》,以及《周易正义》《资治通鉴》等近十种单行本,这些书多为自己所藏善本。他还为商务印书馆涵芬楼提供古籍善本数十种影印出版,以广流传。其中《四部丛刊》初编、续编有他提供影印的善本三十余种。《百衲本二十四史》中有多种取自双鉴楼。他还为朱祖谋、董康、陶湘、徐世昌、吴昌绶、王大隆等提供书籍刊印。这与那些专以秘藏善本,不肯示人,甚至连书目也不肯公之于众的藏书家比起来,相距何啻千里!

　　傅增湘大规模收藏古书是从辛亥革命后开始的。他在参加南北和谈期间曾用百金购买一部宋版书《新刊诸儒批点古文集成》,这是他生平所购第一部宋版书,十分珍惜。然经张元济鉴定,此书乃为清四库进呈本,被馆臣窜易删落,面目全非,他深感痛惜,于是便更加发奋购书。他的藏书处名为双鉴楼。《辛诗》

云："海内外书胥涉目，双鉴已成刍狗陈。""双鉴楼"的来历是这样的：他的先人也有藏书，留下了一部元本《资治通鉴音注》。1916 年，他自己又从端方的藏书中买得一本南宋绍兴二年两浙东路茶盐司刊本《资治通鉴》。他把这两部宋元本合称为"双鉴"，以此作为自己藏书楼的名字。后来他又购得盛昱所藏的《洪范政鉴》一书。此书为盛氏藏书之冠，南宋淳熙十三年宫廷写本。这是南宋内廷遗留下来的唯一一部最完整的写本书。自宋至清末，它一直在内府保存了七百多年，民国初年才流落民间。其书笔法清劲，有唐人写经之风格，桑皮玉版，玉楮朱栏，有内府玺印，确实为罕见珍宝。从此，他的双鉴楼的"双鉴"之一，不再是元本《资治通鉴音注》，而是以南宋写本《洪范政鉴》来代替了。

傅增湘经常流连于北京的琉璃厂、隆福寺书肆，又常到浙江、安徽等地访书。每得知某地有善本，必求一得，倘若资力不及，也必求一见，把书借来，进行校勘。其所得薪金，除生活费用之外，全部用以购书。有时绌于资金，往往借债收书，或卖旧换新。"先生于书，随弃随收，毫无沾滞"，"其取之博者用以约，不滞于物斯至人。"伦明由此联想"每慨黄尧圃、张月霄辈，汲汲一世，晚岁乃空诸一切，盖由役于物而不知役物，卒以自困。如果能若先生者则近乎道矣"。伦明赞扬傅增湘既善于处理"博读"和"约写"的关系，吸取要"博"，运用要"约"；又善于处理"物"与"人"的关系，即"不滞于物"，言"先生于书，随弃随收，毫无沾滞"，借此批评黄、张之辈"汲汲一世"，"役于物而不知役物，卒以自困"。意味读者不要"役于物"，即被读物所役使，而要学会"役物"，做读物的主人。

6.1.1.5 传一四五：何厚甫，生卒年未详，"内家珍本到东瀛，册卷医方刻绍兴"[1]。何厚甫是清末民初北京琉璃厂会文斋书店主人。平时将所见古书均详记其行格、款式、序跋，积稿十余册，有不少出自诸藏书家书跋藏志之外者，精版本，生平所见宋元旧椠不可胜数。"于所见古书必详记其行格序跋，有出诸家书跋、藏志之外者"。传注记载其"尝从内监手得宋本《备全总效方》四十卷，前有绍兴二十四年四月二十日左朝奉大夫知平江军府事提举学事兼管内劝农使溧阳县开国男食邑三百户赐紫金鱼袋李朝正书序。每页二十行，行十六字。鱼尾下有刻工姓名，曾经季沧苇、徐健庵家藏，有"季印振宜""沧苇""乾

[1] 伦明. 辛亥以来藏书纪事诗 [M]. 雷梦水，校补. 上海：上海古籍出版社，1999：111.

学"徐健庵"诸印，不见诸家著录，盖孤本也"。但厚甫非常珍惜，不以示人。遗憾的是"其子介文友堂售于日本，得值七千金"。其后人通过琉璃厂文友堂之介售予日本，现归日本大阪武田长兵卫氏庋藏。对此伦明深表遗憾，《辛诗》首句即云"内家珍本到东瀛"。在其传注中还体现了藏书家之间的往来，"晚以郎园还往密，手批答问赠何兄"，何厚甫与叶德辉"谈版本相契"，"焕彬常手批《书目答问》以赠，书问往还不绝"。

6.1.2　学思结合

"学而不思则罔，思而不学则殆"，不少藏书家亦是学者，他们在收藏珍贵典籍的过程中不断地充实自我，提高学识修养，积累了不少治学之方，伦明在《辛亥以来藏书纪事诗》中言简意赅地娓娓道来。

6.1.2.1　传一三：陈澧（1810～1882），"群书手校墨淋漓，百册残余署学思" [1]。陈澧博学多才，对天文、地理、历史、数学、诗文、乐律、文字学、书法均有造诣，与卢同柏、桂文耀、杨荣绪被誉为"四俊"。先后受聘为学海堂学长、菊坡精舍山长。其藏书称"四部略备"，且评点殆遍，多精辟之语。因藏有《资治通鉴》《通鉴释文》《辨误宋元通鉴》等书，将藏书楼名为"传鉴堂"，另有"东塾书楼""忆江南馆"等。去世后，藏书被贱卖，多为徐绍棨所得。1924 年，广州政变，陈氏故居被焚，所有《东塾丛书》《东塾读书记》《东塾集》等藏版被毁。1984 年，其孙陈公睦将剩余之书 700 余册和陈澧书法作品等捐献给中山大学图书馆。藏书印有"东塾书楼""兰浦藏书""陈澧"等。

伦明用简练形象的语言描述了陈澧先生的治学之方："先生阅书至博，每书皆有校记。尝见《学思录》百余册，皆是先生手迹，即是《读书记》之底稿也。今归岭南大学。先生治学之法，凡阅一书，取其精要语，命抄胥写于别纸，通行之书，则直剪出之。始分某经，继分某章、某句、某字，连缀为一。然后别其得失，下以己见。如司法官之搜集证据，乃据以定案也。"

陈澧以 9 年时间著述最具经学思想的《汉儒通义》。他集汉代义理之说，论证了汉学与宋学门户之见毫无依据；提出不能以训诂（即汉学）和义理（即

---

[1]　伦明.辛亥以来藏书纪事诗 [M].雷梦水，校补.上海：上海古籍出版社，1999：10.

宋学）来衡量学术上的分野；主张打破门户之见，互为补充，各取所长。他还考证出《后汉书》作者范晔谋反被处死是一起冤案，以丰富的史实写了《申范》一书为其平反，在史学中独树一帜。他研究了《水经注》，著《水经注西南诸水考》，纠正其在温水、浪水、若水、淹水、沫水、青衣水、叶榆水、存水等水系地理状况的说误。他考证了我国最早的历法汉代"三统历"，著《三统术详说》。《汉儒通义》快成书时，陈澧投入了《学思录》的著述。《学思录》略仿顾炎武《日知录》形式，但更扩展为对经、史、子、文字学等作全面和系统的考证和论述。该书每章都作史料搜集、前人议论和自己考订、阐述、论辩，均能独立成为评传、史论或学术史是陈渔学术研究的崭新开拓。

陈澧藏书，四部悉备，无不有批评点校，所书评语，或朱或墨，皆庄重不苟。徐信符亦记载"观其（陈澧）手稿，又可知其治学方法，凡阅一书，继分某章、某句、某字，连缀为一，然后下以己见，评其得失，如司法官搜集证据，然后据以定案"。此方法上承司马光之治《通鉴》，下启陈垣先生之治历史，实是一脉。至民国，东塾遗书中的稿本及评校本多为时任广东省立图书馆馆长徐信符先生的南州书楼所得。

陈澧自己有一段话是谈其精读书的总结："自始自末读之，思之，整理之，贯串之，发明之，不得已而辩难之，万不得已而后排击之，唯求有益于身，有用于世，有功于古人，有裨于后人。"

6.1.2.2 传一五：李慈铭（1830～1895），"订疑补缺用功深，字细如绳密似针" [1]。李慈铭学识渊博，对史学功力尤深。诗文颇负重名，与王闿运世称古文二大家。日记三十年不断，后影印为《越缦堂日记》。

李慈铭喜藏书，有藏书室名"越缦堂""困学楼""苟学斋""白桦绛树阁""知服楼"等，卧床左右，罗列书柜，并排盆花，自称"书可以读，花可以赏，二者兼得，其乐无穷"。与大学士周祖培、尚书潘祖荫来往书信密切。其藏书不足万卷，但以精见称。自称"于经史子集以及稗官、梵夹、诗余、传奇，无不涉猎而模放之"。仅手校、手跋、手批之书有 200 余种。编纂有《越缦堂书目》，著录书籍 800 余种；又有《会稽李氏越缦堂书目录》，由云龙辑有《越缦堂读

---

[1] 伦明 . 辛亥以来藏书纪事诗 [M]. 雷梦水，校补 . 上海：上海古籍出版社，1999：12.

书记》，记其阅读书籍 990 余种。"订疑补缺用功深，字细如绳密似针"，体现了李慈铭的读书方法。言"订疑补缺"是个字斟句酌的细密似针的精深功夫。"每书皆有校注，经史要书尤详。"其《越缦堂日记》对古籍的解释、史料的鉴定考证、人物的评价等，有精到之评；以至本人的经历和对清末政治事件的描述，在近代史上具有重要的史料价值，为学者所重。

李慈铭认为"学诗之道必不能专一家限一代。凡规规摹拟者，必其才力薄弱，中无真诣"。他主张内有所蓄。同时广泛向前人学习，"汰其繁芜，取其深蕴，随物赋形，悉为我有"（《越缦堂诗话》）。他的诗大体遵循自己的主张，广采诸家之长，以写自身所遭之境，自心所生之感，创造一种"清淡平直，不炫异惊人"（陈衍《石遗室诗话》）的风格，如《自题霞川老屋图》《舟入青浦界作》《初夏舟出徐山村至清水闸作》等。在文章方面，李慈铭认为"文体必本韵偶"（《书凌氏廷堪校礼堂集中〈书唐文粹文后〉文后》），强调骈文之美。此外，他的词也有一些感怀身世之作。李慈铭除经、史著述之外，刻有《越缦堂文集》12 卷、《湖塘林馆骈体文》2 卷、《白华绛跗阁诗初集》10 卷及《霞川花隐词》。尚有《杏花香雪斋诗二集》《桃花圣解庵乐府》未刻。中华书局出版的《杏花香雪斋诗》10 集，为吴道晋所辑。

在伦明的传注中，还叙述了因李慈铭著述与《越缦堂文集》收藏的轶事。"迩年杭州书店，屡以愗伯精校书标目，索重价，则馆中所收，假未全也。"其《越缦堂日记》后六册求之樊山，不可得。据云存陕西故宅中。樊山殁，其家以争遗产构讼。陕西故宅及宅内所有，判归其嗣孙宝莲。余向宝莲询之，复言无有。或云是数册中，有菲薄樊山语，樊山恨之，已投烈焰中矣。""先生殿试策，不知何时归宝应刘君所有。吾友陈援庵以重值易得，极宝爱之。"短短一段，浓缩为一句"酒诰原来称脱简，焦琴何幸得知音"，记载了三件藏书轶事，可见《辛亥以来藏书纪事诗》之记事丰富，伦明文字之精炼。

6.1.2.3　传一九：平步青（1832～1896），"三百三家犹憾隘，待搜集目补文枢"[1]。平步青长于目录之学，所论丛书之起源，纂修年谱之学，均为后人治史提供了有益的借鉴和启迪。校书 88 种，如《陶庵梦忆》《两般秋雨轩随笔》

---

[1] 伦明. 辛亥以来藏书纪事诗 [M]. 雷梦水，校补. 上海：上海古籍出版社，1999：15.

等。一生著述宏富，"自订《香雪庵丛书》，凡二十种。惟《国朝馆选爵里谥法考续》三卷，《群书斠识》十一种，刊于生前。《樵隐者癖》二十卷，《霞外麕屑》十卷，刊于民国初。未刊者《读经拾瀋》一卷，《宋史叙录》一卷，《修明史史臣表》一卷，《文庙从祀议考略》二卷，《上书房行走诸臣考略》二卷，《南书房行走诸臣考略》二卷，《召试博学鸿儒考略》一卷，《荐举经学考略》一卷，《大考翰詹考略》一卷，《越中科第表》二卷，《浙江山阴平氏谱续》三卷，《司农公年谱》一卷，《群书斠识》七十六卷，《楹帖撷谈》二卷，《山阴平氏攟残集》一卷。尚有无卷数者，《瓜庐拾遗》等二十余种，稿藏于家，可谓盛矣！"同治十一年，平步青弃官归里，时年四十一岁。此后二十三年里他主要从事搜书、校书、作札记，自谓"于群书讹文脱字，援引乖舛，辄刺取他籍，刊误纠谬，一书有斠至数年未已者"。手校群书不下千卷，所作又以考辨疏证为多，如《园丛书》《群书斠识》。值得注意的是，平步青十分注重乡邦文献，如张岱的《陶庵梦忆》《有明於越三不朽图赞》、黄宗羲的《南雷文约》、全祖望的《鲒埼亭集》、章学诚的《实斋札记钞》及张煌言、祁彪佳等人作品他都曾批校、整理、刊刻过。他娴熟掌故，长于校勘，治学严谨，富有钻研精神，颇以绍承前清浙东学派自居，继承了乾嘉朴学和浙东史学的优良传统。"于群书讹文脱字，援引乖舛，辄刺取他籍，刊误纠谬，一书有至数年未已者。盛暑汗浃竟体，天寒皲瘃，不以为病。"（平步青自语）同时代的会稽学者李慈铭不轻易誉人，但对平步青却独表尊重，以为"博学强识，远胜于予"，并特别肯定了他在考证上的杰出成就。故《辛诗》云："抽簪早岁恣冥搜，霞外奇书纳众流。"但伦明亦指出"其斠书也，不凭异本，但以书证书，识其缺误。《昔癖》中有《国朝文椰题跋》六卷，凡三百三十余家。或疑其滥，余则以为高隘。暇拟补之，所增当在二倍以上。"昔人治史，端重古代。而平步青却一反常规，虽上述汉唐，然其所专注者为宋史、明季稗乘以及清末遗闻。读史有间，能为问题之研究，亦系平步青所长。他爱奇逞博，广搜遗闻佚事，似茫无边际，然时能拈出多为昔人所忽视的问题。

另传六七章钰近代藏书家，校勘学家。晚年居天津，以收藏、校书、著书为业。家有藏书处为"四当斋"，储书万册。"著有《读书敏求记疏证》，甚精核。

所藏多秘抄本。"章钰"自言假人旧校旧抄本，迻录新本，一岁得六百余卷"[1]，伦明自题校书图有句云："千元百宋为吾有，眼倦灯昏搁笔初。"其治学之方与伦明不谋而合，心意相通，故伦明言"此中滋味，想君能领之也"。传六九余嘉锡著名目录学家。自幼由父教习督课。17岁起攻读《四库全书提要》，一遇疑难，即予考证，每年录为一册，"改字删篇四库书，馆臣属草更粗疏"，"积二十余年之力，成《四库全书提要辨证》，博而核，止史子二部，已得七百余篇。所辨者单就提要本文，证其舛谬，于阁书之割裂删改，尚未之及也"。同时，伦明亦指出君此外校补之书尚多，于古今目录之学探索尤深[2]。传八〇王国维生平喜好藏书，著书，治学广博精深，"读书最精细，凡过目者，多有精密校本，所纠讹文阐新义，多谛当"，故"十余年来，故都言国学者，靡不曰王静安，几如言汉学者之尊郑康成，言宋学者之称朱子也。"[3]传一二一熊罗宿为皮锡瑞入室弟子，曾作《明堂说考误》，"比生绝学考明堂，是否平方误立方。""精研数十年，用算法制成小木块，以验其制。游沈阳，适遇拆城，谛视半日，因悟城制。又闭户覃思积年，绘出总分图一百余幅，每图附以详说，观者仍不易解也。"勤奋钻研的熊罗宿"精鉴别，兼工心计，积书甚富"，并努力寻求影印之更精更捷之新法，"居故都研求，得一新法，系用影版粘钢版上，以某项药水浸之，取出如字刻木上。"但因经营不善，败于《江氏音学十书》，"先生未设肆前二年，据云较石印工省，而先生是时境已大窘，不得一试。方研求之际，助之者有书庄伙计黄玉，玉能传其法，亦无有试之者。""并学屠龙时已晚，众书端为一书亡。"深深为其钻研精神所折服，但为其"遗稿并仅存之书，归南昌图书馆，尚得三千金"而遗憾[4]。

6.1.3　存疑解惑

质疑，是指提出疑问，待人解答，《辞源》曰："心有所疑，就正于人。"存疑，

---

[1] 伦明. 辛亥以来藏书纪事诗 [M]. 雷梦水，校补. 上海：上海古籍出版社，1999：52.

[2] 伦明. 辛亥以来藏书纪事诗 [M]. 雷梦水，校补. 上海：上海古籍出版社，1999：53.

[3] 伦明. 辛亥以来藏书纪事诗 [M]. 雷梦水，校补. 上海：上海古籍出版社，1999：68.

[4] 伦明. 辛亥以来藏书纪事诗 [M]. 雷梦水，校补. 上海：上海古籍出版社，1999：96.

是指有疑问，暂时存而不论。书之版本流传亦真亦假，在藏书家的交往中，亦不免会有疏漏与争论，伦明在藏书过程中发现了一些疑问，体现了其批判性思维活动，但是受限于各种因素而无法逐一释疑，存疑本身亦就是对学术的一种尊重和敬畏。《辛亥以来藏书纪事诗》的传注中不仅详记书之集散，也不回避一些疑而不解的问题，重视对藏书史实的记录与辩证。

6.1.3.1 传三：纪昀（1724～1805），"是书所引诸异本，非容舒所能见，文达兹举，殆善则归亲之意耶？"[1] 纪昀历任武英殿纂修官、"三通"馆提调兼纂修官、"功臣馆"总纂官、《胜国诸臣殉节录》总纂官、国史馆总纂官、方略馆总校、《四库全书》总纂官、《职官表》总纂官、《八旗通志》总纂官、实录馆副总裁官、会典馆副总裁官等。凡有编辑和修书的事情，其必在其中，参与重要典籍的编修不计其数。先后参与纂辑《热河志》，重订《张为主客图》，辑《沈氏四声考》，重订史雪汀《风雅遗音》，著《南行杂詠》，删定《陈后山集》《帝京景物略》《史通削繁》，点勘了《瀛奎律髓》《文心雕龙》《王子安集》《韩致尧集》《唐诗鼓吹》等书。

纪昀对文献学的最大贡献主要体现在《四库全书》的编纂上。《四库全书总目》是内容丰富、较系统地研究古典文献的重要工具书、解题式书目的代表作。为便于翻检，次年另编《四库全书简明目录》20卷，不收存目书，提要从简。笔记小说《阅微草堂笔记》和《纪文达公遗集》对于人们认识他在学术及文献学上的贡献也有着不可替代的作用。《纪文达公遗集》是他的一部诗文总集。纪昀对目录学的贡献主要体现在《四库全书总目》的编纂上。清代是我国目录学最繁盛的时期，各式各样的图书目录相继出现。就皇室而言，有《天禄琳琅书目》《续天禄琳琅书目》和《四库全书总目》（也称《四库全书总目提要》），前两种是专门注重版本的目录，后一种是18世纪中叶以后我国图书馆目录的典范。纪昀在编纂《四库全书总目》的过程中，不仅要对全局进行总揽，对体例进行斟酌，对文字进行润色并亲自删定，还要编注提纲，对子部校录，给经部诗类写小序等。纪晓岚作为总编官，汇集了当时全国出类拔萃的人才，因而它在我国目录学史上取得了空前的成就。

---

[1] 伦明. 辛亥以来藏书纪事诗 [M]. 雷梦水，校补. 上海：上海古籍出版社，1999：2.

　　纪昀之藏书铃有"春帆校正""心与古人会""校书天禄""河间纪昀""瀛海纪氏阅微草堂藏书之印"等。《辛诗》有言："河间四库读殆遍，所藏碌碌绝无奇。"伦明指出其以数千金买鉴古堂韦氏书，但书于戊辰岁全散出，伦明"于琉璃厂穆斋鬻书处见之，无宋元本，亦无精校秘抄，惟刻本都在嘉庆之前，略可贵耳"。并得其《河间纪氏家集》原写本两册。而前此亦得其《玉台新咏考异本》手稿本，及纪昀父亲容舒《杜律详解》传录本，二书在四库，一著录，一存目。但《玉台》题容舒名，《畿辅丛书》刊本同，而稿本则纪昀自著。证之后序，刻本题纪容舒，稿本题纪昀序。刻本"余自姚安归来"句，稿本姚安作栾阳二字外，文全同。由此推论"是书所引诸异本，非容舒所能见，文达兹举，殆善则归亲之意耶？"可见，伦明在藏书之时，对有疑虑之处能存疑、解疑，体现了治学严谨的态度。

　　从传文《考异》中语，近人丁福保又添人《八朝全诗》中，攘为己有。然稿本上方尚有评，无语不精。尝谓文达论诗之识，在清代应首屈，即覃谿不能及，亦在所评彦和、子元二书上。尝欲汇其文集笔记及评《玉台》《律髓》，王子安、李义山、苏子瞻诗集，题曰《纪河间诗话》，竟有人先我而为之者。阅其书，但辑《阅微草堂笔记》五种及《四库提要》集部中语而成。不知集部提要，不必尽出文达手，笔记偶引诗，亦未尝论诗也。《译解》说杜律亦妥洽，无大胆语，当为容舒作无疑。"亦可以看出，伦明从《八朝全诗》稿本的诗评中对纪昀有了新的认识，并打算汇集"其文集笔记及评《玉台》《律髓》，王子安、李义山、苏子瞻诗集，题曰《纪河间诗话》"，但"竟有人先我而为之者"，通过阅读《八朝全诗》，知其"辑《阅微草堂笔记》五种及《四库提要》集部中语而成"。结合《译解》，"始知家学善论诗"。对集部提要是否全部出自纪昀之手尚存疑，"不知集部提要，不必尽出文达手"，因为"其笔记偶引诗，亦未尝论诗也"。这样的论断应该是中肯的。纪昀晚年，曾自作挽联云"浮沉宦海同鸥鸟；生死书丛似蠹鱼"，堪称其毕生之真实写照。

　　6.1.3.2　传四一：缪荃孙（1844～1919），"张之洞《书目答问》，乃先生代作"[1]。博览群书是每一位有成就的藏书家成功的重要条件之一，缪荃孙也不例外。他

---

[1]　伦明．辛亥以来藏书纪事诗 [M]．雷梦水，校补．上海：上海古籍出版社，1999：32．

自小就十分喜爱读书，青年时代曾赴京应试，遇书辄购，中进士后，搜访异本，典衣购取，利用一切机会广收博集以充家藏，经过三十多年的遍访搜集，共收藏孤本、异本计十万余卷。《辛诗》云："一册垂为学海津，毕生事业与书亲。"缪荃孙在《艺风堂友明书札》中，记录了他同时代的知名学者如汪鸣銮、叶衍兰、沈曾植、张之洞、梁鼎芬、叶德辉、王光廉、罗振玉等一百多人，都曾为缪代购、代抄或赠送过典籍。他在研读过程中还撰写读书笔记，去伪存真。缪荃孙与当时许多著名学者、书法家、篆刻家交往甚密，进而形成互借藏书，交流治学心得的风气。"伟哉雕木破前例，几许刊传近代人。"伦明"最爱者，为所藏近代名人未刊稿本及已刊而罕见之单行本，记中不尽载也"。

《书目答问》是一部颇有影响的书目，在近现代流传很广，它给初学者指引治学门径，对研究者也有极大的参考价值。尽管它本身存在某种程度的错误和不足，但实践证明这是一部颇具水平的书目，自光绪二年（1876）刊布以来，有大量翻刻、校补版本面世。[1] 在主要撰述人张之洞去世以后，作者的真实性曾有争议，成为近代学术界的一桩公案：一说为张之洞自撰（或张之洞自撰，缪荃孙助理）；一说为缪荃孙代作；一说依据书坊旧本而成。

陈垣主"张之洞自撰说"，曾撰《艺风年谱与书目答问》一文 [2]，肯定《答问》的作者是张之洞，缪荃孙仅为助理。伦明先主"缪荃孙代作说"，后又主"依据书坊旧本说"。

1919 年至 1929 年的十年间，伦明对《书目答问》进行研究，批校补正全书，"通校全书的有胡玉缙、伦明两家。胡氏批校以考订古籍为主，内容固多精审，而涉及原书补阙纠谬之处不多。伦氏批校以考订版本为主，所补正于原书的明刊本与叶（德辉）本有些重复，但多比较罕见的清刊本。" [3] 这当得力于伦明收藏有丰富的清人著述和清刻清抄本。

---

[1] 来新夏等整理《书目答问汇补》（北京：中华书局，2011 年版）乃集大成之作，经眼的版本达到 49 种之多。附录一即为作者所见《书目答问》49 种的图版 55 幅。

[2] 吴泽. 陈垣史学论著选 [M]. 上海：上海人民出版社，1981:382. 又《图书季刊》1936 年第 1～2 期，第 19 页。

[3] 袁行云.《书目答问》和范希曾的《补正》[M]// 李万健，赖茂生. 目录学论文选. 北京：书目文献出版社，1985：391.

伦明批校本题记云：余过录此本在己未夏间，距今岁一周星矣。时时检览，偶有所见，亦注其下，未有识别，竟致混淆。忆乙丑始晤叶先生于都门，谈次各相见恨晚，约互抄借所未有书。别数月，余一寓书长沙，候起居不得复，未几，先生遂遭横祸。比闻其藏书散出，沪上旧都直隶书局售得其一部，以目见示，佳本十不二三，未知其他又失落何所，为之怆然，因授笔记之于此。己巳夏四月六日书于沈阳故宫之通志馆东莞伦明[1]。

伦明认为，《书目答问》系据"江阴某君记录旧本而成"。且《邵目》《鄦目》用的也是旧书坊"纪录秘本"。此说虽"属穿凿"，有"以传闻代替事实"之嫌[2]，但亦不失为一家之言。《辛亥以来藏书纪事诗》云：张之洞《书目答问》乃先生代作，据年谱则作于二十四岁时也。颇疑先生早岁从宦川滇，地既偏僻，又乏师承，何能博识若此？陈慈首云："是书盖江阴一老贡生所作。先生得其稿，又与张之洞共参酌成者。"慈首尝令江阴，所言或有据。此书津逮艺林，至今治学者无以易之，功亦大矣。而先生一生以书为事业，实肇于此。[3] 清末以来像周星诒、叶德辉以及伦明诸人批校的《书目答问》，世间尚有过录本，可资参考者不在少数。

6.1.3.3　传九七：姚华（1876～1930），"若果元本，岂非希世宝耶？"[4]姚华在京师居住时，和藏书家伦明为邻居，"居莲花寺，余旧邻也。"又和孙殿起为好友，对金石、书画、古籍多有收藏，但不通古籍版本之学。"君善书画，而不甚谈版本。厅室雅洁，触目璆琳也。"藏书楼名为"专墨馆"，环屋皆书，整洁高雅，藏有宋椠本《汉隽》《周易注疏》和明刻附图传奇多种。但其所收"《张子集》，题称元本"，伦明"疑即邱琼山刊正德本"，质疑"若果元本，岂非希世宝耶？"藏书印有"姚华私印""姚茫残臂""老茫父长生安乐""老茫"等。

[1] 来新夏. 书目答问汇补 [M]. 北京：中华书局，2011：6.

[2] 袁行云.《书目答问》和范希曾的《补正》[M]// 李万健，赖茂生. 目录学论文选. 北京：书目文献出版社，1985：386.

[3] 伦明. 辛亥以来藏书纪事诗 [M]. 上海：上海古籍出版社，1999：32. 陈慈首（1875～1932），名思，奉天辽阳人，光绪二十八年（1902）壬寅科举人。累任广西藤容二县知县，江苏江阴县知事。著有《西王母辑释》及《华藏诗集》。

[4] 伦明. 辛亥以来藏书纪事诗 [M]. 雷梦水，校补. 上海：上海古籍出版社，1999：79.

著《小学问答》《说文三例表》《黔语》《莲花庵书画集》《书适》《五言飞鸟集》《金石系》《黔语》《古盲词》《弗堂类稿》等。

　　6.1.3.4 传一一一：盛景璿（1880 ~ 1929），"唯是本独否，而名又互异，殊可怪也"[1]。传注曰盛景璿"寓广州城清水濠，与余旧居相距甚近。"其以经商为主，民国后，所经营之业改为官办。经商之外，热衷于文史和书画，喜藏书，其"濠堂"藏书楼有藏书数十架，间有宋元残本，收藏有清著名学者孙星衍、严可均合撰《说文解字翼》著述手稿 15 卷，"书数十簏，有宋元残本，又有陈东塾手稿若干册，题曰《学思录》，盖《读书记》之底本也。又有《说文翼》稿本，题孙星衍撰。按《式训堂丛书目》，有《说文翼》，题严可均撰，未刊成。"但《说文翼》伦明之友"符定一亦有此书，而缺首册，二册以下，无撰人名。伯渊、铁桥，他书合作者，兼题二人之名"。由此伦明存疑"唯是本独否，而名又互异，殊可怪也"。盛景璿还藏有番禺知名学者陈澧数百册《东塾读书记》（一称《学思录》）手稿等。《辛诗》云："廖刻删余东塾记，许书校定伯渊名"；另有广东地方史志、诗文及书画均有收藏。晚年藏书被同里藏书家陈融所购，归于"黄梅华屋"。藏书印有"濠堂所得善本""濠上草堂藏本""淡逋丙辰所得""芰舲""濠堂之印""虽贫不鬻""濠堂藏本之一""淡逋辛亥后得"等。

6.2 藏书达致用道

6.2.1 博阅所长

　　近代以来，受西学东渐的影响，西方各国的公共藏书制度逐渐传入中国，受到开明绅士的追捧，渐渐地，从 19 世纪末开始，以公众阅览为核心的西方公共藏书制度及其以书育才的实际功用已经深入人心，藏书形势和内容更加多元化。伦明在传四一缪荃孙中明确阐述了他自己的藏书嗜好："余最爱者，为所藏近代名人未刊稿及已刊而罕见之单行本！"[2]《辛亥以来藏书纪事诗》对藏

[1] 伦明. 辛亥以来藏书纪事诗 [M]. 雷梦水，校补. 上海：上海古籍出版社，1999：89.

[2] 伦明. 辛亥以来藏书纪事诗 [M]. 雷梦水，校补. 上海：上海古籍出版社，1999：32.

书家们藏书特色的采集细致详微，跃然纸上。

6.2.1.1　传五：卢址（1725～1794），"搜罗三十年，得书数万卷。"[1] 卢址少嗜古博学，尤喜聚书。遇有善本书，不惜重价购获。"闻亲朋好友有异书，宛转借抄，晨夕校雠。"如果朋友中有奇异的书籍，必千方百计借来抄写，并且废寝忘食地校刊核对古籍善本。先后得到谢象三、全祖望等家遗书，藏书数万卷。传注详细记载了其所藏之书"若李焘《续资治通鉴长编》，即昆山徐氏进呈副本。他若抄本明袁褒《皇明献实》、抄本明范守质《肃皇外史》、抄本明黄景昉《国史唯疑》、抄本无名氏《南渡录》，皆极罕见者也。"乾隆四十二年（1777）建藏书楼，取韩昌黎《赠玉川子》中"春秋三传束高阁，独抱遗经救终始"诗句，名为"抱经楼"。结构仿"天一阁"，与余姚卢文弨"抱经堂"有"东西抱经"之称。故《辛诗》语"抱经堂外抱经楼，此日芦家嫁莫愁。"又延请倪象占为他校编藏书，长达 10 余年，编撰《抱经楼藏书目录》4 册 12 卷，著录图书 90144 卷。钱大昕作《抱经楼记》，倪象占作《抱经楼藏书记》1 篇，阮元为之书写匾额。钱惟乔编纂县志，曾观览择采他的藏书。乾隆三十八年开四库馆，征集图书，他家进呈 20 余种。所藏书延续到民国初年流散，相继售与书贾，刘承干、孙毓修等家亦搜罗有旧藏多种。清朝咸丰十一年（1861 年），卢址的抱经楼藏书惨遭劫掠。但这些藏书不久后被人出售，被鄞县商人杨氏发现。杨氏花了二千六百金的高价将这些出售的书籍一通买下，并将它们悉数免费归还抱经楼，亦成为一时佳话。1916 年，有抱经楼所藏的五万多卷书籍在上海"古书流通处"书肆出售，开价五万元。这些藏书遂分散于江浙各藏家，其中的大部分流入吴兴刘氏嘉业堂。真可谓是"万卷校仇何处去，绿签碧轴尽归刘"[2]。

6.2.1.2　传三二：陈宝琛（1848～1935），"不观江海爱蹄涔，老去尤于诗律深"[3]。陈宝琛为同治七年进士、官太保，至宣统帝太傅。陈父陈承裘，好集古今金石书画和善本书，建有"居敬堂"。陈宝琛传其家学，性好藏书，购得同邑许氏藏书数万卷，又得"赌棋山庄"藏书，遂以藏书闻名。又获朝廷御赐

[1]　伦明. 辛亥以来藏书纪事诗 [M]. 雷梦水，校补. 上海：上海古籍出版社，1999：4.

[2]　伦明. 辛亥以来藏书纪事诗 [M]. 雷梦水，校补. 上海：上海古籍出版社，1999：4.

[3]　伦明. 辛亥以来藏书纪事诗 [M]. 雷梦水，校补. 上海：上海古籍出版社，1999：24.

书籍，另建"赐书楼"，广贮书籍，所藏旧抄本《西园闻见录》60 余册，是海内孤本；伦明传曰"家多藏书，其旧抄本《西园闻见录》，当属海内孤本，书为明张萱撰，萱我粤惠州人，全帙六十余册。往时，李仲约侍郎曾借录一部，后失去十余册。余一见于丁闇公所，再见于邓文如所，以卷帙之巨，未敢借抄也"。其藏书贯彻"书藏于私，不如藏于公"的理念，所藏《大清德宗景皇帝实录》800 册校稿本，均已归国家图书馆收藏。晚年，将所藏书的一半，赠予乌山图书馆、魁岐协和学院。陈宝琛"晚岁诗尤精细，不苟作"；"人传其专读《佩文韵府》，为作诗钟地也"。精书法，酷似黄庭坚。又喜画松，能篆刻、治印。藏书印有"螺江陈氏赐书楼藏书""听水斋主""沧趣老人"等。

6.2.1.3 传五八：陶湘（1871 ~ 1940），"以类求书书不同，巧于弃取绍陶公"[1]。陶湘民国 18 年（1929 年）应聘故宫博物院专门委员。晚年居上海。30 岁前开始收书，几十年得书 30 万卷。与罗振玉、徐乃昌、刘承干等人，都是辛亥革命以后刊印古籍最多的藏书家。传注曰："武进陶兰泉湘，不重宋元本，所藏明闵氏套印本、汲古阁刻本、武英殿刻本，俱完全不缺。又搜明刻附图诸书，五色红格医书，《汇刻书目》所载大小丛书，各甚备，不问何类，凡开花纸所印，皆收之，一时有"陶开花"之称。"伦明言其藏书特色为"以类求书书不同，喜印刻书，别出新意"，其不专重宋元古本，而以明本及清初精刊为搜求之目标，尤嗜毛氏汲古阁刊本，闵氏、凌氏套印本，武英殿刻本及开花纸本。"以类求书"即"分类求解"，即苏东坡的"八面受敌法"，即曾祥芹的"多光聚焦法"。采取不同视角去挖掘文本内涵，必然会得出不同的意蕴，"类解"越多样，书的内蕴越丰富。这是经典阅读的高妙思维。"巧于弃取"又一次强调"取舍得当"的技巧。

陶湘不仅藏书还喜刻书，"君喜印刻书，别出新意，所印《天工开物》等书，写工画工艺绝精，殊胜原书。又为张宗昌刻《唐石经》亦精，近又拟刻《新十三经注疏》。君常谓友人欲尽鬻所有，从事刻书，期之十年，可成百卷，流布他方，藉以不朽云"。刻有《儒学语》《百川学海》《程雪楼集》《喜咏轩丛书》《涉园所见宋版书影》等计 250 种左右。目录学著作除《明毛氏汲古阁刻书目录》外，尚有《涉园鉴藏明版目录》《清代殿版书目》《武英殿聚珍版书目》《内府

[1] 伦明. 辛亥以来藏书纪事诗 [M]. 雷梦水，校补. 上海：上海古籍出版社，1999：43.

写本书目》《故宫殿本书库现存目》等，均已行世。故《辛诗》云："藏书岂若传书久，欲散家资养刻工。"赞扬了藏书家散资养工刻书的可贵精神，但是"藏书"不如"传书"影响久远。伦明区分了"藏书"与"传书"，说明藏书而不读书，不经过跨时空的阅读，则书的传播会受到限制。

6.2.1.4 传五九：刘体智（1880～1963），"阁书异半证写本，各不相谋所见同"[1]。刘体智藏书有一个与众不同的特点，就是《四库全书》中被当时四库馆臣们删改过的书，他必须收得原来的旧本。"好收四库书原本，为藏书家别开一格"，他立志要把《四库》中"存目"之书，依目录统统收齐，收不齐就借来抄录副本。他要以一己之力，收齐《四库全书》所收书的原刻本，统统恢复旧貌，因此这小校经阁，书山书海，长年雇着十几名抄书、校书的工匠。伦明赞赏其做法，指出"我是空言君实做"，自己虽有心，但力不足，发现"按乾隆时四库馆纂修诸臣，无识版本者，多以劣本充乏，证之《提要》可知也。又多所删书改易。傻主故一律改为抄本，以泯其迹"。以往伦明"在沈阳时，主用刻本换写本，付影印，惟依四库所收三千余种，一一征求古本，大不易，此议止可托之空言耳"。但刘体智"所收即不能备，得君为倡，使后来藏书家注意于此，何可少也"。听闻刘氏"最近闻君营业亏累，不知波及藏书否？"担心其"莫教中道阻成功"。

刘体智藏书达 10 万册之巨。1934 年他的住宅里实在容纳不下日益增多的藏书了，只好专门造一藏书楼，取名小校经阁。他的藏书以明清精刻为主，亦不乏宋元古本。至解放时，尚有宋版 9 部、各地方志 1000 余部，善本达 1928 册（此为解放初上海市文管会接收时考订的结果）。这些书籍分装在 500 只特制的书箱里，打开书箱箱盖，上面罩了一层细细的铁丝网，这是为了在曝晒时防止老鼠钻进去而特设的。

6.2.1.5 传八五：丁传靖（1870～1930），"增益泾阳党人传，贯穿天水稗官编"[2]。丁传靖居京师时，尤喜藏书，藏书多宋明稗官野史，多有秘本，常至书肆收罗古书，积至数万册。为写作《宋人轶事汇编》常至书肆收罗古书，所以，

---

[1]　伦明．辛亥以来藏书纪事诗 [M]．雷梦水，校补．上海：上海古籍出版社，1999：44.

[2]　伦明．辛亥以来藏书纪事诗 [M]．雷梦水，校补．上海：上海古籍出版社，1999：72.

该书中多记录宋代民间文化、风俗、人物等典故。藏书处有"白雪庵",积至数万册。传注曰:"丹徒丁闿公传靖,治乙部书,尤好宋明稗官野史,搜访甚备,多秘本。"他利用有利条件,广集宋、明、清三代史料,从事著述。伦明曾向其多次借抄河北丰润张允亮收藏过的《明季清初二十八科进士履历》《崇祯十五年缙绅录》等书。"余每从借录,常借得丰润张氏《明季清初二十八科进士履历》,又借余《崇祯十五年缙绅录》,皆手抄之。"一方面体现了伦明书癖笔痕之精神,另一方面亦体现出丁传靖收藏之独特。这些书籍,建国后由其子丁瑗(号蘧卿)捐献给镇江绍宗国学藏书楼。现归于镇江市图书馆收藏。丁传靖亦长于诗文,熟谙宋史,"所著有《清督抚年表》六卷,《清大学士年表》三卷,《清六部尚书年表》四卷,《清军机大臣年表》一卷,《清代名人齿表》三卷,《历代帝王直系宗谱》五卷,《两朝人瑞录》二卷,《宋人轶事汇编》二十四卷,《东林别传》二卷,《甲乙之际官闱录》二卷,稿藏于家。已刊者有《张文贞公年谱》。"[1]

6.2.1.6 传一〇一:叶恭绰(1881～1968),"收辑名人遗像备,选抄近代好词成"[2]。清代学术繁荣,人才辈出,有关清代学者的言行、著作的记载颇多,但因体制、年代、剪裁问题并未出现一部集聚各个方面的著作。叶恭绰的祖父叶衍兰有志于记述名人事迹,广搜一代学者之像。叶恭绰秉承祖学,续编《清代学者像传》,共收录清代学者 370 人。书中的画像都来自"家传神像"或遗集附刻和流传摄影,都有一确切底本,且叶恭绰精通图画画技和书法,又熟悉朝章掌故,因此,本书记录的人物图像资料应是非常准确,对研究书中人物画像及传略有很高的参考价值。传注记载"又其祖栏台先生曾手写名人画像,并附辑小传,君以为未完,而思补之。故于诗文集之附遗像者,求之唯恐不及,所收皆甚备"。《清代学者像传合集》书中,共收录了大约 30 名广东学者,包括与广东有关的外省籍官员、学者的资料。从一定意义上说这部书展示了清代岭南学术的发展史,对于广东学者研究清代学术史,其价值是不言而喻的。在其《全清词钞》中也收集不少广东一带词人作品。叶恭绰为追慕之情出版的《总理遗墨》收入孙中山许多手札并谈到广东军政,足以填补史料中的空缺。叶恭

[1] 伦明.辛亥以来藏书纪事诗 [M].雷梦水,校补.上海:上海古籍出版社,1999:72.

[2] 伦明.辛亥以来藏书纪事诗 [M].雷梦水,校补.上海:上海古籍出版社,1999:82.

绰为众多名人名作写了序跋。其序跋和书中也颇多广东内容，如收集明、清以来广东学者的诗文、书画和清末后广东诗人的集序；歌颂广东爱国反侵略斗争；整理北京的广东各会馆文献，编写《北京岭南文物志》（跋）；搜集广东方志，为名寺做题记，加以推广。这些举措足以在多个方面保留下了广东文献资料，以备后人参考。

叶恭绰喜欢佛学，收录了许多佛经，还经常建寺弘法，保护佛教经典文物。叶恭绰于 1924 ~ 1925 年多次建议当局刊印《大藏经》，在其《历代藏经考》中更表明愿当局编纂《中华大藏》。1923 年，在上海发起影印 1930 年西安卧龙寺和开元寺内发现的宋版《碛砂藏》是文献版本学一大贡献。又保存五代吴越国《金字法华经》。叶恭绰对佛寺及佛教典籍的重视，保留了大量佛教文献资料，必定在很大程度上利于佛教文献学的发展，更利于推动佛学发展。叶恭绰在敦煌学的研究方面成就同样显著，《遐庵汇稿》记载叶恭绰认为有志之士必是注意借鉴前朝经验，及时拾掇，广咨博采，以保妙典。他特别擅长诗词研究编印，他和龙榆生合办的《词学季刊》是民国年间有影响的学术刊物。他整理和编选清词文献，并归纳总结清词的三变和流派分化，在至今的清词研究中都有很高的参考价值。他主编的《广箧中词》《全清词钞》是清词研究的重要成果，弥补了前人关于清词研究的不足，具有极大的目录文献价值。除了清词研究，他的其它诗词研究文章中也涉及许多文献史料，如对诗人的生平资料、交友记录、作品点评，以及对时人本身的评价都有很高的文献价值，可资考证，《瘿庵诗序》中还介绍诗人诗作的思想变化过程，《汇合宋本两部重印淮海长短句》保留了诗人的稀世珍作，使后人知晓，《龚氏词断跋》给后来研究者留下考证内容的线索，还有记录典籍文献的流传去向如《宋米元章》一文，保存历史资料，如《清张见阳》介绍清朝官制。

伦明归纳叶恭绰藏书特色为"亦喜收书，但与时人微异。时人喜收省府州县乡镇志，而君独收山志及书院志；时人喜收诗文集，而君独收词集。君素好佛，故多收佛经"。叶恭绰于诗文、考古、书画、鉴赏可谓无不精湛。搜藏历代文物，品类颇广，至为丰富，为保存国宝不遗余力。故《辛诗》云："卧游聊复读山志，素食原来究佛经。收缉名人遗像备，选抄近代好词成"视为叶恭绰学术之浓缩。

6.2.1.7 传一三八：马廉（1893～1935），"曲学唯须数曲名，昇平署不敌隅卿"[1]。马廉"收藏曲本甚夥"，多收藏明清小说戏曲及明末文献。卒后，所藏归北京大学。"隅卿素不治学，居然拥皋比矣。身后所藏曲本，售之北京大学，得值万数千金。"据传注记载，马廉先生还从京郊通州王氏手中购买了大量的曲本。"转怜王瞎穷难死，病榻应闻太自声。"北京大学图书馆在马廉先生诞辰一百一十周年之际，整理出版的《不登大雅文库珍本戏曲丛刊》序中也指出：马廉先生从京郊通州王氏处购置了大量稀见曲本，极大地丰富了他的收藏，成为他藏书中的珍品。"通州王某，目短视，人称王瞎子。性爱明刻带图之书，不惜直，所得多曲本。然王故重图不重曲，手自摹写，工妙胜原图。去官，贫无聊，尽以质于隅卿，得值甚微，后悔之，愤艾成疾，卧床数载。今隅卿所有，多其物也。""曲学"即戏曲之学，或"曲本阅读"，属于文学体裁阅读之一种。伦明对马廉的曲本阅读的褒奖，就像重视张次溪的《清代燕都梨园史料》和易学清的《六十种曲》那样，给戏曲阅读以重要地位。

6.2.1.8 传一四〇：冼玉清（1894～1965），"好古好游兼两类，更看万里记孤征"[2]。冼玉清被誉为"岭南才女"，精通传统诗词书画，对发掘岭南乡土和佛教典籍贡献卓著，传注云"南海冼玉清女士，现教授岭南大学，助校中收粤人著作甚备。撰有《粤人著述过眼录》。"其一生收藏图书不懈，以广东文献为最，和徐信符交往颇密，辑有《南州书楼所藏广东书目》。多次访问广东藏书家，如辛耀文、潘明训等；先后藏书万余册，藏于"碧琅玕馆"中。著述甚丰。"女士又撰《管仲姬书画考》，谓仲姬画，十之九出伪作，其愈工者愈伪"伦明认为冼玉清"此论前人未道及也"。"跋书何让沈虹屏，辨画真知管道升。"并称赞其游历广泛，"前人谓徐霞客好游而不好古，陈寿卿好古而不好游，女士殆兼之矣"。

《辛诗》中还体现了不少藏书家们的藏书喜好。例如，传九六江天铎"喜搜求集部，每遇佳本，辄书来相炫"[3]；传一〇〇陈垣"君藏书数万卷，非切用

---

[1] 伦明. 辛亥以来藏书纪事诗 [M]. 雷梦水，校补. 上海：上海古籍出版社，1999：107.

[2] 伦明. 辛亥以来藏书纪事诗 [M]. 雷梦水，校补. 上海：上海古籍出版社，1999：108.

[3] 伦明. 辛亥以来藏书纪事诗 [M]. 雷梦水，校补. 上海：上海古籍出版社，1999：78.

者不收"，伦明赞其"较谈版本目录者，又高一等矣"[1]；传一〇二钱基博"尤喜搜近代学人故事"，故成《现代中国文学史》[2]；传一〇三章士钊"于唐宋诸家，独重柳宗元，因是凡诸家评点柳集，搜集独备，喜收清代名家手稿"[3]；传一〇六沈宗畦"广收清代笔记数百种，多罕见之品"[4]；传一一〇陈融"广收近代诗集，至千数百家"[5]；传一二五刘绍炎"二十年，以购古本书著闻"[6]；传一二八马叙伦"不善词，而好收词集"[7]；传一二九金钺"乡贤著作网罗勤，铅椠连年自策勋。"尤好搜集乡贤遗著，选录刊传，有《屏序丛刻》十五种，续刻三种，《金氏家集》四种，《天津文抄》。自著有《天津县新志》《天津政俗沿革记》《天津诗人小集》十二种，其他尚有若干种[8]；一三一孙人和"喜校雠，经子要书，皆有精校之本。所收书，亦以涉于考据者为准"[9]；传一五一方觉慧"全明故事书充屋，例目光惊刘子元"，拟改造《明史》，拟有例目一册。大旨诸帝本纪主简要，非重要列传，拟改为表。志增于旧，重要之事，自为专篇，即《度支志》一门，已成数千巨册。因此"所收明代史料，盈数屋，尚搜访未已，自云切要者有三百余种，屈翁山《四朝成仁录》足本，亦有之。"[10]尤其重要的是在传一一九张柳池（附杨歔谷）的两句诗中表达了两个重要阅读思想："诗书何罪付秦燔"——控诉秦始皇焚书坑儒；"异学同源待讨论"——提出了中外阅读学同源待究的问题。传注记载"番禺张柳池，成都杨歔谷，一西洋学生，一东洋学生也，俱好聚书。柳池初收小学类，渐及精椠古本；歔谷所得且有宋元本，与后生辈仇视旧籍，致欲摧烧之为快者异趣矣"由二生藏书特色的比较中听闻出中西藏书之特色之差异：言"欧洲人亦重视古本，亦讲校雠，且法比吾国加密。若东方诸学者，则治考据、校

[1]　伦明. 辛亥以来藏书纪事诗 [M]. 雷梦水，校补. 上海：上海古籍出版社，1999：81.

[2]　伦明. 辛亥以来藏书纪事诗 [M]. 雷梦水，校补. 上海：上海古籍出版社，1999：82.

[3]　伦明. 辛亥以来藏书纪事诗 [M]. 雷梦水，校补. 上海：上海古籍出版社，1999：83.

[4]　伦明. 辛亥以来藏书纪事诗 [M]. 雷梦水，校补. 上海：上海古籍出版社，1999：85.

[5]　伦明. 辛亥以来藏书纪事诗 [M]. 雷梦水，校补. 上海：上海古籍出版社，1999：89.

[6]　伦明. 辛亥以来藏书纪事诗 [M]. 雷梦水，校补. 上海：上海古籍出版社，1999：99.

[7]　伦明. 辛亥以来藏书纪事诗 [M]. 雷梦水，校补. 上海：上海古籍出版社，1999：101.

[8]　伦明. 辛亥以来藏书纪事诗 [M]. 雷梦水，校补. 上海：上海古籍出版社，1999：102.

[9]　伦明. 辛亥以来藏书纪事诗 [M]. 雷梦水，校补. 上海：上海古籍出版社，1999：103.

[10]　伦明. 辛亥以来藏书纪事诗 [M]. 雷梦水，校补. 上海：上海古籍出版社，1999：115.

雠、版本、目录，与吾国老儒无异，而加以专精。由此感慨"因知学虽异，其同者固有在也。"[1]藏书与阅读学的民族化必须与国际化相沟通，以此促进人类藏阅文化的共同发展。

6.2.2 细校精刻

在《辛亥以来藏书纪事诗》中还可以看到，不少藏书家同时又是校勘学家、刻书家。他们所校刻之书都经细校精审，洵为善本。伦明十分赞同张之洞之见解，指出"张文襄作《劝刻书说》，言凡有力好事之人，若自揣德业学问，不足过人，而欲求不朽者，莫如刊布古书；但刻书必须不惜重费，延聘通人，甄择秘籍，详校精雕，其书终古不废，则刻书之人，终古不泯云云"[2]。如传一一孔广陶"所刻书，惟《北堂书钞》有功艺林。盖少唐借钞周季贶本，又合林飏伯国赓等，逐条细校，实胜祖本。"[3]传三九屠寄"先生殁时，《史记》仅刻成十册。同时柯凤孙先生撰《新元史》亦刻成，几及百册，而坊间售柯书者，仅值三四十元，售先生书者值至七八十元，盖《史记》久不印刷，欲得之者众故也。"[4]传四一缪荃孙"其自刻者，若《云自在堪丛书》《藕香零拾》《烟画东堂小品》《古学汇刊》《常州骈体文录》《词录》等。代人刻者，若盛氏《常州往哲遗书》初、二集，刘氏《聚学轩丛书》、端匋斋《东坡七集》等，大抵偏于近代。"[5]传四七王秉恩"所刻多乙部切用之书。盖之洞雅慕阮文达，文达创学海堂，之洞亦创广雅书院；文达刻经解诸书，之洞则刻考史诸书，不相袭而遥相师也。之洞移鄂，君亦去职。代者但取闽本《武英殿取珍丛书》复刻之，糜十数万金，刻事随辍。"[6]传四九张钧衡"尝刻《适园丛书》七十余种，又刻《择是居丛书》；仿宋元本《尚书正义》《吴郡志》《周此山集》等数十种。"[7]传

[1] 伦明.辛亥以来藏书纪事诗 [M].雷梦水，校补.上海：上海古籍出版社，1999：95.

[2] 伦明.辛亥以来藏书纪事诗 [M].雷梦水，校补.上海：上海古籍出版社，1999：8.

[3] 伦明.辛亥以来藏书纪事诗 [M].雷梦水，校补.上海：上海古籍出版社，1999：8.

[4] 伦明.辛亥以来藏书纪事诗 [M].雷梦水，校补.上海：上海古籍出版社，1999：30.

[5] 伦明.辛亥以来藏书纪事诗 [M].雷梦水，校补.上海：上海古籍出版社，1999：32.

[6] 伦明.辛亥以来藏书纪事诗 [M].雷梦水，校补.上海：上海古籍出版社，1999：36.

[7] 伦明.辛亥以来藏书纪事诗 [M].雷梦水，校补.上海：上海古籍出版社，1999：38.

五八陶湘"喜印刻书，别出新意，所印《天工开物》等书，写工画工艺绝精，殊胜原书。"[1] 传六二刘世珩伦明明确指出："贵池刻书爱仿宋，成就武昌陶子麟。本来未见中郎貌，究是中郎是虎贲。"因为刘世珩虽"精鉴藏，刻书好仿宋"，但皆出武昌陶子麟手。"所刻如《孔子家语》《陶诗》《杜诗》之类，余终疑是明翻宋本，非果宋本也。凡陶氏所刻之书，皆作如是观。"[2] 传七九杨守敬"又为黎莼斋刻《古逸丛书》，除《庄子注疏》、蔡刻《杜诗》外，皆吾国久佚之本也。其雕版之精，实出宋椠上，《谷梁传》尤精佳，无一笔异形。"[3] 传九九张国淦"曾编《湖北宋访书目》，按各府厅州县艺文志及见之他书者，各列其目，寄各该地人士按目搜访。又分送友好中好收藏者，各以所见注于书目下，或补其所未有。"伦明认为此法可推行，"刊全省丛书者，宜取以为法也。"[4] 传一〇六沈宗畸"尝刻《晨风阁丛书》及《拜鹭楼小品》。"[5] 传一二三张凤台虽为省长，但"亦刻书，以汪介人《中州杂俎》最佳"，"家富而性吝，好聚书。余每于小市书摊遇之，好争论锱铢。或告余曰，此参议员张凤台也。其所藏也，殁后京寓之书尽散，余未得见，闻有佳本。"伦明诗云："落日书摊每遇君，与君同好不同群。"[6] 传一四八董康"尝聚工匠于法源寺刻书，数十年不辍"，其"影刻宋残本《五代史评话》，摹刻绝似，极可乱真，后又陆续刻印宋元明清罕传秘籍十七种，汇刻成《诵芬室丛刊》初编、二编。"[7] 由此，伦书也是一部带有工具性质的书，意在"示学者津梁"，为后学提供了丰富的古籍版本知识。

6.2.3 魂萦乡邦

伦明虽然身在京城，但常怀乡情，对广东的情况甚为了解，粤籍藏书家的书藏以及粤人著作的流传尤能引起他特别的关注。《辛亥以来藏书纪事诗》所

[1] 伦明 . 辛亥以来藏书纪事诗 [M]. 雷梦水，校补 . 上海：上海古籍出版社，1999：43.

[2] 伦明 . 辛亥以来藏书纪事诗 [M]. 雷梦水，校补 . 上海：上海古籍出版社，1999：46.

[3] 伦明 . 辛亥以来藏书纪事诗 [M]. 雷梦水，校补 . 上海：上海古籍出版社，1999：66.

[4] 伦明 . 辛亥以来藏书纪事诗 [M]. 雷梦水，校补 . 上海：上海古籍出版社，1999：80.

[5] 伦明 . 辛亥以来藏书纪事诗 [M]. 雷梦水，校补 . 上海：上海古籍出版社，1999：85.

[6] 伦明 . 辛亥以来藏书纪事诗 [M]. 雷梦水，校补 . 上海：上海古籍出版社，1999：98.

[7] 伦明 . 辛亥以来藏书纪事诗 [M]. 雷梦水，校补 . 上海：上海古籍出版社，1999：113.

记粤籍藏书家凡 35 人，占全书的 1/4。他们当中有以藏书著名者，有好书而知名者，亦有鲜为人知者。如以藏《禹贡图》《毛诗要义》等善本而名于世的丁日昌，以校刻《北堂书钞》有功艺林的孔广陶，号称一代通儒的陈澧，以校书著称的谭莹，好搜明季野史的李文田、陈伯陶，力倡书院藏书并创设梁祠图书馆的梁鼎芬，屡遭焚书祸的康有为、梁启超等。以好书而知名者，如以收藏研究《毛诗》《楚辞》《文选》而著名的黄节，"非切用者不收"的陈垣，素好佛"故多收佛经"的叶恭绰，喜收书与刻书的张伯桢，好收旧京史料与梨园掌故的张次溪，"广搜近代诗集"的陈融，竭力搜罗秘本旧刻的曾钊，人呼所藏"易大本"的易学清，尝挟十数万金游京师的辛耀文等等。这些人中，有的虽长期生活在外省，但粤人喜书之嗜好，却愈加巩固，并将这一影响流布他方。由于伦书中粤籍人士占有相当大的比重，因此，也曾招来"不无阿附乡曲之见"的责备。[1]

藏书家都有解不开的乡土情结，乡邦文献往往使他们梦魂萦绕，伦明也不例外。伦明大部分时间居住在北京，而"粤人著作流出外者殊少，弟（伦明）聚书数十年，所得亦属有限"。原因是"山岭间阻，输出不易"[2]。如此艰难，伦明仍对家乡藏书家书藏以及先贤著作念念不忘，时刻在追寻它们的踪迹。如传一二孔昭鋆藏书："岁戊午，余在广州麦栏街邱某家，见宋椠王右丞、孟浩然、韦苏州诸集，旧抄《宋二十家文集》，毕秋帆、钱竹汀诸家校《资治通鉴》等书，并宋拓兰亭书画多种，皆孔氏抵债物，转数主而至邱也，为怃然久之。"[3] 传一三陈澧藏书："所藏书迄年尽散出，多为徐信符所得。先生阅书至博，每书皆有校记。尝见《学思录》百余册，皆是先生手迹，即是《读书记》之底稿也。今归岭南大学。"[4] 又传三一陈澧之孙："公辅（陈庆佑）早殁，其孤不肖，以所遗书尽售于打鼓贩。……书数百册，皆有东塾手迹，及东塾未刊稿。余收得东塾手校《通典》四十册，公睦（陈庆和）则藏有《读书记》余稿，编为《东塾杂俎》六卷，已写定，待刊。余见于他处者，尚有《孟子说》《老子注》《说

[1] 周劭."破轮"[M]//周劭.一管集.太原：山西古籍出版社，1998：261.
[2] 伦明复罗香林书（1937年3月18日）[M]//广东省立中山图书馆，香港大学冯平山图书馆.罗香林论学书札.广州：广东人民出版社，2009：336.
[3] 伦明.辛亥以来藏书纪事诗[M].雷梦水，校补.上海：上海古籍出版社，1999：9.
[4] 伦明.辛亥以来藏书纪事诗[M].雷梦水，校补.上海：上海古籍出版社，1999：10.

文韵表》诸书，安得有力者，一流布之。"[1] 记传二四李文田藏书："其未刊稿，以《元史地名考》最钜，而家藏本缺佚将半。余所见，柯凤孙家有一册，东方图书馆有一册。闻上海某家亦有一册，合之可成完书。其《四库全书进呈表笺注》，则高州林某窃而刊之。"[2] 传三二陈宝琛藏书："家多藏书，其旧抄本《西园闻见录》，当属海内孤本，……余一见于丁阐闇公（传靖）所，再见于邓文如（之诚）所，以卷帙之巨，未敢借抄也。"[3] 传五九刘体智藏书："君藏宋元明本甚夥，余所知者，有持静斋旧藏《禹贡图》，南海孔氏旧藏《六艺之一录》，皆吾粤人故物也。"[4] 受伦明的启发，专记广东一地藏书家的著述时有佳作问世，如番禺徐绍棨的《广东藏书纪事诗》，"汇藏家之秘籍、书目、遗闻、逸事于一篇，并各为诗以咏叹之，仿叶鞠裳、伦明前作体例也。"[5] 这些事实与线索是研究广东藏书文化的重要资料。

6.3 酝味经史集，涵咏义理道

清代学术，号称极盛，实为对历代学术做一总结，且人才辈出。道咸以后，迭经内乱外患，往日之盛况，一去不复返。但流风余韵，依然可见。同光两朝，欲图中兴，学术文化方面，延续旧途，开启新轨，出现表面的繁荣。文士学人，虽然成就不及前辈，也还昭昭可观。末代王朝，内外交困，政治上日暮途穷，学术文化亦趋于消沉，可还是不乏其人。胡思敬在《国闻备乘》中曾以其在京师面交之人为主要依据，历数宣统初年朝士："新政兴，名器日益滥。京朝官嗜好不一，大约专以奔走宴饮为日行常课。其稍能自拔于流俗者，讲诗词有福建陈阁学宝琛、陈学部衍、四川赵侍御熙、广东曾参议习经、罗员外、黄员外孝觉、温侍御肃、潘主事博、湖南夏编修寿田、陈部郎兆奎、袁户部钦绪、章

[1] 伦明. 辛亥以来藏书纪事诗 [M]. 雷梦水, 校补. 上海：上海古籍出版社, 1999：23.

[2] 伦明. 辛亥以来藏书纪事诗 [M]. 雷梦水, 校补. 上海：上海古籍出版社, 1999：18.

[3] 伦明. 辛亥以来藏书纪事诗 [M]. 雷梦水, 校补. 上海：上海古籍出版社, 1999：24.

[4] 伦明. 辛亥以来藏书纪事诗 [M]. 雷梦水, 校补. 上海：上海古籍出版社, 1999：44.

[5] 千顷. 读《广东藏书纪事诗》[M]// 谭卓垣, 等. 清代藏书楼发展史·续补藏书纪事诗传. 徐雁, 谭华军, 译补. 沈阳：辽宁人民出版社, 1988：366.

郎中华、江西杨参事增荦。讲古文者有林教习纾、陈教习澹然、姚教习永概。讲汉学者有贵州程侍讲械林、福建江参事瀚、江苏张教习闻远。讲宋学者有湖南吴郎中国镛、浙江夏主事震午、湖北周主事景涛。讲史学者有广西唐尚书景崇、山东柯参议劭、江西龙中书学泰。讲国朝掌故学者有浙江汪中书康年、江苏冒郎中广生、刘京卿澄如。讲目录学者有江苏缪编修荃孙、山东徐监丞坊、湖北陈参事毅、王推事基磐、江西雷员外凤鼎、熊教习罗宿。讲六朝骈体文者有江苏孙主事雄、山西王推丞式通、四川宋观察育仁、江西黄主事锡朋、广东梁员外志文。讲笺注考据者有陈参议毅、苏员外舆。讲绘画学者有安徽姜孝廉筠。讲舆地学者有湖南韩主事朴存、谭教习绍裳。讲金石兼工书法者有浙江罗参事振玉、江西赵内翰世骏。讲词章兼通政事、志趣卓然不为时俗所污者有安徽马主事其昶、湖南郭编修立山、江西刘监督廷琛、魏推事元旷、湖北陈员外曾寿、甘肃安侍御维峻;次则贵州陈给谏田、广西赵侍御炳麟、湖南郑侍读沅、郑编修家溉、胡参议祖荫、江西华编修焯、广西廖郎中振矩、四川乔左丞树枬。其人品不尽纯粹而稍具文才者有汪参议荣宝等。其人品学问俱好而文才稍逊者有吴国镛等。其余与余同时在京而不相闻知者盖亦有之,然大概具于此矣。辛亥出京时,访友于马通伯。据云有武昌饶学部叔光、华亭钱征士寿、潍县陈征士星灿,皆君子人。鲍心增简放莱州时,为予述三士:一广东许主事汝棻,一广东驻防平学部远,一贵州驻防云编修书。唯平学部有一面之交,余皆未之见也。"

1923 年,胡朴安撰文论述《民国十二年国学之趋势》,南社的背景令他根本否定梁启超的学术地位,而对于清季的学人及其学术,尚能给予肯定:"中国国学,至清乾嘉时而极盛,道咸以后,迄于光宣之际,日即衰微矣。然而未尝绝也。其矫矫可数者,瑞安孙氏诒让仲容,德清俞氏樾曲园,寻江戴之坠绪,群经而外,兼及诸子,参互钩稽,时有精言。四川廖氏平季平,广东康氏有为更生,沿刘庄之辙迹,变而加厉,掊击东汉,独尊西京,罢黜百家,独尊公羊,大同三世之说,比附礼运,先进后进之说,比附论语,时多怪诞之言,好为新奇之论,然而持之有故,言之成理,虽非通才,足树一帜。长沙王氏先谦益吾,搜讨颇勤,见闻亦富,注史笺子,简明有法,最便初学。湘潭王氏闿运壬秋,文笔健洁,纪湘军尤可观,诗亦优长,惜无独到。所注墨子,浅陋无足论已。

吴县吴氏大澂清卿，奔走潘氏之门，颇见三代之器，耳目既广，知识遂多，校其文字，为之排比，虽鲜发明，可资参考。上虞罗氏振玉叔蕴、海宁王氏国维静安，获殷墟文字，识其音义，证之许书，发千古未有之奇，校六书违背之旨，骨甲出土，有造于罗王二氏多也。杭州张氏尔田孟劬，孙氏德谦益安，守实斋之成法，兼治史子，亦可以观。长沙叶氏德辉、吴县曹氏元弼，一则杂不名家，一则拘未宏览，要之一时之好，有足多者。其他诗文词曲卓然成家者，颇亦有之，不悉举也。"

　　以上两份名单选择标准间有分别，但精神大体一致，《辛亥以来藏书纪事诗》中所列学者位列其中。上述学者亦好收书、藏书、校书、刻书，孙怡让、章钰、傅增湘、董康、陶湘等尤为个中翘楚，因此对于典籍的版本渊源相当熟悉。

　　钱基博评介晚清至民国的学风转移道："五十年来学风之变，其机发自湘之王闿运，由湘而蜀（廖平），由蜀而粤（康、梁）而皖（胡、陈），以汇合于蜀（吴虞），其所由来者渐矣，非一朝一夕之故也。"这主要是就文学一支立论，所谓"文学之事，每随时代升降变易，代有新趋，成其主流"。梁启超、钱穆两人先后撰写《中国近三百年学术史》，立意虽然相异甚至相对，于清季学术的论述都相当简略，而且不离上述脉络。

　　其实，时代升降变易，代有新趋，趋新与守旧，都是相对而言。汉宋之分与汉宋之争是清代学术发展的一大主线。清代学术，由程朱陆王之争演化为汉宋之争，成为乾嘉以降学术思想发展的关键环节。近代学术，经史递嬗，汉宋之争表面逐渐淡化，其精神却依旧贯穿新旧、中西、科玄等派分之中。民国学界诚为汉宋之争的变相，"新汉学"与"新宋学"的分合成为民国学人沟通中西新旧的聚焦点。钱穆曾总结"此数十年来，中国学术界，不断有一争议若追溯源流亦可谓仍是汉宋之争之变相"。藏书家们的藏书喜好也随着学术潮流的变化而变化，进而影响其学术研究的方向。

　　《从理学到朴学——中华帝国晚期思想与社会变化面面观》（〔美〕艾尔曼著，赵刚译，海外中国研究丛书　南京：江苏人民出版社 1997）指出，清代长江下游地区（主要指江苏、浙江、安徽三省），存在一个统一的考据学运动赖以形成、发展的"学术共同体"，并云："这个群体影响巨大，意义深远，聚集着当时最优秀的学者。"而这一学术共同体的产生，与当地图书交易活动的兴旺密不可分。伦明在《辛亥以来藏书纪事诗》序言中亦指出："同是一书，适时则贵，过时则贱，而'时'之为义又至暂。例如辛酉以前，宋元集部人所争得也，乃过此则竟无问之者矣；又如辛未以前，明清禁书人所争得者也，乃过此亦几几无问之者矣。"藏书家们从好宋本到好明本，爱好与时流而互动，学术变迁可谓是藏书界的风向标。"自学校兴，而需新书者多，需旧书者少；自大图书馆兴，即需旧书者多，而购旧书者少。校倡废经，人号疑古。以浅俗白话，代粹美之文学；用新式标点符号，读深奥之古书。斯则学术之患、世道之忧，所系尤巨。知而不述，人且忽之。"

对任何一位学者的学术思想和任何一个时代的学术变迁作观察和研究，著述、书札、日记、藏书各居一翼，有若户牖相暌。藏书情况每每被忽略，则与搜辑原始资料的种种困难有关：学者本人未必编书目、记书帐；早期与晚年的藏书内容会有持续变化；是否钤章、作题跋，各人未必有定规。此外还要考虑作伪的因素（如据周子美先生回忆，罗振常曾将他手头的若干书盖上王国维图章售出）。而一旦厘清源流始末，往往可以揭示书主思想、趣味、见解的伏脉潜流，为知人论学之助。

《辛亥以来藏书纪事诗》所记不限藏书家一门，还有当时的著名学者，如余嘉锡、康有为、梁启超、王国维、章士钊、陈垣、袁同礼、马叙伦、于省吾等。他们玩味经史集，涵咏义理道，利用丰富的藏书进行研究，藏读致远，学研明达，撰写学术著作或刊刻流传，对于传播文化，促进学术的繁荣发展，都起到了巨大的作用。纪事诗中所记难免夹入伦明之个人感情与评价，与学界所记有所偏颇，但对于后人了解这些学者的研究和著述亦提供了依据。

6.3.1 传一六：孙诒让（1848～1908），"周官墨子版重开，逊学斋中几剩材。"[1]其学术成就大致可以分四个方面：文字训诂附带校勘、目录学、典章制度、诸子。梁启超赞他"有醇无疵，得此后殿，清学有光"，章太炎誉之为"三百年绝等双"。其《周礼正义》一书，集前人研究《周礼》之大成，广泛而详细地征引各种文献，为《周礼》的可信性提供了强有力的证据，章太炎赞许为"古

---

[1] 伦明.辛亥以来藏书纪事诗 [M].雷梦水，校补.上海：上海古籍出版社，1999：12.

今之言《周礼》者莫能先也"。梁启超对此书也推崇备至,说"这部书可算清代经学家最后的一部书,也是最好的一部书"。传注对孙氏生前著述流传、版本传递及优劣进行了评价,比较全面地反映了孙氏在汉学方面的成就。"著书满家,生前流布,只《周礼正义》《墨子闲诂》《古籀拾遗》《札迻》《述林》数书,而《周礼》《墨子》二书,尤为精力所萃。二书先有活字本,《闲诂》后多改削重刻之本,《正义》虽系定本,而纸墨粗劣,字多讹误蒙糊,湖北楚学社亦重刻之,近五六年始刊就印行"。孙诒让有感于清末政治腐败国家危难,以"墨子强本节用,劳心苦志,该综道艺,应变持危,其学足以神今之时局"。在清代学者毕沅、汪中、王念孙父子等人整理的基础上,覃思十年而撰成《墨子间诂》十五卷。经孙诒让的集解,《墨子间诂》成为人们阅读的善本。至今还没有一本《墨子》校注能超过并取代《墨子间诂》。特别是书中与近代西学相通的名学、光学、力学等知识的阐发,是与孙诒让的努力分不开的,以至墨学又成为近代显学。梁启超在《中国近三百年学术史》中评述说:"墨子领头的先秦诸子学之复活,实为思想解放一大关键。"

孙诒让亦是晚清浙江一位极有成就的语言学家、典章制度专家和著名朴学大师,一生著作等身。他既是清儒主流中的最后一位大师,也是现代学术研究(如甲骨文研究)领域的一位开山师祖。其《契文举例》对殷墟龟甲学术价值的认识,早于王国维、郭沫若等大家。他不但把乾嘉治经之法与永嘉通经致用之说相结合,在典章制度研究方面做出了超越前人的贡献,而且把他所接受的"新知"与近代新发现结合起来,在语言学研究等方面为后人开启了许多路向和法门,其思想方法已较清儒大大前进了一步。

6.3.2 传一九:平步青(1832～1896),"三百三家犹憾隘,待搜集目补文椒。"[1]平步青治学严谨、著述丰富,同治十一年,弃官归里,遂不闻政事,专心致志研治学术,校辑群书,手抄古籍无间日。自谓"于群书讹文脱字,援引乖舛,辄刺取他籍,刊误纠谬,一书有斠至数年未已者"。手校群书不下千卷,所作又以考辨疏证为多,如《陶庵梦忆》《两般秋雨轩随笔》等。一生著述宏富,晚年自订所著为《香雪崦丛书》,有《读经拾渖》《读史拾渖》等 20 余种,但

---

[1] 伦明.辛亥以来藏书纪事诗[M].雷梦水,校补.上海:上海古籍出版社,1999:15.

不轻易示人，流传不多，今所见《霞外攟屑》即为其中之一。伦明赞扬平步青"博览强记"，其《群书斠识》《南书房行走诸臣考略》《瓜庐拾遗》等书则指明了一种识臆补缺的读法："其斠书也，不凭异本，但以书证书，识其缺误。"既长于考辨疏证，尤能发现一些不为人所留意的问题。其《读经拾沉》《读史拾沉》为经史札记，《霞外攟屑》则属稗乘之作，内容有掌故、时事、格言、里事、斠书、论文、小说传奇、方言土语等。亦长于目录学，所纂《南雷大全集叙录》《楼山堂全书叙》《考定南雷》及所论丛书起源、纂修年谱之学，均为后人治史提供了有益的借鉴。平步青虽熟谙八股，但纵观其著作，可谓言之有物，抉破樊篱，他的诗文纵笔自如，流露自然，他将民间文学与古诗文放到同等地位，不加菲薄，这在晚清实为难能可贵。平步青颇以绍承前清浙东学派自居，他对浙东学术史上的一大贡献，是比较早地勾勒了清代浙东学派的脉系。

值得注意的是平步青十分注重乡邦文献，如张岱《陶庵梦忆》《有明於越三不朽图赞》、黄宗羲《南雷文约》，全祖望《鲒埼亭集》，章学诚《实斋札记钞》及张煌言、祁彪佳等人作品他都曾批校、整理、刊刻过。

6.3.3　传六九：余嘉锡（1883～1955），"改字删篇四库书，馆臣属草更粗疏。"[1]伦明赞其"改字删篇"，"提要本文，证其舛谬"，"博而核"，有"精识"，实际上亦体现出其具备了阅读学家的校勘修养。余嘉锡治学秉承乾嘉历史考据学的传统，对中国传统目录学理论的总结，是其学术上的一个重要贡献。清末及至民国，西方目录学理论被引入中国后，使民国时期的目录学流派纷呈。在此学术背景下，其著《目录学发微》，对中国传统目录学进行系统性、理论性的总结，借以维系传统目录学在现代学术体系中的存在价值。不仅继承了"辨章学术、考镜源流"的目录学传统，更为可贵的是，尤其注重郑樵"类例既分、学术自明"的分类观的价值，在今天中国目录学的发展中，仍然具有实践上的意义。关于余嘉锡目录学思想的来源，向来学者多关注余嘉锡对章学诚的继承，实则余嘉锡对章学诚批评多于褒扬，余嘉锡的目录学理论是直接源自刘向、刘歆父子的，体现出强烈的"宗刘"倾向。

传注曰余嘉锡"积二十余年之力，成《四库全书提要辨证》，博而核，止

---

[1]　伦明. 辛亥以来藏书纪事诗 [M]. 雷梦水，校补. 上海：上海古籍出版社，1999：53.

史子二部，已得七百余篇。所辨者单就提要本文，证其舛谬，于阁书之割裂删改，尚未之及也。君此外校补之书尚多，于古今目录之学探索尤深。"《四库全书总目》是中国传统学术遗产的总结性著作，但由于杂成众手、编纂时间仓促等多方面原因，致使其文字出现了诸多纰漏。余嘉锡的《四库提要辨证》专为纠《四库全书总目总目》之谬而作，全书八十余万字，对《四库全书总目》中的四百九十篇提要，从书籍作者、书籍内容、版本、流传等方面，进行了详细的考辨。该书从四库学与史学史等视角，对《四库提要辨证》中所蕴含的学术价值，进行发掘与阐释。

从清末到民国，疑古成为近代学术发展中的一个重大思潮，上古时期的古史以及古书受到普遍的怀疑。余嘉锡的《古书通例》，是在地下文献没有大量出土之前，主要依据传世文献，对中国上古时期古书体例的一次系统性总结。论及汉魏以前之古书真伪、古书命名、作者时代、篇目编次、卷帙分合存佚、内容增删附益等种种问题。但余嘉锡的学术思想中，抱有较为强烈的"崇汉"的学术倾向，这对他的古书体例研究，造成了一些不良影响。余嘉锡的历史文献研究体现了立足考据学的治史方法，并能够摆脱清儒尊经的局限，将传统历史考据学与现代科学主义相融合，这与近代以来的新历史考据学发展大体趋同。但余嘉锡却反对新考据学派学者贬低宋学，并提出"清儒之学不胜宋儒"的说法，推崇宋代理学，这是他与胡适等近代新历史考据学派在文化价值关怀上的重大区别。他做学问能够发扬考据学的实证学风，而安身立命则采取宋学家的态度，体现出余嘉锡身处晚清民国时势丕变的时代，在西方文化强力冲击中国传统的情况下，对中国传统文化的一种维护。在内忧外患的政治时局下，余嘉锡藉历史文献的考证以申明中国传统的华夷之辨与国家复仇之义，以达到正人心、励士气、贬奸佞的目的。由于现实政治环境的刺激，尤其是日本侵华之后所引发的民族生存危机，促使余嘉锡在学术研究中蕴藏着强烈的当下关怀，有以学术经世致用之义。

6.3.4 传七五：康有为（1858～1927），"荀卿偶种焚书祸，庄叟何来胠箧篇。"[1]康有为早岁受业于名儒朱九江。光绪十七年（1891）在广州设"万木草

---

[1] 伦明. 辛亥以来藏书纪事诗 [M]. 雷梦水，校补. 上海：上海古籍出版社，1999：60.

堂"，宣传西方政治文化，又多聚书，多为普通之书及西学书籍。与梁启超倡导维新变法。戊戌之变，其家被抄，其藏书移广雅书院。《广雅书院藏书目》对其所藏书均有著录。变法失败后，逃往日本。在日本亦搜集图书，撰《日本书目志》15 卷，分 15 门，每门各分子目，数项至数十项不等。自海外回国后，政治上趋于保守，反对孙中山民主革命。曾与张勋一道策划复辟帝制。其学术成就颇高。伦明指出"先生诸所著书，以《新学伪经考》为最下，相传授之廖季平，以伪造古文，归狱刘歆，引群书证成其说，于不可通者，硬下己意，实为今人疑古废经之先导，苏子瞻所由以李斯之罪罪荀卿也"。伦明"荀卿偶种焚书祸，庄叟何来胠箧篇"这个用典，对《新学伪经考》"硬下己意"提出批评，指出读书名家的毛病，读者创意应不违文本义。藏书活动几乎贯穿康有为的一生，其政治理论、学术思想的形成都与其藏书有着密不可分的关系。康有为主张并实践"藏以致学，学以致用"，将藏书建设作为学校教育改革的重要组成部分，这较之当时重藏轻用的藏书风气是较为先进的。其所藏书初贮于"云衢书屋"，后移至"万木草堂""万木楼"中。民国后，在上海又建有"天游阁"藏书楼。据《南海珍藏宋元明书目》所载，计有宋刊 14 种，428 册;元刊 9 种;明刊 232 种，共 5 万余册。又收有南海孔氏"三十三万卷楼"旧藏及新购新学、西学之书，数逾万册。藏书印有"御赐天游阁""南海康氏万木草堂珍藏"等。去世后，所藏书大部分分别归于广西大学图书馆、镇江图书馆、香港中文大学图书馆等。

康有为在书法艺术方面也非常出色，是继阮元、包世臣后又一大书论家。他于光绪十五年（1889 年）所著的《广艺舟双楫》从理论上全面地系统地总结碑学的一部著作，提出"尊碑"之说，大力推崇汉魏六朝碑学，对碑派书法的兴盛有着极其深远的影响。伦明称其"书法为时宝重，殁后尤甚"。但其"门人徐某以整理为名，尽有之。其他图籍器物，则为女夫潘某所把持，尽散出矣"，实为一大损失!

6.3.5 传七六：梁启超（1873 ~ 1929），"今日新非昨日新，尊师岂若友通人。"[1] 梁启超是承继古代、启发现代的近代阅读学的集大成者。"先生常言

---

[1] 伦明. 辛亥以来藏书纪事诗 [M]. 雷梦水，校补. 上海：上海古籍出版社，1999：63.

今日之我，与昔日之我战"，揭示了"阅读生产自我"的本质属性，即"阅读是读者素质的自我改造过程"。意思是，读者在阅读文本的过程中，知识有扩充，观点有改变，情思有升华，技法有迁移，读后的"新我"与读前的"旧我"产生距离，有所超越，正是梁启超所言"今日之我与昔日之我战"，出现"旧我在不断失落，新我在不断再生"的变化状态，这就是朱熹和曾国藩强调的读书要有"切己体察"的功夫。伦明赞梁启超"今日新飞昨日新，尊师岂若友通人"，不止是解说他的"新我"与"旧我"之"战"，而且指他"晚岁友王静安、胡适之诸公，学益进，于师说不能无矛盾"。读书求学是与"师说"承传与超越的矛盾。《饮冰室书目》"以解题为要"，又不满"稗贩"，主张"增人辨伪"，以翻案为难。

梁启超一生于目录学贡献卓越，代表著作有《西学书目表》，在分类、著录上有所创新，类分学、政、教，实有"西学""政学"两类，这个分类体系，突破了被订为"永制"的四部分类体系，为近代西方图书分类法的输入和我国新分类法的产生开辟了道路。该目著录西学书籍 400 种，西政书籍 168 种，1896 年成书。其他目录学著作有《西书提要》《东籍月旦》《国学入门书要目及其读法》《读书分月课程》《东原著书纂校书目考》《要籍解题及其读法》《佛经目录在中国目录学之位置》《汉书艺文志诸子略考释》等 10 余种。为学无所不窥，对图书馆学有独到见识。他认为应建设"中国的图书馆学"，以现代西方的图书馆学理论施之于中国传统目录学的改造，即是目录学的科学化。积极倡导图书馆事业，1922 年，发起建立"松坡图书馆"，出任馆长。1925 年中华图书馆协会成立，任董事部部长，并发表《中华图书馆协会成立会演说辞》，提出了他对中国图书馆事业发展方向的见解。后任京师图书馆馆长、北京图书馆馆长。欲编纂《中国图书大辞典》，相当于中国图书古今总志，"作古今典册总汇之簿录"，惜未完成而逝。其藏书颇丰，"海棠书屋""饮冰室"有书44470 余册，2830 余种，还有未刊稿本、私人信札、笔记等。梁廷灿等人编有《饮冰室藏书目初编》，著录古籍 13000 余种。1929 年全部移交给北京图书馆。北京图书馆特辟"梁启超纪念室"以志纪念。

在文献学的研究中，梁启超顺应学术发展和时代的要求，再加之个人对学术的兴趣，对伪书的问题亦进行了探讨。在继承胡应麟《四部正讹》的基础上，重点对伪书的问题进行了探索。一是如何辨别伪书，二是确立了伪书的价值。他在《古书真伪及其年代》一书中确立了辨别伪书的方法论系统，具有实用性和可继承性，成为此后相当长一段时间内辨别伪书的基本准则，其著作也成为近代辨伪学著作的典范之作。

　　清儒在辑佚、校勘及编写人物年谱上的成就很大，但关于理论的探索始终未能形成一个系统。梁启超在这几方面所论却多能言而有理，发而中的。无论是校勘方法的确立，辑佚理论的阐述，还是人物年谱的做法，他都提出了极新颖的创见，表现出超越前人、后来居上的特色，为清至近代以来相关问题的进一步深入求索提供了借鉴。伦明在传注中谈到梁启超在编撰《群籍考》时打算将辨伪加入"存、佚、缺"考中，"尝欲撰《群籍考》，用朱竹垞《经义考》存、佚、缺、未见四例，而增入辨伪，属稿数岁"。并在与梁启超的学术交流中，表达了自己的不同看法，"余复书略有所诤。大意谓时代愈迈，耳目难周，存佚无从定。《隋书经籍志》所云亡云有者，止据书目为断，以故其所亡者，往往发见于唐时。又辨伪一门，徒滋聚讼，不如听学者自辨，不必下我见。又书目以解题为要，不可如近人展转稗贩，讹谬杂出。"伦明指出：时代在前进，所见闻难以周全，存佚无从定夺；辨伪之学术已演变为争论聚讼，不如听学者自辩；书目最重要的是解题，对近人展转稗贩，讹谬杂出提出了批判。这三点亦是当时学术风气之体现。19 世纪末，中国近代文献学的分支在理论和实践上已经萌芽。20 世纪以后，已有初步发展，但比较缓慢。梁启超在文献学各个领域里的具体论述和倡导，改变了这种缓慢发展的状况，使中国文献学的发展在整体上得以改观。在文献学领域内，梁启超既有理论的探讨，又有具体的实践活动；既有理性的归纳，又有方法的总结。其贡献在于：其一，在理论上，对中国传统的古籍整理领域的基本问题，如辨伪、辑佚、校勘、方志、年谱等进行了高度的归纳和概括，并运用西方先进的思维方式和自然科学的研究方法来解决中国传统文献的有关问题。其二，在实践上，他不仅积极参与目录学、图书馆学的活动，还对中国目录学史和中国图书馆事业进行了全面的考察和研究，特别是在书目分类、图书馆本土化的实践中，初步建立起中国近代图书馆事业的基本格局。其三，梁启超为启迪民智，指导青年接受西方先进的思想，一方面大力提倡译书，创办译书局，编纂指导阅读的西学书目，另一方面又不忘国故，给青年学生撰写了国学入门和必读书目。在编纂书目的过程中，又对中国目录学史进行了比较深入和全面的研究，特别是对佛经目录的长处进行了探讨，这在目录学史上是一大进步。在目录学的用途上，他又开创了目录不是为藏书服务而是为阅读服务的崭新的观念，为后学者开辟了道路。

6.3.6　传七七：章炳麟（1869～1936），"门下气留书七种，胜如关尹五千年。"[1]章炳麟学术深湛，藏书丰富。伦明倾慕其三十余年，于辛未年间"始得瞻仰颜色"，称赞其"学养功深气象温"，其"论学推重宋儒（二程、朱熹），论文不薄方（苞）姚（鼐）"，"始则转俗成真，终则回真向俗"，其思想受朴学、诸子学、进化论、唯识论的多重影响，其藏书量异常丰富，其读书经博采儒、道、佛，故有"留书七种，胜如关尹五千年"的评价。

章氏的思想受到多方影响，因为变化的历程相当繁复，依《菿汉微言》中的自述，是以"始则转俗成真，终则回真向俗"十二字予以归结。大抵而言可以 1908 年（光绪二十四年）著成《齐物论释》为界。在此之前，章氏先习朴学、诸子学以及西方进化论和社会学，在因苏报案入狱之后，则改习法相宗，而后思想便以唯识学为尚，认为先秦诸子之学皆不足比拟，固可谓"转俗成真"。自《齐物论释》著成之后，章太炎因齐物思想的启示，不再仅以唯识为唯一标准，转而认为凡"外能利物，内以遣忧"之学皆有价值，开始对古今中外的学术思想进行重估。即进入"回真向俗"的境界。故伦明在传注中感觉先生与"曩时意气迥异"，不知是先生晚年进境欤，抑退境欤？临别时"门弟子吴检斋等，请其新著七种刊之，计《广论语骈枝》一卷，《体撰录》一卷，《太史公古文尚书说》一卷，《古文尚书拾遗》二卷，《春秋左氏疑义答问》五卷，《新出三体石经考》一卷，《菿汉昌言》六卷，前月始刊成"。

6.3.7　传七八：刘师培（1884～1919），"向歆传世阐绝学，妙义时参新旧间。"[2]刘师培一生著述鸿富，"记诵该博，手所校注纂录至多"。《左盦文集》《刘

[1] 伦明. 辛亥以来藏书纪事诗 [M]. 雷梦水，校补. 上海：上海古籍出版社，1999：64.

[2] 伦明. 辛亥以来藏书纪事诗 [M]. 雷梦水，校补. 上海：上海古籍出版社，1999：65.

申叔先生遗书》辑存了其大部分的论著，然仍"有一百余篇"，诗文尚未被收存。其学术理路以经古文学为底色，治学风格表现出了丰厚的文献基础和独特的治文献学方法。伦明"于己未始得识面，身颀而瘦，沉默寡言笑，手不释书，汲汲恐不及"。与朋友协力编纂刘先生之遗稿，传注中详细列举了书目，但"恐未能尽善而无憾也"。另"先生《左传疏证稿》失于四川者，竟不可返。或云为天津某家收得，俟详访。"伦明对其传注记载也较长，称赞他"手不释书"，善于经史考证，以目录学为纲，以小学来治史，用句读正校勘，总的看是个典型的"文章阅读学家"。从伦明所列书目中，刘先生之治学旨趣可归纳如下：第一，刘师培认为目录学是治学之纲，在《中国中古文学史讲义》之《搜集文章志材料方法》一文中曰："文学史者，所以考历代文学之变迁也。古代之书，其备于晋之挚虞。虞之所作，一曰《文章志》，一曰《文章流别》。志者，以人为纲者也；流别者，以文体为纲者也。"首先他认为研究学术流变，应从目录学入手，研究中古文学，当从晋之挚虞的《文章志》和《文章流别》始。其次，他认为目录学是治学之纲，指出："志者，以人为纲者也；流别者，以文体为纲者也。"刘氏目录学观点是对前人的"辨章学术，考镜源流"观的具体化和实践化，这充分地体现在他的文献"辑失"工作中。刘氏认为，在整理文学材料工作中，应利用书目；他列出了各代具有权威性的官修书目，并要求参考一些有影响的私家藏书目录，如"范氏天一阁、毛氏汲古阁、黄氏千顷堂各书目，宜就校中所有者，分别检阅，次及其余"。对于辑佚，刘氏对书目版本也颇有讲究，如：晁氏《郡斋读书志》，"以湖南刻本为完备"；《通志艺文略》多抄摄史志及《崇文书目》而成，不足据"。第二，以小学来治史。清代学术以经史考证为中坚，而小学被视为治经治史的初阶。凡属史学大家，必先通小学，如顾炎武、钱大昕、阮元等皆主张"用汉儒家法以治史"，并取得相当可观的成就。刘师培也有类似的认识，作为一个经学大师，首先得益于其精通小学，且成果丰富。刘氏认为，小学并非今文大师所谓的"无用"之学，恰恰相反，治小学，必有助于察来彰往，这就是小学的实用性所在。第三，用句读正校勘。清人在整理文献资料时，非常重视正句读。刘师培在中国中古文学史讲义的《汉魏六朝专家文研究》（之八）——《史》《汉》之句读中云："研究《史》《汉书》

者,不可不明其句读。《史记》之句读可依《索隐》《集解》各家之说断之,《汉书》之句读可依颜师古注辨之。"第四,以西学治文献。19 世纪初,欧风美雨,西学东渐,西方各种学术思潮纷至沓来,对中国近代学术史的影响是不言而喻的。刘师培是位极富开拓性的学者,对西学不像旧式文人那样,故步自封,排斥新知,而是积极研究与传播西学,他在《中国中古文学史讲义》的《甲辰年自述诗》中曰:"西籍东来迹已陈,年来穷理倍翻新。只缘未识佶卢字,绉学何由作解人。"刘氏对"东西洋哲学,无不涉猎及之"。当时一些进步学者并不是为了学西学而学西学,而是旨在沟通中西学术,藉西学以证明中学,发扬中国传统学术文化。刘师培在《中国历史教科书》"凡例"中说道:"今日治史,不专赖中国书籍。西人作中国史者,详述太古事迹,颇足补中史之遗。今所编各课,于征引中国典籍外,复参考西籍兼宗教社会之书,庶人群进化之理可以稍明。"

刘师培既师承家学,又涉猎西学,西学中用,在文献研究上表现出了鲜活的特色,即文献研究注重运用与研究相结合,文献的整理与研究是为了运用到学术中去,以运用来促文献研究,这也体现了晚清在西学东渐影响下学术界之风气,对我们今天的文献研究和学术研究有重要的借鉴意义。

6.3.8 传八〇:王国维(1877 ~ 1927),"绝代蛾眉王静安,手中何限名山副,眼底无涯沧海观。"[1] 王国维生平喜好藏书,著书,治学广博精深,著作六十余种,多收入《海宁王静安先生遗书》。关于藏书及目录学方面,撰有《库书楼记》《传书楼记》,校勘有《文渊阁书目》《千顷堂书目》《铁琴铜剑楼书目》等,并翻译有《世界图书馆小史》。伦明对其钦佩有加,就像汉学必称郑玄,宋学必称朱熹那样,国学必称王静安。"十余年来,故都言国学者,靡不曰王静安,几如言汉学者之尊郑康成,言宋学者之称朱子也。"其 60 余本著作广博精深,虽涉及古今中外的哲学、美学、史学、词学多科,却灌注了他丰富的阅读学思想。"君读书最精细,凡过目者,多有精密校本,所纠讹文阐新义,多谛当。"论精读离不了王国维的读法。作为中国近代学术史上杰出学者和国际著名学者,王国维从事文史哲学数十载,是近代中国最早运用西方哲学、美学、文学观点和方法剖析评论中国古典文学的开风气者,又是中国史学史上将历史学与考古学

---

[1] 伦明.辛亥以来藏书纪事诗 [M].雷梦水,校补.上海:上海古籍出版社,1999:68.

相结合的开创者，确立了较系统的近代标准和方法。其青年时期走用西方的学术与中国的学术相化合的路径，开创学术的新境界。他中年后在"五大发现"中的三个方面，即甲骨学、简牍学、敦煌学上均作出了辛勤的卓有成效的探索，被公认为是这些国际性新学术的开拓者、奠基者。

6.3.9 传八九：朱希祖（1979～1944），"勿吝千金名马至，从知求士例求书。"[1] 朱希祖开始藏书，大致始于他在日本求学时期。当时章太炎鼓吹革命，倡导反清，便热衷于收集并翻印明末抗清志士的文集。朱希祖受其影响，"始留意于晚明史籍"，并以南明史为研究方向，开始全力聚书。1924 年，朱希祖购得一部明抄本郦道元《水经注》，此书后经王国维鉴定，认为系自宋本抄出，而宋本现存已残缺不全，故王氏"不得不推此本为第一（水经注诸版本）矣"。朱希祖得之大喜过望，便以"郦亭"二字名其书房。又请老师章太炎为之题署，他从此踏入藏书家的行列。其藏书，以明万历年间至南明的书籍为主，以史书、文集、奏议乃至古本、稿本为主要收藏目标。故他在这方面的专题藏书，曾受到著名史学家顾颉刚的称赞。至 1937 年，朱氏此类收藏已达 700 余种，多为抄本、稿本和古本方志、笔记、杂著等，总量达到 25 万余册。缪荃孙收藏的野史，也大多转归朱希祖收藏。传注记载其"所得乙部居多，尤详于南明，兼及万历以后诸家奏议文集，遇古本及名人稿本亦未尝不收也"。他收集南明史籍，在当时拥有"全国公私第一"的美称。20 世纪 80 年代台湾学者苏精著书，就将朱希祖列为近代藏书三十家之一。

朱希祖到北京执教后，更是南北奔走，东西驱驰，节衣缩食，以求善本。伦明传注中阐述"海盐朱梁先希祖，购书力最豪，当意者不吝值，尝岁晚携巨金周历书店，左右采掇，悉付以现。又当愿以值付书店，侯取偿于书。故君所得多佳本，自大图书馆以至私家，无能与君争者"。朱希祖孙子朱元曙对以上所说，感到略有出入，他补充说："先生一教授耳，哪来巨金，又何能'悉付以现'？我手头有一份希祖先生附在日记里的账单：1929 年 2 月 4 日，本日先生连薪金加稿费共收入 458.8 元，支付 31 家书店欠债 527.25 元。2 月 9 日日记写道：'（今日）阴历除夕，上午 8 日起，各书店前来索书债，约 20 余家，

---

[1] 伦明. 辛亥以来藏书纪事诗 [M]. 雷梦水，校补. 上海：上海古籍出版社，1999：75.

一一付给。'在他日记里也常有'书价太巨，未购'的记载。不过伦哲如先生说,'自大图书馆以至私家，无能与君争者'，倒也基本是事实。"朱希祖每月收入，有一半以上用于购书，但他自己的生活却十分简朴。他除藏书和学问外，真是身无长物。中国的私家藏书，总逃不出散失的结局。朱希祖对此深有感触，为了避免这种下场，他认为送图书馆是比较好的办法。他说："藏书之人能自箧读以终其身可矣。子孙能继起则遗子孙，否则，可送图书馆，犹得贻令名于不朽也。"从伦明与朱希祖之孙所言的对比中可以看出，清末学者型藏书家们多家贫，但为了购书，往往出手阔绰，"购书力最豪，遇当意者，不吝值"。为避免书之散佚，往往嘱托将书捐赠给各大图书馆。

朱希祖的藏书大部分收藏在北京。后为避免因战事而遭损，他将书分散到各处。大概在 1933 年以后，先邮运出 760 多包善本到广州。不久，他应聘中央大学后，便把它们转运到南京来了。1937 年，朱希祖因战事日迫，匆忙中只来得及装运 60 大箱善本和方志图书，由 10 辆卡车经安徽宣城至屯溪，再用船转运至凹下"戴东原藏书楼"，托其学生戴伯瑚代为保管。从此，郦亭藏书便分散在京、宁、皖三处。1943 年底，他接受长子朱偰的建议，决定将所有藏书集中起来，仿照天一阁把藏书作为家族公产的先例，成立"郦亭图书馆"。遗憾的是朱希祖未能实现宏愿，于 1944 年 7 月 5 日病逝于重庆。

6.3.10　传一〇〇：陈垣（1880～1971），"俯首王钱到遗墨，但言校例已成陈。"[1] 陈垣对佛教、火祆教、元史、中西交通史、历史文献学等学科的研究均有创造性成就。著作等身，代表作有《元也里可温教考》《二十史朔闰表》《中西回史日历》《明季滇黔佛教考》《释氏疑年录》等。于目录学方面，有《中国佛教史籍概论》《四库书名录》《四库书目考异》《四库全书纂修始末》。伦明传注称其"素治《元史》,熟究西教东来始末。著有《元西域人华化考》，因校《元曲章》，又成《元曲章校勘释例》，阐明校书新法。视前人精密"。其藏书也极为丰富，先后积书达四万余册。因"君最服膺钱竹汀、王怀祖二先生，因而宝爱其遗墨，所得二先生手稿甚多。去岁新得怀祖撰《段若膺墓志铭》稿，尤可贵。其《经义述闻》，乃怀祖稿，非伯申，可异"。伦明尤其指出陈垣"藏以致

[1]　伦明 . 辛亥以来藏书纪事诗 [M]. 雷梦水，校补 . 上海：上海古籍出版社，1999：81.

用"的藏书思想，即"藏书数万卷，非切用者不收"。称赞其"较谈版本目录者，又高一等矣"。卒后，遵其遗嘱，将书籍文物全部捐献给国家。从阅读学视角看陈垣这位"素治《元史》"的史学家和历任图书馆馆长的教育家，正如伦明所标榜的"君藏书数万卷，非切用者不收，较谈版本目录者，又高一等矣"。陈垣先生与近代诸多讲究宋椠珍版的藏书家不同，既藏书又用书，是一个"藏以致用"的藏书家，属于"学者兼藏书家"的典型。他藏书注重实用，其藏书体系与其学术研究密不可分。陈垣先生非常注重题赠本、批校本和手稿本的保存。其藏书思想颇值得后人借鉴和思考。陈垣先生紧紧围绕他的学术研究进行藏书，他曾说："我不是藏书家，不重宋元等版本，也无力购买，只藏我阅读、实用的书籍。"由此可知收藏图书的主要目的是为了学术研究。这"藏以致用"的观点恰是藏书家兼读书家的自白。北京师范大学刘乃和教授曾回忆道："陈垣先生的几万册书，都是在读书、写作时积累的，这段时间有什么课题，就集中买什么内容有关的书。"文献学在陈垣的学术生涯中，占有重要的地位。从某种意义上说，他为现代历史文献学的建立奠定了基础。在版本、目录、校勘等领域的著作，成为我们研究中国古代文史的重要参考书目。在年轻的时候，就熟读了《四库全书提要》与张之洞的《书目答问》。《四库提要》对清朝搞学问的人来说，确是做了不少的工作，它对每本书都作了介绍，对初学者帮助很大，今天也还要好好利用。张之洞《书目答问》写于光绪元年（1875 年），陈先生把这两本书读得很熟、很精，而且也要学生好好去读。清朝校勘学家很多，《书目答问》后面就列有校勘学家类目。但清代的校勘学家只是一般地校一校，对一对，只有像王念孙、段玉裁这些人才算得上是比较高明的校勘学家。校勘学到陈垣先生时有了进一步的发展，他把校勘学总结出一些经验和规律，写了一部《元典章校补释例》，1959 年中华书局重印，改名为《校勘学释例》。《元典章》是一部研究元代历史十分重要的著作，它原是用蒙古白话写的，很难懂，《四库全书》没有收人。但它是研究元史不可缺少的一本书，由于它错误很多，而且错得离奇，陈先生就以故宫中发现的元刻《元典章》，再根据其他书籍，来校对流行的沈刻《元典章》，发现错误一万二千多条。他将其中的一千多条加以归纳、整理，找出错误原因，著成《元典章校补释例》一书。他使学校勘的人知道在校勘中可能遇见哪些情况，如何分辨是非。他不是简单罗列若干条，而是附有说明，最后总结出四种方法：对校法、本校法、他校法、理校法并加以综合运用。

陈垣曾担任过京师图书馆馆长、国立北平图书馆馆长、故宫博物院图书馆馆长；他读书、写书，终生未辍，在中国宗教史、元史、中西交通史及历史文献学等领域都做出了开创性的贡献。

6.3.11 传一〇二：钱基博（1887～1957），"不薄今人爱古人"，"春秋笔削自通神。"[1] 钱基博一生治学，畛域极广，著作颇丰。伦明记载其著有《版本通义》《读〈庄子天下篇〉疏记》《韩愈传》《韩愈文读》《元代文学史》《明代文学史》《国学文选类纂》《国学必读》《后东塾读书记》《〈文史通义〉解题及其读法》《〈古文辞类纂〉解题及其读法》《〈周易〉解题及其读法》《古籍举要》《四书解题及其读法》《老子〈道德经〉解题及其读法》《骈文通义》《无锡光复志》《江南光复实录》。其中有 13 种都是阅读指导书，还有"传文"未录的《文心雕龙校读记》《钟嵘诗品校读记》等书，突出经典"读法"的示范。纵观先生一生著述，可谓博通四部之学，"熔载经史，旁涉百家，堪为天下通儒"。

钱基博以治集部之学见称于世，有"集部之学，海内罕对"的美誉。其《中国文学史》和《现代中国文学史》规模宏大，影响甚深，奠定了他在中国文学史上的地位。伦明传文称钱先生"喜聚书，尤喜搜近代学人故事。搜讨旧献，旁罗新作，凡十年始成《现代中国文学史》"。并概括了《现代中国文学史》的撰写特色为："新旧学人之交替，风气之变迁，此书靡不脉络分明。"刘梦溪主编的《中国现代学术经典·钱基博卷》中，收录的主要就是先生文史研究方面的著作。

钱基博一生藏书、读书、著书、教书，同时致力于文献的整理、校勘，形成了自己的文献学思想。尽管他从来没有系统阐述过自己在这方面的看法，但他将理论寓于实践当中，经过细心梳理，仍能窥其崖略。

第一，注重会通，将版本、目录、校雠之学视为一体文献整理研究中，版本目录、校雠三者是紧密相连的。钱基博在《版本通义·叙目》云："余读官

[1] 伦明. 辛亥以来藏书纪事诗 [M]. 雷梦水，校补. 上海：上海古籍出版社，1999：82.

私藏书之录，而籀其所以论版本者，观于会通，发凡起例，得篇如右”，反映了其版本研究与版本学思想的出发点，都与藏书书目有着密切的关系。“籀诵诸家，删次其要，参互钩稽，积久成帙，董而理之，以著为篇”，这里“参互钩稽”又显示校勘必不可少。《读清人集别录》所云“而于其人之刻有专集者，必取以校勘篇章，著录异同”也反映了其对校勘的重视。钱基博说：“余读五经、诸子、史家之书，于说之有关者，罔不参证以校其异同，互勘以明其得失”。这种对文献学的通达认识，是难能可贵的，也显现了钱基博治学讲求会通的特点。这如钱基博注重会通，将版本、目录、校雠之学视为一体的认识有关。

第二，重视文献整理实践。钱基博重视文献整理实践，对历史文献进行校注，也写了一系列的校注记。代表作有《〈文心雕龙〉校读记》《钟嵘〈诗品〉校读记》《孙子章句训义》等。在著述《〈文心雕龙〉校读记》过程中，钱基博摭采众本，择善者而从之。“略避雷同，再加剞劂”，对版本要求甚高。在对钟嵘《诗品》进行校勘的过程中，注重他校和理校，用了何文焕《历代诗话》本、乾隆辛亥金溪王氏谟重刊《汉魏丛书》本及张海鹏《学津诗源》本进行校勘，参考价值极大。钱基博还有《国学文选类纂》《近代提要钩玄之作者》《模范文选》一类的著作，按类编纂、甄选文献，对传播、普及、整理历史文献也起到了重要的作用。

6.3.12 传一一五：桂浩亭（1823 ~ 1884），“东塾门中桂浩亭，众家荟萃证群经。”[1] 桂浩亭其学长于考证，以博文、明辨、约礼、慎行为宗。伦明称其“著籍东塾门下最早，兼治群经”。从伦明所列其书目中，可以深切地体味到其“众家荟萃证群经”的治学特色。学术界有一种说法，认为晚清的经学，是一种汉宋兼采之学，或者是今文经学。梁启超在《中国近三百年学术史》中曾说：“古典考证学，总以乾、嘉两朝为全盛时期，以后便渐渐蜕变，而且大部分趋于衰退了。”梁启超对清代汉学的评估失之偏颇，如果把乾嘉之际汉学研究的转向视为汉宋学术融合和今文经学的开端，那么这说法无疑是有历史理由的。但是主观理解与历史的真实往往不是一致的，晚清以来，汉学并没有消弭，仍趋向于回升，学者在义理与考据、征实与凿空的争论与选择上，虽然迥异其趣，但是都以传统经学的思想资源来延续汉学的生命，否则何以解释 20 世纪

[1] 伦明．辛亥以来藏书纪事诗 [M]．雷梦水，校补．上海：上海古籍出版社，1999：92.

汉学仍为学人津津乐道？桂文灿的《经学博采录》便提供了这样的例证。1846
年，桂浩亭在学海堂师从广东名儒陈澧。从不分汉学宋学的治学路径到撰写经
学著作，都深受陈澧的影响。1853 年秋，其南归乡土，与陈澧商量有意撰写
《经学博采录》。以汉学为主，兼以宋学补汉学之弊，这是陈澧提倡的学术思想，
因此，《经学博采录》是一本以记载中国近代汉学家为主的学案。所谓的"博采"
其实就是桂浩亭倾心于对汉学家的记录与其著作的搜集。1855 年，他撰写《经
学博采录》的序言，但《经学博采录》在其生前从来就没有定稿。在序言中，
我们可以清楚知道桂文亭撰写《经学博采录》的意图："若夫仕有美绩，处有
高风，轶事琐言，随笔附记，将为来者论世知人之助焉。"

《经学博采录》全书分为十二卷，以采集整理清代汉学家轶行著述为主旨，
记录了乾隆、嘉庆、道光、咸丰四朝的经学传衍和著述，收入经学家近千余人，
介绍经学著作达一千三百余部。其中经学家的传记或单立一人，或数人并立不
等，经学著述则不限于某书某事。所立传主，每每详其爵里行事兼及轶闻。所
取之书，每每详其撰述原委或整篇、整节移植，基本上沿用了江藩《汉学师承
记》剪辑当时学者著述中所撰写的行状、墓志铭、传记及其各类序跋而重新组
合的方式。《经学博采录》虽然备采清代乾隆、嘉庆、道光、咸丰四朝的经学，
但是事实上它偏重于道光、咸丰两朝，其中许多不为今人所了解而经学造诣极
高的经学家和经学著述得以彰显。如广东学者梁国珍的《诗毛郑异同辨》、周
寅清的《孝经古义考》、冯誉骢的《说文谐声表》《广韵切语双声叠韵谱》，福
建学者林乔荫的《三礼陈数求义》、广西学者黄定宜的《半溪随笔》、安徽学者
王佩兰的《醲兰经缀》、凌焕的《愈愚录》等，桂书则提供了这方面较为详实
的经学史文献资料，有利于深化对晚清经学的体认和研究。桂浩亭的《经学博
采录》，虽然是备采清代经学家以许慎、郑玄为主体的汉学传习活动，但是也
尊重宋学，持汉学与宋学之平，没有江藩《汉学师承记》那种若相水火，互相
排斥的个人情绪，体现了重在学术，实事求是的阅读方法论。

6.3.13 传一三六：于省吾（1896～1984），"时俗疑书信金石，别搜龟甲
证新经。"[1] 于省吾藏书之名，如传注所言"海城于省吾，亦东省之书雄者"。

---

[1] 伦明. 辛亥以来藏书纪事诗 [M]. 雷梦水，校补. 上海：上海古籍出版社，1999：106.

在东北三省位居第一，"长沙叶氏书之归北平某书局也，君以捷足，尽得其佳本"。长沙叶德辉藏书归于北平某书局，他获悉后立即购得。他收集的图书，涉及经、史、子、集、丛书、期刊等，共计1110种4461册。因为他是一位古文字学家，所以他的藏书与一般的藏书家有所不同，他虽也注重珍善本的收藏，但更注重所藏图书的实用性。他的藏书系统、全面，比较偏重于经学、史学，尤其是金石考古图书的收藏，如：诗、书、易、礼、说文、训诂、字书、音韵、金石、考古、甲骨及考据学专著。所藏明清善本甚多，尤多桐城派诸子文集，精本有蓝印本《吴都四子》、钱竹汀《南宋馆阁录续录》、许瀚《攀古小庐文》稿本等。

于省吾的治学道路，是由文学而经学，由经学而史学，然后融汇贯通，自成一家。尤其是他严谨的治学态度和科学的治学方法，更为古文字研究和古籍整理学界所钦仰。他在数十年潜心治学的道路上，付出了艰辛的劳动，为这一学术领域留下了极其丰硕的研究成果，计有专著13部，论文70余篇，在我国古文字研究领域占有不可取代的重要地位。于省吾原是研究古典文献的，尤其擅长作桐城派古文，故伦明指出其"往时喜收桐城派诸家文集，略备"。30岁时他就出版了第一本文集《未兆庐文集》，但于省吾对自己的文学作品并不十分感兴趣，因为他逐渐感觉到桐城派古文内容贫乏、形式刻板、流于空洞，日渐厌烦，遂对甲骨文、金文的研究产生了浓厚的兴趣。"曩从吴伊贤许，见其钱竹汀手写《南宋馆阁续录》，后有黄荛圃跋，亦以千金得之。"因"时俗疑书信金石"，故"别搜龟甲证新经"收藏金石，得到吴王夫差剑、少虞错金剑，遂将其藏书楼名为"双剑誃"，另有"未兆庐""泽螺居"等，所藏共有5万册左右。"迩来专治经学，旁及金石，援古籀甲骨鉥印泉布、石刻诸文字，以证尚书，题曰《尚书新证》，为说经家特辟蹊径"，可以看出其藏书随着其学术旨趣的改变而转变。《辛诗》中所言"时俗疑书信金石，别搜龟甲证新经"，体现了当时的学术潮流，亦或是造成其学术专长转变的原因。其"特辟蹊径"，弘扬"疑书"的精神，开辟了阅读学的流派，成为"新证派"的代表人物。

《辛亥以来藏书纪事诗》以人为主体，以书为线索，呈现了当时历史背景下的各种学术旨趣。除以上12例外，兹列表陈述。

表 6.1　《辛亥以来藏书纪事诗》中藏书家学术旨趣

序号	学术旨趣	评论
一、叶昌炽 [1]	精目录金石之学	《缘督庐日记抄》，凡平生所得及所见之书及金石，俱详载其中。晚岁居上海，所见古书尤博
三、纪昀 [2]	始知家学善论诗	尝谓文达论诗之识，在清代应首屈
四、谭莹 [3]	工骈体，受知于阮文达	玉生俪体荔村诗，最后谭三擅小词
一三、陈澧 [4]	阅书至博，每书皆有校记	先生治学之法，凡阅一书，取其精要语，命抄胥写于别纸，通行之书，则直剪出之。始分某经，继分某章、某句、某字，连缀为一。然后别其得失，下以己见。如司法官之搜集证据，乃据以定案也
一五、李慈铭 [5]	每书皆有校注，经史要书尤详	订疑补缺用功深，字细如绳密似针
一八、谭献 [6]	先生治《春秋》主董子	平生矫矫西京学，不保江都一玉杯
二〇、唐景崇 [7]	谓《天文》《律历》二志最详且精	尚书晚岁注新唐，律历天文志最详
二四、李文田 [8]	素究《元史》地理，好搜明季野史	地征西北史南天，著作名山有佚编
三四、王仁俊 [9]	近代目录学家，金石学家	学综九流书百种，儒林传里独遗伊
四三、沈曾植 [10]	近代著名书法家、史学家、藏书家	所著《蒙古源流笺证》已刊成。他若《元朝秘史注》十五卷附《九十五功臣名》一卷。《蛮书校补》一卷，《岛夷志略笺》一卷，《蒙鞑备录》《黑鞑事略》《西游记》《异域说》《塞北纪程》《近疆西夷传》各一卷
五六、傅增湘（一）[11]	海内外之言目录者，靡不以先生为宗	手校宋元八千卷，书魂永不散藏园
六三、李详 [12]	近世东南名宿也。其骈文诗集，俱已行世	

[1]　伦明 . 辛亥以来藏书纪事诗 [M]. 雷梦水，校补 . 上海：上海古籍出版社，1999：1.

[2]　伦明 . 辛亥以来藏书纪事诗 [M]. 雷梦水，校补 . 上海：上海古籍出版社，1999：2.

[3]　伦明 . 辛亥以来藏书纪事诗 [M]. 雷梦水，校补 . 上海：上海古籍出版社，1999：3.

[4]　伦明 . 辛亥以来藏书纪事诗 [M]. 雷梦水，校补 . 上海：上海古籍出版社，1999：10.

[5]　伦明 . 辛亥以来藏书纪事诗 [M]. 雷梦水，校补 . 上海：上海古籍出版社，1999：12.

[6]　伦明 . 辛亥以来藏书纪事诗 [M]. 雷梦水，校补 . 上海：上海古籍出版社，1999：14.

[7]　伦明 . 辛亥以来藏书纪事诗 [M]. 雷梦水，校补 . 上海：上海古籍出版社，1999：16.

[8]　伦明 . 辛亥以来藏书纪事诗 [M]. 雷梦水，校补 . 上海：上海古籍出版社，1999：18.

[9]　伦明 . 辛亥以来藏书纪事诗 [M]. 雷梦水，校补 . 上海：上海古籍出版社，1999：25.

[10]　伦明 . 辛亥以来藏书纪事诗 [M]. 雷梦水，校补 . 上海：上海古籍出版社，1999：34.

[11]　伦明 . 辛亥以来藏书纪事诗 [M]. 雷梦水，校补 . 上海：上海古籍出版社，1999：42.

[12]　伦明 . 辛亥以来藏书纪事诗 [M]. 雷梦水，校补 . 上海：上海古籍出版社，1999：47.

（续表）

序号	学术旨趣	评论
七一、朱师辙[1]	自著有《商君书解诂》及《词集》《清史艺文志稿》四卷，已刊	
八二、黄节[2]	在各大学教授诗，编笺曹子建、阮嗣宗、谢康乐、鲍明远诸家诗。晚岁治《毛诗》，撰《诗旨纂辞》，亦时采韩义	诗义参韩不废毛，兼之熟读选离骚
九〇、杨树达[3]	专致力王益吾《汉书补注》，编搜王氏未采诸家，为之增益。君所至以《汉书》为教，故都讲坛中，无第二人也	郎园许学有传薪，祭酒班书补缀勤
九五、王瑚[4]	好读《老子》，凡《老子》异本，收之殆备	
九六、江天铎[5]	专法学，书法劲绝，其诗文委抑深奥，自成一派	竞公中岁研书法，余事论文语语精
一〇三、章士钊[6]	于唐宋诸家，独重柳宗元，因是凡诸家评点柳集，搜集独备，喜收清代名家手稿。中岁主《苏报》，以文字提倡革命	
一一八、莫伯骥[7]	君少攻举业，壮究医经。中岁以后，始治目录	
一二〇、邓之诚[8]	君善臧否人物，笑嬉怒骂，皆成文章，笔之为书，即今《世说》矣	此外当编今世说，笑嬉怒骂总文情
一二一、熊罗宿[9]	精研数十年，用算法制成小木块，以验其制	比生绝学考明堂，是否平方误立方
一二七、徐鸿宝[10]	夙精版本目录之学	
一五三、叶德辉[11]	君素精小学，辑录各书，具有条理，但版本目录，非其长耳	清话篇篇掇拾成，手编藏目不曾赓
一五五、梁鸿志[12]	善诗，喜藏弆	

[1] 伦明.辛亥以来藏书纪事诗[M].雷梦水,校补.上海:上海古籍出版社,1999:55.

[2] 伦明.辛亥以来藏书纪事诗[M].雷梦水,校补.上海:上海古籍出版社,1999:69.

[3] 伦明.辛亥以来藏书纪事诗[M].雷梦水,校补.上海:上海古籍出版社,1999:75.

[4] 伦明.辛亥以来藏书纪事诗[M].雷梦水,校补.上海:上海古籍出版社,1999:76.

[5] 伦明.辛亥以来藏书纪事诗[M].雷梦水,校补.上海:上海古籍出版社,1999:78.

[6] 伦明.辛亥以来藏书纪事诗[M].雷梦水,校补.上海:上海古籍出版社,1999:83.

[7] 伦明.辛亥以来藏书纪事诗[M].雷梦水,校补.上海:上海古籍出版社,1999:94.

[8] 伦明.辛亥以来藏书纪事诗[M].雷梦水,校补.上海:上海古籍出版社,1999:96.

[9] 伦明.辛亥以来藏书纪事诗[M].雷梦水,校补.上海:上海古籍出版社,1999:96.

[10] 伦明.辛亥以来藏书纪事诗[M].雷梦水,校补.上海:上海古籍出版社,1999:101.

[11] 伦明.辛亥以来藏书纪事诗[M].雷梦水,校补.上海:上海古籍出版社,1999:117.

[12] 伦明.辛亥以来藏书纪事诗[M].雷梦水,校补.上海:上海古籍出版社,1999:119.

6.4 揽四海之书，汇五湖之藏

　　地理环境，又称自然环境，是人类生活以及社会存在和发展的自然基础，是社会物质生活经常的必要条件，具体包括地形、气候、位置、面积、物产、土壤、河流、海洋甚至部落、人口等。一般说来，地理环境对人类社会的影响可谓无所不及。地理环境影响经济类型，经济类型影响社会结构，社会结构影响社会化方式，社会化方式影响民族心理。在这互为因果的相互影响中，文化自然被打上了地理环境的烙印，而作为文化的直接方式——藏书，自然也受到了影响。

　　《汉书·地理志》中不但明确地提出了"域分"（即按不同的历史区域划分民俗民风）的概念，而且写道："凡民函五常之性，而其刚柔缓急，音声不同，系水土之风气，……好恶取舍，动静之常，随君上之情欲。"把人的行为和观念归因于两个因素，即水土的构成和王侯的引导。这个观点是很有价值的，这说明古人早已注意到了水土风候对民俗文化的影响。并且在这方面古人颇多论述。如："邹人东近沂泗，多质实；南近滕鱼，多蒙侠；西近济宁，多浮华；北近滋曲，多俭啬。""潇湘间无土山，无浊水，民乘是气，往往清慧而文。"及"吾郡少平原旷野，依山而居，商贾东西行营于外，以就口食。然生民得山之气，质重矜气节，虽为贾者，咸近士风"等等。其实古代的学术思想流派常常有明显的地域性，《宋元学案》《明儒学案》等著作甚至用地名标志学派。侯外庐先生明白地指出："各个学派的流传分布，往往也有其地域特点，大略的形势可以描述如下：儒墨以鲁国为中心，而儒家传播于晋、卫、齐；墨家则向楚、秦发展。道家起源于南方原不发达的楚、陈、宋。后来可能是随着陈国的一些逃亡贵族而流入齐国，楚人还保留着比较原始的'巫鬼'宗教，同样在北方偏于保守的燕国和附近的齐国，方士很盛行，后来阴阳家就在齐国发展起来。法家主要源于三晋。周、卫位于各国之间的交通孔道，是商业兴盛之区，先后产生了不少专作政治交易的纵横家。"

　　回望中国古代学术史亦可以发现，一个时代学术思潮的形成，往往以书业繁荣地区为发祥地。例如，宋代理学分濂、洛、关、闽四派，朱熹（1130～1200），字元晦，为闽学之宗，其原籍虽为徽州婺源（今属江西），但从其父亲起，就侨寓福建。他尝建草堂于建阳，曰"晦庵"，故人称"晦庵先生"，而建阳正是宋代印刷业最发达的地区之一。朱熹有一篇《建宁府建阳县学藏书记》云：建阳版本书籍行四方者，无远不至。而学于县之学者乃以无书可读为恨。今知县事会稽姚侯耆寅始斥掌事者之余金，麟书于市上，自六经下及训传史记子集，凡若干卷，以充入之。（[宋]朱熹晦庵先生朱文公文集，明嘉靖十一年（1532）张大轮胡岳等刻本）说明建阳所鬻之书，内容丰富，品种多样。而朱熹博极群书，广注典籍，对经学、史学、文学、乐律以至自然科学都有不同程度贡献。他在哲学上发展了二程（颢、颐）学说，建立起完整的理学体系，在明清两代被提到儒学正宗的地位。他的博览和精密分析的学风对后世学者很有影响。在交通运输与信息传播很不便利的遥远年代，可以方便获取的地域文献资源，正是成就这样一位时代思潮代表人物的思想成长沃土。这种带有地域特征的学派分析，使我们感受到强烈的空间意识。

　　清代的私人藏书带有明显的地域性。这是受中国大地理环境下的内陆文化的间接影响和受政治经济控制的小地理环境的直接影响。中国地大物博而又地形封闭，唯一一面的出海口又是以古人之力难以跨越的太平洋。这种封闭的地理环境大大限制了中外交流，也因此形成了保守而自负的内陆文化，形成了中国特色的哲学文化，即谢勒所谓的教养的知识，也即梁漱溟所谓的以意欲自为调和持中为其根本精神的文化。因此，在古典文化高度成熟的清代，这种精神文化也达到了高度成熟。在这种精神支配下，大学者、大官僚以藏书、读书自娱自乐，读书、评书、鉴书也成为时尚，因此，个人藏书成为最合适的教养知识的体现形式。

　　清代众多的私人藏书家主要分布在以北京为中心的北方和以江浙为中心的南方。北方以北京为单一中心是北京所处的重要地理环境决定的。满清骁勇的八骑子弟以狂飙之势席卷中原，北京遂为国都。这就如同西汉之关中，隋唐之长安，作为国都，自是人口众多，名士汇集，经济发达，学术繁荣，因此成为私人藏书家荟萃之地。又兼明成祖朱棣迁都北京以来苦心经营，明代藏书之盛已是前人所不能比及，蒙荫前人也使清初的北京私藏受益匪浅。至于极盛的清代南方私人藏书则是多中心的。如浙之杭、嘉、湖、宁、绍五府地区，江苏之无锡、苏州，皖之徽州等地，均为藏书极盛之地。自宋高宗偏安江南以来，南方的经济文化地位日益提高，明代江南市镇的兴起，又为清代这一地区藏书的发展提供了良好的背景。且江南多水乡，市镇往往位于河网平原的某一区域中心或枢纽上，舟楫往来十分便利，书贾往来贸易频繁。正如近代学者项士元分析的那样，"因明亡饱经丧乱，藏书之家，多不能守，浙省交通便利，物力较裕，于是书贾集，有力之家，可以不烦走访而书自聚。"然徽州地区山多田少，交通并不便利，可徽州人售艺他乡，负贩大江南北，形成了实力雄厚的徽商。徽商巨富后，亦商亦儒，贾而好儒，重文兴教，特别是著名的徽州刻书，都为私人藏书提供了良好的经济基础和文化背景。

清末民国以来，由于西方近代印刷术的传入和全国印刷业的普遍发展，各地藏书家形成的条件逐步转入均衡状，因此，原来的集中的藏书中心也相对削弱了，逐步走向分散的状态，广东、山东、两湖地区的藏书事业逐渐发展。除了经济、政治、技术和社会安定环境外，藏书家的分布与其他文化群体（如进士、状元）和文化事业（如书院）的分布是密切相关的。

《辛亥以来藏书纪事诗》中藏书家们的籍贯分布与数量列举如下。

表 6.2　《辛亥以来藏书纪事诗》中藏书家们的籍贯分布与数量

区域	人员		
广东（33人）	广东南海（8人）	4 谭莹、	11 孔广陶
		12 孔昭鋆	75 康有为
		113 曾钊、	115 桂浩亭
		140 冼玉清	142 潘明训
	广东丰顺（1人）	10 丁日昌	
	广东番禺（11人）	13 陈澧 + 广东南海廖泽群	29 梁鼎芬
		30 梁思孝	31 陈庆龢
		33 汪兆镛	101 叶恭绰
		106 沈宗畸	110 陈融
		111 盛景璿	112 徐信符
		114 吴道镕	
	广东顺德（4人）	24 李文田	82 黄节
		117 辛仿苏	135 李棪

（续表）

区域	人员		
	广东东莞（4人）	27 陈伯陶	107 张伯桢
		109 张次溪	118 莫伯骥
	广东新会（2人）	76 梁启超	100 陈垣
	广东揭阳（1人）	81 曾习经	
	广东花县（1人）	96 江天铎；	
	广东鹤山（1人）	116 易学清 附：陈之藩	
江浙（50人）	江苏（22人）	江苏常熟	7 瞿镛
		江苏常州	58 陶湘
			148 董康
		江苏丹徒	50 刘鹗
		江苏江阴	41 缪荃孙
			42 缪禄保
			52 夏孙桐
		江苏南京	38 邓邦述 120 邓之诚
		江苏苏州	34 王仁俊
			67 章钰
			1 叶昌炽
			71 朱师辙
		江苏武进	39 屠寄
		江苏兴化	63 李详
		江苏扬州	13 尹炎武
			88 方尔谦
		江苏仪征	78 刘师培
		江苏镇江	85 丁传靖
		江苏吴县	92 许博明 附：河南卢氏史宝安
		江苏无锡	102 钱基博
		江苏盐城	131 孙人和
	浙江（25人）	浙江萧山	98 朱文钧
		浙江平湖	91 沈应奎 附：河北丰润张允亮
		浙江金华	127 徐鸿宝
		浙江杭州	8 丁丙
			18 谭献
			40 吴昌绶
			48 王存善
			128 马叙伦
			149 王叔鲁

（续表）

区域		人员	
江浙（50人）	浙江（25人）	浙江海宁	80 王国维附赵万里
		浙江海盐	89 朱希祖
		浙江嘉兴	43 沈曾植
			44 沈曾植之弟沈曾桐
		浙江宁波	2 范钦（天一阁）
			5 卢址
		浙江瑞安	16 孙诒让
		浙江上虞	51 罗振常
		浙江绍兴	15 李慈铭
			19 浙平步青
			45 王绶珊
		浙江吴兴	1 张钧衡
			60 刘承幹
			61 蒋汝藻　附：贵阳陈田
		浙江余杭	77 章炳麟，
	上海（3人）	86 钱学罴　附：上海高燮　上海姚光	87 上海封文权　附：江苏吴县曹元忠
		141 上海涵芬楼	
京津和满洲共20人	北京（1人）	144 正文斋书店谭笃生	
	河北（9人）	3 河北纪晓岚	22 河北张之洞
		68 河北贺涛　附：河北贺葆真	95 河北定县王瑚
		104 河北霸县高步瀛	132 河北南宫邢之襄
		133 河北徐水袁同礼	146 河北冀县孙耀卿　附：河北任丘王晋卿
		145 河北衡水何厚甫	
	满洲（6人）	35 汉军正黄旗杨钟羲	26 满洲镶白旗盛昱
		73 满洲镶黄旗麟庆	72 满洲正黄旗景廉　附：汉军镶白旗凤山　满洲正白旗端方
		74 满洲正黄旗耆龄　附：光熙	126 满洲正白旗金梁
	天津（4人）	64 徐世昌　附：徐世章　江苏常熟孙师郑	129 金钺
		130 张鸿来	143 李士（世）珍

（续表）

区域		人员	
两湖共20人	湖北（12人）	25 鄂城柯逢时	84 恩施樊增祥
		53 黄陂陈毅	70 通山吴怀清
		93 王鸿甫	66 卢弼　附：汉阳周贞亮
		99 蒲圻张国淦	125 黄冈刘绍炎
		150 湖北徐恕 65 仙桃卢靖	151 湖北方觉慧
	湖南（8人）	69 常德余嘉锡	90 长沙杨树达
		36 湘乡李希圣	103 长沙章士钊
		105 湘潭袁思亮	152 江永周铣诒
		153 长沙叶德辉	154 湘乡王礼培　附：长沙郭宗熙
其他共27人	安徽（6人）	62 贵池刘世珩	59 合肥刘体智
		46 南陵徐乃昌	83 桐城吴闿生
		17 桐城萧穆	134 东至周暹
	江西（4人）	37 奉新张勋	54 九江李盛铎
		122 吉水欧阳成	121 丰城熊罗宿
	山东（3人）	6 山东聊城杨以增	28 山东临清徐梧生
		21 山东无棣吴式芬	
	四川（3人）	47 成都王秉恩	56 江安傅增湘
		119 张柳池　附：大邑杨歆谷	
	贵州（3人）	14 独山莫友芝	97 姚华
		139 赵慰苍	
	福建（2人）	32 福州陈宝琛	155 长乐梁鸿志，
	河南（2人）	94 项城袁克文	123 安阳张凤台　附：珙县刘镇华　江苏泰县韩国钧
	辽宁（2人）	136 海城于省吾	147 辽阳吴瓯
	山西（1人）	124 平陆张籁　附：赵城张瑞玑	

6.4.1 广东藏书

从上表可以看出，《辛亥以来藏书纪事诗》收广东藏书家33人，占全部藏书家总数的1/5，不仅明确体现了伦明的乡邦情结，也可以看到广东藏书家在辛亥革命后头三十年中，在全国藏书家中占有相当重要的地位。而广东藏书家又以南海、番禺、顺德、东莞等地为多。南海藏书家有"三十三万楼"主孔广陶，又有谭玉先（为伍氏校《粤雅堂丛书》）、曾钊"面城楼"（学海堂长）、康有为"万木草堂"、桂浩亭、潘明训"宝礼堂"、冼玉清；番禺藏书家有陈庆龢、陈庆佑（陈澧孙）、汪兆镛、叶公绰"遐庵"（专收山志、书院志、词集等）、徐信符"南州书楼"、吴道镕、张柳池、梁鼎芬"葵霜阁"；顺德藏书家有李文田"太华楼"（探花、礼部侍郎）、辛仿苏、黄节"蒹葭楼"；东莞藏书家有陈伯陶（收明清间野史）、伦明"续书楼"、莫伯骥"五十万卷楼"；梅县有黄遵宪"人境庐"、吴兰修"守经堂"；丰顺丁日昌"持静斋（曾任江苏巡抚）、揭阳曾习经"湖楼"、新会梁启超"饮冰室"、花县江天铎、鹤山易学清、海丰吴式芬等藏家，亦都有名于时。辛亥革命前后，岭南藏书有一些大的变动。如 1907 年顷，"时南海孔氏三十三万卷楼书初散出，而鹤山易氏、番禺何氏、钱塘汪氏（官于粤者）所裁亦散"；"同时潮阳丁氏持静斋裁，间有见于坊肆者"。总上所见，广州地区藏书的兴盛，约在十九世纪初叶阮元创立"学海堂"及嗣后张之洞创办广雅书院及广雅书局以后。当时，与广东迅速成为全国文化的先进地区及新学昌盛之地有关。康有为、梁启超等新学潮流的代表人物也推动了藏书昌盛，而李文田、丁日昌、梁鼎芬等有学问的官僚世家，更对藏书事业推波助澜。同时、也与十三行、盐商、药商等富有经济实力者加入藏书行列有关。徐信符《广东藏书纪事诗》一书记载：广东藏书家崛起于明代，该书收进明代至近代广东藏书家 51 人，何多源《广东藏书家考》收进广东藏书家 40 多人。

中国古代文化从地理上来说，起源于黄河流域，从先秦而魏晋，而隋唐至北宋，古代文化的中心始终处于黄河流域，受此影响，作为文化表征之一的私人藏书，其分布亦多集中于中原一带。宋室南渡以后，文化中心随着政治中心的迁移而南移，长江流域成为了私人藏书的主要地理分布，这一情况一直保持到现在。

广东僻处岭南，虽很早接受中原文化影响，但是私人藏书家却直到明代才崛起。在我国藏书史上，清代前期，广东有名的藏书家寥若晨星。而到了清代中期以后，特别是在近现代，由于广东政治上的相对稳定、经济上的繁荣发达、交通上的不断改善，以及文化上的蓬勃发展，使广东接受外来文化影响最深，文化自觉意识较中原地区为最，藏书家如雨后春笋出现。藏书家数量从明代的近十家增加到当时的近百家，成为仅次于江浙两地的第三个藏书大省。"明清以来，见于文献记载的广东藏书家约有100多位，而在这些藏书家中有相当一部分人不仅富藏书，同时也是著述、校雠、刊刻、整理、汇编等方面的大学问家。"[1] 梁启超在总结清代学者的总成就时，认为他们对学术的贡献就是校注、辨伪、辑佚。广东近代不少私家藏书家在校注、辨伪、辑佚、刻印古籍方面，为保存文化遗产、传播优秀典籍做出不少有功于文化的贡献，如李文田、徐信符、冼玉清等。广东近代私家藏书的古籍专藏，则为后代研究这些专题提供了难得的珍贵典籍资料，如陈伯陶、莫伯骥等人的藏书。这些私家藏书家们几乎都编制了藏书目录，而古籍善本藏书目录如《宝礼堂宋本书录》的分类和著录体例，往往记述校注、辨伪、版本等，对学术界有着重大的参考价值。《辛》诗中所记藏书家们的藏书内容文化既包含有经、史、子、集，又包含近代新书和西学、日本新书，对粤人著述和乡邦文献也尤为注重，从而既承传本土藏书文化，又融合外来藏书文化。广东近代私家藏书保存文化遗产，重专藏，承传本土藏书文化；以开民智、育人才而开书藏；讲求古籍价值；私家藏书捐赠给公共图书馆等藏书文化心理，对当时私家藏书风气有着警世之影响，对现代文化建设仍有着重要的借鉴作用。

6.4.2 上海藏书

自唐宋以降，中国经济、文化重心即从黄河流域移到江南，民间藏书甚盛成为江南地区文化特点之一，一直是藏书重镇与藏书文化研究的焦点，故本书不赘述。上海在元代建县以后，虽然在城市规模、文化设施方面（包括藏书）不能与苏州、杭州等城市相比，但其藏书也称得上源远流长，颇有影响。这在《辛》中有所体现。在传五一罗振常中伦明曰："余所见上海之古书流通处、中国书店、蟫隐庐，皆在辛亥后，杭州之抱经堂更在后，此就较大者言之。若孤种旧书、刊印书目，则始自上海，而故都效之。大抵营业方法，上海胜故都，而经验不

[1] 曾洁莹. 广东藏书家的历史地位及贡献 [J]. 科技情报开发与经济，2006（12）.

如。"指出孤种旧书、刊印书目都发源于上海,书店的经营方式上海也稍胜一筹,只是经验不如故都。罗振常（1875～1942），字子经,又字子敬,号心井、邈园,浙江上虞人,罗振玉的堂弟。早年随罗振玉宦游南北,1912 年去日本。归国后,至河南安阳收买甲骨。同年在上海设"蟫隐庐"书店,刊印珍本秘籍发售。精于校勘,于版本源流、收藏变迁皆详为稽考。编有家藏善本书目为《善本书所见录》。伦明见到《蟫隐庐书目》,感慨其井井有条理,后经过询问才知道主人为藏书大家罗振玉的弟弟。清末,类似于罗振常的众多官僚文人涌入上海,带来藏书嗜好,上海书画古籍市场因而繁荣发达,海内知名的藏书家,如张元济、陶湘、张均衡、丁福保（伦明认为其纂录书,简陋无足取,是文士逐利者耳）、胡朴安、高燮等相继崛起,上海藏书在总量上远远超过以往任何时期,也延续了私人藏书的传统。伦氏诗传中对上海涵芬楼进行了专门论述,诗曰:"几岁搜储一秒休,江陵道尽痛斯楼。初今何地安弦诵,应费诸公牖户谋。"其注云:"上海涵芬楼,储书甚富,先是当事者防万一之险,屡以他本贮安全地,而未能尽。余游沪,登阁览竟三日,所见名人稿本、钞校本尚多,方志尤备,略记要目而去。壬申上海一役,空中落一弹,书与楼同毁。"伦明打破了叶氏只为藏书家立传的体例,实为新创。后来,徐信符在创作《广东藏书纪事诗》时,受伦明启发,为广东近代著名藏书楼如广雅书院（冠冕楼）、广雅书局（十峰轩）、南州书楼等题诗作传。

与私人藏书楼不同,涵芬楼属于近代史上第一个商业印书馆——商务印书馆所设的一个图书室,张元济创办"涵芬楼"的初衷是为了满足编译所工作的需要,作为编译的参考资料以保证编书的质量;作为影印古籍的底本以开辟商务印书馆古籍影印出版业务。但是在深入考察涵芬楼成立后,张元济访求、保存古籍善本的笃诚之心及相关言论,其内在的动因显而易见:即在国势衰微民族危机日益深重的形势下,面对作为数千年中华文化载体的古籍岌岌可危的命运,张元济所表现出来的保存古籍、服务社会、扶助教育的历史责任感和使命感。他给友人傅增湘的信中曾说:"吾辈生当斯世,他事无可为,惟保存吾国数千年之文明,不至因势而失坠。此为应尽之责。能使古书流传一部,即于保存上多一分效力。吾辈炳烛余光,能有几时,不能不努力为之也。"涵芬楼藏书规模的逐步扩大，客观上是基于商务印书馆雄厚的财力，但在主观上则应归功于张元济访求，保存善本古籍的笃诚之心与坚定之行。张元济自称其访书之途为："求之坊肆，丐之藏家，近走两京，远驰域外。"所谓"求之坊肆"即零星的选购，积少成多。张元济每至京师，必捆载而归。甚至在自家的大门上张贴"收买旧书"四字，贾人持书叩门求售。"丐之藏家"，则是直接从藏书家手中成批收购。相对于坊肆零星选购，这是涵芬楼藏书的主要来源。"远驰域外"，张元济于1928年远赴日本搜求我国流出之孤本秘籍除搜购之外，张元济还凭借个人名望及其商务印书馆的声誉，与许多藏书家建立了友谊并获得了他们的信任，采取"钞书"等形式向公私藏家移录副本或分别借照，以扩充涵芬楼藏书。

张元济在不遗余力收集古籍善本的同时，慧眼独具。对于当时不为一般藏书家所重视的地方志文献，也都有意识地加以收集。他认为："地方志虽不在善本之列，然其间珍贵之记述，恐比善本犹重者。"从地方志的文献价值上看，的确比善本书还重要。在清末时，地方志普遍没有人买，只有日本人买。张元济不忍看着大批方志流入东土，加之商务印书馆当时编纂各种历史、人名、地名等大型辞书，需要这些各地方志文献以供参考。因此，涵芬楼很快搜集了各地各个时期的地方志二千六百余种，二万五千八百余册，还有仅华盛顿美国国会图书馆有藏的罗定全的"资县志"等，涵芬楼因此成为当时收藏地方志文献最多最全的图书馆。涵芬楼所收藏除上述我国宋元以来的大量善本古籍和丰富的地方志文献外，还有晚清以来我国各地出版的各种报纸、杂志。其中藏有完整的报纸有上海的《时报》《神州日报》《民国日报》，天津的《大公报》《益世报》。杂志则更多，如《新民丛报》《国闻周报》，以及商务印书馆自己出版的《东方杂志》《绣像小说》《小说月报》等。在张元济的不懈努力下，涵芬楼成为当时藏书颇丰，称盛于时的著名图书馆。同中国历代许多有成就的藏书家一样，张元济信奉"藏书不如刻书"。在他的主持下商务印书馆在搜集了大量古籍善本的同时，整理校勘出版了许多对后世影响很大的古迹丛书，如《涵芬楼秘笈》《四部丛刊》等多种大型古籍丛书，都一并藏入涵芬楼。经过十多年的努力，涵芬楼藏书已具相当规模，张元济在1921年为纪念商务创立25周年时，提议创办公共图书馆。商务印书馆出资在上海宝山路商务总厂对面建造了四层楼钢筋混凝土大楼，将涵芬楼藏书移入，又增添报刊、商务版图书等阅览室，定名为东方图书馆，王云五任馆长。于 1926 年 5 月 2 日，值纪念商务印书馆建馆 30 周年之际，正式开馆对公众开放。东方图书馆当时是国内最大的私立图书馆，最终藏书达四十六万三千余册，图片、照片五万余幅，其中善本书经鉴定和整理的共计 3745 种、35083 册。令人愤恨的是 1932 年日本侵略军在上海发动"一·二八"事变，向商务印书馆投下六枚炸弹，总厂被炸毁。几天以后，日本浪人又潜入东方图书馆纵火，除了事先存放在银行保险库中的 5000 册宋元版善本外，东方图书馆近代无与伦比的精良收藏（仅次于当时的北京图书馆）全部被焚毁，使飞灰满天，残纸坠地，纸灰吹遍了上海全城，惨不忍睹。这是我国文化史上的一场罕见的浩劫，张元济为此痛不欲生。"七七"抗战之后，上海成为孤岛。张元济痴心不改，依然关心上海各处古籍的命运，为保存中华优秀传统文化责无旁贷，与好友叶景葵等发起创办合众图书馆，聘请顾廷龙先生主持馆事，接受各方面的捐赠。自己也将收藏的一批嘉兴、海盐先哲著作，张氏先人刻印的书籍悉数捐入。合众图书馆度过了整个 40 年代社会极度动荡不安的时期，克服了经费难以为继的困难。1949 年上海解放前夕，国民党军队企图进占图书馆大楼，张元济已是八旬高龄，他亲临现场，阻止军队进入，合众图书馆得以保全。1953 年经董事会同意，将藏书捐献给上海市人民政府。合众图书馆的藏书，后来成为上海图书馆古籍收藏的基础。

伦明在上海时，曾"登阁阅览竟三日，所见名人稿本、抄校本尚多，方志尤备，略记要目而去"。痛惜"壬申上海一役，空中落一弹，书与楼同毁"。诗曰："几岁搜储一秒林，江陵道尽痛斯楼。初今何地安弦诵，应费诸公牖户谋。"

6.4.3　京津藏书

北京为明清两代首都，是全国政治、经济和文化中心，在明代呈现"海内舟车辐辏，箧筐走趋，巨贾所携，故家之蓄，错出其间，故特盛于他处"[1] 的繁荣景象，足见北京地区在明代就是全国的书业中心之一。在此基础上，清代北京图书市场又有新的发展，"九城之肆收九城之书，厂肆收九城之肆之书，

---

[1]（清）叶德辉. 书林清话：附书林馀话 [M]. 扬州：广陵书社，2007：209.

更东达齐鲁、西至秦晋、南极江浙闽粤楚蜀，于是举国之书尽归京市"[1]，由此造就了北京书业中心在全国的地位，也为以后民国书业的发展奠定了基础。清初，北京的藏书家数量较小，与南方藏书家相比相去甚远。但随着全国各地所印、所藏书籍逐步汇于此。从乾隆中期以后，北京的藏书家独树一帜，数量逐渐增多，影响较大。根据傅璇琮、谢灼华《中国藏书通史》所载，乾嘉年间北京的著名藏书家有程晋芳、黄叔琳、纪昀、翁方纲、玉栋和朱筠等人[2]。此外，还有一般王公、官吏也以藏书为尚，多藏书甚富。北京琉璃厂书肆街在北京图书市场最为著名，贸易繁盛。河北天津乃至全国的藏书家们均在琉璃厂访书购书。元明时期这里为琉璃厂。约在康熙后期，由于地理位置便利，全国各地的会馆多建附近，官员、赶考举子也常聚集于此，"旧时图书馆之制未行，文人有所需，无不求之厂肆；外省举子，入都应试，亦趋之若鹜。盖所谓琉璃厂者，已隐然为文化之中心，其他不特著闻于首都，亦且驰誉于全国也"[3]。由此四方之书聚散于此，藏书家们汇集于此，至乾隆年间达到极盛，发展成了人文荟萃的文化街市。乾隆己丑年（乾隆三十四年，1769年），李文藻因谒选至京师，寓百顺胡同，居京师5个多月，闲暇则到琉璃厂观书，后追忆著有《琉璃厂书肆记》。民国元年（1911年），藏书家缪荃孙记有北京琉璃厂购书往事，自同治丁卯（1867年）至宣统庚午（1910年），著《琉璃厂书肆后记》，记有书肆31家，其中琉璃厂书肆27家，隆福寺书街书肆4家。四年后秋，缪荃孙重返京师，"时时阅厂，旧肆存者寥寥晨星，有没世者，有歇业者，有易主者，而继起者亦甚众"，为"志今昔之感"，缪荃孙复作"附录"，录所见书肆39家，这些书肆名称中除了传统"堂""阁""斋"等外，出现了冠以"书局"的店名，颇具有时代特色。在《辛》诗中，京津籍藏书家中就有4位书店老板，即144谭笃生、145何厚甫、146孙耀卿附王晋卿。

　　每一部流传下来的典籍，都包含着它的产生（编写、出版）、流通（贩卖、

---

[1] 王钟翰.北京书肆记 [M]// 张静庐.中国现代出版史料（甲编）.北京：中华书局，1954：381，380.

[2] 傅璇琮，谢灼华.中国藏书通史 [M].宁波：宁波出版社，2001：852-854.

[3] 孙孙殿起.琉璃厂小志 [M].北京：北京出版社，1962：1，12.

馈赠）、收藏（公私藏书）三个密不可分的过程。

历史上的书贾，正是流通过程的承担者，是产生和收藏两个过程的联系者和沟通者。陈东原谓"书贾重利，何足与言国家文献之大？"书贾射利，"乃书之一厄"[1]。而清末叶昌炽在《藏书纪事诗》卷七中，记下十余名书贾事迹，可谓有为之"立传"之意，后之叶德辉更明确提出："使有史家好事，当援货殖传之例，增书林传矣"[2]书贾之来源有三类：由写工、刻工、学徒、店员上升为书贾，孙殿起等；由其他行业转嫁资本而为书贾的；由文化人转为书贾的，如伦明。书贾们开设书肆、售书、刻书、藏书，为保存文化典籍奉献力量。

历史上公私藏书时聚时散，时散时聚。当处于散佚的情况，典籍就有面临消亡的厄运，书贾们出于营业需要，要备书。且数量越多，品种越全，质量越高，才是吸收顾客的资本，也是自己盈利之所在，因此他们不但坐堂收购，而且足迹遍及全国各地，冷摊荒肆，废纸堆中，常是他们追寻的对象，特别是在社会动乱之后，世家大族一旦衰落，或者先辈好书却逝世了，子孙并不好书时，书贾们更是闻风而动，竭尽收罗。如琉璃厂肆雅堂丁梦松，先为方功惠购书，方殁又为其代售。盛昱书散出后，正文斋谭笃生与宏远堂赵宸选，以二千元收得。这类抢救文化典籍的事例，举不胜举。同时，书贾售书以供公私之需，这是传播文化典籍的最主要方式。其次是他们刻印书籍，扩大典籍的品种和数量，使典籍更为广泛的流传。此外，他们开设的书肆，供人阅览，乃至借抄。一个书肆就是一座图书馆，而书肆集中之地，就是文化中心所在。

考察历史上的书贾，无不具有商人和文人的两重性。作为商人，他们千方百计地牟取高利，不惜作伪多端，受到读书人的指责，这是理所当然的。如伦明称谭笃生"熟版本，光宣间执书业之牛耳。惟好以赝本欺人，又内监时盗内府出售于谭，因以起家"，字里行间展现了对书贾唯利是图的批判，"偶谈录略亦能谐，颇传照乘多鱼目，"但我们同时也应看到，书贾身处书海，接触的又是读书人，这样长时期耳濡目染，见多识广，养成他们的文人气质，乃至造就一批版本目录学专家。

---

[1] 古今典籍聚散考卷四书贾上海书店 1983 年重印本。

[2] 叶德辉 . 书林清话：卷五（明人私刻仿亥）[M]. 北京：中华书局，1959.

清末和民国年间，琉璃厂宝森堂主人李清和（字雨亭）、藻玉堂王雨（字子霖）、善成堂饶起凤（字松圃）、正文斋谭锡庆（字笃生），会文斋何厚甫（字培元）、韩俊华（字星垣）、邃雅斋董金榜（字会卿）、文禄堂王晋卿（字搢卿）、通学斋孙殿起（字耀卿）等，皆精于版本目录之学，言及各朝书版书式、著者、刻者、完缺、装帧，往往如数家珍，虽读书人亦不能及。伦明称"会文斋书店主人何厚甫，于所见古书必详记其行格序跋，积十余册，有出诸家书跋、藏志之外者"。"叶焕彬来故都，与厚甫谈版本相契，《书林清话》道及之。焕彬常手批《书目答问》以赠，书问往还不绝。"至于他们当中有的人还留下版本目录学专著及诗文集，"孙著有《贩书偶记》《丛书目录拾遗》，王著有《古本过目记》，皆俱通人之识"，更是证明清章学诚所说："老贾善于贩书，旧家富于藏书，好事勇于刻书，皆博雅名流，所以把臂入林者也。"称他们为"横通"（章学诚，《文史通义内篇·横通》）是很有道理的。

《辛诗》中记载的京津籍藏书家中还有两位商人即 132 邢之襄、143 李士珍。邢之襄（1880～1972），字赞廷，喜收藏古籍图书，以购珍本称于故都。经常到北京隆福寺等旧书市收购古籍，所藏甚富，有江都秦氏刻《扬子法言》祖本，又有蜀本李长吉等人诗文集，解放后任北京文史馆馆员。曾将多种善本赠予北京图书馆。其藏书之名与张元济、傅增湘齐名，与傅增湘为同学，彼此借观藏书甚多，关系弥笃，傅增湘在《双鉴楼藏书题记》中多次提及其购藏书跋。他不仅喜藏书，更乐于刻书，编校刊印古籍甚多，《吉金文录》（全二册）、《桐城先生评点唐诗鼓吹》《吴评史记》《唐诗鼓吹》《吴门弟子集》《桐城吴先生日记》《南宫县志》等。伦明称"北地自张之洞、徐梧生衰替后，屈指到君矣"。李世珍（1812～1884），字嗣香，号筱楼，人称"李善人"，同治四年（1865）进士，与李鸿章、吴汝纶为会试同年，中进士后曾任吏部主事，不久后便辞官返津经商，主营盐业成巨富；因乐善好施，创办"备济社"，向贫民施舍粮食棺木，又兴办义塾让贫儿上学，在津门一带博得"李善人"的雅号。有收藏古书和文物的嗜好，珍藏宋元明珍本图籍多种，是晚清知名藏书家之一。伦明称其"喜积书，京津书客争趋之"。曾收藏有上海徐氏"积学斋"、浙江鄞县卢氏"抱经楼"旧藏，其中颇多明抄、明刻本、清初刻本及稿本，藏书楼有"延古堂"，藏书有

4000 余种，以集部图书为半数，藏书印有"延古堂李氏珍藏""身行万里半天下"等。在此传中，伦明还记载了"乾嘉间扬州马曰琯与弟曰璐，江春与弟昉皆盐商，皆有诗集行世，马氏小玲珑阁藏书尤著"。体现了晚清藏书阶层之转变，藏书家身份之多元化。商人贩书售书，亦刻书藏书，修身养性，繁荣文化。展现了中国古代儒商交融，儒生经商，商人崇儒，由儒晋官，官方庇护儒商，培养子弟，由商入士的特点。

在京津藏书家中还有一个独特的群体，即满族少数民族藏书家群体。我国满族少数民族多居于北部及东北地区，随着满蒙贵族统治中原、君临天下，而有所迁徙。他们不仅是马上英雄，亦通晓其本族文化及汉文化，在武力征服中原的过程中，亦被汉文化所征服。随着汉文化影响、熏陶的加深，满汉文化的融合，造就了很多满族藏书家留名于世。满族藏书家们首先要有一定的经济基础。没有一定的经济基础，任何时代的藏书家皆不可能维系，当经济受挫、温饱受到威胁时鬻书现象就会发生，藏书亦会易主。连温饱尚有待解决的人，绝不可能有聚积古书，来发展中华文化的观念。其次要在民族文化交融中积极接受汉文化的影响与熏陶。民族融合使民族混杂地区的人们能掌握两种或两种以上简单的交际语言，但那是为了贸易的方便，究其实质还是为了生存，他们同样不会以聚积古书为己任。只有那些受到过良好汉文化教育的人，方能接受与继承汉族藏书家们的藏书思想，让中华文化在他们手中继续流传下去。再次要有一定的政治地位。那样才有更多的机会得到有价值的古书。所以满族藏书家产生于皇亲贵胄的贵族中，这正是与他们的政治地位、经济地位及所受的文化教育相适应的结果。例如，肃武亲王豪格七世孙盛昱（1850～1899），字伯希（又作伯熙、伯羲、伯兮），号韵莳，别署意园。有《八旗文经》《雪屐寻碑录》，卒后其表弟杨钟羲辑刻其遗为《郁华阁集》等。盛氏意园中的郁华阁藏有极多精美的书籍、金石与书画。宋本有《礼记正义》《群经音辨》《方言》及《册府元龟》等；元本《文献通考》及《玉海》《柳文》《三苏文粹》《唐文粹》等；明本《七经》《渊鉴类函》《古文渊鉴》《全唐诗钞》等；其钞校本更精，如南宋孝宗时内府写本《洪范政鉴》、明抄本《太平御览》全部、明蓝格抄本《文苑英华》等；其他明、清名人抄校本及稿本亦多珍奇。藏印有"属籍淳盛昱""伯羲父""宗室盛昱收藏图书印""圣清宗室盛昱伯羲之印""宗室文悫公家世藏""郁华阁藏书记""享之千金"等。"汉军杨子勤钟羲,与盛伯希为中表",先隶满洲正黄旗,乾隆间改为汉军正黄旗,家藏书数万卷,皆金匮石室之藏,晚年居于北京,家贫后将藏书出售,唯存翁方纲手抄本《唐诗选》6册。"瓣香长奉覃溪手,手写唐诗楷绝工。"伦明赞其楷书绝精其所收各朝诗集凡数千种,后由后裔售于复旦大学图书馆收藏。著述甚丰。与表兄盛昱合编《八旗文经》五十六卷,尤以《雪桥诗话》四十卷,博大精深,在学术界最负盛名。一生治学严谨,博览群书,成为近代著名学者。辛亥后尚存的耆龄(1870～1911),字寿民,又字长寿,号思巽。以温雪斋、惜阴堂藏其书,有汲古阁抄本《古文苑》《宋高僧诗选》《酒边词》《琴趣三编》,又有《宋丞相李忠定公奏议》、明本《越绝书》、精抄本《海东金石苑》等。藏印有"耆龄藏本""惜阴堂记""思巽校读""温雪斋""耆龄长寿思巽藏书"等。伦明在《辛亥以来藏书纪事诗》曾云字裕之的光熙,于"丁戊(1917～1918)至乙丙(1925～1926)间,专收清人集部,多精椠。半归北平图书馆,半散书坊。余收得百余种。自此之后,满人无藏书者矣。"瓜尔佳氏的金梁(1878～1962),字息侯,号小肃,别署瓜圃老人。有《四朝佚闻》《清官史略》《满洲秘档》《清帝后外传外纪》《黑龙江通志纲要》《瓜圃藏书记》《瓜圃藏画记》《盛京故宫书画录》等。因曾祖号瓜亭,祖父署瓜山,姓瓜尔佳氏,又于盛京东陵辟地种瓜,故名藏书处为瓜圃。《瓜圃藏书记》中云:"吾家藏书凡数聚数散。先祖父所藏得自蜀中,颇多善本,道光壬寅、咸丰辛酉两遭兵燹。先父所藏皆江浙故家乱后余烬,亦有文澜阁本,辛亥之变尽归散失。予出游京奉,续有搜集,及南归以携带不易,奉人士请留吾书,特辟安东图书馆藏之。予再来京,适修《黑龙江通志》,所需图书随用随置,以地志为多,此外不论版本,见有名人批校,其佳者往往留之,所积渐增,以旧藏傅氏(青主)父子批校《汉书》为最。"试从四库溯渊源,续目校刊久对论。清史稿成清学录,辽阳旧梦待重温。"伦明与金梁曾同修《奉天通志》。

满族藏书家是能使我国古籍流传至今前赴后继递藏者中的一员,他们在古籍递藏、传抄乃至刊刻中同汉族藏书家一样,为弘扬中华文化做出了极大的努力与贡献;同时为满族文化的发展做出了贡献,促进了民族文化的融合;还为我国藏书事业增添了满族古籍文献，这是汉族藏书家所未曾做到的，在我国文化史上书下了豪迈的一笔，使满族古籍在我国藏书史上占有一席之地。先贤们又共同努力为我们留下大量的满汉合璧文献、文献等，让我们看到了民族文化融合带来的藏书事业的可喜成果。

6.4.4 两湖藏书

以藏书而言，历来以北京、江浙一带为中心，其间互为隆替，书坊云集，巨制单本，咸荟萃焉，如京都的琉璃厂、隆福寺等，而湖南的大藏书家多半是从这些地方开始经营自己的藏书之旅。据《观古堂藏书目》（序），叶德辉的藏书除家传外，其后陆陆续续在都城的厂肆搜得袁芳瑛卧雪庐、商丘宋氏纬萧草堂、曲阜孔氏红榈书屋等藏书。金石收藏大家徐崇立的收藏亦是从京都琉璃厂伊始："前清光绪乙巳，予以僝值内阁，僦居宣武门外之香炉营，距琉璃厂甚近，间曹无事，时从碑估搜求墨本，此为予搜集金石之始。"[1] 方功惠不仅在广东诸地大肆搜寻，且不惜花费巨大远赴日本搜讨古籍，运归中土，"巴陵方柳桥观察官广东四十年，好书有奇癖，闻人家善本，必多方购致之，不可得则辗转传抄，期于必备"[2]。袁芳瑛出为松江知府，对常州、苏州等诸私家藏书均锐意收罗，"江南北旧家典册，以及卷葹阁（洪亮吉斋）、问字堂（孙星衍室）之片纸只卷，皆揽而有之"。[3] 正是京师、江浙等地的大量精刻名钞被输入到湖湘大地，并随着文献的流传递嬗、学术承继，湖湘大地产生了版本、校勘、刊刻等方面的诸多大家，且代有闻人。伦明《辛》诗中有 8 位湖南人，他们是 36 李希圣、69 余嘉锡、90 杨树达、103 章士钊、105 袁思亮、152 周铣诒 153 叶德辉、154 王礼培 附：郭宗熙。

私家藏书的兴衰向来与政治、经济、文化、教育之变迁息息相关。学者吴晗曾论述道："学者苟能探源溯流，钩微掘隐，勒藏家故实为一书，则千百年来文化之消长，学术之升沉，社会生活之变迁，地方经济之盈亏，固不难一一

[1] 徐崇立．瓶翁题跋目录．稿本．长沙，叶氏：1.

[2] 杜贵墀．巴陵人物志十二之广东候补道方公传．清光绪刻本．1902：16.

[3] 黄濬．花随人圣庵摭忆 [M]．北京：中华书局，2008.

如示诸掌也。"[1] 湖南私家藏书的兴盛与清代湖南社会的发展分不开。清前期，湖南的经济发展迅速，为藏书家购买藏书提供了资金保障。其时湖南教育兴起，学校制度更为完备，地方官学与中央官学纵向衔接，官学、私学、学院全面铺开，且书院教育发达，清代湖南书院达 385 所，列全国第 5 位。[2] 书院教育培养出了大量的知识分子，据统计，清代湖南科举有 764 名进士，"中兴将相，什九湖湘"，人文教化的浓郁，为藏书风气的发扬提供了肥沃土壤，为藏书事业的兴起提供了至关重要的人才保障，如陶澍、曾国藩、何绍基、方功惠、袁芳瑛、叶德辉、徐崇立等官宦商绅，均因自己的科举仕进、学术建构而专习课读，从而留心书籍金石的搜度。清代湖南刻书和书肆的发达也对藏书习气的兴起有直接影响。据蔡季襄的《湖南雕版考略》，长沙早在北宋时就已经有雕版经卷的印行，到清代，湘人著述逐至赡富，雕版刻书盛极一时，官刻、家刻、坊刻竞相争辉，均有精椠佳品。湖南有 3 大著名的刻书中心：长沙、宝庆和茶陵，而湘潭、衡阳一带亦有大量刻书处，书肆林立。长沙的 3 大官书局——湖南书局、传忠书局、思贤书局在全国小有名气。这些刻书处不仅讲究纸张、刻工、校雕，篇幅大方，校对精审，而且进行图书印行发售，颇具现代出版机构的雏形。宝庆地区刻书也进一步发展，有澹雅书局、宝庆书局、维新书局等多家书局，刻印书籍甚夥，以数量著称。一些财力、学识俱佳的世族和个人也开始动用私财，热衷雇工开雕，如新化的陈氏三昧堂雕刻善本不下数 10 种；新化邹氏独立创办的舆地学会，绘印中外地图数百幅，其军事和史料价值极高；新化邓显鹤、湘绅王先谦、叶德辉、杨恩寿、皮锡瑞等私家亦刊刻了大量著述，版本甚精。清时书肆的发达也让图书交易流通大大加速。据《长沙市志》记载，至民国年间，长沙先后开办了各类书店 220 余家，并在清道光、咸丰年间正式形成初具规模的碑帖业，至民国年间，竟先后有碑帖店 11 家。长沙成为湖南书业的交易中心，有"章经济堂""三让堂""集古书局""文善书局""广文书局""集美堂""益雅书局"等书店，并形成了玉泉街、南正街等饶有特色的古玩街。这些书肆活跃了整个湖南的书业市场，使得诸多士人流连忘返。叶启发在《华鄂堂读书小识》

[1] 吴晗. 江浙藏书家史略 [M]. 北京：中华书局，1981.

[2] 陈谷嘉，邓洪波. 中国书院制度研究 [M]. 杭州：浙江教育出版社，1997：359.

中多次记载其逛书肆访求善本佳椠的经历："余兄弟自髫龄即好搜访旧籍，日游厂肆不倦。见有重本、异本，不论其为钞、为刻，必购归藏之。"[1] 湖南藏书家节衣缩食只为倾囊购书，欲网罗四部，尤臻美富，在保存典籍方面的功劳不可泯灭。同时他们对自己的藏书开展整理、校勘、编纂等学术活动，大大提升了藏书的学术价值，繁荣了湖湘学术。第一，重视藏书目录的编纂。藏书目录的编写，要求记述毫无舛误，有的还要鉴别版本，分门别类，这样的整理需要一定的学术功底。越是时局不稳、世态动乱，编目就显得越迫切，藏书家保存文献之使命感可谓强烈。藏书稍富的湘籍藏书家大部分都有目录。例如，叶德辉的《观古堂藏书目》，王礼培的《复壁藏书目》。第二，重视藏书的校勘和题跋的编纂。吴晗在《江苏藏书家史略》中高度评价了学者的校勘之功："版本既多，校雠之学因盛，绩学方闻之士多能扫去鱼豕，一意补残正缺，古书因之可读，而自来所不能通释之典籍，亦因之而复显于人间，甚或比勘异文，发现前人误失，造成学术上之疑古求真风气。"[2] 湘籍藏书家校勘至细，用力至勤。"余嘉锡积二十年之力，成《四库全书提要辨证》，博而核。"除一般的校勘活动外，湘籍藏书家题写了大量题跋，述著述之指要，辨一书之是非，考钞刻之源流，鉴版本之优劣，评作者之得失，品书林之轶事。如江安傅增湘评价《雁影斋题跋》，赞扬了其留存文献原貌的学术功绩，认为其与莫友芝、李鸿裔、缪荃孙等大文献学家可齐镳并辔："今篇中所记……且于使后人一展卷之顷，而宛若自见其书，如问影于镜中，而图纹于掌上。是则方氏之藏虽散，而获此一帙，犹足为异时考索之资。其为功于典籍，顾不巨耶？"[3] 伦明记李希圣时谈及《雁影斋题跋》之作者是否为李氏，感慨"巴陵藏目渺无存，书跋徒留李亦元"。第三，湖南私家藏书的命运和可贵的"公藏"实践。私人藏书家穷一己之力进行文献的整理，致力于文化学术的传承，但缺乏严格的组织保管、监督管理。又因时代扰攘，世道多变，私人藏书易散佚，能延续几代的微乎其微，或是燬于火，或是鬻及人，或是子孙不肖，遂致败家，湖南的私人藏书也没逃脱此等厄运。如王礼培

[1] 叶启发.华鄂堂读书小识.稿本.长沙，叶氏.

[2] 吴晗.江浙藏书家史略[M].北京：中华书局，1981：2.

[3] 傅增湘.雁影斋题跋（序）.湘乡李氏铅印本.湘乡：李氏，1935：1.

的藏书就因生活困顿而无奈出售："佩初工书画，精鉴赏，收藏尤富，以贫困欲货所藏书……方余始识佩初时文采豪华，倾动一世，岂意其垂老困厄一至于斯耶？"[1]清末，受西方"公藏"思想的影响，再加上湖南人开放的藏书观念以及弘扬乡邦文献的责任心，很早开办了一所楚宝藏书处，被人视为中国近代公共图书馆之滥觞。光绪年间，"长沙徐公新于宣武城南之兰冕胡同建忠义祠"[2]用以庋藏大湖南北遗书，即楚宝。刘人熙《楚宝目录》供两湖籍官员翻阅。楚宝藏书处管理严格，图书有专门的人员管理，"其管理之人每年筹津贴银四十两，自光绪十五年起由湖南结局直年先期约请京官十人于湖广馆祀文昌日探阄为定，以免推诿。既定之后，交付锁钥，同至忠义祠，按照书目——点对，下年交付接管之人。如有遗失，按照所开价目加倍赔缴，由接管之人购补"[3]，不仅有资金来源的保障要求，且制定了图书交接和责任制度，防止遗失。1904年，中国最早的省级图书馆之一——湖南图书馆成立，诸多湖南私家藏书如袁芳瑛、何绍基、方功惠、曾国藩、叶德辉、叶启勋、叶启发、王礼培等人的藏书，递经多重辗转流传，最终化身公有，趋势使然。

湖北向为我国文化渊薮之一，古往今来，许多学子倾毕生精力读书、藏书，以保存、弘扬中华文化。有"生平喜刻书、藏书。设武昌柯氏医学馆，收徒校勘医籍。刻印《武昌医学馆丛书》"的柯逢时；有"素治蒙古地理，书多地理类，尤多秘本"的陈毅；有捐资修建南开图书馆的卢靖，"君尝捐资十万，设南开图书馆，去岁又拟在故都旧刑部街设木斋图书馆"；有"变摄印为木刻，甚精美"，擅长刻书的卢弼；有"所见极博，自古本至近刻，无所不知，今人罕有其比。所藏不论抄刻，皆罕见本"的王鸿甫；有"采访遗书颇堪法，府厅州县各分疆"的张国淦，编撰《湖北宋访书目》，"按各府厅州县艺文志及见之他书者，各列其目，寄各该地人士按目搜访。又分送友好中好收藏者，各以所见注于书目下，或补其所未有"，伦明认为"刊全省丛书者，宜取以为法"。有"在武昌经商数年，家资颇富，在经商之余，广购古籍收藏，遂渐通版本"的刘绍炎，伦明记"刘

[1] 黎承福.复壁书录（序）.民国徐崇立抄本.长沙：徐氏：1.

[2] 刘人熙.楚宝目录.刻本.1888：1.

[3] 刘人熙.楚宝目录.刻本.1888.34.

氏近 20 年以购古本书著闻,力甚豪,南北书贾得佳本争致其门";访书、藏书宗旨与伦明不谋而合的徐恕和拟改造《明史》的方觉慧都是湖北藏书家中的可圈可点者。

6.4.5 安徽等藏书

清代是我国私家藏书发展的高峰时期,也是徽州私家藏书最为兴盛的时期,其原因可以从四个方面来阐述。政治上,清政府在实行文化高压的同时兼施怀柔,奉行宋明以来的尊儒读经的措施,拉拢知识分子,大规模地编刊图书创建藏书楼,这样的文化政策促使了徽州文化教育事业的迅速发展。经济上,进入清代以后徽商势力进一步发展并达到鼎盛,居全国各商人集团之首,徽商人数之多、队伍之大弥足壮观,商人占整个的社会男性人口比例达到七成以上。一方面,徽商队伍的壮大为徽州私家藏书事业提供了源源不断的后备力量;另一方面,有着悠久藏书传统的徽商在更加雄厚资本的支撑下将私人藏书事业推上更高的一层楼,使得这时期的藏书在规模上、数量上、质量上等方面都得到了一个大的突破。文化上,在历经元明极盛之后,新安理学走到清代已是末日黄花,在绽放最后余香之后就被戴震的徽派朴学迅速取代。徽派朴学又称考据学或皖派经学,注重收集资料、罗列证据,主张"无信不征",主要从事审订文献、辨别真伪、校勘谬误、注疏和诠释文字、典章制度以及考证地理沿革等等。皖派经学家们要埋头故纸堆,研经究典,得先有经有典,那么藏书就变成了经学家们衣食父母了,所以此种文化背景下私家藏书的极盛就是历史的必然,要强调的是,经学家们重考据,他们所藏图书都亲手校勘,精审程度自然是不可小觑的。这样藏书与经学就形成了一种相辅相成的局面,这就使得有清一代的私家藏书如有源之活水,其发展是源远流长的。科技上,印刷和雕版技术到了清代继续发展,刻书业发达,书籍生产既广且多。此时徽州地区的私家刻书发展至极盛,据徐学林的不完全统计,"明清两代徽州府出版的万部以上图书中的家刻、坊刻,就超过 1300 余家,刻书品种近万种,占全省刻书总数的 3/4 以上。若再加上一些特殊地方文献,如各种志书、政书及私人刻印的地方风物、商品广告、家谱类书,则超过万种,占全省出版物总品种数的 4/5 左右,在现今通行全国古籍约 10 万种中也占 1/10 以上"[1]。纵观有清一代,徽州私家藏书家事业不论在数量上,还是质量上都达到了顶峰。就藏书家数量而言,清代的徽州私人藏书家远远超过了宋至明以来的总和。薛贞芳先生在其《徽州藏书文化》一书中指出,清代徽州私人藏书家有事迹可考的有 170 人之多,同时薛先生也说,清代徽州地区学者甚多,私家藏书已然成风,能称为"藏书家"的肯定远不止这个数字,只是文献不徵,难免遗漏,不过就这 170 人也足见清代徽州私人藏书之盛况了[2]。另外,就藏书数量而言,清代徽州出现了不少闻名全国的藏书家及藏书楼,藏书万卷以上的藏书楼层出不穷,更有甚者,藏书之多达十余万卷,徽人藏书在全国范围内声名鹊起。

伦明《辛诗》中记载了"收藏有分到寒儒,片纸来从血汗余"的萧穆,酷好收买书籍,遇有善本孤本,不惜重价收购,典衣缩食,毫不顾虑。为学不专主一门,综览多书,爱好掌故,精于校勘。同治十一年(1872 年),他得曾国藩之助,到上海制造局翻译馆任编纂。在馆 30 余年,亲自勘校书籍 900 余种,以校刊罗念《鄂州小集》、徐铉《骑省集》、刘大櫆《历朝诗约选》、姚鼐《古文辞类纂》为最有名。黎庶昌借他赴日本,遍交一时名人,名声大振,四方公卿,必曰萧穆。他尤重地志、谱牒,曾为《国安县志》作《记》,取其中有关文献异闻者,以意摘抄数十纸。又作《记景城纪氏家谱第三刻本》。晚年曾作《宿松县志附记》及《记乾隆亳州志》等文。他对方志艺文类编写提出自己的见解;又代人为《句容县志》作序;并致书吴汝纶,论志书必当有图,指出吴所作《深州志》无图,实为憾事。近代藏书家、目录学家徐乃昌藏书从其二十一岁与缪荃荪相遇于北京琉璃厂已经开始,据缪荃荪云"余与积徐戊子(1888 年)秋间晤于琉璃厂书肆,谈及经籍目录,如瓶泄水,余心佩焉。固以订交三十年,何敢以不文辞夫"。在其收藏的数万卷书籍中启有大量珍贵的宋元明清时期的古籍版本、精善版本、稿本以及抄本。就种类而言,不仅有佛经道藏书籍、人文社科书籍、应用技术书籍,还有大量的明清刻本包括清人的文集、词集和金石书籍、金石拓片目录、与地方史关系密切的乡邦文献。时人对其藏书多有赞

[1] 徐学林. 徽州刻书 [M]. 合肥:安徽人民出版社,2005:30.

[2] 薛贞芳. 徽州藏书文化 [M]. 合肥:安徽大学出版社,2007:48.

誉。谭卓垣赞其"以积学斋名藏室所藏古堑、清人文集甚富",缪荃荪称徐乃昌藏书"传播经学、史学、地学、算学无所不备,书又多可传,无偏嗜、无杂糅",伦明记其"尝刊《清闺秀词集》初二编""所藏已尽散,其佳者多归天津李嗣香"。"好收四库书原本,为藏书家别开一格"的刘体智;"贵池刻书爱仿宋,成就武昌陶子麟"的刘世珩;"早濡家学,守先人遗绪,穷一生精力校刊遗书,复以余力平骘名家之文,摘其微言奥义开导青年。论文主奇恣纵横,转变究极笔势,钱基博推崇备至,谓其辞气喷薄而出,以酝酿深醇,头象空遨,而能为沉郁顿挫,其势沛然,其容穆然,震荡错综,是真能得父书之血脉者"的吴汝纶先生之子吴闿生等都是徽州藏书史乃至中国藏书史上的代表人物。

中国幅员广阔,文化地域性区别极大。古人为九州之地,而有九丘之书。安土之情、家国之思,多寄托于乡邦,为农业文明一大特色。《汉书·地理志》以地域之隔为风俗之别,言各地性情之异,主张因地施政。地域不同,而致人文有别,欲寻根溯源,保全一地之文化,必存一地之文献。周有外史掌四方之志,东周后"晋之乘,楚之梼杌,鲁之春秋"皆各地之史志。汉有图经,宋传"三志",渐由地理衍及人文历史,清代方志最盛,体例严整。藏家亦广蓄方志与乡邦文献:一存乡邦故实,二寄桑梓之念,三资学术考证。欲治理一方,亦良可借鉴。私人插架之盈虚与地方文化之隆替相为表里,如江浙自来人文荟萃,藏家益夥。清代各地有修志局,官府倡导,治学者亦乐于从事,考据之学正合其用,乃蔚然张大旗帜,翕然风行。学者着意发掘当地先哲之佚文著述,藏家乃有专收方志及乡邦文献者,又多刻丛书,即汇集乡哲别集或专著以梓行。

从以上分析可以看出安定的社会环境和经济的繁荣与发展是藏书家成长和发展的决定性基础,因而是决定藏书家分布态势、特别是集中分布中心成长和稳定存在的首要条件;社会动乱是藏书家集中分布中心转移和萎缩甚至消失的强制性动因;长期非文化性政治环境对藏书家群体的萎缩有重要作用;政治中心的形成和迁移对藏书家的分布有一定影响,但似乎没有决定性的作用;与图书生产有关的技术发明、普及和推广,与藏书活动相关的文化活动和人群的成长、分布、迁移等都与藏书家群体的分布、发展和迁移息息相关,互相之间形成相辅相成、互相促进的作用;藏书传统和基础本身具有明显的历史继承性,因而对于藏书家的分布也具有一定的影响。

　　此外，晚清四大藏书楼在《辛诗》中都有体现，传二虽题名鄞县范氏，实则撰述了宁波"天一阁""自黄梨洲抄成书目，阮文达序而刻之，凡书四千九十四种。同治间薛叔耘重编书目，存二千零五十六种，全者止一千二百七十种"[1]。以及缪筱珊《天一阁始末记》中所述藏书被盗之事，推论了天一阁失书之原因。传八丁丙为八千卷楼的楼主，是因丁氏藏书八千卷而名其所建藏书楼为"八千卷楼"，伦明认为此名"盖沿先世之称，其实逾四十万卷"。"松生取其中古刻旧抄，编《善本书室藏书志》。宣统末，归江南图书馆，所余尚数倍。"传文中兼及论述到皕宋楼楼主"陆存斋编《十万卷楼藏书志》，另以守先阁所储归之于公，咨部立案。"遗憾的是陆心源去世后 13 年，其子陆树藩无心保护，藏书渐损，加上家道中落，亏欠巨款，日本学者岛田翰得知后，力促日本三菱财团于 1907 年 4 月以 10 万从陆树藩手里将三处藏书 4172 种共43996 卷宋元明清稀世刻本全部买走，令国人疾首扼腕，痛惜不已，这是中国近代史最惨烈的文化浩劫之一。岛田翰回日本后，写有《宋楼藏书源流考并购获本末》一文，内中得意忘形之态，溢于言表，引起中国学者激愤。伦明感叹"日本岛田翰讥存斋市道，存斋有知，亦何以自解耶"。传六开篇即言"聊城海源阁藏书，自杨以增传子绍和、孙保彝，递有增益"[2]，海源阁藏书之传承一目了然，接下来将藏书之聚散娓娓道来杨以增平身没有别的嗜好，只是喜爱读书，特别喜好收购书籍。任江南河道总督时，正值战乱，一些藏书家纷纷将书散出，杨乘机收购归入自己的海源阁，所收汪士钟"艺芸书舍"之书及明清之际毛晋、钱曾、乾嘉部分藏书家之精华，他在当地收集的大批书籍凭身份借助官方漕运粮船运回老家，聊城当时是大运河"九大商埠"之一，有了这样的便利，"南书北运"就有了捷径。在历史上被认为是杨氏之藏书的积累是权势与金钱的结合。杨以增的藏书搜括了南方藏书家的精英，在历史上改变了当时私家藏书以江浙为中心的局面。其子杨绍和是同治年间进士，在京为官期间，又收集了清皇族藏书，成就了在我们近代藏书史上的"北杨"之名。到第三代杨保彝时，藏书

[1] 伦明. 辛亥以来藏书纪事诗 [M]. 上海：上海古籍出版社，1999：1.

[2] 伦明. 辛亥以来藏书纪事诗 [M]. 上海：上海古籍出版社，1999：5.

已达到 3336 种 20 多万卷，其中宋元珍本逾万卷。海源阁藏书实行绝对的关门主义，外人与戚族一概不能入藏书楼一步，杨氏还制定了"大乱居乡，小乱居城"的藏书制度，以图其藏书之安全。海源阁藏书起于战乱，也散于战乱，在 1927 年，海源阁中所藏的宋元珍本被杨敬夫移至天津收藏，1929 年土匪王金发设司令部于杨府内，焚烧古籍取暖，后又有土匪王冠军与当地县长勾结强抢珍本 8 大木箱。杨氏后人将剩余海源阁中所藏的明清版本移至济南杨氏新居，后辗转归入北京图书馆和山东省图书馆，得以保存至今。传七瞿镛传文曰"常熟瞿子雍镛，建铁琴铜剑楼藏书，并编定书目。有宋翔凤序，作于咸丰七年，略先于浙江陆丁二氏。而至今保守不替，则胜于二氏矣。"[1] 既叙述了铁琴铜剑楼的来源，又将其与皕宋楼、八千卷楼进行了比较，指出其数目编订先于陆丁二氏，但管理严格。因"末世人心难与善""瞿家楼户镇长关"。原瞿氏住宅建筑群大部分毁于历代战火，解放后，其后裔承先人夙愿，将所藏古籍全部献国家，藏书几乎全部归入北京图书馆，为我国文化事业做出了贡献。

晚清四大藏书楼中，瞿氏铁琴铜剑楼、陆氏皕宋楼、丁氏八千卷楼位于江南地区，只有杨氏海源阁孤悬北方。这是因为江南地区自宋代以后，即成为我国的经济文化重心所在地，藏书、读书、刻书的风气特别浓郁，带动了藏书家的出现以及藏书热情，造成了文献资源集中于江南一带的盛况。而杨氏海源阁，其很大一部分藏书资源，也是因为其主人杨以增出任江南河道总督，利用职务之便，趁太平天国起事期间，江南地区战乱不已，藏书大量散出的机会，大肆收书，并利用京杭大运河运回到山东聊城，贮存于海源阁中。由此可见明清时期江南地区藏书事业之繁荣发达。陈登原曾总结说："古往今来，藏书者不知凡几，然皆不久而散，私人藏弆之不易永久，已为显著而不可免之史实。毋为绛云之火，毋为海源之毁，更毋为皕宋之以故国精华，浮沉异国。"[2] 即是说私人藏书之不易长久保存，历史上向来如此。应当避免出现像钱谦益绛云楼被大火烧掉，杨氏海源阁被战乱毁去，陆氏皕宋楼藏书整体出售给了日本财团等这样的悲剧。晚清四大藏书楼中，杨氏海源阁被毁，陆氏皕宋楼藏书到了日本静

[1] 伦明. 辛亥以来藏书纪事诗 [M]. 雷梦水，校补. 上海：上海古籍出版社，1999：6.

[2] 陈登原. 古今典籍聚散考 [M]. 上海：华东师范大学出版社，2010：283.

嘉堂文库，所剩下的便只有瞿氏铁琴铜剑楼和丁氏八千卷楼了。如何能使此两楼得以善终，是瞿、丁两家不得不考虑的问题。最终，八千楼藏书得以整体归于南京的江南图书馆，即后来的国学图书馆、现在的南京图书馆。铁琴铜剑楼藏书也基本上归于国家图书馆等处，小部分散佚，未遭太大损失，总算是藏书史上一大幸事。晚清四大藏书楼的兴衰，向我们揭示了事物是在不停发展变化着的道理，没有永恒的物质载体，却有着永恒的藏书文化精神。我国自有文献记录以来，藏书精神即绵延不绝。晚清四大藏书楼的兴盛，是继承了前代藏书家的文献资源。它们即使衰落了，藏书依然被别处所保管，像接力一样，传递着我们中华民族的不懈努力和追求上进的精神。

|第7章|

结　语

藏书史之理念，顾广圻等已有洞见，但作为独特文体，标新立异是从叶昌炽开始。叶氏著《藏书纪事诗》始于光绪甲申年[1]，即1884年，首创诗史互证的藏书史体例。1890年完成初稿，即所谓"粗可写定"。1891年王颂蔚为之撰序。1897年六卷本由其门人江标雕刊于长沙，讹误颇多。1910年重校之七卷本刊行，共录七百三十九人[2]，"未敢遂谓定本，粗可杀青"[3]。1917年叶昌炽离世。藏书纪事诗初创期可告落幕。

《藏书纪事诗》在叶昌炽生前已备受关注，身后则续作纷纭。伦明广采文献信而有征者，暨耳闻目接之藏书故实，述其梗概，仍依叶氏体例，但变通史为断代，专门记述辛亥以后之事。《辛亥以来藏书纪事诗》初发表于1935年《正风》半月刊，分期连载，后杂志停办，文亦中止，计收藏书家一百五十五人，附录二十八人。徐信符踵继二君而辟蹊径，"收广东自明代以迄民国藏书家数十人，详述广东典籍聚散之源流"，辑成《广东藏书纪事诗》,书未杀青而遽捐馆，为广州大学同人索取，经叶恭绰校阅，刊于1949年《广大学报》复刊第一卷第一期。此为藏书纪事诗体之兴盛期，除伦、徐二作别开生面外，王献唐有《山

---

[1]《藏书纪事诗》卷六《张思孝白华程世铨叔平》条有昌炽按语：此书自甲申属稿，迄今七载，粗可写定。

[2] 蔡金重《藏书纪事诗引得序》作"一千一百七十五人",徐雁《〈藏书纪事诗〉收录藏书家不足千人》考订为七百三十九人。

[3] 叶昌炽.藏书纪事诗（自序）[M].上海：上海古籍出版社，1999.

东藏书纪事诗》，惜已亡佚。《藏书十咏》《藏书百咏》等藏书纪事诗之变体亦陆续刊出。时世推移，频经变革，王謇、吴则虞以治学之忱，犹各为续作。王謇《续补藏书纪事诗》为其晚年遗著，目录存一百二十六人，其中沈维钧一条有目无文，庞莱臣等七人附录他人之目，实记一百三十二人。王氏殁于 1969 年。身后数年，友人醵资为之印行。吴则虞 1977 年离世，其《续藏书纪事诗》（关于四川藏书家部分）载于 1979 年 4 月《四川图书馆学报》，仅见七篇，《赖素》条当作于 1966 年后，其生卒均晚于王氏，该作似亦在王著之后。建国到吴则虞去世，为藏书纪事诗体之衰变期，此后，治旧学者更无续作。时代、学术既变，旧学体例无复旧观。1993 年 4 月《上海近代藏书纪事诗》出版，周退密为诗，宋路霞作传，体例仿前诸作，然精神气象大异，治学理路亦不同。此可谓回光返照之作。藏书纪事诗体已告终结。

"藏书纪事诗" 著述体式之出现、发展、衰落、终结，历时不过百年，从叶昌炽首创体例，到《上海近代藏书纪事诗》发为绝唱，其由通史而为断代，由全国而归地区，益精益细，正是私家藏书研究由旧理念到新范式的转型。而其史料内容也由五代宋元而下至于当代，反映出由官府藏书至私家藏书再到公共藏书的趋势衍变。百年之间文体存灭，可统而观之。而藏书则有因时消长之势、各地盛弱不同，作者意旨各有分殊，必较其异同，具体把握。藏书纪事诗诸作均关注私家藏书、著录藏书家生平及其藏书状况等等。而叶昌炽《藏书纪事诗》首创私家藏书专史体例，所记人事跨越千年，为历代藏书通史，涵盖最广。伦明则专意于辛亥以来，首创藏书断代之史，此时西方藏书理念东渐，图书馆次第建成，藏书家多身与其役，亲为营造，或慷慨捐书，俾助书籍流通，学术公行。徐信符欲存乡邦故实，唯记广东一省藏书流变，于藏书家名后标题其藏书楼，首创乡邦藏书志。王謇续补之作虽泛记知见，实以江浙为主，尤集于苏沪。《上海近代藏书纪事诗》延续体例，但内核精神已大异于前作，在当代学术范式下为旧式藏书之学存一余脉。[1]

中国私家藏书的发展历史，大体经历了三个时期：由汉至唐是手抄传写的缓慢兴起时期；自宋雕版印刷的普及始进入兴盛发达时期；近现代由于采用机

---

[1] 翟朋. 藏书纪事诗研究 [D]. 南开大学硕士论文，2010.

械印刷技术而使私家藏书达于鼎盛进入转型时期。鸦片战争开始将中国封建社
会变为半殖民地半封建社会。原有的封建经济逐渐瓦解，出现了官僚买办资本
和民族资产阶级。文化思想上激发了维新和自强、科学和民主的思潮。表现在
图书印刷上，引进了西方进步的铅字机械排印技术，从而代替了中国传统的雕
版印刷，使书籍的形式彻底改变，由线装变为平装或精装的现代基本形式。又
由于新文化运动的胜利，普及了白话文，更促进了书籍内容的广泛性和载体形
式的多样化，翻译书籍，报刊杂志大为兴盛，为私家藏书开辟了更广阔的途径。
藏书家的数量和藏量都大为增加。近代收藏万卷（或万册）以上的中大藏书家
即不下五百家。《辛亥以来藏书纪事诗》中的清末四大藏书家的常熟瞿氏铁琴
铜剑楼，藏书有十余万卷；聊城杨氏海源阁收藏至二十八万卷；归安陆氏皕宋
楼亦收藏二十万有余；钱塘丁氏八千卷楼总藏达四十万卷。东莞莫伯骥收藏达
五十万卷，南浔刘承干嘉业堂亦藏达六十万卷等。从拙著《伦明〈辛亥以来藏
书纪事诗〉研究》我们可以看出私人藏书从其产生的时候起，就担负起了保存、
传播人类文化的功能，中华民族正是从这种愈来愈厚的文化积淀中不断地汲取
营养，发展和繁荣着自己的历史和文化。综观近代私家藏书的发展，明显具有
以下几个特征：

第一，《辛亥以来藏书纪事诗》揭橥廿年之剧变，"所重在书之聚散"。书
之聚散，公私无别，而藏书大势，古今各异。伦明藏书之变首谈掠书之祸，以
封建经济为基础的封建藏书楼渐趋衰落；依附于封建政权的地主官僚，有的因
清廷倒台而失官，有的因战争遭难而破产，家境纷纷败落，藏书难以维护。像
湖北叶氏之平安馆、归安陆氏之皕宋楼、聊城杨氏之海源阁等诸家之藏书，都
是这时散失、流亡的。近代因国势衰弱，政府腐败、民不聊生，而帝国主义频
频入侵，乘机大肆掠夺或收购，致使珍贵文献古籍在这一时期大批流出域外他
国。近代私家藏书就是在这样内外忧患重重的历史背景下，步履艰难地发展着，
做出了可观有为的业绩，虽损毁严重，但也为中国的文化事业积留下了大宗的
文献资料，更为中国现代图书馆事业的发展提供了良好基础。伦明言："今后
藏书之事，将属于公而不属于私，今已萌兆之矣。"确乎知言。辛亥以来私藏
鼎盛，流通与致用思想渐入人心，西方藏书理念输入，公共图书馆遂得绍介推

广，郑观应、罗振玉、梁启超等皆为之先导。私藏之家亦执掌其事，营造督导，为我国近代图书馆创建之勋臣。如卢靖捐资十万设南开图书馆，张允亮任职北大图书馆。而图书馆公藏之书，实源自私藏。藏家或捐或鬻，归书于公。熊罗宿书归南昌图书馆，涵芬楼广购陆氏皕宋楼、丁氏持静斋、缪氏艺风堂等私藏，富积达十万余册。辛亥之后，沈祖荣、杜定友、刘国钧、李小缘等负笈留洋，学习图书馆学。归国即投身实践，学以致用。如袁同礼先后掌广东大学与北京大学两家图书馆，筹划馆务，并重其研究功能，筹创馆刊，并著文研究。近代藏书家的藏书思想和开放明达程度远胜前代。如果说藏书家喜欢结社互借互抄，到清代明确提出儒藏说，少数人将私藏公之于众，作了类似公共图馆的尝试，那么，到近代则涌现出了大批私办图书馆。卢靖之办木斋图书馆、张元济等共筹合众图书馆等等。更有大批藏书家将私藏无偿捐赠国家公共图书馆或学校图书馆或学校图书馆，这几乎形成为一股思潮，不能不说是私家藏书思想的一大进步。

各类公共图书馆大量兴起，但这并不是私家藏书的历史终结，这只是私家藏书性质上的一个重大转型。公共图书馆的兴起，也只是代替了部分私家藏书的功能，客观上也不能完全满足人们对书籍的需求，这既有借阅上的不便，又有求而不得的缺憾。因此，它决不能全部取代私家藏书的使命。王献唐先生说得好："书非自务，乞邻终觉不便。"这是一个学者需要个人藏书的深切感受。

第二，伦明亦关注藏家阶层之演变，所寓亦大。"近来银行家，多喜藏书，武进陶兰泉、庐江刘晦之，其最著者也。闻杭州叶揆初者，亦浙江兴业银行董事，收藏稿本、抄校本甚夥。往日藏书之事，多属官僚，今则移之商家。官僚中虽不乏有力者，而忙于钻营片逐，无暇及此，亦可以觇风气之变迁也。"[1] 新兴的买办官僚、民族资产阶级，如一些嗜古爱书的银行家、工商业家又纷纷积书，他们手握雄厚资财，坐拥百城，成为新的藏书家，这又是近代藏书家构成的特色之一。伦明奔走书林，多识书贾，故于市井风习所知甚深。在《辛诗》中还记载了书贾由中原南下搜书，竭泽而渔，致旧蓄泯灭，堆集一隅的现象，对为世人所轻视乃至忽略的书贾事迹亦有论及。且伦氏所记，多有学者，其藏书颇

[1] 伦明.辛亥以来藏书纪事诗 [M].上海：上海古籍出版社，1999：109.

关治学实用，非专务购藏鉴赏，呈现出专藏多样化的显著特色。古代藏书家基本上以儒家经典及释经之作为主，诸子、史地及文集均为附庸，至于小说、戏曲类，更被视为不登大雅之作，很少有人问津，而《辛》诗中不少藏书家随着西方文化的传入及诸子学的复兴，藏书内容呈现出鲜明的特征。如张国淦等专以收藏方志为业；马廉等大收戏曲与通俗小说，马氏自命书室曰："不登大雅之堂"；朱希祖等又以搜罗南明史料为己任；陶湘又酷爱收明古阁版和闽刻套印本以及清殿版开花纸书。像这样专藏有成者，实在不胜枚举。

第三，《辛亥以来藏书纪事诗》所记藏书家几乎都是藏有所用的人，他们在开展藏书活动的同时，大都注重对藏书的整理与研究。通过对所藏图书文献进行分类、编目，编写出所藏的书目、题跋；通过辨析与校勘访得图书文献的内容，鉴定与考究访得图书文献的版本形式，从而为其著书立说打下基础。例如，张之洞的《书目答问》等，另一种是藏书家刊行的书目出版物，即"读书记"，是一种记录藏书家本人关于读过的书的个人见解的著作，内容略近于书评集，只不过每一部读书记仅是他本人的专著。如王士禛的《渔洋书跋》和钱大昕的《竹汀日记钞》。另外，藏书家还刊行专科书目，如朱彝尊的《经义考》等。这种书目为人们提供了一个具体领域已有成绩的概貌，从而影响着人们对研究计划的选择。出于对典籍负责、对子孙后代负责的崇高使命感，许多藏书家对历代辗转传抄或刊刻的文献典籍进行了仔细的勘误纠错、增补遗漏，使之成为善本。校注是产生善本的关键，在清前叶，钱曾和何焯是这个领域里的杰出人物，卢文绍、黄丕烈、陆心源、王念孙等则继承了他们的事业。这些经藏书家整理、研究的图书文献，其使用价值与货币价值都有所增长，且因其藏书衍生出来的藏书目录、题跋，个人论著等又推动近代学术文化的发展。而学术文化的发展又使得藏书家更专注于学术文化的研究，开展更深入、更精专的图书访集、收藏活动，这是一个循环往复的过程，最终会使得藏书风气更为浓厚，藏书素养水平、学术文化水平得以大大提升。伦氏所著，非亟亟于辑录史料，为藏家留影，观此可考学术之脉络衍流，既存学术故实，且忧世道人心。其意旨深沉，非限于藏书一事。

第四，藏书家的藏书活动是一个地区或一个时代文化市场发展状况的风向标。藏书家藏书活动对古书市场的兴盛与否有着直接的影响。一般说来，如果一个地区藏书风气浓厚，从事藏书访集活动的人多，流通中所需的古籍文献数量多，那么书肆、书坊的数量就会增多，而古书市场就相对繁荣。反之，则否。近代是一个战争不断、民不聊生的年代，它让藏书家的藏书流出、辗转，但正是这种乱世，古书市场的货源有了保障，频繁的图书买卖活动，促进了古籍文献的流通与古书业市场的繁荣。而且随着藏书人数的增多，藏书访集活动的活跃，藏书需求量的加大，以及藏书家藏书思想的开放，客观上又促进近代图书出版业的繁荣。当时一些拥有雄厚资产的藏书家，如刘承干、李盛铎、陶湘等，在访集、收藏古籍文献的同时，又都开展图书刊刻活动，这在流布古籍、增加图书总量，繁荣图书出版市场方面，起着不可替代的作用。

张金吾曾言："欲致力于学者，必先读书，欲读书者，必先藏书；藏书者，诵读之资，而学问之本也。"藏书家与学问之人者，所藏之书总是相当可观，而藏书家所编之藏书目录，更是上通古今，对书籍的传递有一脉络可寻，保存悠久的历史文化，开启读书之门径。

透过拙著的撰写，对于前人未关注的问题得到许多初步成果。由于个人学识浅薄，许多珍藏文献未能尽观与利用，亦引以为憾事。再者，在撰写中得到许多帮助和启发等，都是本人日后可以继续努力的地方。

[16]张志之，何国华．书法卷 [M]．长沙：湖南教育出版社，2005.

[17]潘希名．中国目录学史 [M]．上海：上海古籍出版社，2005.

[18]张舜徽．引书文献学 [M]．上海：上海古籍出版社，2011.

主要参考文献

1. 论著

[1]（清）叶昌炽．藏书纪事诗：六卷．江标刻《灵鹣阁丛书》本，光绪二十三年。

[2]孙殿起．贩书偶记 [M]．北京：中华书局，1959.

[3]赵尔巽，等．清史稿 [M]．北京：中华书局，1977.

[4]杨立诚，金步滋．中国藏书家考略 [M]．上海：上海古籍出版社，1987.

[5]雷梦水．书林琐记 [M]．北京：人民日报出版社，1988.

[6]孙耀卿口述，雷梦水整理．伦哲如先生传略 [M]// 辛亥以来藏书纪事诗（附录）．上海：上海古籍出版社，1990.

[7]郑伟章．文献家通考 [M]．北京：中华书局，1995.

[8]伦明著，杨琥校注．北京：北京燕山出版社，2008.

[9]伦明．辛亥以来藏书纪事诗附校补 [M]．雷梦水，校补．上海：上海古籍出版社，1999.

[10]（清）叶德辉．书林清话 [M]．长沙：岳麓书社，1999.

[11]周少川．藏书与文化——古代私家藏书文化研究 [M]．北京：北京师范大学出版社，1999.

[12]傅璇琮，谢灼华．中国藏书通史 [M]．宁波：宁波出版社，2001.

[13]杜泽逊．文献学概要 [M]．北京：中华书局．2001.

[14]范凤书．中国私家藏书史 [M]．郑州：大象出版社，2001.

[15]程焕文．晚清图书馆学术思想史 [M]．北京：北京图书馆出版社，2004.

[16] 张岂之 . 民国学案：第五卷 [M]. 长沙：湖南教育出版社，2005.

[17] 姚名达 . 中国目录学史 [M]. 上海：上海古籍出版社，2005.

[18] 张舜徽 . 中国文献学 [M]. 上海：上海古籍出版社，2011.

[19] 王蕾 . 清代藏书思想研究 [M]. 桂林：广西师范大学出版社，2013.

[20] 罗志欢 . 伦明评传 [M]. 广州 . 广东人民出版社，2014.

2. 学术论文

[1] 范凤书 . 中国历代藏书世家概述 [J]. 图书馆杂志，1986（2）：51–54.

[2] 徐雁 . 书城掌故藏家史 别有续编在人间——《续补藏书纪事诗四种》整理记 [J]. 武汉大学学报（社科版），1986（5）：121–125.

[3] 陈思 . 学者型藏书家——伦明 [J]. 广东史志，1995（1）：77–80.

[4] 黄正雨 . 伦明与辛亥以来藏书纪事诗 [J]. 图书馆论坛，1995（5）：17–19.

[5] 孙殿起 . 记伦哲如先生 [J]. 雷梦水，整理 . 北京文史资料选编（第 12 辑），1998：176.

[6] 来新夏 . 论伦明先生致陈垣先生信件 [J]. 中国文化，2011（33）.

[7] 赵长林 . 中国藏书家阶层流变史 [J]. 图书与情报，2000（1）：72–76.

[8] 王余光 . 略论 20 世纪中国文献学家 [J]. 图书情报工作，2006（2）：5–6.

[9] 曾洁莹 . 广东藏书家的历史地位及献 [J]. 科技情报开发与经济，2006（12）：71–73.

[10] 冯玲 . 东莞藏书家述略 . 图书馆论坛 [J].2007（5）：172–174.

[11] 周生杰 .《辛亥以来藏书记事诗》新论 [J]. 社会科学战线，2012（9）：163–167.

[12] 熊静 . 伦明先生文献学著述考 [J]. 大学图书馆学报，2014（1）：110–115.

[13] 刘平 . 伦明目录学初探 [J]. 图书馆，2014（6）：99–101.

[14] 李雅，游雪雯 . 藏书家伦明研究述略 [J]. 大学图书馆学报，2015（1）：117–120.

[15] 钱昆 . 伦明与孙殿起交游考 [J]. 图书馆论坛，2016（7）：111–114.

[16] 郑丽芬 . 藏书家伦明与京师大学堂师范馆关系史实考源 [J]. 山东图书馆学刊，2016（12）：40–45.

3. 学位论文

[1] 吴丹青 . 清末民初广东私人藏书的历史作用与影响 [D]. 广州：中山大学，2001.

[2] 翟朋 . 藏书记事诗研究 [D]. 天津：南开大学，2010.

附　录

通读《辛亥以来藏书纪事诗》的"诗"和"文"时,发觉伦明对版本学、图书学、藏书史、读书史、著书史等展示了一系列术语,为图书馆学和阅读学建立了概念体系,兹罗列于后。

版本学的系列术语:善本、异本、孤本、佳本、抄本、副本、校本、刻本、粗本、原本、宋本、元本、写本、稿本、笺本、殿本、秘本、评点本、整本、祖本、珍本、德本、曲本、赝本、雕本,达26种。

图书学的系列术语:分动宾结构"x书"和主谓结构"书x"两类:

"x书"类:图书、丛书、群书、古书、尚书、旧书、破书、新书、遗书、家书、阁书、院书、斋书、渐书、楹书、最书、奇书、叶书、禁书,达19种。

"书x"类:书目、书经、书商、书贾、书架、书家、书客、书画、书法、书店、书坊、书摊、书肆、书序、书跋、书刊、书林、书庄、书帙、书业、书生、书友、书种、书雄,达24种。

藏书家的系列术语:访书、买书、购书、鬻书、收书、搜书、获书、携书、抄书、刻书、印书、售书、积书、聚书、移书、传书、献书、窃书、偷书,达19种。

读书家的系列术语:好书、嗜书、观书、阅书、识书、览书、读书、读经、开卷、自读、校书、注书、疑书,达13种。

著书家的系列术语:写书、著书、修书、删书、续书、序书、跋书、用书,达8种。

致　谢

2012 年 11 月 22 日，我有幸来到东莞这座焕发着蓬勃生机的城市，参加了由文化部、广东省政府共同主办，文化部公共文化司、中国图书馆学会、东莞市政府、国家图书馆等单位承办的"2012 年中国图书馆年会中国图书馆学会年会·中国图书馆展览会"，这次年会展示了我国图书馆现状及未来发展，成为规模和规格堪称空前的图书馆年会，不仅让我见到了不少图书馆界的顶尖人物，而且让我与北京大学和东莞图书馆结缘。2013 年 6 月 19 日我有幸成为了北京大学信息管理系东莞图书馆博士后创新实践基地的首位成员，衷心感谢合作导师北京大学信息管理系王余光教授和东莞图书馆李东来馆长给我提供了跨入图书馆学研究领域学习的机会。《伦明〈辛亥以来藏书纪事诗〉研究》是东莞图书馆《伦明全集》的子课题之一，并获得中国博士后科学基金第 55 批面上资助（项目编号：2014M550567）和教育部人文社会科学研究规划基金项目（项目编号：14YJA8700064）。两年来，在二位学识渊博、治学严谨、平易近人的合作导师的精心指导下，我于 2015 年 6 月顺利通过博士后出站答辩。

"学无止境"。出站后，根据参加我博士后开题报告和中期考核的中山大学资讯管理学院的曹树金教授、华南师范大学信息管理系的高波教授、深圳图书馆的吴晞馆长、北京大学信息管理系的姚伯岳教授以及答辩委员北京大学信息管理系李广建教授等的评审意见，对出站报告又进行了爬梳和修改；并在中国阅读学研究会名誉会长曾祥芹先生、中国社会科学院近代史研究所郑大华研究员、南开大学柯平教授和徐建华教授、南京大学徐雁教授的指引下，试图开拓藏书文化、阅读文化、思想史、文献学相结合的研究路径，终于于 2017 年 6

月完成了拙著的初稿。"路漫漫其修远兮"，在为人求学的道路上我将继续努力
前行！

衷心感谢湖南大学郑章飞馆长和陈希书记为我提供的各种支持，他们多次
问及我博士后工作的进展，并对我提出了殷切期望；衷心感谢北京大学信息管
理系张久珍教授、许欢副教授、东莞图书馆冯玲副馆长、蔡冰副馆长、张利娜、
廖小梅等为我在北京大学和东莞图书馆开展工作提供的帮助；衷心感谢湖南大
学图书馆诸多同事的祝福与鼓励，让我倍感温暖，并将暖意转化为更大的动力，
有效促进了博士后工作和拙著的顺利完成。衷心感谢湖南大学岳麓书院的陈谷
嘉教授、朱汉民教授、章启辉教授、肖永明教授引领和鼓励我在求学道路上不
断攀登！衷心感谢参考文献和注释中所列著论的诸位研究者，尤其是罗志欢教
授，熊静、郑丽芬、钱昆等老师，在他们研究的基础上，我才有今天的收获。
衷心感谢出版社诸位编辑的辛苦编校。

2017 年 8 月 30 日